Key Concepts in Teaching Primary Mathematics

小学数学教学基本概念解读

吴正宪 刘劲苓 刘克臣◎主编

教育科学出版社
·北 京·

吴正宪　全国著名小学数学特级教师，全国模范教师，全国人大代表，国家督学，《义务教育数学课程标准（2011 年版）》审定专家，国家基础教育课程教材专家工作委员会委员，教育部中小学教材审查委员会委员，全国小学数学教学专业委员会副理事长，北京教育科学研究院基础教育研究中心小学数学教研室主任。

吴老师和其团队核心队员刘劲苓（北京第二实验小学数学教师）、刘克臣（北京市西城教育研修学院小学数学教研员）一起，组织吴正宪小学数学教师工作站的相关队员，紧扣 2011 版数学课标的精神，经过多方查证、广征博引，结合大量的教学实践，对小学数学教学中的一百余个基本概念进行了案例式的生动解读——

【概念描述】——从现代数学和小学数学两个层面对每个概念做出界定；

【概念解读】——阐释相关数学概念的内涵及数学实质，介绍其缘起背景、来龙去脉，展示其应用领域；

【教学建议】——落脚于小学数学教学的实处，结合教学实践案例对相关数学概念给出具体的教学建议；

【推荐阅读】——为老师们进一步深入和拓展对数学概念的理解提供了空间。

新的数学方法和概念，常常比解决数学问题本身更重要。

——华罗庚

序　言

喜见吴正宪老师和她的团队又推出新作《小学数学教学基本概念解读》，看后感触颇多。

这是一本高观点下的小学数学教学专著。书中梳理了小学数学中出现的几乎所有基本概念，对每一个概念首先按现代数学和小学数学两个层面做出界定；接着进行详尽的解读——阐释相关数学概念的内涵及数学实质，介绍其缘起背景、来龙去脉，展示其应用领域；最后落脚于小学数学教学的实处，对相关数学概念给出具体的教学建议，其中包括大量具有示范意义的教学实践案例。各篇末都有"推荐阅读"，为老师们提供了进一步深入和拓展的空间。

这是一本为小学数学老师答疑解难的教学工具书。若干年来，笔者不时会接到一些中小学老师打来电话或发来邮件，就某些数学概念和方法的由来与发展历程或是他们在教学中遇到的疑难困惑进行咨询。在对一线教师勤于探究、努力提升自我的精神油生敬意的同时，笔者也深感如果能有一本为他们答疑解难、比较系统的教学参考读物该多好。我很高兴地看到，摆在面前的这本《小学数学教学基本概念解读》，在对小学数学概念进行阐释过程中，有意识地担当了这一任务——帮助老师们分析和处理教学过程中遇到的带有共性的问题，引导老师们解除困惑，走出误区。

这是一个高水平的小学数学教师团队的倾力之作。书中各篇的撰写，显示出作者们对小学数学教育较为深厚的理论修养和丰富的教学经验。概念的描述与解读，不仅多方查证，广征博引，而且包含着团队成员们的自主分析论述；对教学疑难问题的解答，有的放矢，明晰中肯；教学建议中的案例，自然生动，切合数学实质，而不流于形式或生套模式，使人感受到作者在互动式教学方面的积累。显然，能做到这一切，绝非一朝一夕之功，而是长期教学实践和理论探索的成果结晶。

当前我国的基础教育教学改革正在向纵深推进。为了切实实现"人人受到良好的数学教育”这一战略目标，关键之举是要提高小学教师的数学素养。小学数学尽管只涉及初等的内容，但要准确把握其数学实质并用适应小学生认知水平和心理特征的方式讲授，就需要教师具有更宽广的知识储备和更扎实的理论基础。这就是“深入浅出”之理。唯有深入，才能浅出！以“图形与几何”教学为例：小学数学课程中出现的简单几何图形的面积、体积公式，有些（如圆、圆锥）背景却涉及极限概念与无穷小数演算。设想有爱打破砂锅问到底的学生问这些公式是怎么得来的，教师如何用孩子能听懂又不失科学性的语言进行解释呢？即使不为应付学生提问，教师对此类问题也完全应该做到心中有数。传统的几何教学如此，更何况概率统计等方面的教学？随着我国现代化事业的加速，对小学教师的知识水平和学历层次无疑会提出越来越高的要求。学历只是名分，素养才是根本。居高临下，驾轻就熟，难道不应该是每一位数学教师的追求吗？而吴正宪老师和她的小学数学教师团队的这部《小学数学教学基本概念解读》，可以说为小学数学老师们提供了再学习和自身提高的理论指南和实用大全。

“工欲善其事，必先利其器”！本书正是帮助广大小学数学老师“善事”——实施良好的数学教育——的利器。本书的出版将有助于小学教师数学素养的全面提高和数学教学质量的实质性提升。对于广大的在读数学专业师范生来说，本书也不失为一本有价值的研究文献。值此著作付梓之际，谨以为序，诚表祝贺，相信这本《小学数学教学基本概念解读》一定会受到广大小学数学老师的欢迎，成为大家案头的必备之典。

中国科学院数学与系统科学研究院　李文林

目 录

前　言

2011年暑假，团队顾问张铁道博士向我推荐了由教育科学出版社出版的《学习性评价丛书》［伊恩·史密斯著，剑桥教育（中国）译］。这是一套由英国专家编写的教师专业图书，条目清晰，观点鲜明，案例生动，图文并茂，读起来字字入心，丝丝入扣，耐人寻味。我把它推荐给了团队的队员们，大家同样喜爱，并萌发了一个共同的愿望——我们团队也要写一本属于中国小学数学教师自己的专业图书。

我们开始了调研、思考、讨论。日常教学中经常有一些基层教师打电话、发邮件来问我们一些有关数学概念的问题，团队队员们也常为一些数学中的名词术语争执不休，而对数学概念的准确把握是提高数学教学质量的重要因素。于是我们决定把选题聚焦在“数学概念解读”这个主题上。此时，我也强烈地感到撰写这本书的重要与需要。“结合小学数学教学实际，以数学概念为线索进行解读，配以相应的教学案例进行说明，并用小学数学教师自己的话语系统，写出一本基层教师喜爱并需要的小学数学概念词条书”，就是我们的初衷与定位，也就是从这一刻，我带领团队队员们开始了写作《小学数学教学基本概念解读》的艰难跋涉……

提高数学教育质量，教师需要具有比较深厚的数学学科专业知识。教师不仅要具有先进的教育理念、合适的教学方法、熟练的教学技能，同时还要具备较高的专业素养和丰富的学科知识储备。尽管小学数学涉及的知识相对简单，但要想真正提高数学教育的质量，把握数学教学的本质，对于教师来说，丰富的知识储备和扎实的理论基础必不可少，这也正是我们团队研修的重要内容。教师只有具备较强的专业知识，才能在教学领域带领学生进行深入浅出、触类旁通的学习；教师只有具备较强的专业知识，才能引领学生熟练、灵活地解决数学问题；教师只有具备较强的专业知识，才能带领学生创造性地开展探究性学习；教师只有具备深厚的专业知识，才能系统地整体把握教材，促进学生的可持续发展。由此可见教师掌握数学学科专业知识的重要性。

提高数学教育质量，小学数学教师自身的专业素养极为重要。传授怎样的概念和怎样传授概念会直接影响学生对数学理解的第一印象。尽管我们可以在教学方式上大做文章，但是对数学基本概念的准确理解与把握却是学生走进数学大门、认识数学现象的重要基石。从教几十年，我深深感到教师的学科素养直接影响学生的学习质量。教师内功的累加不仅需要与时俱进，更需要在不断学习、不断补充、不断扩展的过程中追本溯源。教师要善于引导学生在数学中感受数学概念严谨的科学美、辩证的哲理美、绝妙的逻辑美、简洁的形式美……更重要的是，让学生在获得数学概念的同时，受到科学思维的启蒙。这就要求教师把自身专业素养的提升作为重中之重。

《小学数学教学基本概念解读》一书的撰写过程就是我们团队学习和研究的过程。书中我们对小学数学的核心概念分四个内容领域，即“数与代数”、“图形与几何”、“统计与概率”和“综合与实践”进行了阐述。任何一个概念的产生都有它独特的价值，并伴随着曲折的形成过程，且在其中隐含了丰富的数学思想与方法。在对每一个概念的具体解释中，我们不仅分别给出现代数学和小学数学的定义，还尽可能地配有教学案例加以说明。可以说，这是一本专业性较强的教学指导用书，也是一本实用性较强的教师工具书，对丰富小学数学教师的专业知识、提升教师的专业素养，具有一定的帮助。

看着这部厚厚的书稿，落笔沉思，久久不能平静。在研究的过程中，团队队员们以高度的责任感和使命感投入其中。曾几何时，大家翻阅多本图书，只为弄清一个概念的科学定义；曾几何时，多方请教，只为追寻一个概念的来龙去脉；又曾几何时，为了更好地实施对概念教学的深层理解，与同伴研磨到深夜……可以说，这本书凝聚了我们团队的集体智慧，撰写的过程也是团队队员们不断研究反思、不断自我完善的学习过程。

在撰写本书的过程中，我们得到了多位专家的指导，尤其要感谢中国科学院数学与系统科学研究院李文林教授、中央民族大学孙晓天教授、北京师范大学周玉仁教授和首都师范大学方运加教授的悉心指导。专家们严谨治学的态度和精益求精的精神给我们留下了深刻而美好的印象。还要感谢教育科学出版社的刘灿老师以及他带领的编辑团队，为我们团队提供的研究平台和指导。更要感谢的是我可爱的团队队员们，他们的努力和付出一直感动着我，特别是刘劲苓、刘克臣老师在其中所做的大量工作。此外，书中还引用了一些数学辞典、专著、期刊文章等对数学概念的专业定义和阐释，借鉴了一些专家、优秀教师的教学案例，使本书的内容更加丰富生动，我们在此一并表示感谢。

一直以来，我们团队很期望能专门为小学数学教师写一本自己的有特色的专业工具用书，几经研磨，终于完成。但是由于认识水平和专业能力有限，本书可能会有一些问题，请各位读者提出宝贵意见和建议，我们会不断完善和改进。我们期待着大家通过阅读本书，引发对数学专业知识的再思考、再讨论、再学习、再研究。

吴正宪

01

Core Concepts &
Ideas in Primary
Mathematics

小学数学核心概念和数学思想

《义务教育数学课程标准（2011 年版）》（以下简称“2011 版《课标》”）对数学及其功能做了重新阐述，明确提出了“四基”和十个核心概念。它们不仅体现了数学本质，而且也是数学素养的重要标志；同时它们不仅是学生当前学习的需要，也是学生未来发展的需要。

2011 版《课标》提出的十个核心概念是：数感、符号意识、空间观念、几何直观、数据分析观念、运算能力、推理能力、模型思想、应用意识和创新意识。这是在《全日制义务教育数学课程标准（实验稿）》（以下简称“实验稿《课标》”）提出的六个核心概念的基础上调整而来的。

这十个核心概念直接反映了数学课程的基本理念，强调了数学课程与教学中的一些重要思维模式。正确把握这些思维模式，对理解相关的数学概念非常重要。可以说，这十个核心概念反映了数学最紧要、最本质的东西，是学生在数学学习中应该建立和培养的关于数学的感悟、观念、意识、思想、能力等，是学生在义务教育阶段数学课程中最应培养的数学素养，是课程实施中体现与反映课程本质的关键。

虽然这十个核心概念与四部分的课程内容之间没有明确的隶属关系，但从课标对核心概念的解释中可以体会出，核心概念与课程内容之间是有所侧重的，它们往往是一类课程内容的核心或聚焦点。比如，数感、符号意识、运算能力主要体现在“数与代数”领域，空间观念主要体现在“图形与几何”领域，数据分析观念主要体现在“统计与概率”领域。还有一些是在不同内容领域中都有所体现的，如几何直观、推理能力和模型思想。而应用意识和创新意识则是在整个数学教育的过程中都应该注重培养的。这说明，这些核心概念不是设计者超乎数学课程之外加的，而是实实在在蕴含于课程内容之中的，是义务教育阶段数学课程内容的核心。

此外，从课标对于课程总体目标的表述中，我们不难发现这些核心概念就蕴含其中。这说明它们在数学内容的学习中占有极其重要的地位——它们一方面与具体的课程内容相联系，另一方面又是课程目标中的元素，因为核心概念本质上体现的是数学的基本思想。

数学的基本思想作为数学课程的总目标之一，在 2011 版《课标》中这样提出：通过义务教育阶段的数学学习，学生能“获得适应社会生活和进一步发展所必需的数学的基础知识、基本技能、基本思想和基本活动经验”（简称“四基”），这是课程目标在本次课程标准修订中的重大变化。过去的数学课程非常强调“双基”，即基础知识和基本技能；本次在课程标准调整的过程中，继续保留了“双基”，并结合时代的发展赋予了新意。而新增加的两条“基本思想和基本活动经验”更为突出地体现了新的数学基本理念，即数学课程的学习不只是让学生掌握数学的基础知识、基本技能，更应该让学生在学习数学的过程中愿意亲近数学、了解数学，学会用数学的眼光去认识自己所生活的环境与社会，学会“做数学”和“数学地思考”，这正是数学素养的具体标志。

使学生获得数学的基本思想是数学课程的重要目标。什么是数学思想？数学思想是数学学科发生、发展的根本，是探索、研究数学所依赖的基础，也是数学课程教学的精髓。有学者通俗地把数学思想说成“将具体的数学知识都忘掉以后剩下的东西”，可见其对人的发展的重要性。措辞中加入“基本”两字又有什么深刻的含义呢？数学思想的内涵十分丰富，提出“基本思想”，一方面是强调其重要性，另一方面是取其精华、突出本质。强调其重要，是因为数学思想有很多，并且是具有层次的，而“数学的基本思想”则是众多数学思想中具有本质性特征和基本重要性的一些思想。2011 版《课标》中所说的“数学的基本思想”主要指抽象、推理和模型思想。其中，抽象思想又是最核心的。通过抽象，在现实中得到数学的概念和运算法则；通过推理，得到大量的结论，促进数学的发展；通过建模，沟通了数学与外部客观世界的联系。在这三个最为基本的数学思想之下又演变、发展出很多数学思想，下图就勾画了这些数学思想与数学基本思想的关系。

本部分将围绕 2011 版《课标》提出的十个核心概念及小学阶段常见的数学思想做一些分析和讨论。

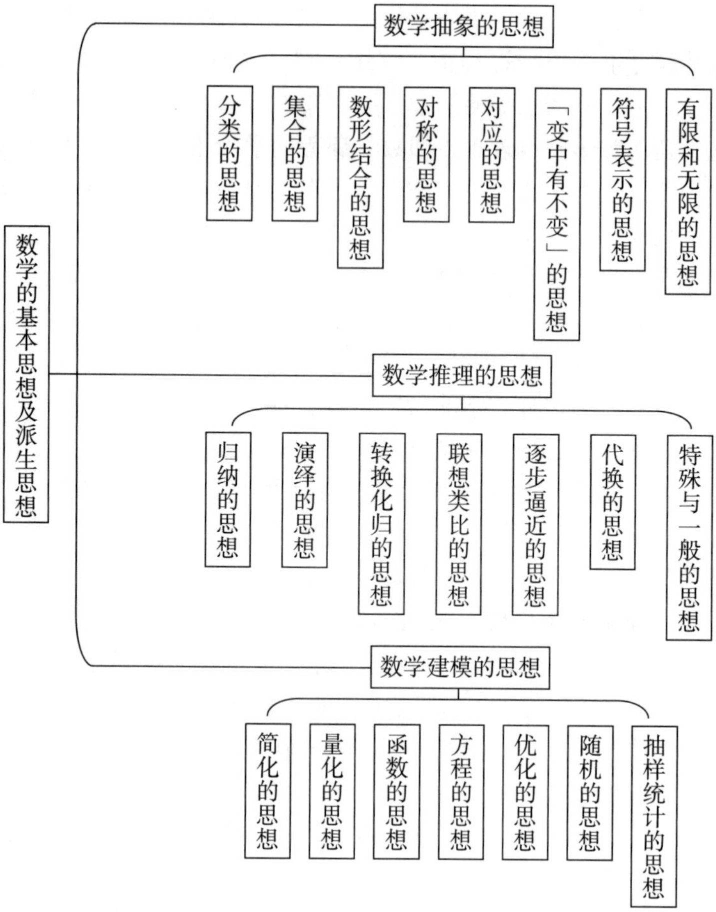
数学的基本思想及派生思想
数学抽象的思想
分类的思想
集合的思想
数形结合的思想
对称的思想
对应的思想
「变中有不变」的思想
符号表示的思想
有限和无限的思想
数学推理的思想
归纳的思想
演绎的思想
转换化归的思想
联想类比的思想
逐步逼近的思想
代换的思想
特殊与一般的思想
数学建模的思想
简化的思想
量化的思想
函数的思想
方程的思想
优化的思想
随机的思想
抽样统计的思想

本章目录

一、2011版《课标》中的十个核心概念

数感（number sense）

▶概念描述

现代数学：“数感”来自英文“number sense”，也可译作数觉或数意识。目前人们对这一概念的认识是多元的，这可以从国内外学者的有关论述中加以考察：

① 关于数量的直觉被称为数感（Yang，2002）[152]；② 数感是一种关于数字的直觉，它通过对数字的所有不同意义的表述得以表现（Yang，2002）[152]；③ 数感是人对数与运算的一般性理解，这种理解可以帮助人们用灵活的方法做出数学判断和为解决复杂的数学问题得出有用的策略（马云鹏 等，2002）；④ 数感可以理解为对于数字（量）的敏感及鉴别能力（郑毓信，2002）；⑤ 人们对数字之间关联的意识以及灵活解决数字问题的能力，称为对数字的感觉或数感（Sowder，1992）。

小学数学：小学数学教材没有明确给出数感的定义。不同版本的教材，都设计了丰富的有关突出数感的教学内容。如对“万以内数的认识”，教材通常这样安排：

① 关于数与数量的感悟，教材提倡在具体的情境中建立数概念。如2002年北师大版教材通过“这样的一本书有100页，10本书有多少页?”、“我校大约有学生1000人，像这样的10所学校大约有多少人?”这样的具体情境，来帮助学生建立数概念。

② 关于数量关系的感悟，教材安排了估数、猜数、比大小等内容，如通过“多得多、多一些、少一些、少得多”等词语进行猜数活动。学生能够恰当地表达数之间的大小关系时，他们对数量关系的感悟就在逐步提升。

③ 关于运算结果的估计的感悟，教材安排了估算、笔算、口算相结

合的内容。这使学生逐步感受到要结合具体情况选择合适的计算策略，从而灵活解决问题。

教学中，教师要应用足这些素材，力求培养学生的数感。

▶概念解读

数感是数概念扩展中产生的一种对数学的敏感与理解状态，是学生基本的数学素养。

（1）培养数感的价值

① 建立数感有助于提高学生的数学素养。

学生学会数学地思考问题，具有理解和解释实际问题的数学敏感性，是其具有数学素养的重要标志。例如，学生认识了自然数后，当他看见盘子里的苹果时，不再只是注意苹果的颜色，而开始关注苹果的数量，知道比较两个盘子中苹果的个数，这就说明他具有了自然数感，数学素养得到了提高。

② 建立数感有助于学生对数学知识的自我构建。

数感是关于数概念的网络结构，数概念网络结构的形成和稳定是数感建立的关键。数感的建立有助于学生对数学知识的自我构建。例如，学习了负数概念，学生在买一支笔用去 5 元钱时，就会与负数建立联系，用“−5”来表示。

③ 建立数感有助于发展学生的创新精神和实践能力。

学生在数感建立的过程中，有很多机会接触和体验现实问题，与他人交流对有关数的问题的个性化看法，用不同的方式思考和解决同一问题。这都会有助于发展学生的创新精神和实践能力。

（2）数感的典型特征

实验稿《课标》指出数感主要表现在：理解数的意义；能用多种方法来表示数；能在具体的情境中把握数的相对大小关系；能用数来表达和交流信息；能为解决问题而选择适当的算法；能估算运算的结果，并对结果的合理性做出解释。2011 版《课标》还指出：数感是指关于数与数量、数量关系、运算结果估计等方面的感悟。这从概念的外延上对数感加以解释，使我们对其特征有所了解。

数感是高度个性化的产物。具有良好的数感能让学生们迅速辨别出数与数之间的重要联系，如 30÷15 比 30÷17 好算。

数感是用数字和计算法则灵活计算的能力。如对 48＝40+8，教师不仅要让学生知道它是一种数字模式，也要让学生知道 48 = 50 - 2 和 48 = 24×2。数字之间相互联系的方式、不同的表达形式、不同运算相联系的意义，对学生建立起数字与计算之间的联系都起着重要的作用，而数字与计算之间的联系恰恰对数感的形成有重要影响。

▶教学建议

数感的含义及其特征，决定了数感的教育价值。2011 版《课标》把数感列为十个核心概念之一，是数学教学的重要内容。

（1）在活动中培养数感

数感的培养不是一蹴而就的，教师要利用学生身边的素材，通过丰富多彩的生活情境，努力唤醒学生已有的生活经验，让学生在操作、观察、猜测、交流等活动中，自己去感知、发现，从而建立数感。如教学"认识 11—20 各数"时，教师可以先让学生数出 12 根小棒——这时会出现多种不同的数法：1 根 1 根地数、2 根 2 根地数、5 根 5 根地数，还可以先数出 10 根，再数出 2 根。接着，教师可以引导学生："你们用不同的方法都数出了 12 根小棒，看最后一种方法，你是怎么数的？够 10 根了，怎么办呢？"这样可以让学生在具体的操作、交流等活动中，经历"10 个一就是 10"的过程，体会"把 10 根捆成 1 捆"方法的优越性，知道 12 是由 1 个十和 2 个一组成的，也为今后认识更大的数奠定基础。

（2）在估算中发展数感

估算实际上是一种数学想象，是人的思维在探索数学规律、本质时的一种策略。估算能缩短解决问题的时间，能获得进行数学发现的机会，能锻炼数学思维，能培养数感。如对题目"这是小小的 1 粒米，1000 粒米有这么多，猜猜 10000 粒有多少？"，教师可以让学生先用手撮撮，原来就这么一小把；再出示更多的米，启发学生思考："1000 粒米放在瓶子里有这么多，那这个瓶子里总共有多少粒米？"学生可能会以 1000 粒米为标准，用手比出 10 份，所以 10000 粒米大约有这么多。

（3）在交流中引发数感

数感是一种心灵感受，学生在充分交流中可以发展数感。如对题目"咱们班有 43 人，这个礼堂里大约有多少听课老师？"学生众说不一。老师继续说："这个礼堂大约能容纳 400 人，几个我们这样的班级才能坐满？"然后老师对礼堂进行简单的介绍，学生借助自己熟悉的教室，知道这样的场馆大概有 10 个教室大，所以可以容纳约 400 人。这时学生也会想象出："400 人需要这样大的一个场馆呀。"学生的数感就在讨论和比较中得到了进一步的发展。

▶推荐阅读

(1)《如何培养学生的数感》(安吉莱瑞，北京师范大学出版社，2007)

该书论述了数感的萌发、形成与发展及其意义，并从计数和认识数字、数学符号、加减运算等方面详细论述了数感的应用及其重要作用。

(2)《论学生"数感"与"符号感"的关系及相关教学策略》(谢毅承,《中国科教创新导刊》，2011 年第 11 期)

该文从对学生思维品质的分析出发，研究了数感与符号感之间相辅相成、相互促进的关系，并论述了教师如何引导学生建立数感和符号感之间的联系等问题。

(马明燕)

符号意识（symbol sense）

▶概念描述

现代数学：从一般意义上说，所谓符号就是针对具体事物对象而抽象概括出来的一种简略的记号或代号。数字、字母、图形、关系式等构成了数学的符号系统。

符号意识是学习者在感知、认识、运用数学符号方面所做出的一种主动性反应，它也是一种积极的心理倾向。(史宁中，2012)[83]

小学数学：小学数学教材并没有明确给出"符号意识"的定义，但培养学生符号意识的学习内容贯穿始终。尤其在小学低年级"解决问题"的教学中，鼓励学生用符号代表具体事物，画图解决问题，以增强运用符号的意识。

▶概念解读

数学符号是数学的特殊文字，是一种含义高度概括、形体高度浓缩的抽象的科学语言。具体来说，数学符号产生于数学概念、演算、公式、命题、推理和逻辑关系等整个数学过程中，是为使数学思维过程更加准确、概括、简明、直观和易于揭示数学对象的本质而形成的特殊的数学语言。并且，它不仅是语言，也是工具，更是方法。从数学发展史看，准确而严谨的数学符号体系使数学的表达方式、解决问题的思想方法都发生了深刻的变化。可以说，没有数学符号，数学就不能得到发展。数学符号在数学发展中起着举足轻重的作用。简而言之，数学符号的意义在于使得抽象的数学概念有了具体的表现形式，使得具有一般意义的推理和运算、抽象的数学思维能以直观、简约的形式表现出来。

数学符号具有多种功能：抽象性、明确性、可操作性、简略性和通用性等。从徐品方等著的《数学符号史》一书看，初等数学和高等数学中常见的数学符号有 200 多个（不包括数字），其中常用的有 100 多个。小学阶段学生在数学学习过程中，将无时无刻不与符号打交道。所以，发展学生的符号意识是数学教学的重要目标。

每一个数学符号都有它特定的含义，使学生理解符号的意义是数学学习最基本的要求，也是符号意识的最基本要求。由于数学符号是一种特殊的语言，因此对数学符号的理解也有其固有的特点和要求：从符号的实质上去认识，多角度、全面地去理解，同时对它的认识和理解又不能是孤立的、僵化的。也就是说，不仅应注意符号之间的关联，也应注意对“一符多义”的理解。

对数学符号不仅要“懂”，还要会“用”。运用符号表达数学对象就是“用”符号的重要方面。数学表达实质上就是以数学符号作为媒介的一种语言表达。发展符号意识最重要的是运用符号进行数学思考，这是最具数学特色的思维方式。通过培养学生的符号意识，发展学生的数学表达能力，成为当今课堂关注的目标。

事实上，学生在使用符号的过程中，逐渐产生了对符号的直观感觉和经验，即符号感，并在这种直观感觉和经验的基础上逐步形成符号意识。因此，符号意识作为重要的核心概念在 2011 版《课标》中被提出。课标对符号意识的具体表现做出如下表述：第一，能够理解并且运用符号表示数、数量关系和变化规律；第二，知道使用符号可以进行运算和推理，得到的结论具有一般性；第三，使学生理解符号的使用是数学表达和进行数学思考的重要形式。

从以上表述可以看出，对符号意识的培养要经历从最初的读懂会用，到能操作符号进行运算和推理，再到形成运用符号思考的思维方式。即要循序渐进、逐步深入，在符号技能的形成过程中使学生逐步具备主动使用符号的心理倾向。

另外，数学符号的表达是多样化的，即使是同一数学对象也可采用多种符号予以表达。而多种符号表达方式之间也是可以转换的。在教学中，我们要关注符号表达上的这些特点。

▶教学建议

对于符号意识，无论是在知识技能的学习中，还是在数学思维的培养中都应该加以重视。

（1）利用已有经验，结合现实情境，引发符号意识

对于小学生来说，数学符号并不是上小学时才开始接触的，从他们记事起就已经在生活中对符号有了初步的认识，比如玩具中的各种积木、快餐的代号，等等。但是，学生们并不会将其上升到“符号”的意义。教学中，教师可以充分利用学生的这些已有经验，结合现实情境，增强学生的符号意识。例如，有的老师在教学“用字母表示数”时，谈话引入：“同学们，你们喜欢玩扑克牌吗？谁能说说扑克牌中的哪些字母用来表示数？……那为什么要用字母来表示数？怎样用字母来表示数？”这样从学生熟悉的情境入手，能够调动他们已有的知识基础，引发符号意识。

（2）了解符号历史，挖掘深层含义，建立符号意识

数学符号的产生和发展是一部动人的历史，每一个数学符号的背后都有一个令人感动的故事。它们的背后都凝聚着数学工作者艰辛的努力，凝聚着人类的智慧。建立符号意识同样离不开经历符号的产生、运用和推广的过程。例如，在教学“乘法的初步认识”时，教师适时引出“×”，并出示：“1631年，英国数学家奥特雷德（Oughtred，W.）在他的一本关于算术与代数知识的通俗读物《数学入门》中，创造了150个数学符号，但只有极少的一些幸存下来，乘号就是其中之一。”“乘号为什么幸存下来了？你们看，它多像加号呀！其实它就是加号旋转45度得到的，表明乘法虽然源于加法，但又不同于加法。”学生在这样的讲解中会感受到任何一个符号的产生都有它的理由，最终流传至今的一定是包容了其内涵并被大家所接受的，从而进一步理解符号的含义，建立符号意识。

（3）借助数学问题，经历解决过程，发展符号意识

符号意识的培养仅靠一些单纯的推演训练和模仿记忆是难以达到预期效果的。教师要引导学生经历发现问题、提出问题、分析问题、解决问题的全过程，在这一过程中让学生积累运用符号的数学活动经验，更好地感悟符号所蕴含的数学思想本质，从而进一步发展其符号意识。例如在教学“搭配的学问”一课时，教师可以提出问题：“2 件上装和 3 件下装，怎样搭配呢？你可以用学具来摆摆，也可以自己画一画，再想办法把它记录下来，也可以算一算。”学生虽然没有经过专门的“乘法原理”解题模式的思维训练，但是他们完全可以使用恰当的符号进行数学思考，找到解题思路，这样就在解决问题的过程中发展了符号意识。

▶推荐阅读

（1）《教育与数学教育：史宁中教授教育研究录》（杨述春、刘晓军，东北师范大学出版社，2006）

该书第三编的“问题 23”就是关于数学符号和符号意识的专门讨论，另该书第二编的“问题 13”还具体讨论了数字符号的产生及其逻辑发展过程，对教学很有启发。

（2）《数学符号史》（徐品方、张红，科学出版社，2007）

该书介绍了 100 多个常用的数学符号的发展史，其中有些是与小学数学相关的，教师可以选择适当的内容运用在教学中。

（刘劲苓）

空间观念（space concept）

▶概念描述

现代数学：根据 2011 版《课标》，空间观念主要是指根据物体特征抽象出几何图形，根据几何图形想象出所描述的实际物体，想象出物体的方位和相互之间的位置关系，描述图形的运动和变化，依据语言的描述画出图形等。

小学数学：小学数学教材并没有给出空间观念的明确定义，但发展学生空间观念的学习内容贯穿在“图形与几何”学习的全过程——无论是图形的认识、图形的测量，还是图形的运动等，都承载着发展学生空间观念的任务。

▶概念解读

① 空间观念是义务教育数学课程的核心概念，它贯穿在“图形与几何”学习的全过程中。发展学生的空间观念有着重要的意义。一个人从出生开始，最先感知的便是三维世界。人类的生活和空间密不可分，认识、探索我们的生活空间，能够使我们更好地生存、生活和发展。空间观念在这个过程中就起着重要的作用。

② 2011 版《课标》中没有具体给出空间观念的内涵，而是从是否具有空间观念的几个表征出发对其进行描述的。在理解这几个表征的时候，尤其要注意以下两点。

a. 三维图形与二维图形的相互转化。

对空间观念的描述首先提到“根据物体特征抽象出几何图形，根据几何图形想象出所描述的实际物体”。这一描述实际上谈到的是三维图形与二维图形相互转化的基本表现形式。在生活与工作中，也经常会遇到三维图形与二维图形的相互转化，比如把我们看到的三维空间的实物画在平面上，或者看到平面上的图形想象出实际物体。在相互转化的过程中充满观察、分析、比较、想象、推理等活动，如果能顺利地进行相互转化，对我们解决问题是很有帮助的。在小学数学教材中也有很多这样的内容。比如，认识长方体、正方体和圆柱的展开图，能根据具体实物、照片或直观图辨认从不同角度观察到的简单物体，能辨认从不同方向（前面、侧面、上面）看到的物体的形状图等，都更主要地体现了这种转化。因此在教学中，要重视三维图形与二维图形的相互转化。

b. 空间想象必不可少。

对空间观念的描述提到的“想象”一词非常重要。心理学把人对头脑中已有表象进行改造，创造出新形象的过程称作想象。空间想象就是指以现实世界为背景，对头脑中已有的几何表象进行加工改造，创造新形象的过程。没有想象，很难谈到对现实世界的了解与把握，很难谈到发明与创造，因此发展学生的空间观念一定要重视想象。

▶教学建议

空间观念的培养与发展是一个长期的、需要不断坚持的过程，我们要把这一目标贯穿在“图形与几何”领域教学的全过程中。

（1）在动手操作的过程中发展学生的空间观念

对于小学生而言，他们的思维以具体形象思维为主，他们亲身经历的、亲眼看见的、直观的、形象的材料，有利于其学习的进行。因此，在教学过程中，教师要多给学生提供动手操作的机会，在“做一做”、“想一想”、“说一说”等过程中，让学生多种感官参与活动，多方面获取信息，促进学生主动思考。这是发展学生空间观念的有效途径之一。孙贵合老师执教“三角形边的关系”一课时，给学生提供了很好的学具—— 一条画在透明塑料胶片上的有厘米刻度的线段。在课堂上，学生们把这条线段剪成三段，然后用这三条线段围三角形，发现有时围得成，有时围不成，从而引发认知冲突，产生探究的欲望。然后，学生通过展示、交流、争辩、讨论等活动，总结出“三条线段，当任意两条线段大于第三条线段时，能围成三角形，否则不能围成三角形”，理解了三角形边的关系，即三角形中任意两边之和大于第三边。

（2）在观察想象的过程中发展学生的空间观念

空间观念的发展离不开想象，因此，在教学中要为学生提供足够的时间和空间去观察和想象。

对于学生来讲，有时直接地观察与想象是有些困难的。比如，判断多个正方体展开图，哪些能围成正方体，哪些不能围成正方体，是学生认识上的难点。对于这个难点，我们往往会直接借助动手实践或课件演示的方式进行教学。这样虽然降低了学生判断上的困难，但是也失去了让学生进行想象的机会，不利于其空间观念的发展。杜云明老师执教“正方体展开图”一课时，给学生提供了足够的时间与空间进行观察和想象。对于“哪些展开图能围成正方体，哪些展开图不能围成正方体”这个问题，杜老师先让学生进行想象，尝试着做出判断，如果想象不出的话再用手摆或用课件演示，对实际看到的和想象的进行比较。这样有助于学生更好地理解图形的特征，积累想象的经验，发展空间观念。

（3）在沟通转换的过程中发展学生的空间观念

对于小学生而言，认识三维图形比认识二维图形要困难。教师在进行图形认识的教学时，要帮助学生沟通图形间的联系。这很重要，会有利于发展学生的空间观念。

刘娟老师执教的“长方体和正方体的认识”一课，在三维图形与二维图形的沟通方面设计了很好的问题。学生通过自主探究的方式得出长方体的特征后，刘老师质疑并追问：“长方体有 6 个面，每个面有 4 条边、4 个顶点，那 6 个面应该一共有 24 条棱、24 个顶点，为什么只有 12 条棱、8 个顶点？”这个问题激起了学生的认知矛盾。通过讨论，学生切实认识到要从几何要素之间的“关系”方面做进一步的推敲：因为两个面相交得出一条棱，三条棱的端点相交得出一个顶点。这在对长方体模型的观察中得到了印证。这时，“长方体”观念才真正地在学生的脑海中“立”了起来。

▶推荐阅读

《小学数学教学策略》（张丹，北京师范大学出版社，2010）

该书的第三章阐述了图形的认识、图形的测量、图形与变换、图形与位置四个方面的教学策略。

（刘　娟）

几何直观（geometric intuition）

▶概念描述

现代数学：借助于见到的或想到的几何图形的形象关系产生对数量关系的直接感知，即可称为“几何直观”。（徐利治，2000）

小学数学：小学数学教材中虽没有出现“几何直观”的定义，但小学数学诸多问题的呈现、分析等过程充分体现了“几何直观”的含义，以及它的作用和价值。例如，分数的理解对于小学生已经比较困难，分数的运算就更难了。然而，结合图形就变得容易多了。下图是$\frac{1}{2}\times\frac{1}{4}$的直观表达：

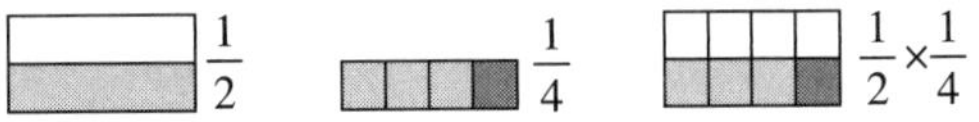

正如 2011 版《课标》所阐释的：几何直观是指利用图形描述和分

析问题。借助几何直观可以把复杂的数学问题变得简明、形象，有助于探索解决问题的思路，预测结果。几何直观可以帮助学生直观地理解数学，在整个数学学习过程中都发挥着重要作用。

▶概念解读

（1）几何直观是理解数学的重要方法

史宁中（2008）[122]教授在《数学思想概论（第 1 辑）》有关复数的几何表示中提到“当给出了复数的几何解释后，人们才真正感受到了复数的存在，才逐渐接受了复数”，并做批注：“人们在阐述数学问题时，总是千方百计地给出几何解释，这便是几何直观。”

2011 版《课标》解读指出：几何直观就是依托、利用图形进行数学的思考和想象。它在本质上是一种通过图形所展开的想象能力。（史宁中，2012）[92]

数学的直观解释有利于人们对数学的认识和理解。数学的发展过程表明，抽象的数学结论往往总能找到相对直观的表征和解释；很多重要的数学内容、概念，都有“双重性”——既有“数的特征”，也有“形的特征”。例如正比例关系，既可以用数与式的形式 $\frac{y}{x}=k$ 表示，也可以用笛卡儿坐标系中的直线来表示。只有从两个方面认识它们，才能很好地理解它们，掌握它们的本质意义。

（2）几何直观是解决数学问题的重要方法

在几何直观中，几何指图形。因此，几何直观的核心内容是“图形与几何”领域的教学。这一领域的教学不仅要培养学生的逻辑推理能力，还要培养学生的几何直观能力。不仅如此，几何直观在表征和解决其他数学领域中的问题和现实世界中的问题时也发挥着重要作用，如数概念、数运算的直观理解，直方图、分布图对数据信息的形象比较，坐标系对几何与代数的综合反映等。所以，几何直观可以帮助学生直观地理解数学，它在整个数学学习过程中都发挥着重要作用，同时几何直观的培养还应融合于数与代数、统计与概率、综合与实践等领域的教学。

▶教学建议

（1）重视画图与变化，积累经验

画图技能和图形的变化是几何直观的基础。在画垂线、平行线、角、三角形、三视图、对称图的过程中，在用学具进行平移、旋转中，不仅能够加深学生对知识的理解，而且能够为其几何直观的发展积累活动经验。

（2）运用“数形结合”培养学生几何直观的意识

教学中，教师要充分运用数与形的结合，一方面贯通对知识、技能的认识和理解，另一方面彰显直观的好处，使学生产生几何直观的意识，如两位数乘法与点子图、平方差公式与两个正方形的面积差等。（分别如下图中的左、右图）

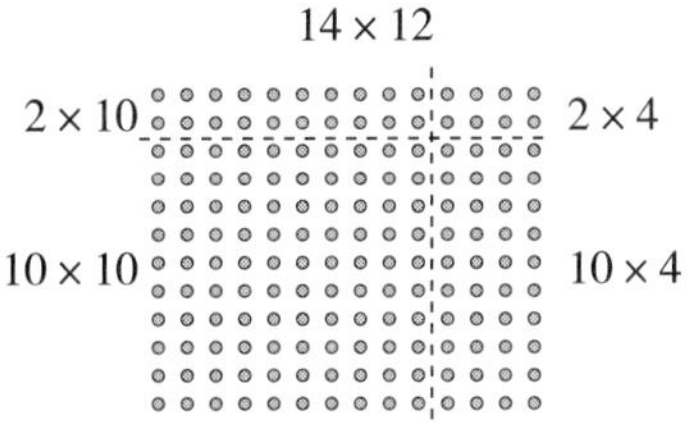

$$a^2 - b^2 = (a+b)(a-b)$$

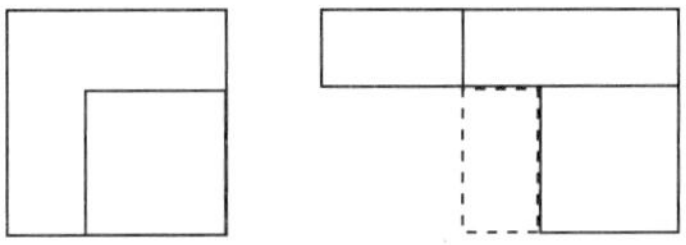

教师在教学中把几何直观运用得越充分，直观的效果越明显，学生的直观表现意识就会越强烈。

（3）培养学生用图形来阐述和解释数学问题的方法

一方面，日常教学中教师要注重引导学生“画图”，能画图尽量画图，画“自己的图——只要是能对理解概念、理解问题、分析问题、解决问题有帮助即可”。另一方面，培养学生掌握一些重要的图形工具，如点子图、线段图、方格纸等，让学生不断运用这些图形工具解读问题，逐步形成几何直观能力。

▶推荐阅读

（1）《数学思想概论（第1辑）——数量与数量关系的抽象》（史宁中，东北师范大学出版社，2008）

该书第48页阐述了直观与数形结合的意义，强调了对于数学学科各领域的教学，最终都应该把培养学生的几何直观作为重要的价值取向。

（2）《小学数学教学策略》（张丹，北京师范大学出版社，2011）

该书第113页对画图策略进行了阐述，强调了画图可以帮助学生理解问题、解决问题、促进反思和交流等。

（孙　建）

数据分析观念（data analysis concept）

▶概念描述

现代数学：数据分析观念的内涵，主要包括通过数据收集和分析提取信息，通过数据体会随机性，利用数据解决问题。前两者更加指向统计过程和统计方法自身，后者则更加指向运用统计解决问题。

小学数学：2011 版《课标》指出，了解在现实生活中有许多问题应当先做调查研究，收集数据，通过分析做出判断，体会数据中蕴含着信息；了解对于同样的数据可以有多种分析的方法，需要根据问题的背景选择合适的方法；通过数据分析体验随机性，一方面对于同样的事情每次收集到的数据可能不同，另一方面只要有足够的数据就可能从中发现规律。数据分析是统计的核心。

▶概念解读

2011 版《课标》对数据分析观念的表述，点明了两层意思。第一，点明了统计的核心是数据分析。第二，点明了数据分析观念的三个重要方面的要求：体会数据中蕴含着信息；根据问题的背景选择合适的方法；通过数据分析体验随机性。这三个方面也正体现了统计与概率独特的思维方法。

数据分析观念包括以下几个方面。

① 数据意识。即当你遇到一个问题的时候，你能想到用数据帮你解决问题。比如，班里要组织开展联欢会，这就需要买些水果，买什么样的水果呢？有的孩子会说买苹果，有的孩子会说买梨，他们没有统计的数据意识；但随着年龄的增长，大家在一起讨论后发现，要使买的水果得到很多人的喜欢，那我们必须去收集数据。这实际上就是培养学生的一种数据意识，是小学阶段统计学的最核心的问题，也就是我们不期望学生掌握多少种方法，但是他要有这样的想法，遇到这样的问题能想到去调查、能想到用数据说话，这一点非常重要。这也就是数据分析观念的第一点：数据意识。

② 体会到数据中是蕴含着信息的，能从中提取更多的信息，而这些信息能为我们解决问题提供决策依据。

③ 数据的随机性。数据的随机性主要有两层含义：一方面对于同样

的事情每次收集到的数据可能会是不同的；另一方面只要有足够的数据就可能从中发现规律。比如对掷硬币的问题，在统计上就会这样设计实验：先让学生多次掷硬币，计算出现正面的比例（频率），然后用频率来估计出现正面的可能性是多大。如果这个可能性接近二分之一的话，就推断掷硬币出现正反面的概率大概是一样的，这是统计的思想。

▶教学建议

数据分析观念就是让学生体会到数据是蕴含信息的，信息是可以被人提取的，最终信息是为人们服务的，所以我们应该从小培养学生的数据分析观念。

（1）设计问题情境使学生体会需要收集数据

要使学生接受统计特有的观念，最有效的方法是让他们真正投入产生和发展统计观念的全过程。因此，教学中应注重设计贴近学生生活的情境，使他们经历收集数据、整理数据和分析数据的过程，逐步形成统计意识。

例如，柏继明老师在教学一年级“统计”时，引领学生经历了统计喜欢吃哪种蔬菜的学生最多的数据得出的过程。具体做法是：有西红柿、茄子、菠菜、菜花四种蔬菜，让学生先每人选择一种最喜欢吃的，再利用现场站队的方法分类，然后数各队的人数，最后填入统计表。即先让学生站队，再把排队的过程在多媒体上演示，然后抽象出数学条形统计图——让学生经历统计图的形成过程，最后回顾这一学习过程，总结出统计方法：分类—统计—填表—检验—提出数学问题。这就让学生经历了统计的全过程。而人类发现统计知识的过程是什么样的，我们就应该引导学生重走一遍。

（2）分析数据能帮助人们解决什么问题

如果没有好的问题情境，或者说设置的情境是个很平常的情境，在数据收集完了以后可以讨论，收集的这些数据能帮助我们做什么，让学生体会分析数据的作用。

下面我们来看一个案例：组织学生调查班级同学的身高情况。这是个很平常的情境。教师便可在学生把数据调查出来进行分析以后问：看到这些身高的数据，想一想它们能帮助我们解决什么问题？有三个很有代表性的回答——生 1：我可以了解到我们班同学的身高情况，从而知道我自己的身高在班内处于什么情况。生 2：我们班有 8 岁的、有9岁的，我今年8岁，看到9岁同学的身高我可以预测一下我到9岁时大概多高。生3：学校可以根据我们班的身高情况确定我们的课桌椅的高度。

这个案例跟前面的案例不同，它也有情境，但它的这个情境非常重视数据分析以后让学生讨论的环节——我们收集的数据到底能帮我们解决什么问题？这也是如何培养学生的数据分析观念的策略之一。

▶推荐阅读

《基本概念与运算法则——小学数学教学中的核心问题》（史宁中，高等教育出版社，2013）

该书第四部分从为什么要强调数据分析观念和小学阶段对数据分析观念的具体要求等方面进行了阐述。

（王　敏）

运算能力（operation ability）

▶概念描述

现代数学：一般说来，运算都指代数运算，它是集合中的一种对应。对于集合A中的一对按次序取出的元素a、b，有集合A中唯一确定的第三个元素c和它们对应，叫作集合A中定义了一种运算。（《小学教师实用数学辞典》编写组，1989）[9]

2011版《课标》提出，运算能力主要是指能够根据法则和运算律正确地进行运算的能力。

小学数学：一般认为，根据一定的数学概念、法则和定理，由一些已知量通过计算得出确定结果的过程，称为运算。能够按照一定的程序与步骤进行运算，称为运算技能。不仅会根据法则、公式等正确地进行运算，而且理解运算的算理，能够根据题目条件寻求正确的运算途径，称为运算能力。

运算技能的特征是正确、熟练；运算能力是运算技能与逻辑思维等的有机整合，不仅是一种数学的操作能力，更是一种数学的思维能力。

正确、灵活、合理和简洁是运算能力的主要特征。(史宁中，2012)[98-99]

▶概念解读

小学数学离不开“算”，运算在小学数学课程中占有重要的地位。它有着怎样的历史渊源呢？

小学阶段的运算一般指加、减、乘、除，统称为四则运算。四则运算都是从两个已知数得出第三个数的运算，称为二元运算。按运算等级分，加、减为一级运算，乘除为二级运算。

四则运算在我国起源很早，春秋战国时期，我们的祖先创造了一种十分重要的计算方法——筹算。筹算就是使用算筹进行计算的方法。算筹（又称算子）是我国古代一种十进位制计算工具——竹制的小棍，起源于商代的占卜。(如图 1)

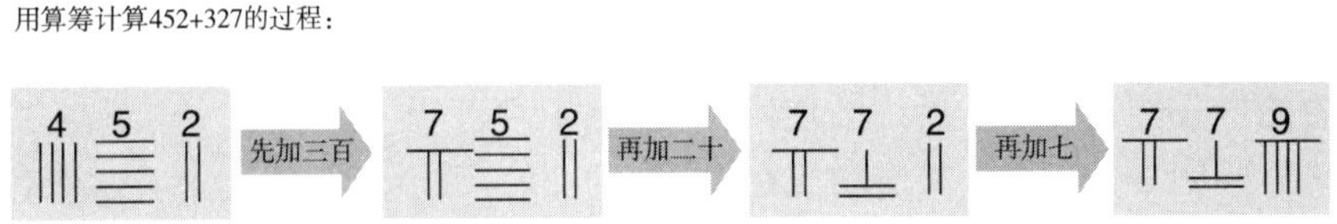

图 1

据《孙子算经》记载，算筹记数法则是：“一纵十横，百立千僵，千十相望，万百相当。”《夏阳侯算经》补充说：“满六以上，五在上方，六不积算，五不单张。”

意思是用算筹记数的方法是：个位用纵式，十位用横式，百位再用纵式，千位再用横式……以此类推，遇零则置空。这样从右到左，纵横相间，就可以用算筹表示出任意的自然数了。由于位与位之间的纵横变换，且每一位都有固定的摆法，所以既不会混淆，也不会错位。毫无疑问，这样一种算筹记数法和现代通行的十进位制记数法是完全一致的。

我国古代另一个重要的计算工具就是算盘。它是人们在长期使用算筹的基础上发明的，是我国古代的一项重要发明，东汉末数学家徐岳对此有记载。算盘在阿拉伯数字出现前是世界广为使用的计算工具，是中华民族对人类的一大贡献，而且一直延续至今。人们往往把算盘的发明与中国古代四大发明相提并论。

▶教学建议

小学阶段“数的运算”包括数的运算意义和四则运算之间的关系、获得运算的结果（估算、精算）、运算律和运算性质，以及运用运算解决实际问题四部分内容。

运算不仅是数学课程中“数与代数”的重要内容，“图形与几何”、“统计与概率”、“综合与实践”也都与运算有着密切的联系，是不可或缺的内容。如何培养和提高运算能力呢？

（1）培养和提高运算能力的基础是理解运算意义

① 运算与解决问题不可分，理解运算意义的途径是联系生活情境，唤起学生的生活经验，强调对问题实际意义和运算意义的真正理解。

比如，对于除法运算的引入，有的教材设计了丰富的“分一分”活动，帮助学生积累活动经验，为抽象出除法奠定了基础。

问题 1：8 个桃子分给两只猴子，每只猴子可能吃几个？如果平均分给两只猴子呢？然后用圆片代替桃子，让学生分一分。

问题 2：12 个苹果平均放在 4 个盘子里，每个盘子放几个？每个盘子放 2 个，可以放几盘？

② 运用多种模型，理解运算的丰富内涵。每一种运算都有多个模型，教师要深入理解教材，有针对性地加以设计。例如，加法有合并或移入模型，减法有拿走、相差或移出模型，乘法有求几个相同加数的和、倍数、长方形的面积、搭配问题模型，除法有等分除、包含除模型等。教师要依据不同模型，创设不同情境，丰富学生的理解。

③ 结合生活实例，引导学生表达对运算的理解。

（2）培养与发展运算能力要实现算理、算法的统一

运算能力不仅包括学生能根据计算法则正确计算，而且包括能理解运算的道理。算理是四则运算的依据，它是由数学概念、运算定律、运算性质等构成的；运算法则是四则运算的基本程序和方法。运算是基于法则进行的，而法则又要满足运算定律。所以，算理为法则提供了依据，法则又使算理可操作化，即要进行“理法交融”的学习。例如，对两位数乘两位数 12×14 可以分成两部分来理解：两位数乘两位数，第二个因数的个位 4 乘 12 得的是哪部分，第二个因数十位 1 乘 12 得的是哪部分（如图 2）；也可以分成四部分来理解（如图 3），把乘的过程与图结合起来，目的是深入理解算理。

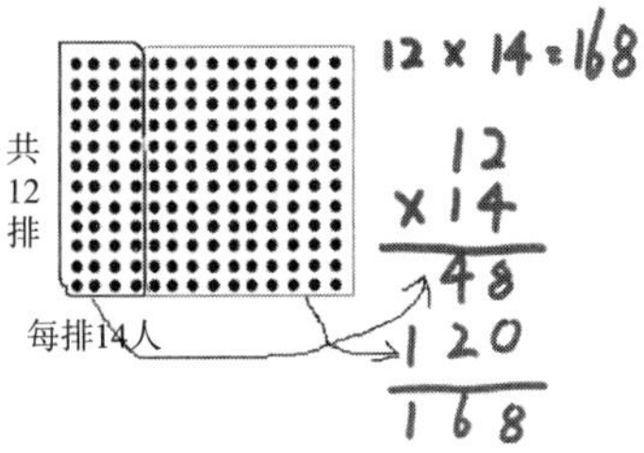

图 2

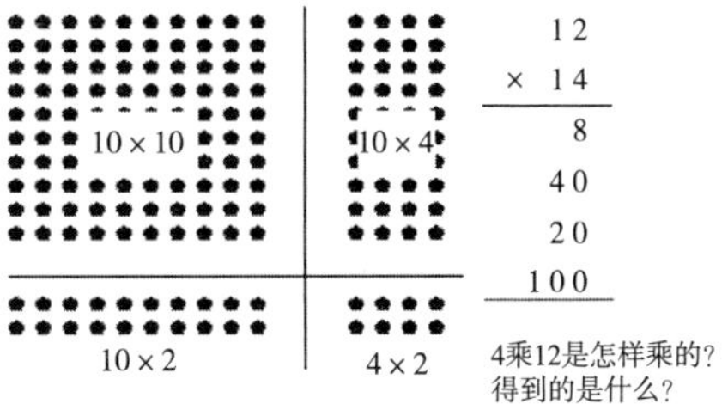

图 3

运用直观模型理解两位数乘两位数算理，在图与式的勾连中，让学生深入理解算理，体会两位数乘两位数的本质：乘法意义和乘法分配律。

（3）培养与发展运算能力要靠有效训练，逐步达成熟练、灵活、简洁

① 加强口算训练，提高运算技能。口算训练是一项需要长期坚持的教学任务，一方面要经常练，另一方面要科学合理地练，做到适时、适量、适度，并注意周期、个性化和纠错。

② 加强估算训练，提高运算技能。估算在日常生活中有着广泛的应用，教师要不失时机地培养学生的估算意识，选择合理的估算方法，灵活地运用数之间及数量之间的关系，发展学生的数感，培养学生灵活处理问题的能力，提高学生的运算能力。例如，一副乒乓球拍 48 元，买 19 副，带 1000 元够吗？运用估算 $48\times19\approx50\times20=1000$（元），所以带 1000 元肯定够。这种情况下，上估比较好，一下就解决了问题。

③ 鼓励算法多样化，提高运算技能。

总之，运算能力的形成不是一蹴而就的，运算能力的发展具有递进性和综合性。在数学发展的历史上，不同类别的运算是由简单到复杂、由具体到抽象、由低级到高级逐步形成和发展起来的。运算能力既不能离开具体的数学知识而孤立存在，也不能离开其他能力而独立发展。运算能力是和记忆能力、观察能力、理解能力、联想能力、表述能力等互相渗透的，它也和逻辑思维能力等数学能力相互支持着。

▶推荐阅读

（1）《课程标准案例式导读与学习内容要点》（张丹、白永潇，东北师范大学出版社，2012）

该书第二章第二节第 64—78 页“数的运算”论述了数的运算的内

容及训练。

(2)《小学数学》（吴正宪、张丹，华东师范大学出版社，2008）

该书第16—27页论述了如何科学地培养学生的运算技能。

（吕志新）

推理能力（deduction ability）

▶概念描述

现代数学：推理是形式逻辑术语，是一种重要的思维形式，即由一个或几个已知命题推出一个新命题的思维形式。作为推理中所根据的若干命题称为前提，根据前提得出的结果称为结论。例如：

① 平行四边形对边相等，所以，有一组对边不相等的四边形不是平行四边形。

② 四边形四个内角和为360°，平行四边形是四边形，所以，平行四边形内角和为360°。

上面两个例子都是推理。在“所以”前面的命题（判断）都是前提，在“所以”后面的命题（判断）是结论。推理形式是由作为前提的命题形式逐步得到作为结论的命题形式过程中的每一步。形式逻辑不研究推理的具体内容，而只研究怎样的推理形式才有效，即推理的合理性。研究作为前提的命题形式与作为结论的命题形式之间逻辑联系的性质及规律性。推理是由已知寻求未知的一种方法，也是证明的工具。（裘光明，2002）[656]

小学数学：小学数学教材并没有明确给出推理的定义。不同版本的教材在不同领域都涉及了丰富的有关推理的教学内容，以突出推理的重要价值。如很多教材安排的“你是怎么想的?”、“为什么会是这样的?”、“你和他的想法一样吗？还有不同的方法吗?”这些内容，非常明显地在鼓励学生进行推理。教师则要充分地让学生交流，以培养学生的推理能力。

▶概念解读

推理的价值：推理是数学的基本思维方式，也是人们学习和生活中经常使用的思维方式。学习数学就是要学习推理。具有一定的推理能力是培养学生数学素养的重要内容，也是数学课程和课堂教学的重要目标。推理能力的发展应该贯穿于整个数学学习过程中。

推理的分类：一般包括演绎推理和合情推理两种。

演绎推理：从已有的事实（包括定义、公理、定理等）和确定的规则（包括运算、法则、顺序等）出发，按照逻辑推理的法则证明和计算，得到某个具体结论的推理。它的思维进程是从一般到特殊。

合情推理：数学家乔治·波利亚对归纳推理、类比推理等或然性推理（即推理的结论不一定成立的推理）的特称。它是从已有的事实出发，凭借经验和直觉，通过归纳、类比等推断某些结果，是一种合乎情理、好像为真的推理。

数学中，合情推理是多种多样的，其中归纳推理和类比推理是两种用途最广的特殊合情推理。法国数学家拉普拉斯说："甚至在数学里，发现真理的工具也是归纳和类比。"

归纳推理：以个别（或特殊）的知识为前提，推出一般性知识为结论的推理。它的思维进程是从特殊到一般。它具体可以分为：完全归纳推理和不完全归纳推理。如"商不变的性质"，就是从几个具体的除法计算所反映的共同特点推出一般性结论的，从而做出形式归纳：在除法里，被除数和除数都乘或除以同一个数（0 除外），商不变。

类比推理：由两个或两类思考对象在某些属性上的相同或相似，推出它们的另一属性也相同或相似的一种推理。它是从特殊到特殊的推理，如除法商不变的规律、分数的基本性质和比的基本性质之间的类比。

推理与证明：推理与证明是数学的基础。能进行推理是理解数学的关键，数学证明则是一种表达特定推理过程的严谨的方法。数学推理与证明为人们探索和表达不同现象的内在关系，提供了行之有效的方法。

▶教学建议

数学不仅需要演绎推理，同样需要合情推理。教学中应引导学生通过观察、实验、归纳、类比来大胆猜想，然后通过演绎推理证明猜想是否正确。

（1）引导学生经历数学活动或依据平日积累的数学知识和方法，发展合情推理能力如孙贵合老师执教“三角形边的关系”一课时提出：三角形的一条边长 12 厘米，另两条边的和是 14 厘米，这两条边的长度可以分别是多长？学生开始操作剪线段。接着，孙老师让学生思考：什么时候能围成三角形？什么时候又不能围成三角形？学生亲自验证猜想。在观察、实验、比较、交流中，学生归纳出任意两边之和大于第三边就能围成三角形，运用了不完全归纳推理（这一结论到第三学段即可进行证明而正式成立）。教学中，我们应该经常开展操作、实验、观察等活动，发展学生合情推理的能力。

此外，在教学运算律时，不少教师不仅出示课本中的例题，还启发学生自己编制有关算式，通过观察、比较、分析、交流，来发现并归纳出相关的运算律。这些都有利于学生合情推理能力的提高。

（2）引导学生把自己推理的过程清晰表达出来

首先，要鼓励学生清楚地表达推理过程。学生在有条理的表达中，锻炼了思维的有序性。低年级教学中，教师就应该帮助学生体会到推理和证明是数学学习的基础，如可以经常追问：“你是怎么想的？为什么认为他的答案是正确的？还有不同答案吗？”长此以往，学生逐步体会到数学学习就是要讲道理，要根据理由得出结论。再如第二学段，在学习“因数与倍数”时，教师可以问学生：“不通过计算，直接判断 71643 是不是 3 的倍数，你的根据是什么？”这种设问本身就是培养学生演绎推理能力的良好例证。

其次，鼓励学生大胆猜想，通过实验或者推理验证猜想。学生为了能清晰地表达自己的思考过程，通常需要用实物、图画、举例等方式验证自己的猜想。如崔岩老师在执教“探索规律”时，根据小花的排列规律“……”，鼓励学生大胆猜想第 21 朵花是什么颜色，并想办法证明猜想是正确的。由此，学生想到了摆实物、数数、画图、计算等多种方法验证猜想，并在交流中，有序地表达出自己的推理过程。

（3）有效评价学生的推理

为了发展学生的推理能力，教师应努力对学生的推理进行恰当的评价，同时激发学生间的评价，如：“看，这个同学能用上‘因为……所以……’把自己的想法说得多有条理呀！谁能比他说得更清楚？”通过有效评价，学生可以意识到如何清晰地表达自己的推理过程。久而久之，推理能力会逐渐得到提高。

▶推荐阅读

(1)《小学数学教学策略》(张丹，北京师范大学出版社，2010)

该书的第三章主要从空间与图形的角度论述了发展空间观念和推理能力的策略。

(2)《美国学校数学教育的原则和标准》(全美数学教师理事会，人民教育出版社，2004)

该书介绍了美国课程标准中学前至十二年级对推理与证明的有关要求等。

(马明燕)

模型思想（idea of model）

▶概念描述

现代数学：模型思想是2011版《课标》提出的十个核心概念之一，是一种数学的基本思想。史宁中（2008）[1]教授在《数学思想概论（第1辑）》中提出："数学发展所依赖的思想在本质上有三个：抽象、推理、模型……通过抽象，在现实生活中得到数学的概念和运算法则，通过推理得到数学的发展，然后通过模型建立数学与外部世界的联系。"

小学数学：小学数学教材并没有给出模型思想的定义，但该思想渗透于数学课程标准的许多方面。在教学中，教师要引导学生经历从实际情境中抽象出数学问题、解决问题的过程，使学生初步形成模型思想。

▶概念解读

模型思想是数学的基本思想之一。2011版《课标》指出："模型思想的建立是学生体会和理解数学与外部世界联系的基本途径。"它明确告诉我们教师：建立模型思想的本质，就是使学生体会和理解数学与外部世界的联系。学生在学习过程中，总是从相对简单到相对复杂，从相对具体到相对抽象，逐步积累经验，从而形成运用模型去进行数学思维的习惯。学生学习数学知识的过程，实际上就是对一系列数学模型理解和把握的过程。

在小学数学教材中，模型无处不在。小学数学中常蕴含的数学模型有：数概念模型，比如分数；运算模型，比如加法、减法、乘法、除法的运算；方程模型——方程是建模思想的重要体现；几何图形模型——每一种图形本身就是一种数学模型，平面图形和立体图形的周长、面积以及立体图形的体积的计算公式就是模型化思想渗透的重要途径。

▶教学建议

模型思想的建立是一个循序渐进的过程，真正使学生有所感悟需要经历一个长期的过程。所以，教师在教学中要注意根据学生的年龄特点逐步渗透，引导学生不断感悟。

（1）第一学段教学中引导学生借助直观模型解决实际问题

用数学模型的思想来指导数学教学，不同的年级、内容、学习对象应该体现出一定的差异，但也存在着很大的关联性。

比如低年级教师在教学“5-2=3”这一环节时，可先通过具体情境图让学生说图意，理解有5个小朋友在浇花，走了2个小朋友，还剩下3个小朋友；然后再根据图意提出数学问题，引导学生列式解答；继而让学生用圆片代替小朋友，将这一过程摆一摆：（结合情境图和圆片说明）“5个小朋友在浇花，走了2个，还剩3个”和“从5个圆片中拿走2个，还剩3个”，都可以用同一个算式（5-2=3）来表示。教师还可再让学生说一说这里的5表示什么？2、3又表示什么？最后让学生说一说在生活中5-2=3还可以表示什么呢？学生可能会说“有5瓶牛奶，喝掉2瓶，还剩3瓶”，也可能会说“树上有5只小鸟，飞走2只，还剩3只”……

这个教学片段根据低年级学生数学学习的特点，由具体、形象的实例开始，借助操作予以内化和强化，最后通过思维发散和联想加以扩展和推广，赋予“5-2=3”以更多的“模型”意义，渗透了初步的数学建模思想。模型意识的培养和建模方法的指导，要根据具体内容和具体年级有层次地进行。

（2）第二学段教学中引导学生在解决实际问题中感悟数学模型思想

在第二学段中，教师可以通过一些具体问题，引导学生通过观察分析，抽象出更为一般的模式表达。如用字母表示有关的运算律和运算性质，总结出路程、速度、时间和单价、数量、总价等关系式。

如2005年北京版教材第8册第三单元实际问题中安排了行程问题的教学。教师教学时要通过创设学生熟悉的情境，引导学生采用探究学习的方式，在提出问题、交流研讨、解决问题的基础上，总结出相向运动问题的解答方法，从而进一步体会速度、时间、路程之间的关系，提高解决数学问题的能力。因此，教师在教学中要让学生经历建模的过程。

总之，模型思想的渗透是多方位的。模型思想的感悟应该蕴含在概念、命题、公式、法则的教学之中，并且要与数感、符号意识、空间观念等的培养结合起来。

▶推荐阅读

《数学模型》（姜启源等，高等教育出版社，2007）

该书对数学建模的现实对象、意义、方法和步骤等进行了阐述，并通过具体模型实例进行解析，对教学有启发。

（张胜荣）

应用意识（application consciousness）

▶概念描述

现代数学：2011版《课标》指出，应用意识有两个方面的含义：一方面，有意识利用数学的概念、原理和方法解释现实世界中的现象，解决现实世界中的问题；另一方面，认识到现实生活中蕴含着大量与数量和图形有关的问题，这些问题可以抽象成数学问题，用数学的方法予以解决。在整个数学教育的过程中都应该培养学生的应用意识，综合实践活动是培养应用意识很好的载体。

小学数学：小学数学教材没有明确给出应用意识的定义，而是在整个数学学习过程中，既注重引导学生用数学知识解释现实世界中的现象，解决实际问题；又注重引导学生从生活现象中抽象出数学问题，用数学的方法解决；同时开展数学综合实践活动，以进一步培养学生的应用意识。

▶概念解读

意识在心理学上是一种心理倾向，它反映一个人在认识事物对象的过程中，思维的自觉、独立、批判、求异和创造的品质。基于这样的理解，数学应用意识就是一种从数学的角度观察、分析周围生活中问题的积极的心理倾向和思维反应。

2011 版《课标》指出，数学应用意识的含义主要体现在两个方面。其中一方面是“有意识利用数学的概念、原理和方法解释现实世界中的现象，解决现实世界中的问题”。其内涵是指主动应用数学知识的意识，意识指向是“数学知识现实化”。这里又有两层意思：一是当学生在现实生活中遇到一些客观存在的现象时，要有意识地、积极主动地从数学的角度、运用数学的知识去解释这些现象，获得本质的理解。二是学生在学习某一数学知识后，要主动思考应用这一数学知识可以解决现实生活中的哪些问题，学以致用，将生活与数学相互沟通。

应用意识另一方面的含义是：认识到现实生活中蕴含着大量与数量和图形有关的问题，这些问题可以抽象成数学问题，用数学的方法予以解决。其内涵是指对现实生活主动进行数学抽象的意识，意识指向是“现实问题数学化”。这里也有两层意思：一是要让学生认识到现实生活中蕴含着大量与数量和图形有关的问题，数学就在我们身边，生活中处处有数学。二是要让学生认识到现实生活中的很多问题都可以抽象成数学问题，用数学的方法予以解决，即数学建模思想，以帮助学生建立对数学应用的正确理解。

因此，数学应用意识是学生认识数学、体验数学、形成正确数学观的过程。这一过程要以数学课程为载体，追求的目标不仅是知识的获得和问题的解决，更重要的是使学生通过这一过程学会数学思考，掌握数学思想方法，发展实践能力和应用意识。

▶教学建议

（1）培养学生的应用意识要从关注数学知识的来龙去脉做起

传统数学教学往往只重视传授知识，然而要培养学生的应用意识，不能只关注知识，还要注重知识的来龙去脉。要想让学生知道数学知识“从哪里来”，教学时可以为学生提供数学知识产生的背景材料，如数学史资料和实际问题资料。另外，还要结合具体情境为学生呈现数学知识的形成过程。要想让学生知道数学知识“到哪里去”，就要在教学时反映数学知识的应用过程。如学习了百分数，就可以应用到实际生活中的购物、储蓄等很多问题中去，使学生真正体会到数学有用。只有学生真正认识了数学知识的发生、发展过程和内涵，才能真正会用，提高应用意识。

（2）学生数学应用意识的培养要贯穿小学数学教育全过程

由于数学应用意识属于意识范畴，处于隐性状态，所以决定了数学应用意识的培养具有长期性。教学中应将培养学生应用意识作为数学课程的重要目标，融于“数与代数”、“图形与几何”、“统计与概率”和“综合与实践”不同领域的所有内容中去。在教学时，应联系学生生活实际，同时关注生活情境数学化和数学问题生活化，并设计一些需要实际操作的内容和具有现实生活背景的习题，让学生从中体会生活中有多种包含数学知识的不同问题，而同一个问题可能有多种不同的数学解答。另外，教师可以引导学生在面对实际问题时，要主动尝试从数学的角度运用所学知识和方法去寻求解决问题的策略；面对新的数学知识，要主动寻找其实际背景，并探索其应用价值。

（3）开展综合实践活动有利于培养学生的应用意识

综合实践活动是以问题为载体、以学生自主参与为主的学习活动。其目标是帮助学生积累数学活动经验，培养学生的应用意识和创新意识。因此，综合实践活动是培养学生应用意识的重要和有效载体。综合实践活动具有综合性和实践性。教学时，教师要注重引导学生主动参与，经历发现、提出、分析和解决问题的全过程，让学生积极动脑、动手、动口；同时要注重联系生活实际，综合应用所学知识解决问题。如马莉老师在教学“千克和克的认识”这一知识之后，上了一节数学综合实践活动课。学生们带着任务分组走进了超市，每组选购了 6 种不同的商品，先掂一掂，把物品名称和估计的重量填写在准备好的统计表中，在售货员称完物品的实际重量后再次进行记录，最后进行对比分析和进一步交流。在这个实践活动中，学生全过程参与并自主设计活动方案，综合应用了千克和克、人民币、统计等相关知识。这让学生既积累了数学活动经验，又体会到数学与生活的密切联系。此外，综合实践活动还可以以“长作业”的形式出现，将课堂数学活动延伸到生活中去，如让学生统计一个月的空气质量，并进行分析。设计多种活动形式、经历多个过程体验，更有利于激发和培养学生的应用意识。

▶推荐阅读

《听吴正宪老师上课》（吴正宪、张秋爽、贾福录，华东师范大学出版社，2012）

该书在第八章用多个鲜活的案例解读了数学应用意识所体现的“数学知识现实化”和“现实问题数学化”两方面含义。

（董翠娟）

创新意识（innovative consciousness）

▶概念描述

创新意识是指人们根据社会和个体生活发展的需要，引起创造前所未有的事物或观念的动机，并在创造活动中表现出的意向、愿望和设想。它是人类意识活动中的一种积极的、富有成果性的表现形式，是人们进行创造活动的出发点和内在动力，是创造性思维和创造力的前提。创新意识总是代表着一定社会主体奋斗的明确目标和价值指向性，成为一定主体产生稳定、持久创新需要、价值追求和思维定式以及理性自觉的推动力量，成为唤醒、激励和发挥人所蕴含的潜在本质力量的重要精神力量。

简单地说，就是利用已存在的自然资源或社会要素创造新的矛盾共同体的人类行为。

▶概念解读

创新的概念是由当代西方著名经济学家，美籍奥地利人约瑟夫·熊彼特首先提出来的。1912 年，他在《经济发展理论》一书中提出“创新”的观点：创新是指把一种新的生产要素和生产条件的“新结合”引入生产体系。

20 世纪 70 年代，在数学教学大纲中提出了培养学生“分析和解决问题的能力”，其实质就是重视学生创新意识的培养。2011 版《课标》把创新意识作为十大核心理念之一提出来，明确指出“创新意识的培养是现代数学教育的基本任务，应体现在数学教与学的过程之中”。

培养学生的创新意识主要是培养学生对自然界和社会中存在的数学问题有兴趣，想用数学方法解决问题，能自己思考和解决问题。对学生来说，能够解决他自己尚未解决的问题，使自己的知识水平和能力有所提高，就属于创新。课标还指出：“学生自己发现和提出问题是创新的基础；独立思考、学会思考是创新的核心；归纳概括得到猜想和规律，并加以验证，是创新的重要方法。”

所以，我们在课堂上要尽量给学生营造一个宽松的、有利于发挥学生创造性的环境，给予他们创造性尝试的机会，对于学生富有创意、别出心裁的解题方法及解题思路给予充分的肯定，让学生意识到自己内在的无穷力量，也从老师的肯定中体验到创造和成功的乐趣，同时也使学生的主观能动性得到更大的发挥，从而自觉地不断去创新，去完善自己。正如我国著名的教育家陶行知先生所疾呼的那样“敲碎儿童的地狱，创造儿童的乐园”、“解放儿童的创造力”、“解放小孩的头脑”、“解放小孩的眼睛”、“解放小孩的双手”、“解放小孩的嘴”、“解放小孩的空间”、“解放小孩的时间”，真正实现在教师的参与、指导和建议下，学生积极主动、创造性地获取知识和应用知识，在活动中发展创新精神和创新能力。

▶教学建议

（1）鼓励学生质疑是培养学生创新意识的好办法

问题是创新的基础。发现和提出问题是需要氛围的，让学生在这样的环境中活跃起来，敢于提问，敢于发表自己的观点，敢于讨论，敢于坚持。因此，教师要善于营造能够让学生质疑的学习环境。如潘小明老师教学“平行四边形面积”时，做了一个长方形模型，并给出长和宽的长度分别为 10 分米和 6 分米，问：你们能计算出这个长方形的面积吗？学生抢着回答 10 乘 6 等于 60。然后潘老师把长方形变形为平行四边形，问：这个图形的面积是多少？在学生头脑中长方形变成平行四边形后，边的长短并没有发生变化，所以大部分学生都回答面积没变，还是 60。这时，潘老师继续把平行四边形变得扁一些，再问：这个图形的面积是多少？学生还说 60……在不断的变化中，学生自己就会发现图形的面积和原图比较明显变小，于是开始质疑面积都是 60 是否正确。发现问题后，潘老师鼓励学生选择方法自己解决问题。学生通过割补等方法证实平行四边形的面积应该和底、高有关系。其实以往的教学多数教师都是问：平行四边形的面积会求吗？学生要不说没学过，要不直接说出公式。比较两种引入的方法，我们可以明显地看出前者在原认知和新认知发生矛盾的基础上，学生自主发现问题，自主地去寻求解决问题的方法，这样的过程就是培养学生创新意识的过程。

（2）“做数学”是培养学生创新意识的重要途径

创新意识不是教出来的，而是“做出来的”，是学生在各个教学环节中不断亲身经历、不断锻炼、不断积累而形成的。教师要坚持在“做”中去培养学生的问题意识，从而逐步提升学生的创新意识。如吴正宪老师教学“重叠问题”时，导入是：同学们排队，亮亮从左边数是第5个，从右边数还是第5个，这个队一共有多少同学？学生回答：9人、10人、11人。吴老师问：怎么验证谁的对呢？学生说可以画图，还可以摆一摆。于是学生有的动手画图，有的用磁扣摆。接着，吴老师让学生说一说，学生就一边说一边摆，最有趣的是学生在做和说理的过程中，自己发现了问题，并及时改正。对知识的理解是在自己做中学会的，同时在做的过程中创新意识有了提升，而学生做的过程其实就是知识再创造的过程。

▶推荐阅读

（1）《创新意识》（陈敬全、孙柳燕，上海科学技术出版社，2010）

该书第一讲论述了创新意识的社会意义，以及与创新的联系和区别。

（2）《创新思维学》（陈文宽，四川科学技术出版社，2002）

该书具体讲述了美籍奥地利人约瑟夫·熊彼特提出的“创新”这一观点。

（王　敏）

二、 小学数学中常见的数学思想

[数学抽象的思想]

抽象思想（idea of abstract）

▶概念描述

现代数学：所谓抽象，是与“具体”相对，指脱离了具体内容的形式和关系。它所反映的不是事物本身，而是从事物或各种事物之间提炼出来的某种属性作为独立思考的对象。（裘光明，2002）[647]

小学数学：任何版本的小学数学教材中都没有出现“抽象”这个名词，但是教学参考书中却经常提及。2011 版《课标》将抽象、推理、模型确立为“三个基本思想”。

▶概念解读

列宁说过：“认识是人对自然界的反映，但是，这并不是简单的、直接的、完全的反映，而是一系列的抽象过程，即概念、规律等的构成、形成的过程。”这说明，人类对事物及事物之间的相互联系的本质认识是一个复杂的抽象过程。

抽象、推理和模型是数学发展所依赖的三个数学思想，其中抽象是数学最本质的特征之一，而抽象的核心工作是对本质的提炼和刻画。史宁中教授认为：“抽象指脱离了具体内容的形式和关系，因此具有广泛的应用性。”我们知道，虽然抽象不是数学所独有的，但是数学的抽象是不同于其他学科的。它舍弃了事物的其他各个方面而仅保留数量关系和空间形式，在某种意义上，数学的抽象是“纯粹意义上的抽象”，而数学的概念和运算法则就是在现实生活中通过抽象得到的。也就是说，数学所要研究的那些“抽象的东西”是源于客观世界的，源于人类经验的。数学中的任何概念、定理、法则等，都具有抽象性。比如，自然数1就是从生活中的一个人、一棵树、一只鸡等这些具体的事物中，去掉质的内容，抽象出数量“一”，用“1”这个符号表示。虽然数学抽象源于现实，但是如果我们不能脱离现实事物来思考抽象的数学概念的话，那学不好数学就是理所当然的了，这足以看出数学抽象思想方法的重要性。当然，数学概念中也有很多不是从现实原型中抽象出来的。比如，虚数、复数等概念的抽象就是在数学抽象的基础上建构出来的，并不是从自然界中某个原型中抽象出来的，这也是数学不同于其他学科的特点。其他学科的概念都反映现实世界的物质运动形式，因而都有其直接的原型。数学概念则不同。但是在小学阶段，我们所学习的数学概念基本上能在生活中找到原型，所以这就要求我们的教师要结合生活实际，在大量感知的基础上，逐步抽象出数学概念。

对数学来说，抽象包括空间形式的抽象、论证形式的抽象、模型形式的抽象、数量关系的抽象等。从小学数学的角度看，抽象主要包括数量与数量关系的抽象、图形与图形关系的抽象。史宁中教授还将抽象的深度大体分为三个层次：

① 简约阶段：把握事物的本质，把繁杂问题简单化、条理化，能够清晰地表达。

② 符号阶段：去掉具体的内容，利用概念、图形、符号、关系表述包括已经简约化了的事物在内的一类事物。

③ 通过假设和推理建立法则、模式或者模型，并能够在一般意义上解释具体事物。

这三个层次的区分，为我们进行概念教学的途径提供了有利的证据。

▶教学建议

(1) 从生活实际入手，多角度呈现，逐步提高抽象能力

数学学习不仅要学习人们已经抽象得出的知识，还要学习抽象概括的方法。“授之以鱼，不如授之以渔”，在数学知识学习过程中，要引导学生注意分析、研究，体会它们是如何被抽象、概括出来的。通过这样的训练，可以逐步提高抽象概括能力。

如乘法分配律的教学，可以先从实际情境引入：一件上衣150元钱，一条裤子100元钱，买5套这样的衣服，一共需要多少元钱？学生会出现两种不同的想法：一是用上衣的总钱数加上裤子的总钱数；二是

先求一套衣服的价钱，再求 5 套衣服的总钱数。二者的计算结果相同，即 150×5+100×5=（150+100）×5。然后教师可以再引导学生从运算意义、运算顺序的角度探索，看看能发现什么。最后大家抽象概括出乘法分配律的基本内容，并用字母表示。

（2）通过“数学直观”进行教学，为建立“逐步抽象”做准备

直观可以化为一种判断能力，而“数学直观”是培养学生的学科直观的重要价值取向。它不仅依赖于专业知识，更依赖于经验——经验的积累、经验的浓缩、经验的升华，而浓缩与升华的基础就是抽象。在教学中，我们可以通过数学直观，逐步抽象出数学概念，为抽象能力的提高铺平道路。

如分数的学习，是学生对数域的第一次拓展，也是认识上的一次重要飞跃。在教学中，教师可以通过动手操作，帮助学生理解直观与抽象之间的联系。具体可以先让学生把自己画的各种图形，如一个圆、一个正方形、一条线段等，平均分成若干份，并表示出其中的一份或几份，然后进行观察。这时，教师可以引导学生抛开形状、大小、颜色等因素，提炼出其共同特征，并最终抽象出某个分数的含义。继而，在抽象出的大量具体分数的基础上，概括出分数的定义，即“把一个整体平均分成若干份，表示这样的一份或几份的数，叫分数”。学生在这样的操作过程中，可以进一步体会概念的形成过程，逐步形成抽象概括的能力。

▶推荐阅读

《数学思想概论（第 1 辑）——数量与数量关系的抽象》（史宁中，东北师范大学出版社，2008）

该书全面论述了数量与数量关系的抽象，对一线教师的教学起到了指导作用。

（刘劲苓）

分类思想（idea of listing cases）

▶概念描述

现代数学：分类讨论是一种常用的研究方法。当被研究的问题包含多种可能的情况，而人们不能对它一概而论的时候，就需要按照问题出现的所有可能情况进行讨论，综合每种情况下相应的结论，从而使问题得以解决。(胡作玄 等，2002)[548]

小学数学：小学数学教材并没有给出分类的定义，但在不同知识领域的学习中，教材安排了丰富的分类活动，如：在数的认识中，“把这些数分分类”；在图形的认识中，“把下面的图形分分类”；在运算和解决问题的学习中，“把这些方法分分类”；在统计知识的学习中，“把数据进行分类整理” 等。这些都充分体现了分类方法的运用在概念建立和解决问题中的重要作用。

▶概念解读

分类思想方法是建立在分类这个自然科学乃至社会科学研究中的基本逻辑方法基础之上的一种处理数学问题的思想方法。(邵光华，2009)[315]所谓分类，就是根据对象的某一属性特征把事物不重不漏地划分为若干类别。分类作为一种常见的基本活动，不论是在日常生活中还是科学研究中，都有着广泛的应用价值。每一类对象都有其共有的基本属性，因此对象的集合成为分类域或变域。分类的依据也即对象的特征成为分类的标准。

科学的分类一般要遵循严格的逻辑原则 (邵光华，2009)[314]：

① 变域明确原则：分类对象的集合即变域必须是明确的。

② 标准同一性原则：每一次分类的标准必须是同一的。

③ 不漏原则：分类必须是完整的，不出现遗漏。

④ 不重原则：所有分类之间必须是互斥的，即所分的各类别之间不能有交叉重叠，一个对象只能归属一类。

分类结果在同一标准下的一致性与不同标准下的多样化是分类活动的基本特点。如对整数的分类，就有不同的标准。以“能否被 2 整除”为标准，可将整数分为奇数、偶数两类；如果以“因数的个数”为标准，可将正整数分为质数、合数和 1 三类；如果以“和 0 比大小”的情况分类，可将整数分为正整数、0 和负整数。如果分类不能一次完成，还必须遵循层次性原则，即分类必须逐级进行，不得越级，不同标准不同层次的分类不能混淆。掌握分类的基本原则和方法，为运用分类思想解决问题奠定了基础。

分类思想方法作为数学研究问题和解决问题的重要方法之一，贯穿于中小学数学学习中（如图 1 所示的 2005 年人教版教材）。由于数学自身的概念、定理、公式、法则、性质等多是由条件限制或分类界定的。如有理数分为整数和分数（小数是特殊的分数）；平面图形根据边的数量可以分为三角形、四边形、五边形、六边形等；式可以分为等式和不等式等。对这些内容的学习多运用分类的思想通过分类活动来建立概念，在这里分类讨论更多地体现在对事物的区分上。

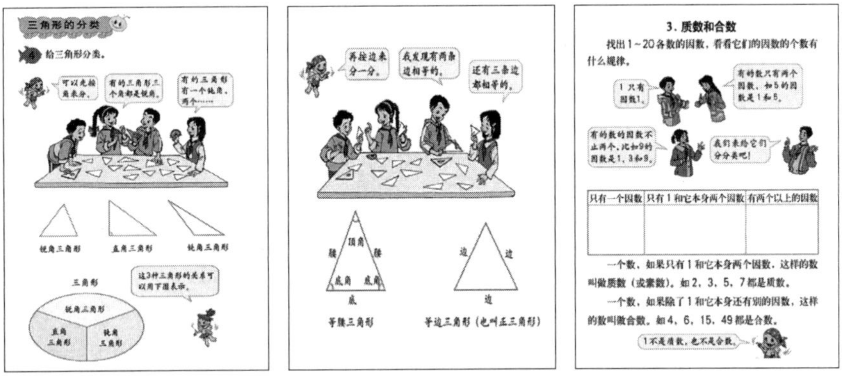

图 1

还有一些问题如统计、概率、简单的搭配、植树问题、计数问题等，由于本身涉及多种情况，每种情况可能会有不同的推理方式或计算方式，这就需要把问题“分而治之、各个击破、综合归纳”。统计中对收集的数据要进行分类整理和描述（如图 2 所示的 2002 年人教版教材），简单的排列组合问题，采用分类讨论的方法，引导学生有序、全面地思考问题（如图 3）；计算随机事件的可能性，要用排列组合的知识穷尽事件的总数等。

一年级下册

二年级下册

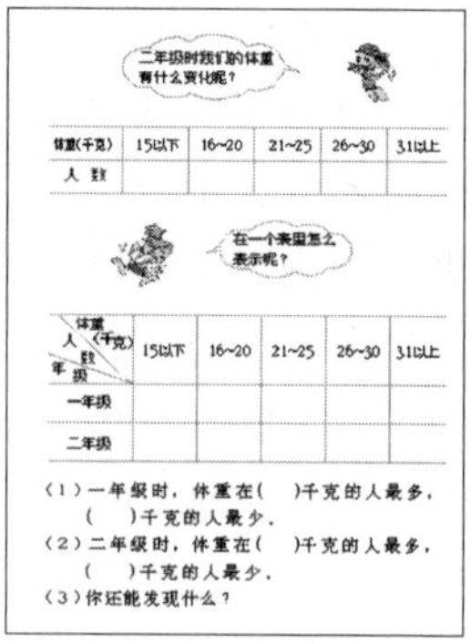

二年级下册

图 2

苏教版教材四年级下册

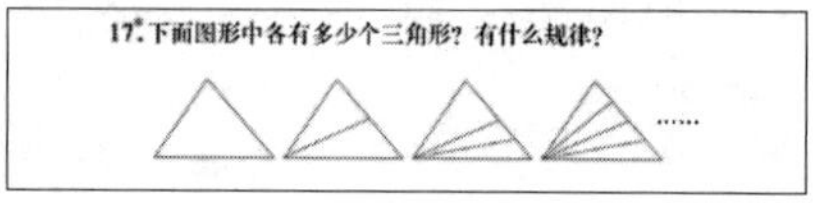

人教版教材四年级下册

人教版教材五年级上册

图 3

分类思想方法对于情况复杂的问题往往是有效的，它能帮助解题者理清“杂乱无章”的思绪。有效地运用分类思想解决问题的关键是弄清分类讨论的前因。如“在 1—1000 中，数字 3 共出现了多少次”，解决这个问题，要把问题分解为三类考虑，即“3”出现在个位的次数、出现在十位的次数、出现在百位的次数，然后再把三类情况求和，从而使问题解决。

▶教学建议

（1）在低年级分类的教学单元中，注重渗透分类思想和集合思想

不同版本教材在一年级上册均安排了物体分类的教学，旨在借助学生的生活经验，让学生通过“分一分”的活动，初步学习按照一定标准

不重不漏分类的基本方法。2011 版《课标》中设计了图形分类的综合实践活动案例（如图 4，详见 2011 版《课标》第 83 页），活动的目的就是希望学生能够清楚，分类是要依赖标准的，在不同的标准下分类的结果可能是不同的。从而让学生体会分类结果在统一标准下的一致性和标准不同下的多样性，在教学中初步渗透分类思想和集合思想。

赵慧老师在进行分类教学设计时，提出："学生分类能力发展的重要标志是能自己提出分类的依据。"因此，在"分一分"、"摆一摆"、"说一说"的操作活动中，教师可以请学生自己商量怎么分。学生结合生活经验，思考要把某些物品放在一起的原因，找出分类的标准。在这个开放的分类活动中，学生掌握了单一标准下分类的基本方法，同时在交流中，感受到分类标准的重要性以及分类的价值，有效渗透了分类思想。

例 20 图形分类。

如图所示，桌上散落着一些扣子，请把这些扣子分类。想一想：应当如何确定分类的标准？根据分类的标准可以把这些扣子分成几类？然后具体操作，并用文字、图画或者表格等方式把结果记录下来。

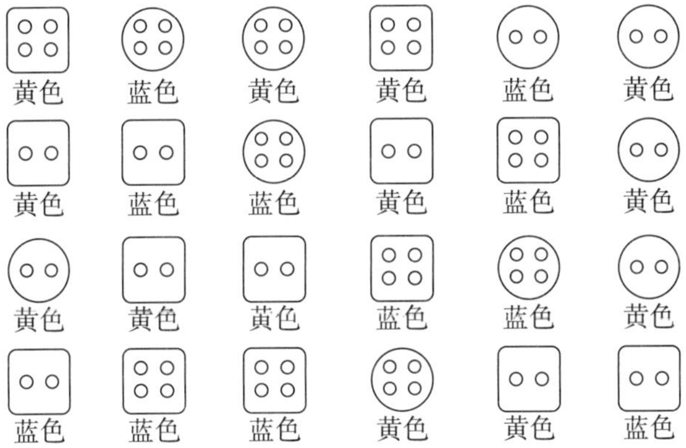

图 4

（2）客观看待分类的多样化与优化的关系，逐步引导学生从数学的角度分类

在分类的过程中，经常出现不同分类标准之下的多种结果。其中有的分类标准是生活中的一般分类，与数学研究无关；而有的分类标准是从数学的角度提出的，对数学问题的研究有着重要的意义。对此，郑毓

信（2008）[36]提出："应对学生所提出的各种不同分类方法进行必要的优化。"即教师要有意识地引导学生从一般分类到从数学角度的分类，帮助学生感受不同标准的分类有着不同的意义和作用，特别是结合问题的研究和解决来引导学生反思分类的目的，使学生逐步学会用数学的眼光看待世界、分析问题。

（3）在各领域知识的学习和问题解决中进一步渗透分类思想

分类作为教学内容，只在一年级上册单元教学中出现，而在后续的各个领域的学习中，多是运用分类的思想、通过分类的方法来建立概念、解决问题，所以学生对分类思想学习的系统性不够。因此，教师应在后续的学习中结合教学内容帮助学生进一步掌握分类的方法，提高他们分类的能力，着力解决分类过程中标准混乱的学习困难。同时，教师可结合问题的解决对分类的前因分析加以指导，从而让学生经历分类讨论的全过程，掌握运用分类讨论方法解决问题的基本步骤，并给学生提供反复运用和实践的机会，逐步帮助学生形成运用分类思想解决问题的意识和能力。

▶推荐阅读

（1）《小学数学思想方法的梳理（七）》（王永春，《小学数学教育》，2010年第9期）

该文对分类讨论思想的重要意义、具体应用以及教学策略进行了详细的论述。

（2）《小学数学教材中的分类思想方法研究》（王凯成，《陕西教育》，2011年第6期）

该文结合对学习内容的分析，阐述了分类对于数学学习的价值。

（张　晶）

集合思想（idea of sets）

▶概念描述

现代数学：我们把事物或事物间的联系概括成总体或总体间关系的

思想方法称为集合思想方法。这里的总体即“集合”。（胡作玄 等，2002）[530]

小学数学：小学数学教材中并没有给出集合的定义，但在各知识领域（如数的认识、图形的分类、重叠问题等）的学习中，采用直观的方式渗透集合的含义。

▶概念解读

集合是数学中基本而又简单的概念之一。集合论的创始人、德国数学家康托尔（Cantor，G.）对集合做出简单的描述：“所谓‘集合’是指把确定的、彼此可以区分的具体的或者想象的对象看成一个整体。”（郑毓信，2008）[41]集合的概念体现了一种高度的数学抽象，把指定的具有某种性质的事物看作一个整体，就是一个集合，简称“集”；其中每个事物叫作该集合的元素，简称“元”。

集合常用大写拉丁字母表示，如 A，B，C，通常采用列举法和描述法来表示（如图 1）。英国数学家约翰·韦恩最早使用封闭的曲线来直观表示集合及集合间的关系，这种图形被称为韦恩图（如图 2）。用韦恩图表示集合，有助于探索某些数学题的解题思路。

列举法：$\{1, 2, 3, 4\}$　$\{2, 4, 6, 8, \cdots\}$

描述法：$\{x \in \mathbf{U} \mid P(x)\}$

$\{x \in \mathbf{R} \mid 1 \leqslant x \leqslant 2\}$

$\{x \in \mathbf{N} \mid 1 \leqslant x \leqslant 100\}$

图 1

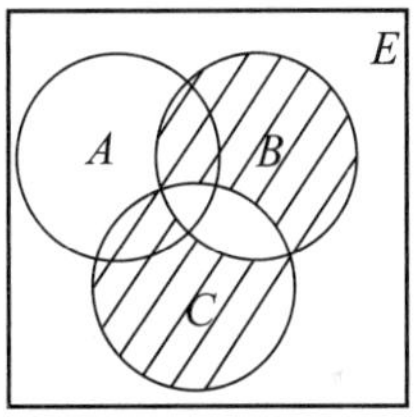

图 2

康托尔的集合思想的主要特征是概括原则、外延原则、一一对应原则和无穷思想。（邵光华，2009）[94]概括原则说明了构造集合的方法，如“只有 1 和它本身两个因数”的数是关于自然数的一个性质，符合这个性质的所有自然数就构成了质数集。外延原则保证了集合的确定性，即集合由所有属于它的东西唯一确定。如果两个集合当且仅当它们的元素完全相同时才相等，如非 0 自然数集和正整数集。一一对应原则引出了基数概念，揭示了无穷的本质特征。如对“自然数和偶数的个数谁多？”这个问题，运用一一对应原则可以很好地予以解决。

集合论是数学的理论基础。数学中很多东西都可以看成集合或者从集合的角度来思考，这有利于从整合部分以及二者之间的关系上研究数学各个领域的知识。运用集合思想去看待它们，首先要善于把握研究角度，看它们是否有某种共同的性质，然后再把具有相同性质的事物看作元素，进而再把各个元素构成的整体看作集合。集合、全集、子集、集合间的运算等，都反映了把一类研究对象作为一个整体进行研究的思想。集合间的运算是集合思想的重要内容，许多数学问题可以运用求交集、求并集等方式解决，如波利亚的“交轨模式”就是交集思想的体现。

▶教学建议

集合思想在小学数学中广泛渗透，教师在教学时可以把握以下几点。

（1）明确集合概念在小学数学中的应用

在教学中渗透集合思想，教师首先应明确集合思想在小学数学中的具体体现。

在一年级认数的教学中，每个数字都有一张相应的集合图，“物体的数量是几，就可以用数几来表示”的集合意义就是一个集合中有几个元素，就用“几”来表示；0的认识中，盘子中一个桃子都没有也就是集合中一个元素也没有，是空集思想的应用；在三角形的分类教学中，把三角形按角分类，是子集思想的体现，也就是把这个三角形集合中的所有元素都按要求放入三个子集合中，这三个子集互不相交；对各种四边形的研究，体现了包含与被包含的关系；加减法的教学，体现了并集和差集的思想；对公因数和公倍数的研究，是运用交集思想来理解概念的。(如图3)

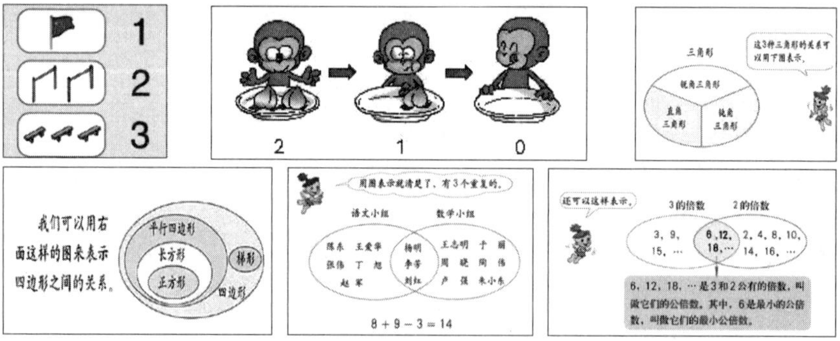

图3

（2）正确把握集合思想的教学要求

集合的相关知识并不是小学数学的必学内容，但集合思想在小学数学中渗透广泛。因此，要用学生熟悉的学习方式、使用通俗易懂的语言，对集合思想进行适度渗透。

① 指导学生看懂集合图，会用图计算或者解决问题。

在小学阶段，集合的概念更多的是通过直观的图来表达的。这些集合图生动形象地使学生感知到：把具有某种属性的一些对象，用封闭的曲线圈起来并看作一个整体，这个整体其实就是一个集合，圈内的对象就是集合的元素。集合的元素可以是物体、数、几何图形等。而且从集合图中对象的个数来看，有的是有限个，有的是无限个，有的是一个也没有。

在教学中，教师要将渗透的重点放在指导学生看懂集合图的意思，并且会根据集合图来解题或者帮助解题方面。如 2003 年人教版教材三年级下册“数学广角”之“重叠问题”的教学中，在学生用图表示参加跳绳比赛和踢毽比赛的情况后，教师提问：图上一共分成了几部分？每部分表示什么？各有多少人？在学生明确了左边的圈表示只参加跳绳比赛的人，右面的圈表示只参加踢毽比赛的人，中间重叠的部分表示既参加跳绳比赛又参加踢毽比赛的人的基础上，再看图来解决问题。学生对图的理解不同，获得的解决问题的方法也就呈现了多样化，教师应引导学生用图来解释自己的思考过程。在后续的学习，教师应结合概念或问题的特点，提供学生自己构图、用图的机会，在解题的过程中让集合思想潜移默化地进入学生的思想。

② 引导学生从构造集合的角度来研究概念和概念间的关系。

把一组对象放在一起作为讨论的范围，这是人类早期就有的思维训练。结合小学生的年龄特点和教学的要求，教师可以从分类研究的角度，通过运用构造集合的方式，来研究概念及概念间的关系，从而逐步形成把事物及事物间的联系概括为总体和总体间关系进行研究的意识和能力。如在数的认识、数的性质、三角形的分类、四边形的认识、长方体和正方体的特征等知识的学习中，教师都要抓住渗透集合思想的契机。

▶推荐阅读

（1）《小学数学思想方法的梳理（九）》（王永春，《小学数学教育》，2011 年第 11 期）

该文对集合思想的概念及集合思想的教学进行了论述。

(2)《小学数学中的集合思想》(王建、程秋云,《四川教育学院学报》,2006 年第 6 期)

该文围绕集合思想的核心内容,探讨小学数学教材和教学是如何渗透集合思想的。

(张　晶)

数形结合思想(idea of number-shape combination)

▶概念描述

现代数学: 数与形是数学中的两个最基本的研究对象,它们是有联系的,在一定条件下可以相互转化。这个联系被称为数形结合或形数结合。作为一种数学思想方法,是指通过数和形之间的对应关系和相互转化来解决问题的思想方法。(邵光华,2009)[302]

小学数学: 在小学数学教材中,没有给出数形结合的定义。但在小学数学诸多问题的呈现、分析和解决过程中,充分体现了“数形结合”的含义。例如,数量关系的理解比较抽象,结合实物图、线段图就变得直观、明确;又如,在运算学习中,结合图形帮助学生理解算理;再如,用数对确定位置的学习中,也体现着数与形的结合。

2011 版《课标》在对“几何直观”进行阐述时指出:几何直观主要是指利用图形描述和分析问题。这也凸显了数形结合是几何直观的重要方法和手段。

▶概念解读

华罗庚(1964)先生在他撰写的《谈谈与蜂房结构有关的数学问题》的科普小册子中有这样一首小诗:数与形,本是相倚依,焉能分作两边飞,数无形时少直觉,形少数时难入微,数形结合百般好,隔离分家万事休。切莫忘,几何代数统一体,永远联系,切莫分离。

这首小诗深刻地揭示了“数”、“形”之间对立统一的辩证关系以及数形结合的价值。这里的“数”指的是关于纯数的知识,如代数式、方程（组）、函数解析式等，这集中体现在中学数学代数知识的学习中。“形”指的是关于纯形的知识，如平面直角坐标系和图形知识等，这集中体现在中学数学几何知识的学习中。而数和形结合的学习主要体现在高中数学的解析几何学习中。解析几何第一次真正实现了几何方法与代数方法的结合，使形与数统一起来，即运用代数方法研究几何问题，或者用几何方法研究代数问题。正如马克思（1975）在对解析几何的创建人笛卡儿的评价中所说：由于笛卡儿把代数应用于几何，也就是由于解析几何或高等几何，函数的概念获得了新的发展和重要意义。可见，数形结合对数学发展的重要价值。

将数形结合作为一种重要的思想方法，是把数学问题中的运算、数量关系等与几何图形与图像结合起来进行思考，从而使“数”与“形”各展其长、优势互补，使逻辑思维与形象思维完美地统一起来，从而获得问题解决的一种意识和观念。

数形结合思想方法的应用具体体现为两种方式：一种是“以形辅数”（如图1），另一种是“以数解形”（如图2）。其中“以数解形”在中学数学学习中应用较多，小学数学学习中更多的是对“以形辅数”的体现。

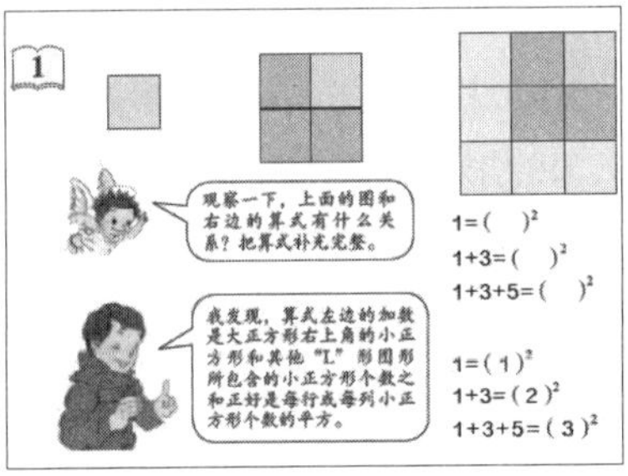

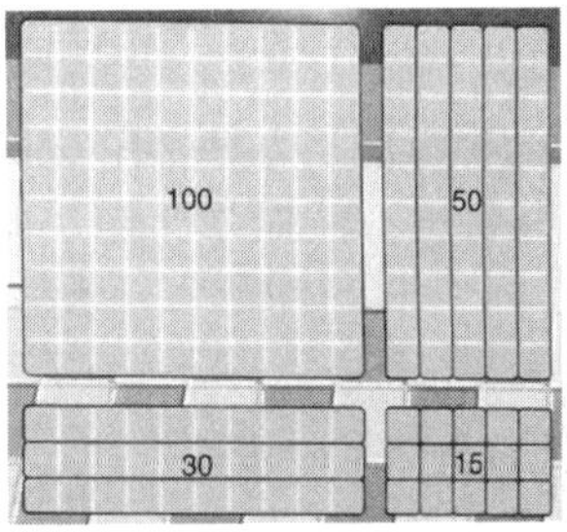

用图形解释 13×15 的计算方法

图 1

把两个形状和大小完全相同的长方体月饼盒包装成一包，怎样包装最省包装纸？

解：设长方体的长、宽、高分别为 a、b、c，且 $a>b>c$。由于两个长方体包装在一起，总面积=2 个长方体表面积-2 个重叠面面积重合面，且 $ab>ac>bc$，

则：$S=4(ab+ac+bc)-2ab$

例 1　在△ABC 中，$BC=14$cm，$AB=13$cm，$AC=9$cm，它的内切圆分别和 BC、CA、AB 相切于点 D、E、F，求 AF、BD、CE 之长。

解：如右图所示，

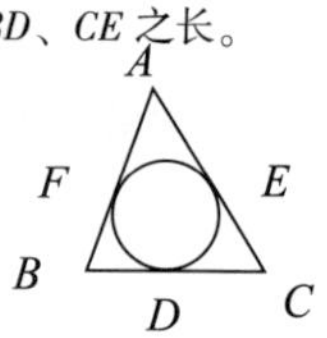

设 $AF=x$，$BD=y$，$CE=z$，根据切线长定理得方程组

$$\begin{cases}y+z=14\\z+x=9\\x+y=13\end{cases}$$

解方程组得 $\begin{cases}x=4\\y=9\\z=5\end{cases}$

故 AF、BD、CE 的长分别为 4cm、9cm、5cm。

图 2

虽然数形结合的学习内容更多地体现在高中数学的解析几何中，但在小学数学的四个领域的学习中也有着非常广泛的应用。这是因为数学知识本身是抽象的，因此建立直观是非常必要的，而数形结合的教学是建立数学直观的有力工具。这还因为小学生的逻辑思维能力比较弱，他们对抽象概念的理解基本上要借助感性的直观材料，因此借助数形结合思想中图形直观的手段特点，为学生学习抽象概念和解决复杂问题提供了较好的教学方法和解决问题的策略。由此看来，在小学阶段渗透数形结合思想方法对学生解决问题的意识和观念的形成是非常必要的。

▶教学建议

（1）研读教材，整体把握数形结合思想方法的渗透点

在小学数学教学中渗透数形结合思想，首先要能正确认识和理解数形结合思想，把握数形结合在小学数学中的渗透点。

刘征老师在进行人教版四年级下册“小数的意义”教学时，当学生认识了一位小数后，呈现数线①，让学生回忆数线上表示自然数的知识。然后刘老师提出：“你能在数线上找到 0.1 的位置吗？”在学生根据对 0.1 的意义的理解准确找到 0.1 的位置后，刘老师又组织学生找到 0.2、0.3、0.4 等其他一位小数的位置。当刘老师提出“是否只有这几个一位小数”

① 小学阶段可不要求出现数轴名称，故一般称为数线，后同。

的问题时，学生马上说还有 1.1、1.2 等无数多个。在认识 0.01 和 0.001 后，刘老师引导学生继续在数线上寻找两位小数和三位小数，说出只要把每一小份继续分，就能再找到新的小数，永远找不完。(如图 3)

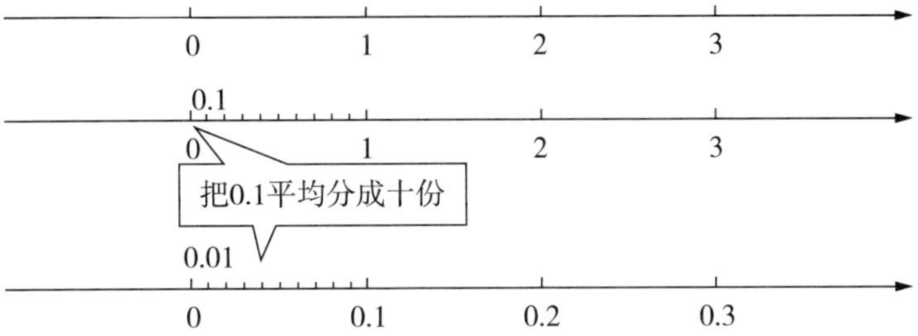

图 3

数轴（数线）是“数”与“形”的第一次结合。它使抽象的“数”直观化。每一个数在数轴上都有唯一的点与之相对应。虽然在小学阶段不正式教学数轴，但在数的认识和运算的学习中，借助数尺、数线认识数、数序和学习运算，都是数形结合思想的体现。在上面的案例中，教师结合数线帮助学生直观地理解小数的意义，使学生把小数和数线上的点一一对应起来，既加深了对小数意义的理解，让学生体会到小数计数单位的产生过程，同时初步感受到小数在数线上分布的特点及排列的规律，较好地渗透了数形结合的思想。小学阶段的数学学习能渗透数形结合思想的内容还有很多，如用线段图直观理解抽象的数量关系、用图像表示正比例关系、使用面积模型理解分数意义及运算、用数对确定位置等。在准确理解数形结合思想的基础上，挖掘教学内容中蕴含的数形结合思想，是课堂有效渗透的重要前提。

(2) 加强“形”的价值体验，增强用图的意识和本领

数形结合思想的应用在小学阶段更多地体现在“以形辅数”方面。因此，教师要在教学中加强对图的价值的体验。如在计算教学中，提供图，借助图理解算理；在解决问题的教学中，借助直观图或者线段图理解数量关系；在数的大小的学习中，借助数轴，直观看到数的大小排列规律，快速比较出大小等，使学生认识到图的直观性对于知识的学习、解题方法的获得的重要作用。同时，教师要注重学生作图能力的指导与训练，让学生掌握作图的基本方法，如不同数量关系的线段图的画法、平面几何图形和立体图形的作图方法、正比例图像的作图方法等，逐步

使学生具备把数转化成形的能力。

▶推荐阅读

（1）《数形结合思想之教学研究》（顾亚萍，南京师范大学教育硕士学位论文）

该文对数形结合思想的内涵以及课堂教学渗透的策略有较为详细的论述。

（2）《小学数学课堂的有效教学》（刘加霞，北京师范大学出版社，2008）

该书的第三编第二章对数形结合思想的内涵、发展及其在小学数学教学中的渗透进行了系统论述。

（张　晶）

对应思想（idea of corresponding）

▶概念描述

现代数学：对应是现代数学中重要的基本概念，反映的是两个集合的元素间的关系。（邵光华，2009）[97]对应思想是指在两类事物（集合）之间建立某种联系的思维方法，是数学的基本思想方法之一。（盛进仕，2011）

小学数学：小学数学教材中并没有给出对应的定义，但在各知识领域的学习中，建立概念、解决问题的过程中都蕴含着对应的含义。如在比一比中，学生通过一个对着一个的摆和连线活动，体会着对应的思想，在直观的基础上理解“多”、“少”和“同样多”的含义；在倍数及分数解决问题中，抓住量和率的对应关系是解决问题的关键；在用数对确定位置中，数对与平面上的点一一对应。学生通过经历这样的学习活动，逐步体会对应的含义。

▶概念解读

在古代数学中，对应的概念已有萌芽，主要源于测量或度量。在测量长度时，用有刻度的尺，把要测量物体的起点对准尺的起点，要测量物体的终点对准尺的哪个刻度，这个物体的长度就是多少。刻度尺从某种意义上讲，蕴含了“数与点的对应”思想。在数学史上，量长度是在直线上取 0 为原点，1 为单位长，这样我们就可以在直线上标出 2、3、4……当然如果将单位长继续均分，还可以有“几分之几”，这实质上是对直线进行了坐标化，将点与数一一对应。这个理论一直到费马与笛卡儿时代才真正发挥作用。(邵光华，2009)[97-98]

“对应”反映的是两个集合的元素间的关系，是现代数学中重要的基本概念之一，是函数和方程思想的支柱。在小学数学中的对应现象随处可见（如图 1)，如数和形的对应、量和量的对应、量和率的对应、数量的变化规律，都需要寻找对应的关系，利用对应的关系解决问题。

图 1

“一一对应”是建立在对应基础上的一种特殊的对应，是集合思想的基本原则之一。一般而言，两个集合 A，B，如果存在规则 f，对于集合 A 的每个元素，根据 f，集合 B 都有唯一确定的元素和它对应，并且对于 B 的每个元素，根据 f，也都和 A 中唯一确定的元素对应，则称 f 是 A 到 B 的一一对应。同时称 A 与 B 的元素之间可以建立一一对应关系。根据一一对应概念，可以解释无穷集合的本质，即自身与其一个真子集能够建立一一对应的关系。(邵光华，2009)[97-98]

利用一一对应的思想，可以比较两个集合中元素的数量。如班级中有若干个座位和若干名学生，要知道座位够不够，只要让学生都去找到座位坐下来，如果有空座位，说明座位比学生多，够坐；如果有人还没有座位坐，说明座位比学生少，不够坐。如果所有的座位上都坐了学生，既没有空余的座位，也没有多余的学生，那就说明座位和学生一样多。这种运用“对应”方法比较比通过计算元素个数比较的方法有非常大的优越性，因此，在小学数学一年级“比多少”的教学中（如图2），教材编者就采用了一一对应的思想，帮助学生建立“同样多”、“多”、“少”的概念，从而直观地理解了“多”和“少”的含义。这个方法不仅适用于上述提到的比较两个有限集合中元素的数量，同样也可以用于比较无限集合中元素的数量。

图2

▶教学建议

（1）通过直观教学加强学生对“对应”关系的理解

如前所述，小学数学中，数与形、量与量、量与率之间都存在着对应关系，运用对应关系解题的基础是对这些“对应”关系的理解。因此，在教学中要结合教学的内容，通过多种方式来逐步加深对“对应”的理解，其中直观化的操作和观察是适合儿童认知特点的教学方式。

如“比多少”的教学，教师在学生原有的生活经验的基础上，提出“用学具摆一摆，让别人一眼就看出谁多、谁少”的活动要求。学生会将比较的两种物体一个一个对起来。虽然教师没有给出“对应”这个名词，但是学生通过这种直观的操作和对操作结果的观察，借助一个对着一个，体会两个集合元素的一一对应。而有了这样的“一一对应”，学生就直观认识了多、少和同样多。

“量率对应”是分数实际问题数量关系的特点，抓“量率对应”是解决这类问题的根本思想，明确具体的量和抽象的率之间是如何对应的则是教学的重点。在教学中通常用画线段图的方法表示量和率之间的对应（如图3）。我们从图上可以清楚地看到，具体的数量和抽象的分率对着同样长的一条线段，这样的一组量和率就称为对应的量和率。量率对应是解决倍数、分数、百分数实际问题的根本思想，明确量和率之间如何对应是尤为重要的基础。

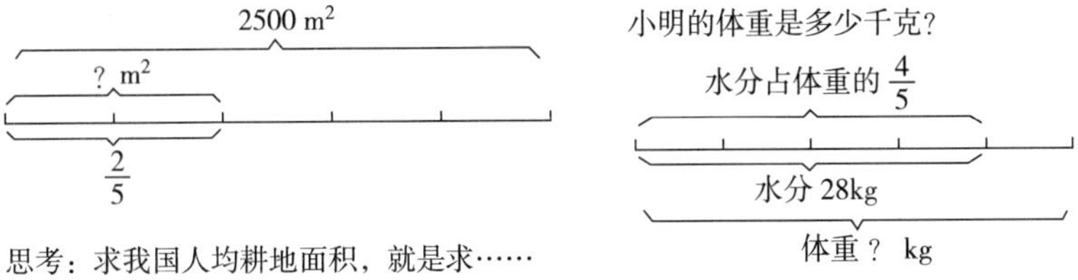

图 3

对数与形的对应，也必须将直观与抽象结合。如上面提到的用线段图表征数量之间的对应关系，再如在“确定位置”的教学中，教师设计的让学生体会一个有意义的数对与平面上一个点的一一对应关系的环节，都可以看出运用直观图是将对应关系直观化和具体化的重要手段。

（2）引导学生运用“对应”解决问题

正是由于在数与形、数量关系中存在大量的对应关系，因此“对应”成为解决问题的一个非常重要的思想方法。在学生对数与形、量与量、量与率之间的对应有了比较清晰的认识后，教师要注重在解决问题的过程中，善于引导学生发现对应，运用“对应”解决问题。

刘晓莉老师在执教“比较负数的大小”一课中，有意识地引导学生经历“先把数标在数轴上，再比较数的大小”的学习过程。这一活动的设计，较好地体现了利用数与形的对应将数与直线上的点对应起来，通过点的位置与大小关系的对应来直观的比较数的大小，总结出比大小的方法。

郑毓信在《“植树问题”教学之我见》一文中指出：植树问题真正重要的是“一一对应”这样一种数学思想。对两端植树、只一端植树、两端都不植树三种情况的讨论，一定不能落脚于规律和计算方法的机械运用，而是要引导学生利用间隔（段）与树（点）这两者之间存在的一一对应关系，进而根据所谓的“加一”、“减一”等法则知识针对具体情况做出适当变化，从而实现思维的灵活性，即如何能够依据基本模式并通过适当变化以适应变化了的情况。由此可以看出，利用对应的思想是理解植树问题点段关系的根本思想。

▶推荐阅读

（1）《浅议小学数学教学中对应思想培养途径》（施恭兴，《时代教

育》，2009 年第 8 期）

该文简述了对应及对应思想的内涵，梳理了小学教材中的对应思想，并结合教学实践提出了课堂教学渗透对应思想的有效途径。

（2）《小学数学教学中的对应数学思想方法》（沙志云，《教育科研论坛》，2009 年第 8 期）

该文以对应思想在教学中的运用为研究背景，通过观察比较与数形结合等方法，提出了培养小学生对应思想的途径。

（张　晶）

符号表示思想（idea of symbolization）

▶概念描述

现代数学：用一种符号代替原物，不用原物而用符号进行表示、交流、运算等活动的思想。（邵光华，2009）[75]

小学数学：小学数学教材没有给出符号表示的定义，但数学的学习离不开符号，从最初认识“+”、“-”、“=”、“>”、“<”，直至代数初步认识中“用字母表示数”，可以说对符号含义的体会贯穿于整个小学数学学习的过程。

在 2011 版《课标》中，符号意识作为十个核心词之一再次得到明确。课标在对其含义进行阐述时指出：符号意识主要指能够理解并且运用符号表示数、数量关系和变化规律；知道使用符号可以进行运算和推理，得到的结论具有一般性。

▶概念解读

符号表示思想与数学表示的方式有着密切的关系。符号化是数学表示方式的一种。英国著名的数学家罗素说过：“什么是数学？数学就是符号加逻辑。”一般意义上说，所谓符号就是针对具体事物对象而抽象概括出来的一种简略的记号或者代号。而数学符号是进行空间形式和数量关系表示、计算、推理和解决问题的工具，是人们对于客观事物运动规律的最直观、最简明的表达方式，是交流与传播数学思想的媒介。数学符号系统内容丰富，根据其表示的意义可以分为：元素符号、运算符号、关系符号、结合符号、约定符号、缩写记号等。因为数学有了符号，才使得数学具有简明、抽象、清晰、准确等特点。

数学符号表示思想最初表现为用记号或字母表示数的思想，后来慢慢发展为代数思想。因此，符号化是代数思想的核心，“字母表示数”的思想又是符号表示思想的核心之一。“字母表示数”不仅是产生符号表示思想的基础，也是代数思想和函数思想的前奏。产生字母表示数的一个重要原因是对具体数的抽象和一般规则的形成都要求有相应的表示方法，引进字母表示，是用符号表示数量关系和变化规律的基础。“字母表示数”是数学发展的重要进展，是从常量研究过渡到变量研究的重要基础，它直接引发了方程思想的产生，而方程思想的出现使得算术问题的解决变得简单。正如法国数学家迪多内（1980）所说：“引进好的符号是促进数学发展的重要原因之一。”

符号表示思想作为一般的思想方法，在数学的学习中具有普遍的意义。因为数学符号不仅是一种表达方式，更是与数学概念、命题等具体内容相关，直接体现了抽象、推理和模型等基本思想的要求。因此，符号意识作为重要的核心概念在2011版《课标》中被提出。2011版《课标》对符号意识的具体表现做出如下表述：

第一，能够理解并且运用符号表示数、数量关系和变化规律；

第二，知道使用符号可以进行运算和推理，得到的结论具有一般性；

第三，使学生理解符号的使用是数学表达和进行数学思考的重要形式。

从以上表述可以看出对符号意识的培养要经历从最初的读懂会用，到能操作符号进行运算和推理，再到形成运用符号思考的思维方式，循序渐进，逐步深入，在符号技能的形成过程中逐步具备主动使用符号的心理倾向。

▶教学建议

数学的学习无时无刻不在和数学符号打交道，因此在小学阶段渗透符号化思想，发展学生的符号意识，教师应把握以下几方面。

（1）结合概念、命题、公式的学习，理解数学符号的意义

发展学生的符号意识首先要理解符号的意义，这是数学学习的最基

本的要求。华应龙老师执教的“中括号”一课，以“添上适当的数学符号使等式成立”这一数学游戏入手，从“18　2　3　6=18”到“18　2　3　6=81”，再到“18　2　3　6=1”，学生在难度不断加深的数学游戏中感受约束运算顺序的必要性，并在小括号的学习经验的基础上，“创造”出中括号，经历了符号“再创造”的过程，并对符号的意义以及产生的价值、与相关符号的关系有了更为深刻的认识。华老师在课后思考中指出：“在这样的数学活动中，学生感受到数学好玩，数学就是符号的乐园。”

在数学教学中，教师要明确符号在各个学习领域、各教学内容中的具体应用，在引进新的数学符号时，重视学生对符号意义的全面理解，让学生体会到使用符号表达所具有的抽象、明确、简洁、通用等特点，使学生读懂符号、会用符号进而亲近符号。

（2）重视“用字母表示数”的教学，初步发展学生用符号表达和运算、推理的能力

使用符号可以进行一般性的运算和推理，而字母表示数无疑是符号表示的开始，因此字母表示数是代数学习的重要环节。这一内容正式学习安排在第二学段“简易方程”中，旨在让学生理解字母表示数的思想，经历字母表示具体的量到表示变化的量的观点的转变，理解字母抽象化、一般化的特点，进而学习用字母表示一般的规律和数量关系。

赵东老师执教的“用字母表示数”一课，采用了“神奇的魔盒”和“数青蛙”两个经典的素材，让学生在游戏和唱儿歌中发现规律，并引导学生将发现的规律概括的表示。学生用符号、字母表示输入的任意数、任意只青蛙，从而体会引进字母表示数的必要性和符号表示的“概括”作用，并在进一步的讨论中，逐步体会到字母不仅可以表示数，还可以表示一种关系、表示规律。

在字母表示数的学习过程中，学生的学习困难也是显而易见的，主要表现在“对于某些字母表达的式子，学生只认可表示关系或运算过程，不认可表示结果”。“$a+10$ 到底等于多少，我算不出来”总是困扰着他们。这是由于对“字母表示数”的理解过程是复杂的，理解水平是有差异且不稳定的。作为教师要认识到这是学习过程中的正常现象，同时要不断设计有价值的问题促进学生的理解，不断提高学生对“字母表示数”这一核心内容的理解和认识。

▶推荐阅读

（1）《小学数学思想方法的梳理（一）》（王永春，《小学数学教育》，2010 年第 1—2 期）

该文对符号化思想的概念及符号化的教学进行了论述。

（2）《我这样教数学》（华应龙，华东师范大学出版社，2009）

该书《数学是符号的乐园——以“中括号”教学为例》一文介绍了华应龙老师设计“中括号”一课的课前思考、课题实施、课后反思以及专家的精彩点评。

（张　晶）

[数学推理的思想]

数学化归思想（idea of reduction in mathematics）

▶概念描述

现代数学：化归，从字面意思上讲，可以理解为“转化”和“归结”两种含义。即不是直接寻找问题的答案，而是设法将面临的新问题转化为熟悉的容易解决的问题，以便运用已知的理论、方法和技术使问题得到解决。

所谓化归思想，就是在研究和解决有关数学问题时，采用某种手段将问题通过变换使之转化，进而达到解决问题的一种方法。一般总是将复杂问题通过变换转化为简单问题，将难解的问题通过变换转化为容易求解的问题，将未解决的问题通过变换转化为已解决的问题。

小学数学：小学数学教材并没有给出化归思想的定义，但在小学数学中蕴藏着各种可运用化归的方法进行解答的内容。化归思想是小学数学教学中普遍使用的一种思想方法。

▶概念解读

小学数学中的化归思想实质是将有可能解决的或未解决的新问题，

通过转化过程，归结为较易解决的问题。化归思想的核心，是以可变的观点对所要解决的问题进行变形——就是在解决数学问题时，不是对问题进行直接进攻，而是采取迂回战术，通过变形把要解决的问题化归为某个已经解决的问题，从而求得原问题的解决。数学知识间有着密切的联系，新知识往往是旧知识的引申和扩展。让学生在面对新知时能够应用化归思想方法去思考问题，对学生独立获得新知能力的提高有很大帮助。

化归的基本形式有：化未知为已知，化难为易，化繁为简，化曲为直等。比如，根据“商不变的性质”把小数除法化归为除数是整数的除法；通过“通分”把异分母分数加、减法化归为同分母分数加、减法；把异分母分数化归为同分母分数进行大小的比较；在计算组合图形的面积时，先把组合图形割补成学过的简单图形，然后求出各部分面积的和或差；等等。

▶教学建议

（1）在简单计算中体验化归

人们学习新知识之前往往会利用已有的知识去认识，从而形成新的经验并将新知识变成自己的知识，而这一过程其实就是一个“化归”的过程。小学伊始，虽然学生们年纪还小，但利用旧知识来解决新问题在现实生活中也有过尝试，所以从低年级就可以渗透“化归”的思想来指导学生的学习。

例如，一年级开始，学生们就相继开始学习“10 以内的加减法”、“20 以内的进位加法”，对于一年级孩子来说，通过对 1—20 各数的认识，特别是学习了 1—10 的组成之后，学生对“拆小数，凑大数”和“拆大数，凑小数”这种方法比较容易接受，这也是后来学习“20 以内的进位加法”的重要基础之一。20 以内进位加法的口算方法不止一种，教材中呈现了多种计算方法，如“点数”、“接着数”和“凑十法”等，而“凑十法”是其中最重要的方法。“凑十法”通过将大数拆成小数（或者将小数拆成大数），和另一小数（或大数）凑成十，使得 20 以内进位加法转化成一道简单的十加几的计算题，从而使计算变得比较简便。例如计算 9+5，可以先根据 9 和 1 能凑成十，再将小数 5 拆成 1 和 4，最后算出 10+4 = 14，从而得出 9+5 = 14。这一口算过程（如右图）将“20 以内进位加法”计算题转化成

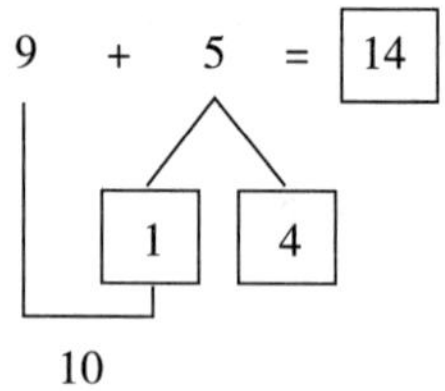

10加几的计算题，从而更加轻松地解决问题。通过将未知的“20以内进位加法”转化为“十加几的计算题”这一过程，学生们初步感知了化归这一数学思想方法在小学数学学习中的运用。

（2）在动手操作中探索化归

学生通过一定的学习，在感悟化归思想后，可以初步运用化归思想——特别是数学中有些概念的形成过程或数学的定义，就渗透着化归的数学思想。当然，这一过程需要学生进一步动手操作，在动脑的同时通过动手来初步运用化归思想。

例如，求多边形的内角和（如右图）——学生在掌握了三角形内角和的计算之后，要计算多边形的内角和。如他们通过动手添加辅助线，将四边形分割成两个三角形，将四边形的四个内角和转化成两个三角形的六个内角和，这样就把所求的多边形内角和的问题转化为计算三角形内角和的问题。

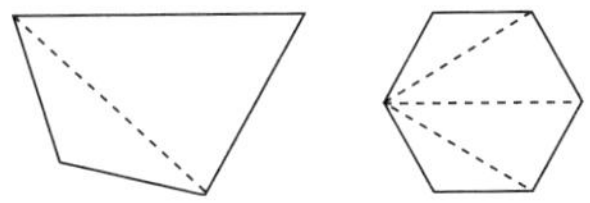

（3）在解决问题中应用化归

分解和组合是实现化归的重要途径。学生在第一学段已经对化归思想形成了一定的基础，但这却只能停留于“学生的记忆里”，只有进一步的运用，才能内化为学生自己的东西，形成数学方法。而化归这一思想方法在第二学段的学习过程中有着广泛的应用。例如，求多边形的面积——多边形的面积包括四部分内容：平行四边形的面积、三角形的面积、梯形的面积和组合图形的面积。而学习这些图形的面积计算则以长方形的面积计算为基础，以图形内在联系为线索，以未知向已知转化为基本方法来开展。（如下图）

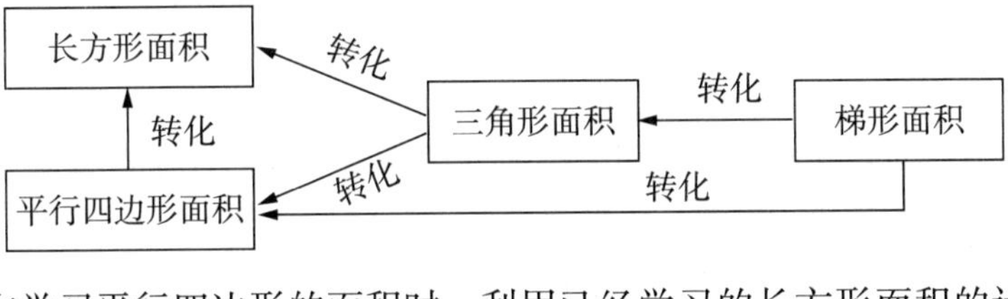

在学习平行四边形的面积时，利用已经学习的长方形面积的计算方法，将平行四边形的面积转化为长方形的面积；而在学习梯形的面积时，化归方法就应用得更加灵活了，既可以转化为两个三角形的面积，又可以转化为平行四边形的面积，还可以转化为多种图形面积的组合

等，最终得出梯形面积的计算公式，将新知内化为自己的知识。

▶推荐阅读

《化归思想与化归方法在小学数学教学中的应用》（李修平，《基础教育论坛》，2010 年第 10 期）

该文从化归思想、化归方法、化归方法的思维模式以及小学数学教学中化归思想的具体应用等内容出发，着重归纳了用化归思想方法教学的数与数之间的转化、形与形之间的转化、实际问题与数学模型之间的转化三个应用点，力求比较全面地体现化归思想在小学数学教学中的作用和地位。

（张胜荣）

类比思想（idea of comparison）

▶概念描述

现代数学：由两个或两类对象在某些方面的相同或相似，得出它们在其他方面也可能相同或相似的推理方法。(胡作玄 等，2002)[533]

小学数学：小学数学教材并没有给出类比的定义，但在 2011 版《课标》中，推理能力作为十个核心词之一及基本的数学思想之一明确提出，充分说明推理在小学数学学习中的重要地位和作用。课标在对推理能力的含义进行阐述中指出：合情推理是从已有的事实出发，凭借经验和直觉，通过归纳和类比等推断某些结果。因此，类比作为推理的重要方法贯穿于数学学习的过程中。如在分数基本性质的学习中，引导学生根据分数与除法的关系，用类比的方法从商不变的性质对分数中是否存在相似的性质进行猜测；又如将整数的运算律向小数和分数推广。这些具有挑战性的数学活动体现了类比在建立概念、研究问题中的作用。

▶概念解读

类比是合情推理常用的思维方法。其特点是利用两对象的某些相似性，由此对象的某些性质或结论，猜测乃至证明另一对象的相应性质或结论；由处理此对象的某些方法，利用相似性移植或稍加改动后移植于另一系统，用以处理另一对象的相似的性质或结论。类比法是一种科学研究的方法，对于发现数学规律有一定的作用。正如著名数学家波利亚所说，“类比是提出新命题和获得发现取之不竭的源泉”。

类比推理的类型有以下三类（邵光华，2009）[268]：

第一类：简单共存类比。它是根据对象的属性之间有简单共存关系而进行的推理。

A 对象具有属性 a，b，c，d；

B 对象具有属性 a，b，c；

∴ B 对象可能也具有属性 d。

第二类：因果类比。它是根据对象的属性之间可能具有同一种因果关系而进行的推理。

A 对象中，属性 a，b，c 同属于 d 有因果联系；

B 对象中，属性 a′，b′，c′与 a，b，c 相同或相似；

∴ B 对象可能也具有属性 d′（d 与 d′相同或相似）。

第三类：综合类比。它是根据对象属性的多种关系的综合相似而进行的类比推理。

上述的“A”、“B”是指不同的两类对象。数学活动中所做的类比大多是从对象的性质、关系、结构、系统、方法的类似性和一致性做出的。类比是一种由特殊到特殊的推理，具有假设、猜想成分，包含比较、联想等心理因素。由于类比推理的根据是不充分的，其类比的结论可能成立，也可能不成立，因此类比猜想还需要逻辑证明予以肯定或否定。

以运算定律推广到小数运算为例来具体说明；整数运算中学习了运算的意义、计算法则、运算顺序和运算定律，当数域扩展到小数后，由于小数四则运算的意义与整数相同，计算方法与整数相似，运算的顺序也同整数的运算顺序完全相同，因此可以联想整数中的运算定律在小数中是否存在？进而提出猜想：整数中的运算定律在小数中同样适用。猜想的结果是不是成立，还需要通过数据的计算进行验证。这个思维过程体现了类比的几个基本要点：以相似性为基础，以联想为前提，以提出猜想为核心，以验证为保证，以发现为目标。

郑毓信（2008）在论述数学的类比时指出：成功应用类比的关键是“求同存异”。所谓“求同”，就是在抽象分析的基础上找到两个对象的相似之处，这是产生联想的必要前提。所谓“存异”，则是指新的猜测的产生并不是简单的重复、模仿，而是一种创造性的工作。特别是在由已知事实去引出新的猜测时，必须注意分析两者之间存在的差异，依据具体的情况做出调整。

▶教学建议

（1）用联系和发展的眼光理解学习内容，挖掘教学内容中的类比思想

作为类比的对象要满足既不同类又有相似性的特点，我们可以通过比较、联系的方法，达到“触类旁通”的目的。因此，运用类比的思想研究问题，一定要立足于已有的知识，寻找一个合适的类比对象。类比的实例在数学中随处可见，教师一定要善于沟通不同维度知识的内在联系，挖掘可渗透的教学内容。

如依据分数、比与除法的密切联系，且除法中有商不变的性质，联想到分数和比中也有类似的性质；依据等底等高的直角三角形和长方形的面积的比是 1∶2，联想到由直角三角形和长方形旋转而成的圆锥和圆柱的体积比也可能是 1∶2；依据计算平行四边形的面积需要转化成长、正方形来解决，联想到计算三角形、梯形的面积也可以通过转化图形的方法解决；依据两个数的因数中有公有因数，联想到两个数的倍数中有公有的倍数……

（2）在概念教学和解决问题中经历类比的过程，掌握基本方法和步骤

因为类比必须以一定的知识作为联想的直接基础，所采用的“求同存异”的思维形式比较复杂，对于小学生来说掌握起来有一定的困难，因此教师在概念教学中要有意识地组织学生运用类比的方法经历数学发现的过程，初步掌握运用类比思想解决问题的基本方法和步骤。

如在教学“分数的基本性质”这一内容时，教师在进行必要的知识复习和铺垫后提出：在除法中有商不变的性质，分数与除法有着这么密切的关系，那么在分数中会不会也有类似的性质呢？在学生直觉认为有的基础上，教师进一步引导学生猜测：“你认为这个性质的内容是什么？说一说，写一写。”学生仿照商不变的性质，猜想到：如果分子和分母同时乘或除以相同的数（0 除外），分数值不变。由于经由类比所得出的结论在得到严格证明前都只是一种猜想，结论是否成立，还需要进行

验证。在教师的指导下，学生首先通过猜想获得了一些数据，然后通过已有的知识，通过画图、计算和转化等方法进行了分数相等关系的验证。就在学生都对猜想的结论表示认可的时候，教师进一步提出："不这样变化，是不是也能获得相等的分数呢?"进而引导学生通过举反例的方法再次全面验证，最终得出正确的结论。至此，知识教学上的任务已经完成，而在思想方法的渗透方面，教师还应带领学生回顾研究问题的过程，提炼研究的方法和步骤，使学生掌握找联系—猜想—验证—获得结论的研究问题的基本步骤。

数学思想的渗透不是一蹴而就的，而应是长期体验和渗透的结果，因此在后续的学习中，教师应为学生提供学以致用的机会，让学生逐步掌握这种方法，并能自主的运用。

▶推荐阅读

《数学与猜想·第一卷·数学中的归纳和类比》(波利亚，科学出版社，2001)

该书是著名数学家波利亚撰写的一部经典名著，书中讨论的是自然科学、特别是数学领域中与严密的论证推理完全不同的一种推理方法——合情推理（即猜想)。全书共分两卷，第一卷为数学中的归纳和类比，主要讲述数学中各种合情推理的实例。

(张　晶)

极限思想（idea of limits）

▶概念描述

现代数学：极限是数学分析的基础概念。它指的是变量在一定的变化过程中，从总的来说逐渐稳定的这样一种变化趋势以及所趋向的数值(极限值)。(裘光明，2002)[516]

极限包括数列极限和函数极限。

小学数学：小学数学教材中虽然没有极限的定义，但是在圆面积公式的推导过程中渗透了极限思想。

▶概念解读

极限思想是近代数学的一种重要思想，数学分析就是以极限概念为基础、以极限理论（包括级数）为主要工具来研究函数的一门学科。

与一切科学的思想方法一样，极限思想也是社会实践的产物。能用有限思想解决的问题是不涉及极限的，极限是研究无穷问题的思想方法。无穷问题一般包括无穷大、无穷小、无穷过程。历史上，先有无穷，后有极限。我国是世界上最早对无限、极限做出贡献的国家。如春秋战国时，道家的代表人物庄周就有了无限与极限思想，认识到“一尺之锤，日取其半，万世不竭”（《庄子·天下篇》）意思是说，把一尺长的木棍，每天取下前一天所剩下的一半，如此下去，永远也取不完。这种认为物质是可以无限分割的思想，也包含了古人的极限思想，因为最后剩余的极限为0。《九章算术》记载：公元263年，我国魏晋时代的刘徽创立了“割圆术”，即用圆内接正多边形的面积逼近圆面积，“割之弥细，所失弥少，割之又割，以至不可割，则与圆合体，而无所失矣”，相当于建立了极限式——

$$\pi = \lim_{\alpha \to \infty} \frac{n}{2} \sin \frac{2\pi}{n}$$

在国外，极限思想最早出现在公元前3世纪。古希腊诡辩学家安提丰（Antiphon）提出了一种方法叫作“穷竭法”——“穷竭”一般指用尽，数学上可以理解为无限、消失之意。古希腊数学家阿基米德运用这种方法求出了抛物弓形的面积、球和球冠面积、螺线下的面积和旋转双曲体积。所以，极限思想也可以说是从古希腊的穷竭法逐渐发展而来的。

极限概念出现在沃利斯（Wallis，J.）的《无穷算术》中，牛顿（Newton，I.）在其《自然科学的哲学原理》一书中明确使用了极限这个词并做了阐述。但极限作为微积分的工具与基础却迟至18世纪下半叶，才由达朗贝尔（d’Alembert，J. le R.）等人认识到。

真正把微积分建立在极限概念的基础上则是柯西（Cauchy，A. L.）完成的，他用繁琐的不严格语言给出了极限的定义。后来，德国数学家外尔斯特拉斯（Weierstrass，K.）精确而又全面地给出了今天采用的极限定义，用静态的方法刻画了动态的极限概念和连续概念，成为今天通用的极限定义。

极限符号lim的创用是18—20世纪在许多数学家创用的基础上固定

下来的，历经一百多年之久。它是古代缩写符号为今所用的例子。

用极限思想解决问题的一般步骤可概括为：对于被考察的未知量，先设法构思一个与它有关的变量，确认这变量通过无限“逼近”过程的结果就是所求的未知量，最后用极限计算来得到这结果。

▶教学建议

小学数学教学中虽然没有明确提出“极限思想”一词，但在很多内容中可以渗透，是日后进一步学习数学的基础。借助极限思想，可以使学生从“有限”认识“无限”，从“不变”认识“变”，从直线形认识曲线形，从量变认识质变，从近似认识精确，所以极限思想是小学阶段应该渗透的重要思想之一。

（1）随时渗透，积累数学经验

首先，基本的数学经验是学生形成数学现实、构建数学认知的基础。对于极限的认识不是一蹴而就的。我们知道，数学思想方法呈隐蔽形式，学生感悟起来有一定的困难，所以积累基本的数学经验就显得十分重要。

其次，在形成概念的初期渗透。例如，在教学射线、直线、线段的时候，利用“红外线光电筒”让学生感悟线的“无限性”，并让学生试着画下这条可以穿过空间的线，在真实、自然又不失严密的情境中体会直线、射线的“无限性”。学生则在教师的引领下，走出“有限几何”，形成“无限几何”，为极限思想的形成做铺垫。

最后，在运用的过程中感悟。例如，在教学分数加减法的练习中，教师出示相关题目，请学生想办法解决。学生观察之后会提出以下几种方法：通分、转化成小数、画图等。进而教师提出：

$\frac{1}{2}+\frac{1}{4}+\frac{1}{8}+\frac{1}{16}+\frac{1}{32}+\cdots\cdots$会得多少，并出示右图。

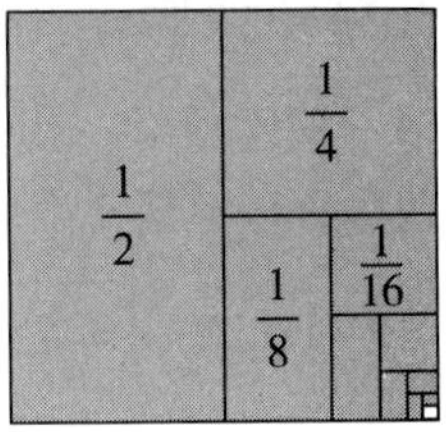

学生可以很直观地从图中看出：随着加数的不断增加，阴影部分的面积逐渐扩大，并且越来越接近正方形的面积，即不断地逼近 1，当有无限多项相加时，其结果为 1。

（2）抓住时机，体味极限思想

在教学圆面积的计算公式时，推导过程中采用“变曲为直”、“化圆为方”的方法是我们大家所熟知的。推导中从“分的份数越来越多”到

“这样一直分下去”的过程就是体味“无限”的过程，“图形就真的变成了长方形”就是获得的结果。学生经历了从无限到极限的过程，感悟了极限思想的巨大价值。

有了这个基础，学生在学习圆柱体积公式的推导时就会很自然地联想到这种办法，从而再一次加以利用来解决问题。在不断应用的过程中，极限思想就潜移默化地形成了。

另外，在教学“循环小数”的时候，也可以抓住时机，借助数学故事，渗透极限思想。如“希尔伯特开旅馆”的故事，就会让学生很好地体会有限和无限的区别，从而进一步体会极限的思想。

▶推荐阅读

（1）《数学的思想、方法和应用（修订版）》（张顺燕，北京大学出版社，2003）

该书的第八章第三节从数学的角度系统论述了极限概念。

（2）《什么是数学（对思想和方法的基本研究）》（柯朗、罗宾，复旦大学出版社，2005）

该书的第六章全面论述了“函数和极限”。

（刘劲苓）

代换思想（idea of subsititution）

▶概念描述

现代数学：代换又称为等量代换，等量代换是数学的基本规律之一。即在数量关系式中，将一个量用它的相等量来代替。（裘光明，2002）[70]等量代换思想用等式的性质来体现就是等式的传递性：如果 $a=b$，$b=c$，那么 $a=c$。

小学数学：等量代换是指一个量用与它相等的量代替，是数学中的一种基本思想方法，也是代数思想方法的基础。这种数学思想不仅有着广泛的应用，而且是今后进一步学习数学的基础。

▶概念解读

在我国古代曹冲称象的故事中，曹冲叫人把大象带到船上，等船身稳定了，在船舷上齐水面的地方刻了一条痕迹。他再叫人把象牵到岸上来，把大大小小的石头，一块一块地往船上装，船身就一点儿一点儿往下沉。等船身沉到刚才刻的那条痕迹和水面一样齐了，曹冲就叫人停止装石头，然后用秤称出石头的重量，由此就得出了大象的重量。曹冲就是利用等量代换的思想——用石头的重量代换了大象的重量，解决了大象称重的难题。这也就印证了欧几里得的《几何原本》提出的在数量关系的变换中，一个量总可以用它的等量去代换这一观念思想（裘光明，2002）[69]。

代换思想也可以理解成为换元法。这样理解就可以在解应用题时，在不改变题意的情况下，通过转化数量与数量之间关系的表达形式，找到解题途径。可谓代换思想的应用。这是解应用题常用的一种思维方法。如在解应用题中，有时将题目中的小数、分数、百分数相互转化；有时需要将数量单位进行化聚；有时数量之间的倍数标准数不统一，还需要转化成同一个标准数才能得以解答。

换元法（solving by changing variable）亦称辅助未知数法，又称变元代换法。它是普通应用的一种方法，其一般意义是将由一个或几个变元构成的数学表达式中的一部分用新的变元表示，以利于问题的解决。这里仅给出在解方程（组）和解不等式（组）中的应用。

① 在解一元方程（或多元方程组）的过程中，有时能用变元代换方程的部分解析式，且代换后所得新方程更有利于求解；当解得新变元的值后，再按照原来所设的新旧变元的关系式，求出原来变元的值。解方程应用换元法的依据是方程组同解定理中的换元定理。以一元方程为例，一元方程与方程组同解。

$$\begin{cases} u = \varphi(x) \\ F(u) = 0 \end{cases}$$

② 在解不等式时，亦可用新变元去代换不等式的部分解析式，而得到一个形式较简便、易于求解的新不等式。

代换思想在我们的生活中应用广泛，它能够帮助学生解决生活中的很多难题。小学阶段对代数思想的认识处于直观阶段，让学生直观感知这一思想即可。而学生掌握并善于运用“代换思想”，对发展其思维的灵活性、敏捷性和拓宽其解题思路等都具有重要意义。

▶教学建议

等量代换是一种很抽象的数学思想，只有以学生可理解的简单形式将它生动有趣地呈现出来，他们才有可能感知、领悟。

（1）关注学生兴趣，激发学习欲望

例如，钱守旺老师在教学这部分知识时，特别关注了对学生学习兴趣的激发。首先，钱老师用“曹冲称象”的故事引入新课激起了学生的学习热情和兴趣，引发了学生的学习动机，为“等量代换”一课的学习打下合适的基调。其次，钱老师在课中安排了“5 个福娃换 1 张大拇指卡片，3 张大拇指卡片换 1 张博士卡片，45 个福娃换（ ）张博士卡片”的练习，使学生兴趣盎然、思维流畅，并树立了自信心。

（2）联系生活经验，引导学生探究新知，感悟等量代换的意义

钱老师教学中通过让学生解决生活中的实际问题来掌握等量代换的思想。钱老师先出示天平组图，让学生感悟：1 个大西瓜的质量 = 4 个一千克砝码的质量，4 个苹果的质量 = 1 个一千克砝码的质量。紧接着，钱老师出示天平图，并提出问题：“几个苹果与 1 个西瓜一样重？”学生疑惑，通过交流讨论，最后得出：16 个苹果的质量 = 1 个大西瓜的质量，再通过“做一做”等练习巩固等量代换的思想。钱老师在练习设计的难度上层层递进，充分拓展学生的思维，让学生在解决问题的过程中掌握思维的方法，提升逻辑思维的能力。

但解决问题不是学习的最终目的，让学生不断体验作为策略的价值才是关键所在。代换的价值在哪里？为什么要进行代换？代换之后数量关系有什么变化？代换的依据是什么？把这些问题抛给学生去思考，一方面让学生再次感受到代换的思考过程，更重要的是让学生明确了代换的真正价值在于使问题简单化。这是一种重要的数学思想，而且也让学生进一步明确了应用“代换”策略分析和解决问题的特点。

▶推荐阅读

《“等量代换”教学纪实》（吴江，《黑龙江教育（小学）》，2013 年第 4 期）

该文介绍了如何让学生在观察思考、操作交流中学会初步的等量代换知识。在解决问题的过程中，教师引导学生通过自主探究、实践操作

来解决问题，在探究过程中感知、体验等量代换的数学思想。

（王　敏）

假设思想（idea of hypothesis）

▶概念描述

现代数学：假设法是通过对数学问题的一些数据做适当的改变，然后根据题目的数量关系进行计算和推理，再根据计算所得数据与原数据的差异进行修正和还原，最后使原问题得到解决的思想方法。（王永春，2010）

小学数学：小学数学教材中并没有给出假设的定义，但假设作为一种解决问题的方法在问题解决的学习中有所体现。如在“鸡兔同笼”的学习中，不论是列表尝试还是算术解法，都是以假设为基本思想；在2014年人教版教材六年级上册中，新增加了用抽象的“1”解决问题的学习内容，也是对假设含义的渗透。

▶概念解读

“自然数的个数是无限的”，这对于初识自然数的儿童来说是抽象的。我们没有“见过”无穷多的数，但是对这一结论我们是确信的，这是因为，如果我们假设有那么一个最大的数，再增加1，就又会产生一个比它还大的数，按照这样的假设思考下去，自然数的个数无穷无尽，我们永远看不到最大的那个数。这个看起来很简单的思考其实体现了数学中的一种重要的思想方法——反证法，而反证法就是假设思想的具体体现。

简单地说，反证法就是从否定结论出发，将结论的否定加入前提，经过正确的逻辑推理导出矛盾，从而确认命题为真的证明方法。反证法证明命题的程式可分为“反设（否定结论）”、“归谬（显现矛盾）”和“结论（肯定命题）”三步。（邵光华，2009）[331]其中“反设”的这一步就体现了假设思想，即假设所要证的结论不成立。

假设的思想方法除了运用在命题的证明中，在小学阶段还更多地体现在数学方法的解题过程中——如分数解决问题中、图形的关系探求中、逻辑推理中，有些题目数量关系比较隐蔽，难以建立数量之间的联系；有些题目数量关系比较抽象，无从下手。而儿童的思维方式以具体形象思维为主，具体演算能力强、抽象推理能力弱，因此对这样的题目解决有一定的难度。面对这样的问题，可先对题目中的已知条件或问题做出某种假设，然后按照题中的已知条件和关系进行推算，最终找到正确答案。

例如，A 圆的半径是 B 圆的直径，A 圆的面积与 B 圆面积的比是（　　）∶（　　）。

面对这个问题，思维水平高的学生，会根据“A 圆的半径是 B 圆的直径”这条信息推导出两圆半径间的关系，从而利用面积之比等于半径平方的比这一规律进行推理从而获得结果。而对于抽象思维能力弱、推理能力一般的学生来说，则可以根据已知信息，假设 A 圆的半径和 B 圆的直径为一个具体的数，通过面积公式计算出面积后再求比，同样也可以获得结果。

运用假设法，需要根据原题中的数量关系和逻辑关系，做一些数据的改变。力图将较大数据改变为简单数据，将抽象条件转化为具体数据，这样就将原问题转化为易于理解和解决的新问题了。这样的变化可使得解题的思维变得简单，更利于计算和推理。这样看来，假设法实际上也是转化方法的一种，是问题转化的具体手段，比较典型的代表如鸡兔同笼问题。

▶教学建议

（1）明确运用假设法的基本条件，形成运用假设思想方法的意识

在小学阶段反证法的学习机会很少，但是教师应有意识地引导学生初步经历这样的思考过程。例如，薛克君老师执教“分数的基本性质”一课中，在学生通过猜测验证，初步得到分数基本性质的结论后，薛老师提出：“如果不按照这样的规律变，结果会不会也不变呢？”薛老师的这个质疑环节的设计体现了反证法的思想，从而学生提出假设同加、同减一个数或者乘（除以）不相同的数等否定命题，并通过举例验证，进一步肯定了前面结论的正确性。此外，在解答选择题时，当不能确定正确答案时，可依次假设各选项为正确答案，带入命题，检验结论正确与否。

同时，在解题中的运用方面，教师要结合具体的题目让学生经历困顿、疑惑到柳暗花明的过程，使学生体会使用假设法的价值，以及明确什么时候用。

如：根据 $a\times\frac{3}{5}=b\div1.2=c$（$a$、$b$、$c$ 均大于 0），将 a、b、c 按照从大到小的顺序排列。

大多数学生看到此题，会感觉无从下手，运用分数乘除法的意义进行思考推理比较麻烦。这时，教师可以适时启发学生："能不能想办法知道 a、b、c 具体是多少？怎么才能知道 a、b、c 各是几呢？"在学生通过假设计算获得结果后，教师要引导学生回顾解决问题的过程，提炼方法，使学生明确，当题中的条件隐蔽时，可用设数的方法将抽象的条件变为具体的数，这样未知条件就变得明朗起来，隐蔽的数量关系变得明确，复杂的条件变得单一，再和其他的已知条件配合，从而找到解题思路。

（2）根据题目特点合理设数，提高学生运用假设法解决问题的技能

在学生知道了可以假设一个具体的数来解决问题的基础上，教师还要注意对设数的方法进行必要的指导，提高学生进行假设的能力。

看前面的例子"A 圆的半径是 B 圆的直径，A 圆的面积与 B 圆面积的比是（　）：（　）。"假设 A 圆的半径（B 圆的直径）为 2，分别计算面积后再求比。为什么选 2 不选 1 呢？因为如果选 1，计算 B 圆的面积就要计算 $(1\div2)^2\times3.14$，会带来计算上的麻烦。因此，设数时既要考虑数据符合题中的数量关系，兼顾问题中的所有条件，同时要优先选择好算的较小数作为假设的数据。

除了要考虑"设什么数"，还应考虑可以怎样假设、哪种假设的方法更简便等。

再用前面的例子：根据 $a\times\frac{3}{5}=b\div1.2=c$（$a$、$b$、$c$ 均大于 0），将 a、b、c 按照从大到小的顺序排列。就假设的方法来说，有以下几种不同的假设方法。

方法一：假设 a 为 5，$5\times\frac{3}{5}=3$，$3\times1.2=3.6$，则当 $a=5$ 时，$b=3.6$，$c=3$。

方法二：假设 b 为 6，过程同上，此处略。

方法三：假设 $c=1$，利用倒数的知识得到 a 大于 1，b 小于 1。

通过比较可以发现，第三种假设的方法更为简便。所以教师要鼓励学生对同一题采用不同的方法假设，然后进行比较、选择，逐步掌握假设的基本方法，提高假设的技能技巧。

▶推荐阅读

《小学数学思想方法梳理（十）》（王永春，《小学数学教育》，2010 年第 12 期）

该文从概念、意义、具体应用及教学四个方面对假设法进行了分析。

（张　晶）

[数学建模的思想]

函数思想（idea of function）

▶概念描述

现代数学：函数是一种关系，函数关系是把反映事物之间相互制约、相互依存的关系用序偶来表示。一般地，任一 n 元关系 R，总可以看成某一个集合 $A_1 \times A_2 \times \cdots \times A_n$ 的子集，当（a_1，a_2，…，a_n）属于 **R** 时，就称 a_1，a_2，…，a_n 之间有关系 R，否则就称 a_1，a_2，…，a_n 之间无关系 R（其中，$a_1 \in A_1$，$a_2 \in A_2$，…，$a_n \in A_n$；A_1，A_2，…，A_n 是集合）。用函数关系研究状态之间的依存，是一种重要的数学思想。按照这一思想，函数被看作两个状态集合之间建立起来的一种基本关系，同时，又是当一个集合（或状态）较难刻画时，用另一个集合（或状态）来刻画它的工具。（胡作云 等，2002）[531]

小学数学：小学数学教材对函数思想并没有明确的定义。一般认为，函数思想是一种考虑对应，考虑运动变化、相依关系，以一种状态确定地刻画另一种状态，由研究状态过渡到研究变化过程的思想方法。函数思想的本质在于建立和研究变量之间的对应关系。所谓函数，就是一个量（应变量）随着另一个量（自变量）的变化而变化的一个数学模型。

▶概念解读

函数的思想利用了运动和变化的观点，把变量与变量之间的关系，归纳为两集合中元素间的对应。变量是指在研究过程中可以取不同数值的量，变量的概念是函数思想的基础。函数思想方法就是运用运动和变化的观点、集合和对应的思想去分析问题的数量关系，通过类比、联想、转化合理地构造函数，运用函数的图像和性质，使问题获得解决。函数的思想方法是最重要、最基本的数学思想方法之一。

虽然在小学数学中没有正式引入函数概念与函数关系式，但这不等于没有函数的雏形、没有函数思想。在小学阶段渗透函数思想方法，可以使学生懂得一切事物都是在不断变化，而且是相互联系与相互制约的，从而了解事物的变化趋势及其运动规律。这对于培养学生的辩证唯物主义观点、分析和解决实际问题的能力都有极其重要的意义，而且可以为学生以后进一步学习数学奠定良好的基础。

函数是数学分析的基本概念之一，其含义经历过多次推广。最早是由莱布尼茨（Leibniz，G. W.）于 1694 年（另两说为 1673 年和 1692 年）引进数学领域的，用以表示随曲线上的点变动的量，如曲线上点的坐标和曲线的斜率等。

在我国，“函数”一词最早出现在 1859 年李善兰的译作《代微积拾级》中：“凡此变数中函彼变数，则此为彼之函数。”

在笛卡儿引入变量以后，变量和函数等概念日益渗透到科学技术的各个领域。对宇宙天体的探索，对热的传导的研究，对揭示电磁秘密的努力，都和函数概念有着密切联系。正是在这些实践过程中，人们对函数的概念不断深化。

此外，函数作为变量之间依从关系的数学抽象，其变量可以从任意集合取值，但常从实数集取值。从函数概念的历史发展和现实使用看，变量从实数集取值是主流。循此主流论述的函数，严格说是实变量的实函数。数学概念常只在一定的范围内加以诠述。

要注意的是，函数思想在小学教学中强调的是“渗透”，要让学生感受到“于变化之中寻求不变，并把握规律的重要性”。

▶教学建议

函数思想体现于“变化”中把握“规律”，并根据规律做出预测。函数的核心就是把握并刻画变化中的不变，其中变化的是“过程”，不变的是“规律”。学生愿意去发现规律，并能将规律表述出来的意识和能力，就是函数思想在教学中的渗透。

（1）在感受变化中渗透函数思想

在小学阶段，教师要有意识地引导学生认识变量、发现变量，明确变化规律，使学生逐渐能利用变化的眼光去认识事物、观察世界。

例如，吴正宪老师教学“正比例的意义”时，出示表格：

钢笔数量/支	0	1	2	3	4	5	……
钱数/元	0	5	10	15	20	25	……

首先，吴老师引导学生体会所付钱数随钢笔支数的变化而变化，不变的是单价；然后发给每个学生一张坐标纸，让学生绘制正比例图像；最后引导学生逐步总结出正比例的意义。这节课吴老师从表格切入，列举出两种变化的数量在一定的情况下变化的数据，引导学生自觉地观察、分析、概括，紧紧围绕两种相关联的量展开讨论。即通过具体事例，引导学生逐步了解数量之间的内在联系，发现两种相关联量的变化规律。

（2）在探究规律中渗透函数思想

2011 版《课标》把“探索规律”作为渗透函数思想的一个重要内容。“探索规律”实际上就是培养学生的“模式化”思想，发现规律就是发现一个“模式”。

如教学“9 的乘法口诀”时，教师出示百格图，与学生共同总结出下面的算式：

$9\times1=10-1=9$	$9\times6=\square-\square=54$
$9\times2=20-2=18$	$9\times7=\square-\square=63$
$9\times3=30-\square=27$	$9\times8=\square-\square=72$
$9\times4=\square-\square=36$	$9\times9=\square-\square=81$
$9\times5=\square-\square=45$	

在口诀的教学中总结规律是必不可少的环节，尤其是 9 的乘法口诀的规律更加丰富多样，教师利用百格图的方法，展示了口诀的变化过程，使学生充分感受到随着 9 的个数的变化积的变化过程，从而根据变化规律总结出口诀。

▶推荐阅读

（1）《小学数学课堂教学策略》（吴正宪，北京师范大学出版社，

2010）

该书第三章论述了渗透函数思想的策略。

（2）《吴正宪的儿童数学教育》（周玉仁、杨文荣，北京师范大学出版社，2010）

该书第二章第二节讲述了吴老师在教学中渗透函数思想的方法。

（王　敏）

02

Number &
Algebra

数与代数

“数与代数”部分是义务教育阶段数学课程的重要内容。2011 版《课标》中明确指出其主要内容有：数的认识、数的表示、数的大小、数的运算、数量的估计、字母表示数、代数式及其运算、方程、方程组、不等式、函数等。其中，代数式及其运算、方程、方程组、不等式、函数等内容要在第三学段详细学习。每个学段关于“数与代数”部分的课程具体内容，2011 版《课标》中已有细致、明确的阐述，这里不再赘述。

“数与代数”的教学内容是逐渐扩充的，由自然数到分数、小数，由数的运算到简单的代数式及其运算，由算术运算到代数运算。从内容多少上看，它在小学数学教学各领域内容中所占比例最大；从作用上看，它直接关系到其他内容的学习，是整个数学学习的基础。

数的认识、数的运算和探索规律，贯穿第一、二学段；常见的量的学习则主要集中在第一学段。这部分的“数与代数”内容比较重视数的现实意义，强调紧密联系学生身边具体、有趣的事物，使学生体会数用来表示和交流的作用；注重使学生通过观察、操作、解决问题等丰富的活动初步建立数感；重视口算、估算与笔算的结合；重视结合现实的问题认识常见的量；强调初步学习在简单情境下探索数量方面的规律。

第二学段在第一学段的基础上，继续学习相关的内容，即在学习数的认识和运算的基础上，进一步学习式与方程（代数的初步）、正比例和反比例（函数的渗透）。随着年龄的增长，学生的思维水平和理解能力有所提高，学生处在由具体形象思维向抽象逻辑思维过渡阶段。由此在第一学段的基础上，第二学段扩大了数的认识和运算的范围，同时在较为抽象的水平上让学生初步认识代数知识和渗透函数思想。

这两个学段的许多内容是螺旋上升并逐步加深的，如数的认识和数的运算。因此，整体把握第一、第二学段的内容结构和特征，有利于在教学中突出重点、前后照应，使学生更好地理解和掌握这部分内容，进而整体上实现课程目标。

▶数的认识

第一、第二学段数的认识内容主要包括整数、小数、分数、百分数和负数的认识，以及与数的理解和数特征有关的数整除性方面的内容。这部分内容理解和把握的重点在于：体会数概念的形成过程的同时建立数感，以及做好对两个学段相关内容的整体把握、递进与衔接。

数的认识主要可以分为几个方面的内容：整数的认识，分数、小数和百分数的认识，负数的认识，数的整除性相关的内容，数的简单应用。

▶数的运算

数的运算内容贯穿整个一、二学段，是这两个学段数学学习分量比较重、占用学习时间最多的内容。对于数的运算，首先要使学生理解为什么要运算，对此的不同目的，决定了对不同运算方式的选择和对不同精度的要求。

即首先应当让学生理解面对具体的形，是否需要计算；然后再确定需要什么样的计算方法——口算、笔算、计算器、计算机和估算都是供学生选择的方式，都可以起到算出结果的目的。

其次，应当重视学生对算理的理解和掌握，按照课标的要求把握对运算熟练程度的要求，重视估算的理解运用。要鼓励学生用自己的方法去尝试运算，选择合适的方法进行运算，理解常见的数量关系，并运用常见的数量关系解决问题。

▶常见的量

常见的量基本在第一学段出现，2011 版《课标》对有关常见的量有明确规定。(详见 2011 版《课标》第 17 页)

其中与几何测量有关的单位都安排在“图形与几何”领域中，这里涉及的主要有货币单位、时间单位和质量单位。

▶探索规律

探索规律的内容重点在于探索的过程——使学生在具体情境中，通过观察、计算、操作、思考等方式，了解蕴含在问题情境中的规律，学会思考问题的方法。

▶式与方程

第二学段开始正式引入字母表示数和简易方程，这是学生数学学习的又一次抽象。

从数到代数是数学表征的一次飞跃，数对于它所代表的具体事物来说是抽象的，而用字母表示数是又一次抽象。对于小学生来说，初步建立代数的思想具有一定的挑战性。要从具体的情境中使学生感知字母表示数的含义，并了解这种表示方法的作用，进而初步体验符号在数学表示中的作用，初步建立符号意识。

▶正比例、反比例

正比例和反比例是一类常用的数量关系，这部分内容的学习是函数思想在小学的体现。

在现实中，有许多数量关系可以表示为成正比例的量和成反比例的量，其本质是两个量按一定的比例关系发生变化。如果一个量扩大（缩小），另一个量按一定的比例扩大（缩小），两个量是成正比例的量；如果一个量扩大（缩小），另一个量按一定的比例缩小（扩大），两个量是成反比例的量。如果分别用 X 和 Y 表示两个量，前者可以表示成 $Y=aX$（$a>0$），后者可以表示成 $Y=\frac{a}{X}$ 或 $XY=a$（$a>0$）。

正比例和反比例的关系本质上是函数关系。小学阶段并不出现函数的概念，只是让学生具体感知两个量之间的关系。这样一是使学生对数量关系的认识和理解更丰富，二是为第三学段进一步学习正比例函数和反比例函数以及学习一般的函数知识做准备。

小学数学“数与代数”部分具体内容框架图如下：

- 数与代数
  - 数的认识
    - 整数的认识
    - 分数、小数和百分数的认识
    - 负数的认识
    - 数的整除性
    - 数的简单应用
  - 数的运算
    - 整数运算
    - 分数、小数和百分数运算
    - 估算、计算器及算法的交流
    - 问题解决与常见数量关系
  - 常见的量
    - 货币单位
    - 时间单位
    - 质量单位
  - 探索规律
  - 式与方程
    - 用字母表示数
    - 简易方程
  - 正比例、反比例
    - 比和按比分配
    - 比例、正比例和反比例

本部分将围绕在小学阶段“数与代数”部分主要的概念做一些分析和讨论。

本章目录

[数的认识]

数（number）

▶概念描述

现代数学：数作为原始概念，对它的阐明与分析是数学哲学无法避开的任务。现象学创始人胡塞尔借助于布伦塔诺的描述心理学方法，用抽象表象将心理学分析与对“数”概念的分析贯通了起来，试图寻找“数”概念的表象基础。从而阐明了数概念内涵的两个部分“和”与“一”作为纯粹形式的概念，是在感知的基础上通过反思抽象而形成的。从自然数出发，对数和数系进行持续的扩充，是人类生产发展和社会进步的需要，也是数学自身发展的需要。数与数系扩张的外部动力和内部动力，构成了数和数系的历史发展过程与逻辑推广过程。

数系的扩张遵循因袭原理，即在原有数系基础上，通过引进新的符号（数），扩充成一个新的、内容更丰富的结构（数系），使得“老”数系是“新”数系的真子集，即“老”的数是所有新数系的一部分，而且在原来数系中成立的运算规则，和更大范围的数系中的运算规则保持一致，结果相同。自然数到整数的扩展就是如此。（张奠宙 等，2009）[96]

按照与实体分离的程度不同，数系遵循以下历史途径逐渐扩展（张奠宙 等，2009）[96]：

自然数⟶正有理数⟶简单的代数无理数⟶零与负有理数⟶负数⟶严格的实数系

而“数系”的逻辑扩展过程是不同的：

$$\text{自然数}\xrightarrow{\text{添加负数和零}}\text{整数}\longrightarrow\text{有理数系}\xrightarrow{\text{作柯西数列的等价类}}\text{实数}\xrightarrow{\text{添加虚数单位 i}}\text{复数}$$

小学数学：数作为原始概念虽不能有逻辑地进行定义，但却非常重要。在小学数学课程中，数的概念主要包括自然数、正小数、正分数。对于这三个概念的界定，教材中也只是用描述或举例说明的方式来定义的。根据数系的形成过程可知，数概念的形成过程是一个数概念外延的多次扩张过程。数系扩张的主要途径是元素添加。在自然数集合中添加

"负整数"就得到了整数，在整数集合中添加"分数"就得到了有理数，在有理数集合中添加"无限不循环小数"就得到了实数……

▶概念解读

数概念是数学中最基本的概念之一。它是由人类生活和生产的实际需要逐步形成和发展起来的，也是人类文化的伟大创造之一。

人类在蒙昧时代就已具有识别事物多寡的能力，从这种原始的"数觉"到抽象的"数"概念的形成过程，是一个缓慢的、渐进的过程。原始人在采集、狩猎等生产活动中，首先注意到一只羊与许多羊、一头狼与整群狼在数量上的差异；再通过一只羊与许多羊、一头狼与整群狼的比较，逐渐看到一只羊、一头狼、一条鱼、一棵树……之间存在着某种共通的东西，即它们的单位性。同样，人们会注意到其他特定的物群，例如成双的事物，相互间也可以构成一一对应。这种为一定物群所共有的抽象性质，就是数。

随着对数的认识越来越明确，人们感到有必要以某种方式来表达事物的这一属性，于是产生了记数，而记数是伴随着计数的发展而发展的。最早可能是手指计数。当指头不敷运用时，就出现了石子记数等，以表示同更多集合元素的对应。但记数的石子堆很难长久保存信息，于是又有了"结绳记数"和"刻痕记数"。我国古代文献《周易·系辞下》有"上古结绳而治，后世圣人，易之以书契"之说。"书契"即在木或竹上刻画某种符号用以记事（数），简称"刻痕记数"。"结绳"和"书契"都是文字出现前常用的原始记数法。《通史》称"伏羲始画八卦，造书契，以代结绳之"。因此从"结绳"到"书契"是数概念的一个抽象过程，即由具体物品或标志（如手指、小石、刻痕、结绳等）来代替，根据一一对应的原则进行计算，以后便逐渐脱离了具体事物的量，抽象出纯粹的数的概念。简言之，数的产生是由具体量记数抽象出数的概念，并伴之产生运算。

小学阶段对数概念的认识在本质上应从数的扩充角度来理解——

分数的扩充一般有两种需要：一是分东西的过程中，需要对一个物体进行切割与分配时，整体中的"部分"无法用自然数来表示，就需要有刻画"部分"的方式方法；二是计算过程中，对 2÷3 无法用自然数表示计算的结果时，就需要有刻画这类除法运算结果的方式方法。

小数的产生有两个前提：一是十进制计数法的使用，二是分数概念的完善。小数的产生有两个动因：一是十进制计数法扩展完善的需要，二是分数书写形式的优化改进。小数的出现标志着十进制计数法从整数扩展到了分数，使分数与整数在形式上获得了统一。我们现在的小数定义就是根据这种形式变换过程来定义的，将十进制分数改写成不带分母形式的数就叫作小数。

负数的产生。“负数”是一个与“正数”的意义相反的数学概念，它的形成源于对生活中完全相反的事物数量的刻画，如进与出、上与下、进与退等。我国数学家刘徽在两千多年前，就给出了负数的定义及刻画方法。他说：“今两算得失相反，要令正负以名之”，“正算赤，负算黑，否则以斜正为异”。我国古代数学专著《九章算术》中就提到了正负数加减法运算法则：“同名相除（两个符号一致的数相减），异名相益（两个符号不一致的数相加），正无入负之，负无入正之；其异名相除（两个不同符号的数相减），同名相益（两个相同符号的数相加），正无入正之，负无入负之。”

▶教学建议

（1）处理好阶段性和发展性的关系

关于数概念的教学，要注重知识的“生长点”与“延伸点”，把每堂课教学的知识置于整体的知识体系中，注重知识的结构和体系，处理好局部知识与整体知识的关系，引导学生感受数学的整体性，体会对于某些数学知识可以从不同角度加以分析、从不同层次进行理解。

（2）紧密结合现实生活情境和实例，培养学生良好的数感

培养学生的数感是第一学段的重点。教学时要有意识地联系身边的具体事物，选择学生熟悉的生活情境和实例，通过观察操作、游戏等方式为学生提供真实的自然的数的感悟环境，让学生在数的认知上经历由具体到抽象的过程，逐步发展数的思维。比如，刚入学的儿童在认识 10 以内数的时候，应该通过实物、图片等，将数与物一一对应起来；以后在认识 20 以内、100 以内的数时，可以对具体实物通过估一估、数一数等活动，帮助学生形成对十、百等数量大小的感觉，如数 100 粒黄豆、100 根小棒，估计教室里的学生人数等。还可以就同一个数在实际生活中的多种意义所表现的数量来加强对数的感知。比如，1000 张纸大约有多厚？学生的 1000 步大约有多长？1000 名学生站成做广播操的队形需要多大的场地？类似这样的问题可让学生举一反三。

(3) 让学生亲身经历数的学习活动过程，逐步积累数感经验

在具体的数学活动中，让学生能动脑、动手、动口，多种感官协调活动，并能相互交流，这对强化感知和思维、积累数感经验非常有益。比如，教师可以组织学生参加调查活动，让学生调查：从你家到学校的路程大约有多远？你上学大约要多少时间？教室面积有多大？你所在城市有多少人？如何测量一张纸的厚度？……这样的数学活动有利于学生在相互交流中从多角度去感悟数，丰富自己的数感经验。

▶推荐阅读

《小学数学研究》（张奠宙等，高等教育出版社，2009）

该书第五章主要论述了数的起源、数系扩充及数概念的发展史。

（刘　鹏）

整数（integer）

▶概念描述

现代数学： 整数是数系中最基本的一种数，即正整数、零、负整数的统称。自然数都是整数，但整数不一定都是自然数。（裘光明，2002）[17]

小学数学： 2005 年北京版教材第 12 册第 66 页没有给出明确的定义，主要是通过直接给出名称的形式出现的。2006 年人教版六年级下册第 77 页提出：像“…，−3，−2，−1，0，1，2，3，…”这样的数统称整数。整数的个数是无限的。自然数是整数的一部分。“1”是自然数的单位。

▶概念解读

我们以 0 为界限，将整数分为三大类：

① 正整数，即大于 0 的整数，如 1，2，3，…，n；

② 0，既不是正整数，也不是负整数，它是介于正整数和负整数的数；

③ 负整数，即小于 0 的整数，如 -1，-2，-3，…，$-n$。

正整数：它是古代以来人类计数的工具。可以说，从“一头牛，两头牛”或“五个人，六个人”抽象成正整数的过程是相当自然的。

0：不仅表示“没有”（“无”），更是表示空位的符号。我国古代用算筹计算数并进行运算时，空位不放算筹，这样虽无空位记号，但仍能为位值记数与四则运算创造良好的条件。

负整数：我国最早引进了负数。《九章算术 · 方程》中论述的“正负数”，就是整数的加减法。减法的需要也促进了负整数的引入。减法运算可看作求解方程 $a-b=c$，如果 a、b 是自然数，则所给方程未必有自然数解。为了使它恒有解，就有必要把自然数系[①]扩大为整数系。

▶教学建议

整数的认识教学主要集中在第一学段——万以内数的认识。第二学段是系统梳理十进制计数法和万以上的数。学生认识数从“个”到“万”是一个完整的数级，包含了整数认识的所有要素，如数字的表示、数位、各个数位上数字所表示的值等。

万以内数的认识分为几个阶段来安排，较为普遍的安排方式是：20 以内数的认识→百以内数的认识→万以内数的认识。在这几个阶段中，“20 以内数的认识”是一个重点内容。

（1）能用数表示物体的个数或事物的顺序和位置

“20 以内数的认识”是学生认数、读数、写数的重要阶段，几乎涉及所有的整数认识中的要素，如数的抽象、数字的表示与书写、数位与相应的数值等。“百以内数的认识”是数概念的进一步扩展，即运用数的意义的基本要素，认识较大的数，从而进一步巩固和运用数值、数位等概念，了解数的顺序和大小关系。这部分内容的教学重点在于使学生从数量抽象到数。如从具体的 2 匹马、2 棵树、2 头牛、2 个人，抽象为“2”这个数。用一个数字（特殊的符号）来表示数量，已经把具体的单位和这个数量的具体含义去掉，抽象为数“2”。反过来，这个“2”可以表示任何具有 2 这样数量特征的事物。这个抽象过程在小学一年级开始认识数时就要强调，直到认识较大的数。这样，学生逐渐认识数的抽象表示，逐步建立数概念。而自然数的基本特征是后一个数比前一个大

---

① 现数学教材中规定，零和正整数为自然数。

1，从具体的数量抽象出数后，学生可能通过自然数的这一特征认识更大的数——2后面加1就是3，再加1就是4。在这个过程中，学生很自然地理解自然数的大小关系。

（2）理解各数位上的数字表示的意义

为了表示更大的数，数位概念的建立是十分重要的。数位的含义是不同位置上的数字表示不同大小的数，没有数位的规定就没有办法表示更大的数。教师可以让学生清楚地了解，同样一个数字“3”，在个位上表示3个一；在十位上表示30，即3个十；在百位上表示300，即3个百。第一学段完成整数万级的认识，第二学段认识万以上的数，进而理解十进制记数法。我国的计数单位是每四位一级，万以内数的个位、十位、百位、千位为个级，学生理解个级上的每个数字的意义，是理解多位数各个数位上的数字意义的前提条件。

（3）知道用算盘可以表示多位数

这是2011版《课标》新增加的内容，增加这一要求主要考虑我国文化的因素，以及许多专家学者和一线教师对珠算在小学数学教学作用问题提出的建议。在学习整数时，教师让学生“知道用算盘可以表示多位数”，有利于学生对多位数的认识，也能使学生进一步了解中国传统文化。

（4）理解符号“<”、“=”、“>”的含义，能用符号和词语描述万以内数的大小

数与数之间最重要的是大小关系，数的大小关系包括大于、小于和等于。让学生了解数和数之间的关系，就是让学生可以用自然语言描述，也可以用符号语言描述，而用符号语言描述具有一定的抽象性，是培养学生的符号意识的开始。用关系符号“>”、“=”或“<”表述的是数量间的大小关系，学生在完成这个问题的过程中，需要理解符号的含义，并能合理使用，这个过程可以帮助学生建立数感和符号意识。

（5）感受万以上数（俗称“大数”）的意义和对大数进行估计

教师可以通过具体的情境让学生对大数加以感受，增加学生的数感。感受大数与情境的具体内容有关，学生可以通过实际操作和观察，有时还要加入想象的成分，对大数有切身的感受。而在对大数进行估计的时候，选择合适的单位很重要——教室到学校体育馆有多远，就应当选用米做单位；而从家到学校有多远，就要选择千米做单位；太阳到地球的距离就要用光年做单位。

▶推荐阅读

《小学数学教学策略》（张丹，北京师范大学出版社，2010）

该书的第 56—60 页主要论述了数的表示的教学策略。

（邓　宏）

自然数（nature number）

▶概念描述

现代数学： 长期以来，人们虽然能够在日常生活中运用自然数，描述自然数，却不能严格地定义自然数。19 世纪末，数学研究崇尚严密，尤其崇尚用公理化方法定义数学对象。1889 年，意大利数学家皮亚诺（Peano，G.）建立了自然数的公理系统。其中使用了两个形式符号：1 和′，它们要满足以下五条公理：① 1 是自然数；② 每个自然数 a 都有一个后继 a'；③ 1 不是任何自然数的后继；④ 若 $a'=b'$ 则 $a=b$；⑤（归纳公理）自然数的某个集合若含 1，而且如果含一个自然数 a 就一定含 a'，那么这个集合含全体自然数。满足这 5 条公理的对象称为自然数。所有自然数所组成的集合记为 **N**。不过，由于在数学理论的发展中自然数集的定义不包含 0，这种按照皮亚诺最初的记法来定义的自然数系，也是从 1 开始的，不包含 0。1993 年我国开始使用新的国家标准定义自然数集 **N** 含 0，这时就要将公理中的 1 换成 0。（张奠宙　等，2009）[24]

小学数学： 自然数这个概念虽然在数学上有严格的定义，但是对于小学生而言过于抽象。因此，在小学阶段，2011 年人教版教材四年级上册只是举了一些实例来描述自然数这个概念，即表示物体个数的 1，2，3，4，5，6，7，8，9，10，11，…都是自然数。一个物体也没有，用 0 表示。0 也是自然数。

▶概念解读

“自然数”这一术语首先被罗马学者波伊修斯使用。在古代，所谓数，就是指自然数。我国文献《周易 · 系辞传下》中有古人“结绳记数”和“刻痕记数”的记载。西方的荷马史诗中有盲人波吕斐摩斯用“石头计数羊群”的故事，说明自然数就像它的名字那样是基于人们生活的实际需求“自然地”产生的。

古代先人们在生产和生活实践中，通过对物件的计量逐渐形成了“多少”的概念。渐渐地，从一只羊、一个人、一块石头，抽象出自然数“1”的概念。同样从3个猎物、3棵树，抽象出自然数3的概念。不过，开始时没有语言文字，只是用“绳结”作为替代物，一一对应地仿制下来，形成等价集合。后来根据数量大小不同就有了关于“自然数”的言语称谓：yī、èr、sān……于是，面对一个群体，就可以计算它的多少了，办法就是数。后来传说中的仓颉造字，出现了“一”、“二”、“三”的字样。目前通用的数字记法1，2，3等是古印度人创造的，并通过阿拉伯人传到西方。20世纪以来，我国也和国际接轨，大量使用这种记数法。这一简单的历史追溯，解释了朴素的自然数概念的漫长形成过程。

在义务教育数学课程中，数的概念包括自然数、整数、有理数等。其中，自然数亦称非负整数，是数系中最基本的一种数。它是在数数过程中产生的。作为数数的结果，自然数反映了被数事物的个数，回答了一个集合含“多少个元素”的问题，这是自然数作为基数的特点；作为数数的过程，自然数又反映了被数事物的先后顺序，以及自然数的无限性，回答了“第几个”的问题，这是自然数作为序数的特点。二者彼此相通，共同反映了离散事物的记数特征。如果一个事物也没有，就形成了“0”的概念。0比1还小，所以排在自然数列的最前面，而数1是自然数的单位。从0开始，以后逐次加1，这样无限地进行下去就可以得到全体自然数。所以，自然数集合是无限的。对于任何一个确定的自然数，总还存在比它更大的自然数。

当然，除了将自然数作为基数和序数，还应该从多角度理解自然数的特征。首先，自然数作为问题“多少次？”的答案，在语言上是数副词，它可以看作“一个行为或一个过程反复出现次数”的标记。其次，自然数作为与所选单位有关的表示大小的量数——相关问题是“多大？多长？多重？”等，还可以作为度量的结果。同时，理解自然数还可以用集合语言进行解释。但自然数一旦生成之后，又成了一个代数结构，这时它又成为了“计算”的对象。最后，从代码角度审视自然数时，我们会发现它又能被用作对象的区分与标记（如电话号码、邮政编码、坐标等)。

自然数概念是人类积累数学知识的开端，也是一切数学知识的基础。而小学生学习的是朴素的自然数知识，是依赖自身生活经验建立起来的。

▶教学建议

自然数作为人类最初认识的数，是整座数学大厦的基础，是重要的数学概念。同时，自然数概念本身又是抽象的，它的概念建立也不是一次就能够完成的。因此，教材根据儿童已有经验、心理发展规律，按照螺旋上升的编排原则，将自然数概念的教学划分为若干阶段。在儿童步入小学校门的第一学期，组织他们学习 20 以内各数的认识。这是自然数概念中最基础的知识之一，是建立数感的开始，也是认数教学的第一阶段。到了第二学期，教材将认数范围从 20 以内扩展到 100 以内，这是认数教学的第二阶段。升入二年级后，教材又将认数范围扩展到万以内。随着孩子年龄的增长，作为万以内数认识的巩固和扩展，学生又在四年级学习大数的认识，这也是学生必须掌握的最基础的数学知识之一。

① 低年级教师要重视“数数”的教学，深入挖掘“数数”的教育价值。首先，“数数”活动是学生形成“数概念”的基础。通过一个一个地数，学生知道了某个集合的数量，通过 2 个 2 个地数或 5 个 5 个地数，学生丰富了对“数”的认识。通过数列的变化规律，学生进一步认识数的特性。其次，“数数”活动中蕴含着丰富的数学思想。在数数时，特别是点数时，学生必然用到一一对应的原则，即每说一个数必然对应一个物体。而一一对应作为数学中重要的数学思想，它能够建立起事物与事物之间的对应关系。

② 要重视学生的操作活动体验。数（自然数）表明的是事物与事物之间的相互关系，是一个物体在一个序列中的位置以及一组物体中包含了多少个物体。这种关系不是直接用语言来教的，而是需要学生通过多种感知、操作在活动中不断体验、发现、创造的。

③ 要重视“齐性”、“结构性”直观学具的使用。既然在教学中要重视学生的操作活动，那么为学生提供可操作的、直观化的学具就显得尤为重要。这些材料包括手指、小棒、豆子、第纳斯木块这样一些“齐性”材料，还包括计数器、数位筒、算盘这样一些“结构性”的直观学具。

▶推荐阅读

（1）《小学数学研究》（张奠宙等，高等教育出版社，2009）

该书第二章主要从自然数概念的产生、意义及特征等角度对自然数进行了论述。

（2）《小学数学课堂的有效教学》（刘加霞，北京师范大学出版社，2008）

该书从自然数概念的本质把握、教学方式及学具使用等多角度，对自然数教学进行了较详实的介绍，对广大低年级一线教师教学有一定的指导意义。

（刘　鹏）

零（zero/null）

▶概念描述

现代数学：零既是一个基本的概念，又是一个独立的数。在数字产生的初始阶段，人们在计数时，常常遇到没有事物的情况，逐步形成用符号“0”来表示没有，这是零的原始概念。在记数法中，当一个数的某些数位上一个计数单位也没有时，就用“0”来表示。零是一个整数，而且是一个偶数。在集合论中，把零纳入自然数列，即零是自然数。零不是正数，也不是负数，而是唯一的中性数：零比任何正数小，比任何负数大，是正数、负数的界限。零作为一个独立的数，不仅可以表示没有，而且具有非常确定的内容。在计量中，0℃（0 摄氏度）不能理解成没有温度，而是实际温度的计量结果；0 还可以做刻度的起点、坐标原点、东西经度和南北纬度的分界线等。（裘光明，2002）[18]

小学数学：小学数学教材中没有给出零的定义。一般教材在一年级上册“0 的认识”中，要求学生了解“0 表示没有”的含义，随着年级的升高，逐步了解零的其他含义，如起点、分界、占位等。到六年级，学生能够说出关于零的几种含义。

▶概念解读

恩格斯说过："零比任何一个数的内容都丰富！"是的，零在数学中有举足轻重的作用。单独来看，数量上，0 可以表示没有；尺子上，0 表示起点；记数中，0 表示空位，起占位作用……除此之外，0 还表示气温的分界。0 的分界作用还体现在海拔上，如北京高出水平面 52.3 米，吐鲁番最低处低于水平面 154 米，而水平面的高度规定为 0 米，它表示水平面——海拔这个确定的量。

1995 年以前出生的我国公民在小学阶段的数学课上，学到的都是"0 不是自然数，最小的自然数是 1"。关于这个结论的题目还经常出现在当时的各类试卷上。其实，大部分国家规定 0 是自然数。1993 年，为了国际交流的方便，在《中华人民共和国国家标准》中《量和单位》的第 311 页中颁布：0 为自然数。因此，教材编写人员根据上述国家标准，在 2000 年进行的中小学数学教材修订中，对这个内容进行了修改，即 0 为自然数。

规定"0 为自然数"的确有充足的理由，但 0"归队"后新问题也随之而来了。因此，在小学阶段学习"整除"知识时，教材明确指出我们研究的范围是指非零自然数。另外，一般情况下我们不说数 0 是几位数，所以最小的一位数是 1。

零作为自然数当之无愧，因为零来源于实际生活，是在人类文明中因为需要自然产生的。零的故事有很多，这里不一一赘述。但这其中，用来表示零的符号——"0"的产生和发展过程值得一提。

符号 0 在数学史上曾被公认为一个划时代的进步符号。但它作为一个数字并用一个独立的符号来表示，却是在自然数和分数产生以后。这个符号是位值制记数法的产物，它不仅创造了现代的算术，而且为数的概念的推广铺平了道路。可以说，在文化史上，0 的发现是人类最伟大成就之一。

关于 0 的起源，有以下几种观点。

第一，古巴比伦的文献记载中有 0 的萌芽。在公元前 1700 年的巴比伦苏撒（今伊朗西南）的泥板上，我们可以看到在两个楔形文字数码之间用空格表示 0。

第二，大多数人认为，现在我们用的椭圆 0 符号是印度人发明的。

印度人是世界上第一个把0当作数来使用的，并且承认它是一个数。这是印度人对数学的伟大贡献。

第三，零的故乡在中国。大家知道，我国是全世界应用十进位值制最早的国家。但因为我国公元前5世纪以前普遍采用算筹作为基本的计算工具，长期以来并没有创用专门的零符号，一般采用空位表示零的意思。后来，因为空格经常引发误会，就用铜钱来代替。

有关0的起源还没有一个确定的答案，但是无论怎样，0自从一出现就具有非常旺盛的生命力，被广泛应用于科学的各个领域。

▶教学建议

“0的认识”是一年级上册第一单元的内容。这部分内容是小学生入学以来最先接触的数学知识，是学习数学的开始。在这一阶段，学生通过初步经历从日常生活中抽象出数的过程来认识数，进而了解数学的用处、体验数学学习的乐趣。当前，“0的认识”是在掌握了1—5各数知识的基础上来学习的。它是第一个学生单独学习的数。

（1）关注学生基础，创设合理情境

虽然学生刚入学不久，但是对于0的认识已经有了一定的生活经验，他们在生活中很多地方都见过0。对于0的含义，大部分学生能认识到它表示“没有”，但是，没有意识到0也像1、2、3等数一样也是一个有实际意义的数。因此，教师在教学中可以创设这样的情境：晚上十点，蛋糕店关门了。营业员阿姨要统计一下每种蛋糕还剩多少块，你们能帮助阿姨来做这件事吗？学生会出现两种统计结果（如右图），然后组织学生进行比较研究：哪种记录结果更清楚？让学生在真实的具体情境中，体会0符号产生的必要性及价值。

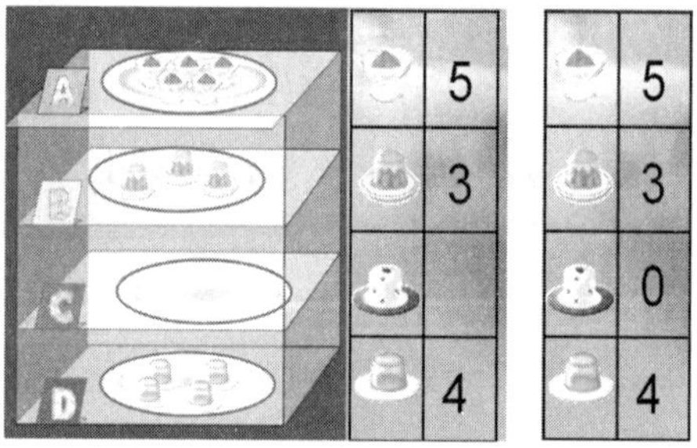

（2）利用生活现象，感受多维价值

学生虽然知道0可以表示没有，但对于0的其他含义，却了解得少之又少。教师在教学中可以利用身边熟悉的事物，如尺子、温度计等，渗透0的其他含义。例如，在利用温度计介绍0的分界作用时，教师可以创设这样一个活动：每个小组一杯冰水，先传递着让每个人摸一摸，说说自己的感受。教师再把温度计放入一个小组的水杯中，让学生看看红色的线到哪里。然后教师告诉学生，这杯水的温度就是0度。再让学生看看0刻度的上面、下面还有刻度，进而指出：生活中有比0度高的温度，也有比0度低的温度，从而体会0度水温不是没有温度，0在温度计上的作用就是“分界”。

另外，在学生认识10以后，还可以引导学生发现0的占位作用。

▶推荐阅读

(1)《数学简史》（张红，科学出版社，2007）

该书第四章中的“阅读材料——0的最早出现”介绍了0的相关知识。

(2)《小学数学研究》（张奠宙等，高等教育出版社，2009）

该书第二章第二节论述了“0”作为自然数的几点理由。

（刘劲苓）

基数（cardinal definition of natural numbers）

▶概念描述

现代数学：自然数定义的方式之一。每一个有限集合中的元素个数都对应着一个自然数。在同一类有限集合中，它们具有一个共同的特征，就是所含元素的个数相同。例如，三支铅笔、三头牛、三架飞机是同一类对等集合，它们的共同特征是3，数量3就是它们的基数。所以，用以表示事物数量多少的自然数就是基数。一般地说，把对等的有限集合所具有的共同特征，称为这类对等集合的基数。因此，有限集合的基数就是自然数。但是，自然数集合是无限的，对一切能与自然数集建立一一对应关系的无限可数集合的基数，规定为$\aleph_0$（读作阿勒夫零，ℵ为希伯来文的第一个字母）。有了自然数的基数定义，就可定义数的顺序及其四则运算，即可建立自然数的基数理论，甚至建立自然数的公理体系。（张奠宙 等，2009）

小学数学：自然数有两方面的含义，用来表示事物的多少时，称为基数；用来表示事物的次序时，称为序数。基数含义从认数 1—5 已经开始了，它是结合认数进行的，而序数含义是在了解了 1—5 的基数含义的基础上学习的。

▶概念解读

最早提出基数概念的是康托尔，他在 1874—1884 年引入最原始的集合论（现称朴素集合论）时，首次引入基数概念。他最先想到的是集合 {1，2，3} 和 {2，3，4}，它们并非相同，但都有相同的基数。如此显而易见的事，又到底为什么两个集合拥有相同数目的元素呢？

康托尔的答案，是所谓一一对应，即把两个集合的元素一对一的联系起来——如果能够做到，则两个集合的基数自然相同。这答案虽容易理解但却是革命性的，因为用这个方法可以比较任意集合，包括无穷集合的大小。他给出的定义是：两个集合有相同的基数，当且仅当它们等势。这种定义是不严格的，它并没有说清楚“基数”究竟是什么，只是指出了基数相等的充要条件。

后来，弗雷格（Frege）给出基数的概念：集合 x 的基数，就是 $\{y: y$ 等势于 $x\}$。（比如，自然数 1 就定义为 $\{x: x$ 是一元集$\}$ ）。可以证明，对任何 x，$\{y: y$ 等势于 $x\}$ 不是一个集合，而是真类。

再后来，冯·诺依曼取得了很大的突破：他首先给出了严格的“序数”概念（康托尔等人的“序数定义”很不严格）：序数就是被 $\in$ 良序的传递集。在此基础上，他定义基数的概念如下：对于良序集 x，x 的基数就是与它等势的序数中的最小者。

到了 20 世纪 70 年代，斯科特（Scott）彻底解决了问题。他发现了一个小窍门——现在称之为“Scott trick”，这种窍门可以把任何一个类转换成它的一个指定的子集而不用选择公理，但必须使用 ZF8（正则公理）。利用这一窍门，非良序集 x 的基数就可以定义为：真类 $\{y: y$ 等势于 $x\}$ 经此窍门转换得到的集合。与此同时，斯科特证明了：在既没有选择公理又没有正则公理的情况下，“基数”是不可定义的。也就是说，我们不能定义一个类函数 F，使得：对于任意的集合 x、y，$F(x) = F(y)$ *iff* x 等势于 y。

最后，平卡斯（Pincus）证明了：在没有选择公理的情况下，我们不能定义一个类函数 F，使得：① 对于任意的集合 x、y，$F(x) = F(y)$ *iff* x

等势于 y；② 对任意的集合 x，$F(x)$ 等势于 x。

至此，基数的定义问题彻底解决。

▶教学建议

（1）初步体会自然数作为基数的含义

在回答“有几个?”时，学生先是数，数到最后，得出基数。他们在计数过程中必须同时将有序的自然数与描述大小的自然数之间的对应沟通起来（口中念的数与被数的物体——即集合中的元素，对应起来）。比如刘鹏老师在教学“认识10以内的数”整理复习一课时，首先为学生出示了一幅主题图，然后提问：“图中有几棵树?”当学生运用数的方法，得出正确答案时，刘老师又请一名学生到屏幕前指着画面中的树，一棵一棵地数一数，再次进行验证，使学生感受到最后一棵树对应的数6就是这排树的总棵树。每棵树上都有1只小鸟，共6只鸟。6棵树，6只鸟，它们的数量都是6，都可以用数6来表示。

（2）经历基数概念的认识过程

“基数”作为一个相对比较抽象的概念，如何让一年级学生在第一学期学习“10以内的数”时就能充分感知、理解，是低年级教学的重、难点。当然在教学时，教师要有意识地让学生亲身经历丰富的实践活动，化抽象为形象，通过让学生观察主题图，动手摆一摆、画一画、圈一圈等不同形式的活动，调动学生的手、脑、眼、耳、口多种感官协同运动。这样做既符合低年级学生的认知规律，又充分地调动了学生学习的积极性、激发了学生学习的兴趣，从而变难学为易学、乐学。而课后还应该结合学生的生活实际进行适当延伸，比如让学生在自己的身边去发现数量是1，2，3，4，5的物体等，为学生创造在生活实践中进一步学习、巩固数学知识的机会，同时强化了数学的应用意识，使学生能够多角度、多层面地感性理解“基数”这个概念。

（3）在具体语境中正确理解自然数的基数、序数含义

正因为自然数具有基数和序数两种不同的含义，所以，在一个句子中出现的自然数究竟是基数还是序数，要根据具体的语言环境来确定。比如，学生们在体育课上排成一列横队报数，排头从“1”开始，报到排尾是“37”，这个“37”既表示这一队学生共有37人，也表示排在队尾的那个学生是第37个。

▶推荐阅读

(1)《小学数学研究》(张奠宙等，高等教育出版社，2009)

该书第五章主要论述了数的起源、数系扩充及数概念的发展史。

(2)《小学数学课堂的有效教学》(刘加霞，北京师范大学出版社，2008)

该书从自然属概念的本质把握、教学方式及学具使用等多角度对自然数教学进行了较详实的介绍，对广大低年级一线教师有一定的指导意义。

(刘　鹏)

序数（ordinal definition of nature number）

▶概念描述

现代数学：序数是在数数的过程中产生的。所谓数数，就是在被数事物的集合与自然数集合（标准集合）之间建立一一对应的关系。如果被数事物是有限集合，就是与自然数集的前面片段（子集合）建立一一对应关系。如果被数事物是无限集合，就是与全体自然数建立一一对应关系。被数事物的位置顺序若为：第 0 个，第 1 个，第 2 个，第 3 个，…，第 n 个，则 0，1，2，3，…，n 就称为序数。数学的发展要求将自然数的一些基本性质抽象为公理化体系。1889 年，佩亚诺（Peano，G.）首先给出公理形式的自然数定义。佩亚诺以后，又有人改述自然数的公理定义，如雅各布森（Jacobson，N.）和格列尔特（Gellert，W.）都曾给出过不同的公理形式的自然数定义。(裘光明，2002)[18]

小学数学：在小学数学教材中没有给出序数概念的明确定义。它只是要求学生在具体情境中理解自然数可以表示“几个”和“第几个”两种含义，同时体会“一一对应”的思想。比如“小明住在这栋住宅楼的 3 层”，这里的 3 就是序数，表示“第 3”的意思。所以说，当自然数被用来表示事物的排列次序时，这样的数就叫作序数。

▶概念解读

自然数有两种属性，一是基数属性，一是序数属性。自然数的基数理论回答了一个集合含“多少个元素”的问题，自然数的序数理论反映了事物记数的顺序性，回答了“第几个”的问题。二者彼此相通，共同反映了离散事物的记数特征。

当自然数表示某个有序集合中每个元素所占的位置，就是记顺序的数：第一、第二、第三……事实上，人们在实践中除了需要弄清事物的多少外，还需要在完全相同的一组事物中建立次序。例如，必须按照某种观点，譬如猎人的身高、年龄和勇敢程度来确定在打猎时，谁应该冲在最前面，谁是第二个、第三个等。对于一个集合，我们依次地数数：1 个、2 个……到第 n 个数完了，我们就称这个集合的序数是 n。由此可见，序数可以用作一个全的有序排列中元素位置的标记，依次将序数写出来，也是 1，2，3，…，n。

20 世纪最伟大的数学家之一冯·诺依曼，用集合的语言，特别是集合组成的集合和存在空集这两个约定，简约、清晰、准确地构建了自然数体系。具体步骤如下：

第一个序数是空集∅　　　　（表示 0）

第二个序数是以空集为元素的集合 {∅}，即 {0}　　　　（表示 1）

第三个序数是以空集和 { } 为元素的集合 {∅，{∅}}，即 {0，1}　　　　（表示 2）

第四个序数是以前三个序数集合为元素的集合 {∅，{∅}，{∅，{∅}}}，即 {0，1，2}　　　　（表示 3）

……

第 n 个序数是以前面 $n-1$ 个序数集合为元素的集合 {0，1，2，…，$n-1$}　　　　（表示 n）

这种依次构造地产生的自然数，称为序数。2000 多年前，老子《道德经》中说“道生一，一生二，二生三，三生万物”，在思想上和序数的构造不谋而合。“道生一”相当于从无序开始有序，即由零到一产生顺序；“一”再添上“一”就得到自然数“二”；“二”再添上“一”就得到自然数“三”；等等。

这样，我们就可以完全用集合的语言以两种方式描述自然数：基数和序数。二者密切相关，构成自然数的两个主要特征。

▶教学建议

（1）初步体会自然数作为序数的含义

在学习过程中，基数与序数几乎是同时发生的。因此，应该让学生同时形成基数与序数的概念。比如刘鹏老师在教学“10以内的数整理复习”一课时，就创设了这样的问题情境（如下图）：

① 有（　　）辆红车（指深色车），有（　　）辆黄车（指浅色车）。

② 两辆黄车之间有（　　）辆红车。

③ 从左数，第3辆是（　　）车。

刘老师请学生分别说一说是怎样想的，对第二问还可以请学生圈一圈是哪几辆红车。这个问题情境旨在让学生在解决具体问题的过程中，理解当自然数用来表示物体的数量时，它就是基数，如前两问；当自然数用来表示物体的次序时，它就是序数，如第三问。

（2）提升序数的教学价值

自然数的意义不仅包括“数量数”，即基数方面；还包括“计数的数”，即序数方面。正如弗赖登塔尔所指出的：对于数学自身的发展而言，“计数的数”（序数）意义更大，“无论是从历史发生的还是从系统的角度看，数的序列都是数学发展的基石”。在小学的低、中阶段，自然数的这两方面（基数与序数）的教学价值非常大，但在教学实践中教师往往忽视了“序数”教学的价值，仅仅停留在“第几”的层面上，缺少对其数学本身意义的挖掘。例如，“计数的数”的理解是“探索规律”教学的基石，可以说，没有“计数的数”就无法探究和表示各种规律。

（3）加强基数与序数概念的对比教学

正因为基数与序数两者间的密切联系，教师更应该在教学中有意识地让学生在正确理解其含义的基础上，加强对比练习。比如，教师可以在课堂上进行如下练习：

① 这一排熊猫共有（　　）只。

② 请在第 8 只熊猫下画“★”。

然后，教师可以提问“这里的两个 8 表示的意思相同吗?”，使学生进一步理解：第一问中的 8 表示的是一共有 8 只熊猫，是这排熊猫的总只数；而第二问中的 8 表示的是这排熊猫中的第 8 只，只是指第 8 只那一只熊猫。

▶推荐阅读

(1)《小学数学研究》（张奠宙等，高等教育出版社，2009）

该书第二章主要从自然数概念的产生、意义及特征等角度对自然数进行了论述。

(2)《小学数学课堂的有效教学》（刘加霞，北京师范大学出版社，2008）

该书从自然数概念的本质把握、教学方式及学具使用等多角度对自然数教学进行了较翔实的介绍，对广大教学低年级的教师有一定的指导意义。

（刘　鹏）

数位（digit positional）

▶概念描述

现代数学：数位是命数法术语，指各个不同的记数单位所占的位置。即在记数时，按照一定的顺序把各个数字排列在固定的位置上，一个数字占有一个位置，以区别它们的单位，这些位置都称为数位。相对来说，左边的数位高于右边的数位。（裘光明，2002）[22]

例如，在十进制记数中，六万一千三百七十五记为：

6	1	3	7	5
万位	千位	百位	十位	个位

这是一个五位数，每个数字各占一个数位，其中十位对个位来说是高位，对百位来说，它又是低位。

小学数学：小学数学教材并没有给出数位的明确概念，只是通过提问的方式请学生填出从右边起，第一位是个位，第二位是十位，第三位是百位。

▶概念解读

（1）数位与数位顺序

数位顺序表给出了数位顺序的分类法则，即按照由小到大的顺序把记数单位从左到右排成表格。我国常用的整数数位顺序表为：

数级	个级	万级	亿级	兆级	京级	……
数位	个位	万位	亿位	兆位	京位	……
	十位	十万位	十亿位	十兆位	十京位	……
	百位	百万位	百亿位	百兆位	百京位	……
	千位	千万位	千亿位	千兆位	千京位	……

表中数级名和数位是按照目前我国四位分级的读数和记数习惯列出的，而目前国际通用的读数和记数法是三位分节制，国际整数数位顺序表为：

数级	个级			千级			密级			……
数位	个位	十位	百位	千位	十千位	百千位	密位	十密位	百密位	……
对应的数	1	10	100	1000	10 000	100 000	100 0000	10 000 000	100 000 000	……
对应的英文	one	ten	hundred	thousand	ten thousand	hundred thousand	million	ten million	hundred million	……

对于百密位（100 000 000）以上的高单位数的命名习惯，美国与英国是有差别的。如对 10^9，美国称为别位，英国称为千密位。

（2）数位与计数单位

每一个计数单位都与相应数位一一对应，协同完成计数任务。数位决定着计数单位的大小，计数单位为数位计数服务。比如，36 的 3 在十位上，表示 3 个十，6 在个位上，表示 6 个一……它们存在密切关系。

（3）数位与位数

“数位”是指一个数的每个数字所占据的位置。例如，621 中有三个数字，它们所占的位置分别是百位、十位和个位。这里的百位、十位和个位就是这个数所占的数位。“位数”是指一个数所占数位的个数。如 621 占据了百位、十位和个位三个数位，我们就说它是一个三位数。

▶教学建议

（1）在富有挑战性的数学活动中发展学生数感

“数与代数”学习的核心目标是使学生在数感、符号意识、运算能力等多方面获得发展。而发展数感作为数学学习的核心目标，它需要贯穿在具体的数学教学过程中，需要教师精心设计数学活动，为学生的数感发展提供条件。张丹老师曾执教“认识百及百以内的数”一课，其中进行了四次的“数一数”活动可谓亮点。

初数百以内的数，了解学生已有的数数经验。这就是要让学生借助自己已有的数数经验，初步感知百及百以内的数。此时，张老师为学生提供了数量不同的学具，有芸豆、小正方体、小棒、铅笔等。

再数百以内的数，感受按群计数和数数策略的多样化。当发现学生数数的方法仅仅停留在“1 个 1 个”地数，而且数过之后仍把学具堆成一堆，也就是数数经验和方法没有发展时，张老师又提出了一个具有挑战性的问题：能不能想个好方法，让别人一看就知道是多少？这时学生思维从“无疑”到“有疑”，冲突出现了。在智慧碰撞中，多种数数的方法和策略也随之出现了。

三数百以内的数，感受数之间的联系。当学生数出自己的学具不够 100 或比 100 多时，张老师继续追问：怎样才能得到 100 个？学生在说出不够 100 再加几个、比 100 多几个就得去掉几个时，不仅感受到了百以内数之间的联系，而且体验了递加和递减的过程，同时巧妙地建立了“百”这个数位。可见，每个活动都富有目的、具有挑战性，学生的数感正是在挑战性的活动中逐渐得以发展的。

四数百以内的数，体会数位与计数单位间一一对应的关系。

（2）在比较数的大小中突出“数位”概念本质的教学

数的大小比较是一个重要的学习内容。有关数的大小关系主要包括数的相等、大于、小于的意义及符号表示，大小比较的方法，大小比较的应用，以及在具体情境中把握数的相对大小关系。

有关数的大小比较方法，教师应鼓励学生自主探索。有的学生可能会采用“数数”的方法，即“后数的数就大”。于是，只要他会数数，就会比较大小，而实际上他是借助了“顺序”来比较大小的。当然，也有的学生会逐渐认识到没有必要一个一个地对应，也可以一个一个计数单位对应，从而探索出“常规方法”。作为教师，不仅要了解这些方法间的联系，还要适时为学生展示这种联系。在小学阶段学习的自然数大小比较、小数大小比较的法则看起来是位数、数位间的比较，但实质却是计数单位及其个数的比较。就像自然数、小数加减法计算一样，表面看是相同数位对齐，同一数位上的数相加减，实质上是相同计数单位相加减。

▶推荐阅读

《小学数学教学策略》（张丹，北京师范大学出版社，2010）

该书从数与代数课程的教育价值、数与代数课程的教育原则两方面对如何在教学中培养学生数感，进一步理解数位的概念进行了较翔实的介绍，对广大一线教师有一定的指导意义。

（刘　鹏）

位数（digit capacity）

▶概念描述

现代数学：命数法术语。表示一个整数占有数位的个数。一个整数含有几个数字（左边最高位上的数字不是0），就称为几位数。例如1、3、9都是一位数，12、25都是两位数，105、380都是三位数，以此类推，四位以上的数，通常称为多位数。（裘光明，2002）[22]

小学数学：2005年北京版教材第2册第9页第一次出现“位数”的概念，不过教材没有明确的定义，而主要是通过看百数表填空的方式呈现的：“上表中，从（　）到（　）是一位数，从（　）到（　）是两位数，100是（　）位数。”从而明确一个数是几位数的概念，为认识万以内和亿以内的数打下基础。

2006年人教版教材一年级下册第38页中，百数表下没有出现“位数”的概念，重点强调“数位”。同册第61页直接在课题中出现“两位数加一位数和整十数”。这体现了“数位”作为核心概念的价值，从而淡化了“位数”的概念的教学。

▶概念解读

一个自然数数位的个数，叫作位数。含有一个数位的数是一位数，含有两个数位的数是两位数……最大的一位数是 9，最大的两位数是 99，最小的两位数是 10。

以此推理，最大的 n 位数是 10^n-1。最小的 n 位数是 $10^{(n-1)}$。

对于一个整数 n，它的位数为 $[\lg n+1]$，其中 $[x]$（x 表示中括号内的数）是高斯函数，代表不大于 x 的最大整数。

小数位数是以小数点右边的数位多少来定的。

▶教学建议

“位数”是在“数位”的基础上认识的。

（1）认识数位是前提

为了表示更大的数，数位概念的建立是十分重要的。数位的含意是不同位置上的数字表示不同大小的数，没有数位的规定就没有办法表示更大的数。认识个、十、百、千、万等不同的数位，理解不同数位上的数字表示不同大小的数，是理解整数概念所必需的。学生必须清楚地了解，同样一个数字“3”，在个位上表示 3 个一；在十位上表示 30，即 3 个十；在百位上表示 300，即 3 个百。第一学段完成整数万级的认识，第二学段认识万以上的数，进而整理十进制计数法。我国的计数单位是每四位一级，万以内数的个位、十位、百位、千位为个级，学生理解各级上的每个数字的意义，这是理解多位数各个数位上的数字意义的前提条件。

（2）借助算盘认识多位数

算盘是我国传统的、在相当长的一段时间常用的计算工具。随着现代科学技术的发展，特别是计算机和计算器的广泛应用，算盘作为计算工具的功能逐渐消失。而在算盘上表示数，具有直观形象、体现数位特征的特点。在学习整数时，让学生“知道用算盘可以表示多位数”，有利于学生对多位数的认识，也可使学生了解我国的传统文化。

▶推荐阅读

《小学数学教学策略》（张丹，北京师范大学出版社，2010）

该书的第二章主要论述了数与代数的教学策略。

（邓　宏）

数级（number grade）

▶概念描述

现代数学：命数法术语。四位分级中的个级、万级、亿级等与三位分节中的个级、千级、密级等统称为数级。（裘光明，2002）[21]

小学数学：2007 年北京版教材第七册第 8 页对应计数器，以“整数数位顺序表”的形式出现“个级”和“万级”的名称。2011 年人教版教材四年级上册第 4 页中，在“整数数位顺序表”中出现了“个级”、“万级”和“亿级”的名称，并对应“数位”给出了“数级”的名称。

▶概念解读

数级是为便于人们记读阿拉伯数的一种识读方法，在位值制（数位顺序）的基础上，以三位或四位分级的原则，把数读写出来。通常在阿拉伯数的书写上，以逗号或者空格作为各个数级的标识，从右向左把数分开，如 3, 000, 000（three million，300 万）、27 1500 0000（27 亿 1500 万）。

（1）四位分级法

即以四位数为一个数级的分级方法，这是中法计数。我国读数的习惯，就是按这种方法读的。如万（数字后面 4 个 0）、亿（数字后面 8 个 0）、兆（数字后面 12 个 0）……这些级分别叫作个级、万级、亿级……

（2）三位分级法

即以三位数为一个数级的分级方法。这是西方的分级方法，也是国际通行的分级方法。如 thousand（千，数字后面 3 个 0）、million（百万，数字后面 6 个 0）、billion（十亿，数字后面 9 个 0）……

▶教学建议

我国采用的是四位一级的读数、写数方法，万以内数的读写是多位数读写的基础，学生掌握了个级的读写，万级、亿级就可以此类推了。因此，必须要求学生正确读写万以内的数。如可以通过在计数器上拨珠的活动，把数数、读数、写数紧密结合起来。对多位数的学习，学生可将“个级”扩充到“万级”、“亿级”……这样学生就可以完整地学习表示所有自然数的方法。

（1）借助直观模型学习万以内的数

教学时，可以组织学生通过在计数器上一边拨珠一边数数，练习个位满十后向十位进一、十位满十后向百位进一。在数到接近整十、整百、整千数后再往下数时，学生最容易感到困难，而借助计数器，就可以突破这一难点。如让学生拨出 298，然后再一个一个地数，直到数到 302，同时还要把它们都写出来。当学生数到 299 后要再往下数一个时，他们可以借助计数器——个位上有 9 个珠子，再添上 1 个，个位上就有 10 个珠子了，满十进一；十位上有 10 个珠子后，又要满十进一，所以是 300；再往下数一个，个位上拨一个珠子，即 301……就这样边拨珠、边数数，学生就不容易数错了。每数一个数，学生就可以对照计数器上的珠子读出来和写出来，从而学习了中间有零的数的读、写法。再如拨出 3800，一百一百地数，数到 4100，并把它们写出来。这也可以采用一边拨一边数一边写的方式——当数到 3900 要再往下数一百时，借助计数器，在百位上再添一个珠子——是 10 个珠子了，满十进一，所以是 4000；再添一百，就是 4100……就这样，每数一个数都对照计数器上的珠子数读、写出来，学生就学习了末尾有零的数的读法和写法。

（2）运用迁移、类推学习多位数

多位数的读法法则有三个要点：一是读数顺序，实质都是从高位读起；二是每级数的读法，包括个级数的读法、万级数的读法和亿级数的读法，具体可由个级数的读法类推；三是关于“0”的读法。

比如由万级数的读法迁移、类推掌握亿级数的读法，教师可先出示(万级、个级两级联合)：

万级	个级
5432	9876

让学生试读，目的是复习万级数的读法法则，为对万级数的读法进行迁移、类推做好准备。

然后教师可再出示：

亿级 | 万级 | 个级

83　5432　9876

继而教师引导：在原来这个数前面加上“83”，那么 8 和 3 这两个数字在什么位上？在哪一级上？（学生回答后启发）万级数的读法是按照个级数的读法来读，再在后面加个“万”字，那么亿级数的读法和万级数的读法类似，谁能来读一读这个数？（学生试读）

对此总体来看，教学时可以分为两个层次：一是先盖住后八位数，让学生读亿级内的“83”，学会整亿数的读法；二是当读出“83 亿”后再露出后八位数，让学生继续读出后八位数。然后教师可在学生读数后问：亿级的数怎么读？最后教师可小结为“从高位起一级一级往下读”。

▶推荐阅读

《小学数学教学策略》（张丹，北京师范大学出版社，2010）

该书的第 56—60 页主要论述了数的表示的教学策略。

（邓　宏）

进位（scale）

▶概念描述

现代数学：进位制是数的进位法则。在记数和读数时，按照确定的法则，自右向左完成两个相邻数位之间的进位，而各个数位上的单位，又都等于它右边相邻数位上单位的固定整倍数，这种确定数的进位法则称为进位制，而这个固定的整倍数，就称为进位制的基数，也称为进位制的底数或进位制的进率。进位制的基数可以是 1 以外的任何自然数。采用不同的基数，就得到不同的进位制。基数是 10、2 或 8 时，分别称为十进位制、二进位制或八进位制。现在世界各国（包括中国在内）通用的是十进位制（裘光明，2002）[21]，但在数字领域通用的是二进位制。

小学数学：2005 年北京版教材第 7 册的第 5 页显示：每相邻两个计数单位之间的进率都是十，这就是十进制计数法。并在“知识窗”中介绍了我国古代的十进制计数法和计算机采用的二进制计数法。2006 年人教版教材四年级上册的第 20 页指出：每相邻两个计数单位之间的进率都是十，这种计数方法叫作十进制计数法。同时，教材中有“数的产生”和“十进制计数法”两个内容。

▶概念解读

为了记录较大数量的数，人们发明了进位制。以 p 个数组成一个新的单位，p 个新单位又组成一个更高的单位，这叫 p 进制，p 叫作进位的基。其中“十进制”就是当数到 10 时给出一个新单位“十”，数到 10 个十时给出一个新单位“百”，而数到 10 个百时给出一个新单位“千”……正所谓“逢十进一，退一当十”。

首先，现在与人们日常生活密不可分的十进位值制，就是我国的一大发明。最迟在商代时，我国已采用了十进位值制，但尚无位值制的概念。从现已发现的商代陶文和甲骨文中，可以看到当时已能够用一、二、三、四、五、六、七、八、九、十、百、千、万等十三个数字，记十万以内的任何自然数。这些记数文字的形状，在后世虽有所变化而成为现在的写法，但记数方法却从没有中断，一直被沿袭，并日趋完善。十进位值制的计数法是古代世界中最先进、科学的计数法，对世界科学和文化的发展有着不可估量的作用。

▶教学建议

整数的计数方法是十进制计数法，学生了解十进制计数法对理解整数的意义有重要的作用。十进制计数法的主要内容有两部分：一是计数单位间的关系——每相邻两个计数单位间的进率是 10；二是计数法的位值原则——数位上的数是几，就表示有几个这样的单位。

（1）建立好 10 的概念，体会数学的抽象性与符号性的好处

数字是用来表示生活中各种不同的数量的，每一个不同的数量，都用一个不同的符号（数字）来表示。当数量从 9 增加 1 到了 10，按理应该用一个新的符号来表示，但这样一来，如果每一个不同的数量，都用一个不同的符号（数字）来表示，就需要有无限多的符号。前人在 9 的后面用 10 来表示，没有创造使用新符号，而是例行了一个数位，十位上的“1”就代表 1 个十，这样就方便多了。1 个十和几个一是十几，就有了 11、12、13……这就是位值制的基础。这样，从 0 到 9 十个数字就可以表示出生活中无限多的物体的个数。这个创造可以让学生从中体会

到数学的抽象性与符号性的好处。所以，教学中建立好 10 的概念非常重要。

（2）按单位数数，感受两个相邻计数单位间的进率都是 10

为帮助学生了解十进制计数法，可以通过一个单位、一个单位地数，逐步建立新的计数单位。学生在学习万以内数的时候，就要明确地知道，10 个一是一十、10 个十是一百、10 个百是一千、10 个千是一万，即 10 个单位就是一个相邻的较大单位。学习比万大的数，可以一边数一边接受 10 个万是十万、10 个十万是一百万、10 个百万是一千万，从而引出了新的计数单位十万、百万和千万。一千万一千万、一亿一亿、十亿十亿地数，就可以教学计数单位亿、十亿、百亿和千亿。在一个单位、一个单位地数的活动中，学生可以充分体会每数满 10 个单位就产生一个新的计数单位，感受两个相邻计数单位间的进率都是 10。

（3）不断扩展数位顺序表，加深理解十进制计数法

随着认识的数越来越大，教师应不断扩充、完善数位顺序表。从认识 11—20 的数起，教师就可以让学生了解个位和十位；认识百以内数时，教师要及时补充认识百位；在认识万以内数时，可以第一次出现数位顺序表；在认识整数的最后一个单元里，可以让学生认识万级和亿级的数以及比亿更大的数。数位顺序表可以分两次扩展——先扩展到万级，把十万、百万、千万这三个计数单位引上计数器，了解个、十、百……千万在计数时的排列顺序；然后让学生在数位顺序表里填写十万位、百万位和千万位，通过填写知道从个位到千万位的数位顺序，初步把这些数位分成个级和万级；然后再扩展到亿级，而顺序表里的内容也丰富了，有数级、数位和计数单位。对此，教材通常把亿级及相关的数位、计数单位都留给学生填写，让他们知道数级、数位和计数单位间的对应关系。在整理了数位顺序表后，还应通过“每相邻两个计数单位之间有什么关系”这个问题，概括地讲述十进制计数法。

▶推荐阅读

《听吴正宪老师评课》（吴正宪、武维民、范存丽，华东师范大学出版社，2012）

该书的第 11—19 页通过评王欣老师执教的“1000 以内数的认识”，阐述了如何在有效的学习活动中建立数的概念。

（邓　宏）

十进制（decimal system，亦称十进制数）

▶概念描述

现代数学：十进制是当今世界各国通用的记数进位制。在计数时，每相邻两个单位之间的进率都是十，即逢十进一的法则，称为十进制。我国古代和古希腊都是采用十进制来计数和记数。现在世界通用的数字是印度—阿拉伯数字，即以 0，1，2，3，4，5，6，7，8，9 十个数字记数。在计算时逢十进一，即低位上的数大于或等于 10 而小于 20 时往高位上加 1，低位上的数大于或等于 10 而小于 30 时往高位上加 2，以此类推。采用十进制计数法的数，称为十进制数或十进数。在数的使用中涉及不同进位制时，为了区别它们，常用符号“$(\quad)_{10}$”表示十进数。十进数可以同其他进制的数（如二进数、八进数）互化。（裘光明，2002）[22]

小学数学：小学数学教材对十进制给出了明确定义：每相邻的两个计数单位之间的进率都是十，这种计数方法叫作十进制计数法。

▶概念解读

在历史上，曾经出现过以 2、3、4 为原始的数基，但比较多的还是以 5、10、20、60 为数基，即五进制、十进制、二十进制、六十进制。最多的是以 10 为数基，即现在世界各国通用的十进制，亦即“满十进一”的方法。当然在计算机时代，二进制也发挥了巨大的作用。

古巴比伦的记数法虽有位值制的意义，但它采用的是六十进位，计算非常繁琐。古埃及的数系具有简单、淳朴的风格，从一到十只有两个数字符号，从一百到一千万有四个数字符号，而且这些符号都是象形的，如用一只鸟表示十万。其他数用这些符号累加起来表示，虽然用十进记数法，但不是位值制。古希腊由于几何发达，因而轻视计算，记数方法落后，是用全部希腊字母来表示一到一万的数字，字母不够用了就用加符号“‘”等方法来补充。古罗马创建的数系与古埃及数系有许多相似之处，采用的是累积法，如用 ccc 表示 300。古代印度既有用字母表示法，又有累积法，到公元 7 世纪时方采用十进位值制，这很可能是受到我国的影响。现通用的印度—阿拉伯数字和记数法，大约 10 世纪才传到欧洲。

十进位值制，是中国的一大发明。从商代陶文和甲骨文中，可以看到当时已能够用一、二、三、四、五、六、七、八、九、十、百、千、万这十三个单字，记十万以内的任何自然数。其记数法是按照十进制的方法来记数的，并且已经采用了位值制记数法，这在世界数学史上有重大意义。正如著名的英国科学史学家李约瑟博士所指出的那样："如果没有这种十进位制，就不可能出现我们现在这个统一化的世界了。"《孙子算经》中记载"凡算之法，先识其位。一纵十横，百立千僵，千十相望，万千相当"，介绍的就是用算筹记数的方法。即个位用纵式，十位用横式，以此类推的"纵横相间"，遇到零时，留个空位。显然，任何自然数都可以用算筹表示出来，而且这是一种十进位值记数法——既"逢十进一"，又按位置表示不同的数值。它比古巴比伦的六十进位制方便，比古希腊、古罗马的十进非位值制先进。有学者认为"印度—阿拉伯数字的制造，借鉴于中国古代的十进位值制记数法"。马克思也称中国的十进位值制是"最妙的发明之一"。

但我国的算筹记数方法也有一大缺点，就是没有表示"0"的算筹。若表示没有时，就用"空位"表示，事实上这在进行筹算时很容易混淆。直到数字"0"发明后，十进位值制的印度—阿拉伯数系才成为当前最完备的记数系统。

▶教学建议

(1) 结合生活实例引出进制

十进位值制是数认识教学中的一个核心概念，它本身比较抽象，不利于学生理解、掌握。教学时，教师应结合生活实例，让学生亲身经历十进制产生的过程，体会十进位值制的本质特征。教师可以通过问题串让学生了解到生活中不仅有很多的事情和进制有关，而且进制不同。比如，通过提问"半斤八两"的含义，让学生了解到古人的 1 斤是 16 两，故"半斤"就等于"八两"——实质上用的就是十六进制。进而，教师可以再请学生想一想：生活中还有哪些数值和进制有关？学生会根据自己的生活经验发现：1 年等于 12 月——实质是十二进制；1 分等于 60 秒，1 时等于 60 分——实质是六十进制；1 米等于 10 分米，1 分米等于 10 厘米——实质是十进制。这些实例的引出，不仅让学生对数学知识产生一种亲切感，而且体会到生活中有很多事离不开进制。

(2) 加强直观操作，加深对十进制的理解

为了帮助学生更好地体会十进位值制的意义，教学时，可以借助实物

（如手）、直观模型（如小棒、方块、计数器数轴）等来加深理解，特别是要鼓励学生操作“直观模型”加以体会。比如对 20 以内数的认识，学生将正式开始由逐一计数到按群计数，学习“1 个十相当于 10 个一”。这时要鼓励学生操作小棒，把 10 根小棒捆在一起当作“1 个十”，并将这 1 捆小棒对应于计数器十位上的 1 颗珠子，使学生初步体会位值原理。

（3）感受十进制计数法的价值

在古代文明中，世界各国计数的规则大多采用“十进制”，如中国、古罗马。但十进位计数法离十进位值制还有关键的一步“位值制”要走。所谓“位值制”，就是指相同的计数符号由于所处的位置不同可以表示大小不同的数。有了位值制，就可以用有限的数字表示无限的自然数，这是计数历史上的一个创造，一个奇迹。

自然数的计数法是十进位值制。在小学阶段，对于它的学习，教材安排了多个年级。作为教师，首先要了解每个年级的具体要求，即 20 以内数的认识，要按群计数，认识到 10 个一是 1 个十；100 以内数的认识，要认识到 10 个一是 1 个十，10 个十是 1 个百，相同的数字 0 在不同数位上表示的数是不同的；万以内数的认识，要学习新的数位，认识新的计数单位，体会相邻计数单位间的十进关系，进而将“个级”扩充到“万级”、“亿级”等，完整学习表示所有自然数的方法。还要了解小数的知识：认识小数的计数方法——计数单位、进率。其次，可以将“数的产生”和“十进制计数法”贯穿在数的发展历史的大背景中，让学生自主完成关于数知识体系的建构。同时，使学生在学会计数的过程中，感受十进位值制的伟大之处。

▶推荐阅读

（1）《小学数学教学策略》（张丹，北京师范大学出版社，2010）

该书从“数与代数”内容的“核心词”、数的意义的教学策略、数的表示的教学策略三方面进行了较翔实的介绍。

（2）《数学思想概论（第 1 辑）——数量与数量关系的抽象》（史宁中，东北师范大学出版社，2008）

该书第一讲和第二讲从数量的本质、十进制记数系统的抽象过程、各种进位记数及其分析、数的性质及其研究历程对数的表示和数的性质两方面进行了较翔实的介绍。

（刘　鹏）

等于（equal）

▶概念描述

现代数学：在《数学辞海》中没有关于“等于”的定义，只有“等号”的定义。

等号（equal sign）是关系符号之一，指表示两个数、两个式子或数与式相等的符号，记为“=”，读作“等于”，例如 $2+3=5$，$2x=3$，$a+b=c$ 等。以符号“=”做等号是雷科德（Recorde，R.）于 1557 年在《砺智石》中第一次使用的，他对用一对等长的平行线段作为等号是这样解释的：“再也没有别的两件东西比它们更相等了”，但等号使用的推广却很缓慢。17 世纪后，经莱布尼茨的推广，才为人们广泛使用。（裘光明，2002）[26]

小学数学：“等于”是表示两部分对等的式子。无论从关系上还是从结果上，都存在相等的关系，“等于”的关系贯穿小学阶段的数学教学内容，具体可分为以下几类。

① 数与数的对等：在一年级上学期入学不久，学生通过数的比较大小，第一次接触了数与数的对等，如 $3=3$ 就是表示两个数相等的式子。而后在加法中初步认识了一道算式的结果等于另一个数，如 $1+2=3$。

② 数量与数量的对等：在一年级时对人民币的认识中，学生首次接触了数量与数量的对等，如 1 元 = 10 角就是数和单位量词的结合体，它们之间存在着相等的关系。小学阶段学习的数量之间对等的类型较多，包括长度单位、面积单位、体积（容积）单位、质量单位、时间单位等。

③ 关于式与式的对等：所谓式与式的对等，就是表示一定意义的两个式子之间存在着对等的关系。在小学高年级阶段，随着学生认知水平的提高与知识面的拓宽，会接触到如数量关系式、方程、运算定律等表示相等的式子。（陈娟，2011）

▶概念解读

等号的意义可以分为两大方面，一是表示“运算的结果”，二是表示“等价关系”。

在数学学习过程中，学生对于等号的理解存在着过度简单化、形式化的理解误区。比如，在四则运算中，有相当数量的学生认为“=”表示的只是“得到”的含义，而对“=”蕴含的算式步步恒等的观念相当薄弱。这直接导致了 1+12=13-5=8 这类算式书写错误的出现。再比如，学生对“单个数量相等——同样多”理解起来很轻松，但随着年级的升高，“=”所具有的“等价关系”的含义却较难随之拓展和提升。学生在接触“恒等式”和“方程”的初期常常遭遇思维障碍，需要较长的思维过渡期才能适应“=”含义的新变化。(张良朋，2011)

在一项针对二年级学生的测试题中有这样一道题：84-29○84-30+1，让学生在○里填“>”、“<”或“=”。学生基本上都是分别算出两边的得数，然后再做比较。由于“84-29”数目较大，又是退位减法，因此不少学生在计算时出现错误，因而不能正确填出符号。只有极少数学生没有用计算的方法，而是根据两边算式的关系直接填出符号的。从对学生的访谈中我们了解到，很多学生拿到题后，根本就没去想两边的算式有什么关系，而是马上就开始算。还有的学生虽然发现了两边的关系，并且得出了结论，但却总不放心，最后还是再算一遍心里才踏实。

学生为什么会出现这样的现象呢，究其原因恐怕和学生一直以来都在接受着算术思维这种思维方式有关。他们认为，列出的算式就要算出确定的结果，而很少有人从关系性思维的角度去思考和分析。

▶教学建议

(1) 在开始教学“=”的时候，就引导学生从两方面理解“=”的意义

为了引导学生更好地理解等价关系，为代数学习做准备，教师在教学中，尤其是初次接触“=”时，要首先有意识地引导学生从等号的意义入手。如在一年级的比较大小中，对 5=5，要引导学生思考“为什么用等号连接？”——因为左边是 5，右边也是 5，两边都相等，所以用“=”来表示两边的数量相等。其后在接下来的计算中，针对学生最易理解“=”表示结果，而忽视左右两边相等的关系，教师也要适时进行点拨，如对 3+5=8 追问“为什么要用等号连接？”——不只是由于 3+5 的结果是 8，还因为左边 3+5 是 8，右边也是 8，两边相等所以可以用“=”连接表示。也就是说，要让学生认识到这个等式不只反映了“求和”的具体过程，而且也是一种等量关系，等号表示左右双方的等值性，从而为高年级“=”所具有的等价关系扫清思维障碍。

(2) 在低年级计算教学中关注“=”的关系性质，渗透代数思维

长期以来，小学数学教学都是更多地着眼于算术思维的训练。这样

做虽然取得了一定的成效，但也容易在学生头脑中形成思维定式，造成学生在学习代数初步知识时出现“断层”。如果我们能够在小学低年级算术教学中从一开始就关注等号的关系性质，那么小学生就可以较早地接触到代数思维，并能够减少他们今后学习代数的困难。比如，在口算25+32这个算式的得数时，比较常规的算法是：25+30=55，55+2=57，或者是20+30=50，5+2=7，50+7=57。在这里，教师除了讲明算理，沟通各种算法之间的关系外，还可以在板书中用等号连接这两个算式，即25+32=25+30+2或25+32=（20+30）+（5+2）；然后让学生再一次观察等号两边的算式，说一说这两个算式为什么相等。这样不仅进一步巩固了口算的方法，而且也让学生体会到这个等式不只反映了求和的具体过程，也反映了左右两个算式之间的一种等量关系。

▶推荐阅读

（1）《试论算术中的代数思维：准变量表达式》（徐文斌，《学科教育》，2003年第11期）

该文针对目前小学阶段算术与代数之间割裂的现状，试图运用算术中的代数思维即“准变量表达式”来探讨算术教学与代数教学之间的一致性和整体性。

（2）《数学思维与小学数学》（郑毓信，江苏教育出版社，2008）

该书的第三章“代数（算术）思维与几何思维”比较详细地论述了算术与代数思维的基本形式以及几何学习过程中的思维活动，特别是算术思维中由“过程”向“对象”的“凝聚”，对我们的教学很有启发。

（张秀林）

大于（greater than）和小于（less than）

▶概念描述

现代数学：大于，表示一项内容比另一项大的含义。当一个数值比另一个数值大时使用大于号“>”。其几何意义可以这样解释：对于任意两实数a，b，都可在同一数轴上找到其对应点A，B。若点A在点B右侧，则

$a>b$。举例：$a=3$，$b=1$，a 比 b 大，即 $a>b$（a 大于 b）。大于号是关系符号之一，指表示左边的数量大于右边的符号，记为“>”，读作“大于”，如 $3>2$，$a>b$，$x+y>z$ 等。同样，小于号也是关系符号之一，指表示左边的数量小于右边数量的符号，记为“<”，读作“小于”。如 $2<3$，$X<Z$ 等；又如 a 表示 1 个苹果，b 表示 3 个苹果，a 比 b 小，即 a 小于 b（$a<b$）。

第一个使用“>”和“<”表示大于和小于的是哈里奥特（Harriot，T.），在他死后 10 年的 1631 年，他撰写的《实用分析术》发表了，在其中首次见到使用“>”和“<”表示大于和小于。至于“≯”、“≤”、“≮”、“≥”等符号的出现，则是近代的事。（裘光明，2002）[26]

▶概念解读

在数的认识中，学生应当了解数和数之间的关系——数和数之间最重要的是大小关系。数的大小关系包括大于、小于和等于，它可以用词语描述，也可以用符号描述。用符号表述具有一定的抽象性，是培养学生符号意识的开始，应当使学生了解从自然语言表述数的大小到用符号语言表述数的大小的过程。

今天通用不等号“>”表示大于号、“<”表示小于号，但在这两束鲜花的蓓蕾尚未展开以前，人们仍旧死板地重复使用文字或缩写或象征性记号进行表示。例如 1629 年，生于法国的荷兰籍数学家吉拉尔在其所著的《代数新发现》里，关于不等式就超脱文字表达，使用了下面象征性的记号：Aff$B$ 表示今天的 $A>B$，$B\xi A$ 表示今天的 $B<A$。这些记号书写起来固然比文字表示简洁，但记用起来却很不方便。而且“ff”与“ξ”记号突出不了双胞胎相似的特征，而“>”“<”这样的记号突出了双胞胎的特征。因此，后人认为“ff”与“ξ”好像繁体字的简化，并不是理想的不等号，使用者寥寥无几。

公元 1631 年，英国数学家、望远镜的发明者哈里奥特死后 10 周年，人们为纪念他在数学研究方面的丰功伟绩，出版了他的遗著《分析术实例》，书中数学符号的创用更是永载史册。他发展了代数符号体系，其中最有价值的莫过于大于和小于符号的首次创立使用。他在该书关于大于和小于记号方面写道——大于的记号：$a>b$ 表示 a 量大于 b 量；小于的记号：$a<b$ 表示 a 量小于 b 量。大于号（>）和小于号（<）创始于 17 世纪，直到 18 世纪初才被广泛通用，整整用了一个世纪的时间进行考验。（徐品方 等，2007）[183]

▶教学建议

用符号“>”或“<”表述的是数量间的大小关系。学生在完成这个问题过程中，需要理解符号的含义，并能合理使用，这个过程可以帮助学生建立数感。

在各个版本小学教材的第一册中，引入了“大于”、“小于”的概念和符号。这不仅能扩展学生的知识面，而且能发展学生的思维，同时为解答求两数相差多少的应用题做好准备。教学大于号和小于号应注意以下几点：

（1）由等式引入

两个数比较大小时，有三种情况：两个数相等，一个数比另一个数大，一个数比另一个数小。学生对等式等号已经有了初步认识，应在此基础上扩展学生关于算式的知识体系。教学时，可先举例：两组同学拔河，左边有 5 名同学，右边有 5 名同学，左边与右边的同学同样多，也就是 5 与 5 相等，可用等式 5=5 表示。紧接着，教师可提出：如果左边走了 1 名同学，还剩 4 名，两边不同样多了，也就是 4 与 5 不相等了，还可以用等式表示吗？或者右边增加 1 名同学，成为 6 名，两边不同样多了，也就是不相等了，还可以用等式表示吗？学生回答都不能，然后教师引出将学习两个新符号来表示不一样多的关系。这样有利于激发起学生学习的兴趣和积极性。

（2）比较中知大小

大数与小数是相比较而存在的，单独一个数无所谓大小，两个不同的数相比较时，才有大有小。教学中可让学生通过数一数、比一比，认识“=”、“<”、“>”符号，能够用符号表示比较的结果；初步经历和感受一一对应的数学思想。对于这个内容，学生已经有了一定的生活经历，有一定的生活表象，但是没有形成理性的认识，不能上升到符号化程度。在教学中，教师还可以通过利用摆实物，并用文字描述摆放比较的结果，即“谁比谁多或谁比谁少”，然后抽象出用数字表示物体个数，并用数学符号表示比较的结果。

▶推荐阅读

（1）《数学符号史》（徐品方、张红，科学出版社，2007）

该书研究了常见的 200 余个符号的来龙去脉，着重探讨了常用的

100 多个符号的产生、发展历史。

（2）《数学大世界（小学一二年级适用）》（宋声钊、张石流，北方妇女儿童出版社，2011 年第 6 期）

该书以新课程标准为纲，紧密配合现行教材，期刊特点为提高学习兴趣，训练科学思维，拓展知识，提供实用高效学习方法。特别是其中的《我们都是小判官——大于号、小于号、等于号》一文对教师进行符号教学会有启发。

（王　敏）

因数（factor）和倍数（multiple）

▶概念描述

现代数学： 如果整数 a 能被自然数 b 整除，那么 a 叫作 b 的倍数，b 叫作 a 的约数（也叫因数）；如果整数 a 不能被自然数 b 整除，就表示 a 不是 b 的倍数，或者 b 不是 a 的约数。（顾汝佐 等，1985）[71]

小学数学： 小学数学教材中一般是这样阐述因数和倍数的概念的。2004 年北京版教材第 10 册的第 46 页指出：如果数 a 能被数 b 整除，a 就叫作 b 的倍数，b 就叫作 a 的约数（也就是因数）。例如，15 能被 3 整除，15 是 3 的倍数，3 是 15 的因数。2013 年人教版教材五年级下册第 12 页指出：$2\times6=12$，2 和 6 是 12 因数，12 是 2 和 6 的倍数。

▶概念解读

（1）因数和倍数的表达

因数和倍数表示的是一个数与另一个数的关系，它们是两个相互依存的概念，不能单独存在。因此，在叙述时，一定要说明哪个数是哪个数的因数或倍数，而不能说成某数是因数或倍数。例如对 $15\div3=5$，应说 15 是 3 的倍数，3 是 15 的因数；而不能说 15 是倍数，3 是因数。

（2）求一个数的因数的方法

例如，18 的因数有哪些？用乘法想：哪两个整数相乘的积是 18？$18=1\times18$，$18=2\times9$……用除法想：哪些数能整除 18？$18\div1=18$，$18\div2=9$……

一个数的因数可以从 1 找起，也就是从最小的因数找起，一直找到它本身（如 18 的因数有 1、2、3、6、9、18），也可以一对一对地找（如 18 的因数有 1 和 18，2 和 9，3 和 6）。

（3）求一个数的倍数的方法

例如，你能找出多少个 2 的倍数？从 2 的 1 倍找起，接着 2 的 2 倍、3 倍……也可以这样想：$2\times1=2$，$2\times2=4$，$2\times3=6$……

学生会发现，一直这样找下去是找不完的，说明 2 的倍数有无数个。

（4）一个数的因数和倍数的特点

一个数的最小的因数是 1，最大的因数是它本身，它的因数的个数是有限的。

一个数的最小的倍数是它本身，没有最大的倍数，它的倍数的个数是无限的。

（5）有趣的数

① 完全数，又叫完美数。

一个自然数的所有真因数之和等于它本身，这样的自然数叫完全数。

真因数即除了本身以外的所有正因数。例如，6 的因数有：1、2、3、6。除去它本身 6 之外，剩下的 1、2、3 这三个因数都是 6 的真因数。把这三个真因数加起来——$1+2+3=6$，它们的和正好等于它本身，所以 6 就是一个完全数。

再如 28，把它所有的真因数加起来——$1+2+4+7+14=28$，它们的和也正好等于它本身，所以 28 也是一个完全数。

前十个完全数是：

6（1 位）

28（2 位）

496（3 位）

8128（4 位）

33550336（8 位）

8589869056（10 位）

137438691328（12 位）

2305843008139952128（19 位）

2658455991569831744654692615953842176（37 位）

191561942608236107294793378084303638130997321548169216（54 位）

最早研究完全数的是古希腊数学家毕达哥拉斯。完全数自从诞生后，就一直吸引着众多数学家与业余爱好者像淘金一样去寻找。目前已发现 47 个完全数，都是偶数，尾数都是 6 或 8，于是人们又在猜测会不会有奇完全数存在呢？

完全数还有许多有趣的性质：

a. 每个完全数都能写成连续自然数之和（三角形数）。

例如：$6=1+2+3$

$28=1+2+3+4+5+6+7$

$496=1+2+3+\cdots+30+31$

b. 每个完全数它们的全部因数的倒数之和都等于 2，因此每个完全数又都可以叫作调和数。

例如：$\frac{1}{1}+\frac{1}{2}+\frac{1}{3}+\frac{1}{6}=2$

$\frac{1}{1}+\frac{1}{2}+\frac{1}{4}+\frac{1}{7}+\frac{1}{14}+\frac{1}{28}=2$

c. 除 6 以外的每个完全数各位数字相加直到变成一位数，这个一位数一定是 1。这也可以看作：除 6 以外的完全数，被 9 除都余 1。

例如：28——$2+8=10$，$1+0=1$

496——$4+9+6=19$，$1+9=10$，$1+0=1$

② 亏数和盈数。

对于“4”这个数，它的真因数有 1、2，它们的和是 3，比 4 本身小，像这样的自然数叫作亏数。

对于“12”这个数，它的真因数有 1、2、3、4、6，它们的和是 16，比 12 本身大，像这样的自然数叫作盈数。

所以，完全数就是既不盈余、也不亏欠的自然数。

③ 相亲数，又称亲和数、友爱数。

两个正整数中，彼此的全部真因数之和与另一方相等。

例如 220 与 284，220 的全部真因数相加的和是：$1+2+4+5+10+11+20+22+44+55+110=284$。284 的全部真因数相加的和是：$1+2+4+71+142=220$。

所以，220 与 284 是一对亲和数。它是由古希腊数学家毕达哥拉斯发现的，是人类认识的第一对亲和数，也是最小的一对。现在，人们找到的亲和数已经超过了 1200 多对。

人们发现的前十对亲和数为：220 与 284，1184 与 1210，2620 与 2924，5020 与 5564，6232 与 6368，10744 与 10856，12285 与 14595，17296 与 18416，63020 与 76084，66928 与 66992。

人们还研究了友好数链：这是一连串自然数，其中每一个数的真因数之和都等于下一个数，最后一个数的真因数之和等于第一个数。如 12496，14288，15472，14536，14264。

其中，最长的链竟包含了 28 个数：14316，19116，31704，47616，83328，177792，295488，629072，589786，294896，358336，418904，366556，274924，275444，243760，376736，318028，285778，152990，122410，97946，48976，45946，22976，22744，19916，17716。

▶教学建议

（1）注意弄清乘法算式中的“因数”与本单元中的“因数”的联系与区别

在同一乘法算式中，乘号两边的数叫作因数，这是相对于“积”而言的。此时的因数和积可以是整数，也可以是小数、分数。本单元中的因数，是相对于“倍数”而言的，因数和倍数具有整除的关系，所以因数和倍数都只能是整数。

（2）注意弄清“倍数”与“倍”的联系与区别

“倍”的概念的外延比“倍数”要广，比如对 $12\div3=4$，$1.2\div0.3=4$，我们在用“倍”表述时可以说：12 是 3 的 4 倍，1.2 是 0.3 的 4 倍。而用“倍数”表述时只能说：12 是 3 的倍数，而不能说 1.2 是 0.3 的倍数，因为只有在整除的情况下才有因数与倍数的关系。

（3）引导学生自主探究找一个数的因数和倍数的方法

一个数的因数有哪些？倍数有哪些？教师可以放手让学生先尝试去找。学生初次去找有可能找不全，当出现问题后学生反而会去思考：用什么方法去找？从几找起？这样可以使学生在活动体验中逐步感悟出找一个数的因数和倍数的方法，并逐步感悟出一个数的因数和倍数各有什么特点。

（4）注意渗透集合思想

教师可以借助集合圈表示出一个数的因数或倍数，使学生更好地感受到一个数的因数的个数是有限的，一个数的倍数的个数是无限的；同时为后面用交集形式表示两个数的公因数和公倍数打下基础。

▶推荐阅读

(1)《小学数学知识树》（刘开云、李燕燕，北京大学出版社，2008）

该书第一部分《数与运算》的第二章《数的整除》中介绍了与因数和倍数相关的知识。

(2)《对“因数与倍数”教学内容的再思考》（丁国忠，《小学数学》，2008 年第 2 期）

该文分析了这部分内容中相关概念之间的紧密联系以及本部分内容的学习对后续数学学习的重要意义，对因数和倍数在中小学阶段的重要功能进行了深入思考。

（金　英）

奇数（odd number）和偶数（even number）

▶概念描述

现代数学：奇数亦称单数，是一类重要的数，即不能被 2 整除的整数。奇数常表示为 $2n+1$ 或 $2n-1$，其中 n 是整数。偶数亦称双数，是一类重要的数，即能被 2 整除的整数。偶数常表示为 $2n$，其中 n 是整数。偶数的和、差、积都是偶数。(裘光明，2002)[355-356]

小学数学：2004 年北京版教材第 10 册第 51 页提出：能被 2 整除的数叫作偶数；不能被 2 整除的数叫作奇数。2013 年人教版教材五年级下册第 12 页提出：自然数中，是 2 的倍数的数叫作偶数（0 也是偶数），不是 2 的倍数的数叫作奇数。

▶概念解读

在自然数中，不是奇数（又称单数），就是偶数（又称双数）。一般来说，偶数表示为 $2n$；奇数表示为 $2n+1$，n 为整数。

为了国际交流的方便，1993 年颁布的《中华人民共和国国家标准》《量和单位》的第 311 页规定：自然数包括 0。这样 0 也自然成为偶数。

0 是一个特殊的偶数。

小学规定 0 为最小的偶数，1 是最小的奇数。但是在初中学习了负数，出现了负偶数时，0 就不是最小的偶数了。像-2，-4，-6，-8，-10，-12 等都是负偶数；出现了负奇数时，1 也就不是最小的奇数了。像-1，-3，-5，-7，-9，-11 等都是负奇数。

偶数包括正偶数、负偶数和 0。奇数包括正奇数和负奇数。

在十进制里，可以用看个位数的方式判定该数是奇数还是偶数：个位为 1、3、5、7、9 的数是奇数；个位为 0、2、4、6、8 的数是偶数。

关于奇数和偶数有如下一些性质：

① 两个连续整数中必有一个是奇数，一个是偶数。

② 两个整数和的奇偶性——奇数+奇数=偶数，奇数+偶数=奇数，偶数+偶数=偶数。一般地，奇数个奇数的和是奇数，偶数个奇数的和是偶数，任意个偶数的和为偶数。

③ 两个整数差的奇偶性——奇数-奇数=偶数，奇数-偶数=奇数，偶数-偶数=偶数，偶数-奇数=奇数。

④ 两个整数积的奇偶性——奇数×奇数=奇数，奇数×偶数=偶数，偶数×偶数=偶数。一般地，在整数连乘当中，只要有一个因数是偶数，那么其积必为偶数；如果所有因数都是奇数，那么其积必为奇数。

⑤ 两个整数商的奇偶性——在能整除的情况下，偶数除以奇数得偶数，偶数除以偶数可能得奇数，也可能得偶数，奇数不能被偶数整除。

⑥ 若 a、b 为整数，则 $a+b$ 与 $a-b$ 有相同的奇偶性。

⑦ 除 2 以外，所有的正偶数均为合数。

⑧ 相邻两个整数的和是奇数，相邻两个整数的积是偶数。

⑨ 如果一个整数有奇数个约数，那么这个数一定是完全平方数（像 1、4、9、16、25 等都是完全平方数）。如果一个数有偶数个约数，那么这个数一定不是完全平方数。

⑩ 著名数学家毕达哥拉斯发现有趣的奇数现象：将奇数连续相加，每次的得数正好是平方数。如：

$1+3=2^2$

$1+3+5=3^2$

$1+3+5+7=4^2$

$1+3+5+7+9=5^2$

$1+3+5+7+9+11=6^2$

$$1 + 3 + 5 + 7 + 9 + 11 + 13 = 7^2$$

$$1 + 3 + 5 + 7 + 9 + 11 + 13 + 15 = 8^2$$

$$1 + 3 + 5 + 7 + 9 + 11 + 13 + 15 + 17 = 9^2$$

……

▶教学建议

① 奇数和偶数的内容，教材安排在“2 的倍数的特征”这个内容里。教学中，多数教师都是把奇数和偶数与“2 的倍数的特征”的内容安排在一节课完成。

我们知道，学生对奇数和偶数并不陌生，他们早在一年级时就已认识了单数和双数，有些学生还发现了单数和双数个位上数的特征。因此，学生掌握奇数和偶数的概念应该说是很轻松的。

② 有些教师把奇数和偶数的内容单独安排一节课，重点让学生运用奇数和偶数的特点解决一些问题，感受奇数和偶数的一些性质。比如让学生排成一队进行 1、2 连续报数，第一个人报 1，第二个人报 2，第三个人报 1，第四个人报 2……如果这样一直报下去，第 15 个人报几？第 24 个人报几呢？再比如有一个杯子，杯口朝上，如果翻动一次杯子杯口朝下，翻动两次杯子杯口朝上，这样连续地做下去，翻动第 10 次时，杯口是朝上还是朝下？翻动第 15 次呢？

这样使学生感受到奇数和偶数的性质能帮助我们很快地解决问题，同时意识到学习奇数和偶数、了解它们的一些性质是很有必要的。

▶推荐阅读

《小学数学知识树》（刘开云、李燕燕，北京大学出版社，2008）

该书第一部分《数与运算》的第二章《数的整除》中介绍了与奇数和偶数相关的知识。

（金　英）

质数（prime number）和合数（composite number）

▶概念描述

现代数学：一个大于1的整数，如果除了1和它本身以外，没有其他的约数，这样的数就叫作质数，也叫素数。一个大于1的整数，如果除了1和它本身以外，还有其他的约数，这样的数就叫作合数。（顾汝佐 等，1985）[73]

小学数学：2004年北京版教材第10册第56页提出：一个数除了1和它本身，不再有别的约数，这个数叫作质数（也叫作素数）。一个数除了1和它本身，还有别的约数，这个数叫作合数。

2013年人教版教材五年级下册第23页提出：一个数，如果只有1和它本身两个因数，这样的数叫作质数（或素数）。一个数，如果除了1和它本身还有别的因数，这样的数叫作合数。

▶概念解读

① 由质数和合数的概念可以知道，在非0的自然数中，1既不是质数也不是合数。历史上曾将1也包含在质数之内，但后来为了算术基本定理，最终1被数学家排除在质数之外。在小学阶段，学生学习质数和合数，是为后面学习求最大公因数、最小公倍数以及约分、通分打下基础。

② 在数论中，质数有着重要的地位，一直吸引着许多数学家们不断去探索。2500年前，古希腊数学家欧几里得证明了质数的个数是无限的，并提出少量质数可写成“2的n次方减1”的形式——这里n也是一个质数。此后，许多数学家曾对这种质数进行研究。17世纪的法国教士梅森（Mersenne，M.）是其中成果较为卓著的一位，因此后人将“2的n次方减1”形式的质数称为梅森质数。

由于梅森质数有许多独特的性质和无穷的魅力，千百年来一直吸引着众多的数学家，如欧几里得、费马、笛卡儿、莱布尼兹、哥德巴赫、欧拉、高斯、哈代、图灵等和无数的业余数学爱好者对它进行研究和探寻。目前，人类仅发现47个梅森质数。其中最大的质数是第46个梅森质数“$2^{43112609}-1$”，该质数有12978189位。如果用常用的二号字将这个巨数连续写下来，其长度可超过50千米！是否有无穷多个梅森质数是数论中未解决的难题之一。由于这种质数珍奇而迷人，因此被人们誉为

“数海明珠”。

特别值得一提的是，我国数学家和语言学家周海中于 1992 年首先给出了梅森质数分布的准确表达式，从而揭示了梅森质数的重要规律，为人们探寻梅森质数提供了方便。后来这一成果被学术界命名为“周氏猜测”。

梅森质数在当代具有十分丰富的理论意义和实用价值。它是发现已知最大质数的最有效途径。它的探究推动了数学皇后——数论的研究，促进了计算技术、程序设计技术、网格技术、密码技术的发展以及快速傅立叶变换的应用。

由于探寻梅森质数需要多种学科和技术的支持，所以许多科学家认为：梅森质数的研究成果，在一定程度上反映了一个国家的科技水平。英国顶尖科学家马科斯·索托伊（Sautoy，M.）甚至认为，它是人类智力发展在数学上的一个标志，也是科学发展的里程碑。

③ 质数的应用。

质数近来被利用在密码学上，所谓的公钥就是将想要传递的信息在编码时加入质数，编码之后传送给收信人。任何人收到此信息后，若没有此收信人所拥有的密钥，则解密的过程中（实为寻找质数的过程），将会因为找质数的过程过久，使得即使取得信息也会无意义。

再有，在汽车变速箱齿轮的设计上，相邻的两个齿轮齿数最好设计成质数，目的是增加两齿轮内两个相同的齿相遇啮合次数的最小公倍数，这样可增强耐用度，减少故障。

另外，在害虫的生物生长周期与杀虫剂使用次数之间的关系上，杀虫剂的质数次数的使用效果最好也得到了证明。实验表明，质数次数地使用杀虫剂是最合理的：都是在害虫繁殖的高潮期使用，而且害虫很难产生抗药性。

在军事上，以质数形式无规律变化的导弹和鱼雷可以使敌人不易拦截。

④ 有趣的质数。

a. 孪生质数。

孪生质数指的是间隔为 2 的相邻质数，它们之间的距离已经近得不能再近了，就像孪生兄弟一样。

最小的孪生质数是（3，5），在 100 以内的孪生质数还有（5，7），（11，13），（17，19），（29，31），（41，43），（59，61）和（71，

73)，总计有 8 组。

截至 2009 年年底，人们发现的最大的孪生质数是：$2003663613 \cdot 2^{196000} \pm 1$，这一对质数都长达 100355 位。

b. 幸运质数。

幸运质数是既是质数又是幸运数的数。幸运数是 1955 年波兰数学家乌拉姆提出的，经由类似埃拉托斯特尼筛法（一种用删去法检定质数的算法）的算法后留下的整数集合，具体包括：1、3、7、9、13、15、21、25、31、33、37、43、49、51、63、67、69、73、75、79、87、93、99……1000 以内的幸运质数为：3，7，13，31，37，43，67，73，79，127，151，163，193，211，223，241，283，307，331，349，367，409，421，433，463，487，541，577，601，613，619，631，643，673，727，739，769，787，823，883，937，991，997。

c. 回文质数。

回文质数是既是质数又是回文数的整数，像 11，101，131，151，181，191，313，353，373，383，727，757，787，797，919，929 等。

目前还不知道在十进制中是否有无穷多个回文质数。已知最大的回文质数为 $10^{180004} + 248797842 \times 10^{89998} + 1$，是 2007 年由都伯纳（Dubner, H.）发现的。

下面是回文数组成的金字塔：

2

30203

133020331

1713302033171

12171330203317121

151217133020331712151

1815121713302033171215181

16181512171330203317121518161

331618151217133020331712151816133

9333161815121713302033171215181613339

11933316181512171330203317121518161333911

在这个金字塔上，下面每一个质数都是在上面质数的基础上，前面和后面加两位数。

▶教学建议

① 教师在教学质数和合数时，可以先让学生找出 1—20 各数的因数，然后引导学生观察，并试着将这 20 个数进行分类，在分类的基础上引出质数和合数的概念。也可以借助小正方形，让学生拼一拼，当个数分别为 1—20 各数时，每个数能拼出几种不同的长方形。然后引导学生观察思考：为什么有的个数能拼出几种，有的只能拼出一种，还有的无法拼？从而使学生认识到与每个数的因数的个数有关，揭示出质数和合数的概念。

学生认识了质数和合数后，教师可以引导学生利用筛法找出 100 以内的质数，并找出最小的质数是几，最小的合数是几。

② 学生在解决问题时，容易把质数和奇数、合数与偶数混同起来，因此要结合质数表，引导学生思考：是不是所有的质数都是奇数？所有的奇数都是质数？所有的偶数都是合数？

▶推荐阅读

(1)《小学数学知识树》（刘开云、李燕燕，北京大学出版社，2008）

该书第一部分《数与运算》的第二章《数的整除》中介绍了与质数和合数有关的知识。

(2)《翻开数学的画卷——感受数学世界的人、文、情》（吴正宪，北京师范大学出版社，2010）

该书紧密配合小学数学教材，介绍相关数学知识的历史发展、数学家的故事以及数学在现实生活中的广泛应用。其中，在数的整除中介绍了与质数有关的知识。

（金 英）

质因数（prime factor）、互质数（relatively prime）和分解质因数（resolving into factors of prime number）

▶概念描述

现代数学：如果一个整数的约数（因数）是质数，就称这个约数（因数）为该数的一个质因数。把一个合数表示成质因数的乘积形式，叫作分解质因数。作为特例，把一个质数写成质因数乘积形式就是这个质数的本身。(顾汝佐 等，1985)[77]

小学数学：2004 年北京版教材第 10 册的第 57 页指出：每个合数都可以写成几个质数相乘的形式，这几个质数叫作这个合数的质因数。如 12=2×2×3，2 和 3 都是 12 的质因数。把一个合数用质因数相乘的形式表示出来，叫作分解质因数。

同册教材的第 62 页指出：如果两个数的最大公约数（公因数）是 1，那么这两个数互质。

2013 年人教版教材五年级下册的第 83 页提出：公因数只有 1 的两个数，叫作互质数。

▶概念解读

① 互质中的“两个数”是指除 0 以外的所有自然数。“公因数只有 1”也可以理解成“最大公因数是 1”。另外，“公因数只有 1”不能误说成“没有公因数”。

② 三个或三个以上自然数互质有两种不同的情况：一种是这些成互质数的自然数是两两互质的。如 2、3、5，它们的最大公因数是 1，所以它们是互质的。而且这当中 2 和 3 互质，3 和 5 互质，2 和 5 也互质，所以它们是两两互质。另一种是这些成互质数的自然数不是两两互质的。如 6、8、9，它们的最大公因数也是 1，所以它们也是互质的。但这当中 6 和 8 不互质，6 和 9 也不互质，所以它们不是两两互质。

③ 互质有以下几种情况：

a. 两个不相同的质数一定是互质数，如 2 与 5、11 与 19。

b. 相邻的两个自然数一定是互质数，如 8 与 9。

c. 相邻的两个奇数一定是互质数，如 7 与 9。

d. 大数是质数的两个数一定是互质数，如 31 与 18。

e. 小数是质数，大数不是小数的倍数的两个数一定是互质数，如 7 和 22。

f. 2 和任何奇数一定互质，如 2 和 87。

g. 1 和任何非 0 自然数一定互质，如 1 和 4。

④ 分解质因数的方法。

分解质因数可以用枝形的形式来求。如把 24 分解质因数：

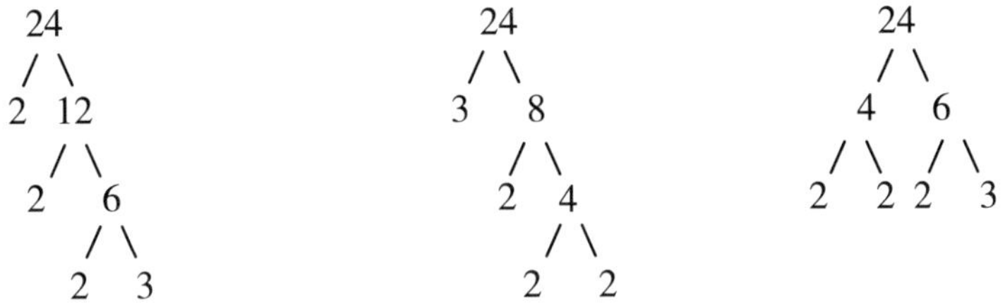

以上三种方法都可以。通常要把相乘的质因数，从小到大写出来，即 $24=2\times2\times2\times3$。

分解质因数也可以用短除法来求。方法是：先用一个能整除这个合数的最小的质数（通常从最小的开始）去除，得出的商如果是质数，就把除数和商写成相乘的形式；得出的商如果是合数，就照上面的方法继续除下去，直到得出的商是质数为止，然后把各个除数和最后的商写成连乘的形式。

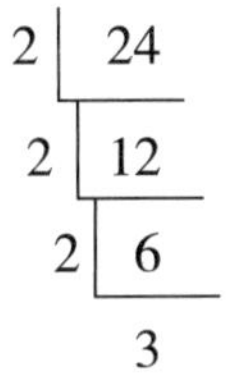

$24=2\times2\times2\times3$

▶教学建议

① 因数、质数、互质数、质因数和分解质因数等概念学生容易混淆，正确地区分这几个概念，对掌握数的整除这部分基础知识，是十分重要的。

因数和质因数：因数可以是质数，也可以是合数，还可以是 1。如 $1\times3=3$，1 和 3 都是 3 的因数；$2\times6=12$，2 和 6 都是 12 的因数。质因数要求因数本身必须是质数。如 $12=2\times2\times3$，2 和 3 都是 12 的质因数。

质数、质因数和分解质因数：质数是指一个数，比如“2 是质数，

19 是质数”等。质因数虽然也是指一个数，但它是针对所分解的合数而说的，比如“15=3×5，3 是 15 的质因数，5 也是 15 的质因数”。如果离开 15，孤立地说“3 是质因数，5 是质因数”则是不妥当的。因此，质因数具有双重身份：第一必须是质数；第二必须是另一个数的因数。分解质因数是把一个合数用质因数相乘的形式表示出来，分解的过程就是求出这些质因数的过程。

互质数与质数、质因数都不同，它不是指一个数，而是指除了 1 以外，再没有其他公因数的两个或两个以上的数。如 4 和 7 的最大公因数是 1，所以 4 和 7 是互质数，或者说 4 和 7 互质，而不能说 4 是互质数，7 是互质数。互质的两个数不一定是质数，如 1 和 4 互质，8 和 9 互质，但 1、4、8、9 这四个数都不是质数。

由此可见，这些概念之间既有联系，又有区别，要帮助学生透彻理解和正确区分，才能防止混淆。

② 用短除法分解质因数，是学生学习用短除法求几个数的最大公因数和最小公倍数的基础，教学中可让学生学会用短除法分解质因数。

▶推荐阅读

(1)《小学数学知识树》(刘开云、李燕燕，北京大学出版社，2008)

该书第一部分《数与运算》的第二章《数的整除》介绍了有关质因数、互质和分解质因数的知识。

(2)《对“因数与倍数”教学内容的再思考》(丁国忠，《小学数学》，2008 年第 2 期)

该文分析了这部分内容中相关概念之间的紧密联系以及本部分内容的学习对后续数学学习的重要意义。

(金　英)

公因数（common factor）

▶概念描述

现代数学：公因数亦称公约数，是初等数论的基本概念之一，指能同时整除几个整数的数。设 a_1，a_2，…，a_n是 n 个整数（$n\geqslant 2$），如果正整数 d 是它们中每一个数的因数，即 $d \mid a_i$（$i=1$，2，…，n），那么 d 就称为 a_1，a_2，…，a_n的公因数。因为任一个 a_i（$i=1$，2，…，n）的因数只有有限个，所以 a_1，a_2，…，a_n的公因数也只有有限个。（裘光明，2002）[355]

小学数学：小学数学教材中没有明确给出公因数的定义，重点是结合生活情境，帮助学生理解公因数的现实意义，并通过“分别列举出两个正整数的所有因数，再找出它们公有的因数”的形式，引导学生结合具体实例体会公因数是指一组正整数公有的因数。（小学阶段在正整数范围内研究，不包括 0。）

▶概念解读

现代数学对于公因数是以字母表达式的形式进行描述的。其定义所表达的意思是：在两个或两个以上的整数中，如果它们有相同的因数，那么这些因数就叫作它们的公因数。

公因数的上位概念是因数。因为一个正整数最小的因数是 1，最大的因数是它本身，所以一个正整数的因数的个数是有限的。由此得知一组正整数的公因数的个数也必然是有限个。又因为每个正整数的因数中都有 1 这个因数，所以 1 是所有正整数的公因数。

公因数又是学习最大公因数的基础。一组正整数的公因数中最大的一个是它们的最大公因数。这几个正整数的公因数都是最大公因数的因数。例如 30 和 42，它们的公因数有 2 和 3，最大公因数是 6（所有公因数的乘积）。所以，公因数 2 和 3 都是它们最大公因数 6 的因数。

公因数与约分也有着密切的联系。把一个分数化简成最简分数时，需要进行约分。在约分的过程中，往往不能一次就将其化简成最简分数，每一次约分都是用这个分数分子、分母的公因数去除，直到公因数是 1（两数互质）为止。

▶教学建议

（1）在具体的生活情境中，理解公因数的现实意义

现实生活情境和实例与学生的实际生活经验密切相连，它们不仅能够为学生提供真实自然的数的感悟空间，也能让学生在数的认知上经历由具体到抽象的过程。教学时，如果让学生完全抛开实际情境学习公因

数，直接利用已有的知识，先找到几个数各自的因数，再发现它们的公因数，也能初步理解公因数的概念。但是这样，学生会更多地不明白其现实意义，遇到需要用公因数解决的实际问题，就会无从下手。因此，结合具体生活情境学习公因数，理解公因数的现实意义十分重要。李冉老师在教学时创设了为贮藏室铺地砖的生活情境：贮藏室长 16dm、宽 12dm，如果要用边长是整分米数的正方形地砖把贮藏室的地面铺满（使用的地砖都是整块），可以选择边长是几分米的地砖？学生通过画图和用正方形纸摆一摆的操作活动，得出了可以选用边长是 1dm、2dm、4dm 的地砖。而 1、2、4 正是 16 和 12 的公因数。学生在解决问题的过程中，由实际生活抽象出了数学概念，使其深刻地理解了公因数的现实意义。

（2）利用集合思想学习找两个数公因数的方法

小学数学教材中学习公因数，都是在理解其现实意义的同时，学习找两个数的公因数的方法。上面提到的李冉老师也是这样进行教学的。李老师引导学生利用已有知识分别找出 16 和 12 的全部因数，填在两个独立的集合圈中（如图 1）。学生通过观察能够发现 1、2、4 是这两个数公有的因数。李老师继续引导学生，怎样表示让人一眼就能看出这两个数的公因数呢？这时学生们想到了用韦恩图来表示（如图 2），两个数的公因数便以交集的形式呈现。在这里，集合图能够使学生更加直观地理解公因数的含义，同时也获得了找两个数公因数的方法。学生在这个过程中逐步建立了公因数的表象，感受到了公因数的本质属性。2011 版《课标》在课程内容第二学段对“数与代数”的要求中指出：“在 1～100 的自然数中，能找出两个自然数的公因数。”因此，教师在让学生找两个数公因数时，一定要把握数的大小不能超过 100 的教学要求。

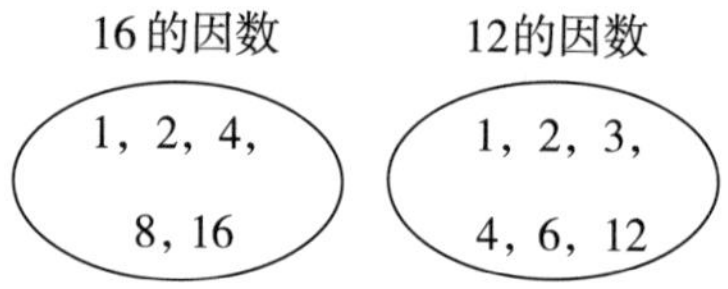

图 1

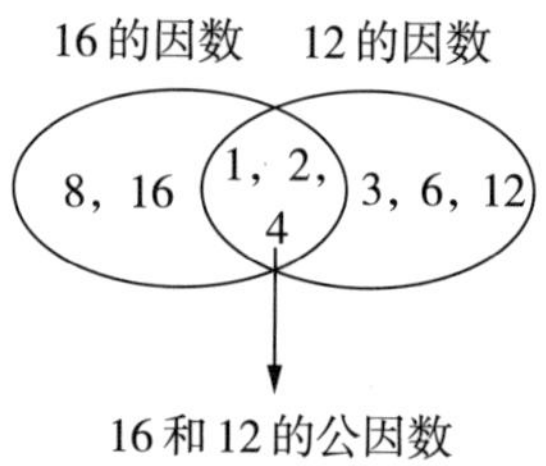

图 2

▶推荐阅读

《小学数学研究》（张奠宙等，高等教育出版社，2009）

该书的第三章第二节对公因数进行了非常详细的论述。

（董翠娟）

最大公因数（greatest common factor）

▶概念描述

现代数学：最大公因数亦称最大公约数，是一种特殊的公因数。设 a_1，a_2，…，a_n 是 n 个整数（$n \geqslant 2$），其公因数中最大的 d 称为 a_1，a_2，…，a_n 的最大公因数。最大公因数通常用圆括号表示，记为 $d=(a_1, a_2, \cdots, a_n)$。最大公因数有以下性质（裘光明，2002）[355]：

① a_1，a_2，…，a_n的最大公因数，是这组数的其他公因数的倍数。

② $(a_1, a_2, \cdots, a_n) = ((a_1, a_2, \cdots, a_{n-1}), a_n)$。

③ 存在整数 s，t，使得 $(a, b) = as+bt$ 成立。

④ 如果 a，b 都是大于 1 的正整数，它们的标准分解式分别为 $a=p_1^{\alpha_1}p_2^{\alpha_2}\cdots p_s^{\alpha_s}$，$b=p_1^{\beta_1}p_2^{\beta_2}\cdots p_s^{\beta_s}$。式中 $p_1<p_2<\cdots<p_s$ 是素数，α_i，β_i（$i=1, 2, \cdots, s$）为非负整数，则 $(a, b) = p_1^{e_1}p_2^{e_2}\cdots p_s^{e_s}$。式中 $e_i=\min(\alpha_i, \beta_i)$（$i=1, 2, \cdots, s$）。这个性质可以推广到有限个正整数的最大公因数的情形。

⑤ 等式 $(a+kb, b) = (a, b)$ 对于任何整数 a，b，k 成立。

小学数学：小学数学教材中没有明确给出最大公因数的定义，重点是结合生活情境，帮助学生理解最大公因数的现实意义，并引导学生在充分认识公因数的基础上，体会最大公因数是指一组正整数公因数中最大的一个。（小学阶段在正整数范围内研究，不包括 0。）

▶概念解读

最大公因数的上位概念是公因数。一般在教学中，公因数和最大公因数是同时进行研究的。之所以说它是一种特殊的公因数，其特殊性在于它在一组正整数的所有公因数中最大，所以称为最大公因数。

最大公因数与约分也有着密切的联系。在把一个分数化简成最简分数时，需要进行约分。在约分的过程中，如果用这个分数的分子、分母的最大公因数去除，一次就可以将其化简成最简分数。

求一组正整数的最大公因数的方法一般有以下几种：

① 列举法。对于求几个较小正整数的最大公因数，可以采用先分别列举出每个正整数的所有因数，再从它们的公因数中找出最大公因数的方法。

② 短除法。在可整除所有正整数的条件下，把从小到大的质数依次做除数去除（有时同一个质数可除若干次），直到被除数两两互质时为止，这时将所有除数相乘的积就是最大公因数。例如求 48 和 60 的最大公因数，用短除法计算为：

$$\begin{array}{r|ll} 2 & 48 & 60 \\ \hline 2 & 24 & 30 \\ \hline 3 & 12 & 15 \\ \hline & 4 & 5 \end{array}$$

所以，(48，60) = 2×2×3 = 12。

③ 分解质因数法。根据上面最大公因数的现代数学概念的性质 4，可以分别写出被求各正整数的标准分解式，将各分解式中公有的质因数写出。每一质因数都取它在各分解式中的最低次幂，把这些质因数的幂相乘，即得最大公因数。例如 24 = 2×2×2×3，36 = 2×2×3×3，将这两个数分解质因数后，并将它们公有的质因数的最低次幂相乘——2×2×3 = 12，所以（24，36） = 12。

④ 辗转相除法。在数学中，辗转相除法又称欧几里得算法，是求最大公因数的一种算法。辗转相除法首次出现于公元前 300 年欧几里得的《几何原本》中，而在我国则可以追溯至东汉出现的《九章算术》。两个正整数的最大公因数是能够同时整除它们的最大的正整数。辗转相除法基于以下原理：两个正整数的最大公因数等于其中较小的数和两数的差的最大公因数。例如 252 和 105 的最大公因数是 21（252 = 21 × 12，105 = 21 × 5），因为 252−105 = 147，所以 147 和 105 的最大公因数也是 21。在这个过程中，较大的数缩小了，所以继续进行同样的计算可以不断缩小这两个数直至其中一个变成零。这时，所剩下的还没有变成零的数就是两数的最大公因数。

▶教学建议

（1）在具体的生活情境中，理解最大公因数的现实意义

教学中，因为“公因数”和“最大公因数”两个概念联系紧密，一般同时进行教学。因此，最大公因数的教学同样需要结合具体生活情境，帮助学生理解其现实意义。

例如陈加仓老师在教学时，创设了剪彩带的生活情境：有两根彩带，一根长 30 厘米，一根长 45 厘米，如果把它们剪成长度一样的彩带且没有剩余，每根彩带最长是多少厘米？学生通过画图和分别找因数等不同的方法，得出可以剪成长 1 厘米、3 厘米、5 厘米或 15 厘米的小彩带，并且没有剩余。1、3、5、15 正是 30 和 45 这两个数的公因数。其中 15 是它们的最大公因数。因此，每根彩带最长可剪成 15 厘米。就这样，学生在解决问题的过程中，由实际生活抽象出了数学概念，并深刻地理解了最大公因数的现实意义。

（2）分类研究求两个数最大公因数的方法，培养学生思维的灵活性

在小学数学中，只要求学生会求两个数的最大公因数。教学时，教师既要关注求两个数最大公因数的一般情况，还要关注其特殊情况，引导学生分类进行研究。对于求两个数最大公因数的一般情况，可以采用多种求法：可以先分别找出两个数的所有因数，再找出两个数的公因数，从而找出最大公因数；还可以采用短除法或分解质因数法等方法。对于求两个数的最大公因数的特殊情况，一般分为两类研究：有倍数关系的两个数和有互质关系的两个数。主要是引导学生在大量实例中找到求它们最大公因数的特殊规律。有倍数关系的两个数，较小数是这两个数的最大公因数。例如 4 和 8 两个数具有倍数关系，它们的最大公因数就是其较小数 4。有互质关系的两个数，最大公因数是 1。例如 9 和 10 两个数互质，它们的最大公因数就是 1。不同情况的两个数，采用不同的方法去求它们的最大公因数，学生在分析思考的过程中，培养了思维的灵活性。

▶推荐阅读

《小学数学的基础理论》（钟善基、李家骏，北京师范大学出版社，1996）

该书的第二章第二节主要对最大公因数的相关定理进行了详细的论述，第三节对求最大公因数的方法进行了具体的介绍。

(董翠娟)

公倍数（common multiple）

▶概念描述

现代数学：公倍数是初等数论的基本概念之一，是指能被几个数同时整除的数。设 a_1，a_2，…，a_n是 n 个整数（$n \geqslant 2$，$n \in \mathbf{N}_+$），如果 m 是这 n 个数的公共倍数，即 $a_i \mid m$（$i=1$，2，…，n），则 m 称为 a_1，a_2，…，a_n 的公倍数。一组正整数的公倍数有无穷多个。(裘光明，2002)[358]

小学数学：小学数学教材中没有明确给出公倍数的定义，重点是结合生活情境，帮助学生理解公倍数的现实意义，并通过“分别列举出两个正整数的一部分倍数，再找出它们公有的倍数”的形式，引导学生结合具体实例体会公倍数是指一组正整数公有的倍数。（小学阶段在正整数范围内研究，不包括 0。）

▶概念解读

现代数学对于公倍数是以字母表达式的形式进行描述的。其定义所表达的意思是：在两个或两个以上的整数中，如果它们有相同的倍数，这些倍数就是它们的公倍数。

公倍数的上位概念是倍数。因为一个正整数最小的倍数是它本身，没有最大的倍数。所以一个正整数倍数的个数是无限的。由此得知，一组正整数的公倍数的个数也必然是无限个。

公倍数是学习最小公倍数的基础。一组正整数的公倍数中最小的一个是它们的最小公倍数。例如 12 和 15，它们的公倍数应既是 12 的倍数，又是 15 的倍数，即能同时被 12、15 整除。它们的公倍数有 60、120、180……在这些公倍数中最小的 60 就是它们的最小公倍数。

公倍数与通分也有着密切的联系。异分母分数在进行大小比较或做加、减法时，需要把异分母分数分别化成和原来分数相等的同分母分数，这就是通分。在通分过程中，可以用异分母分数分母的公倍数做公分母。

▶教学建议

（1）引导学生在问题解决的过程中经历公倍数概念的产生过程

2011 版《课标》提出：“课程内容的组织要重视过程，处理好过程和结果的关系。”因此，在学习公倍数时，为了让学生真正地理解概念、体会其现实意义，教师要引导学生亲身经历公倍数的产生过程。

例如骆奇老师在教学时，创设了动物尾巴重新接回的问题情境：小猴子的身体在正六边形上，尾巴在正四边形上，把正六边形固定不动，正四边形转动多少次猴子的尾巴才能重新接回？（如图 1）学生通过猜想、验证、交流等活动，得出了：边数是 6、4 的图形尾巴重新接回需要转动的次数是 12、24、36……接下来，学生们又研究了正八边形和正五边形中公鸡尾巴重新接回的问题（如图 2），得到的结论是：边数是 8、5 的图形尾巴重新接回需要转动的次数是 40、80、120……最后，学生们研究了正八边形和正四边形中小鱼尾巴重新接回的问题（如图 3），得到的结论是：边数是 8、4 的图形尾巴重新接回需要转动的次数是：8、16、24……然后教师让学生观察这三组数据，思考尾巴重新接回的次数与什么有关。学生最终得出次数与两个图形边数的公共倍数有关。此时，公倍数的概念就自然产生。学生正是在这样的问题解决过程中，亲身经历了从具体问题抽象出数学概念的过程。

图 1

图 2

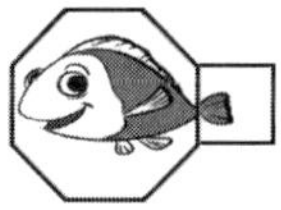

图 3

（2）利用集合思想学习求两个数公倍数的方法

小学数学教材中学习求两个数的公倍数，通常采用集合图的方法研究。如找 3 和 2 的公倍数，教师可以引导学生利用已有知识分别找出 3 和 2 的一部分倍数，填在两个独立的集合圈中（如图 4）。学生通过观察能够发现 6、12、18 这些数是这两个数公有的倍数。教师可以继续引导学生：怎样表示可以让人一眼就能看出这两个数的公倍数呢？这时，学生们可能想到用韦恩图来表示（如图5），两个数的公倍数便以交集的形式呈现。需要注意的是，一个数的倍数和一组数的公倍数的个数是无限个，所以集合圈内都要加省略号。在这里，集合图帮助学生更加直观地理解了公倍数的含义，同时学生也获得了找两个数公倍数的方法。学生在这个过程中逐步建立了公倍数的表象，感受到了公倍数的本质属性。2011版《课标》在课程内容第二学段对“数与代数”的要求中指出，要“能找出10以内两个自然数的公倍数”。因此，教师在让学生找两个数公倍数时，一定要把握数的大小不能超过10的教学要求。

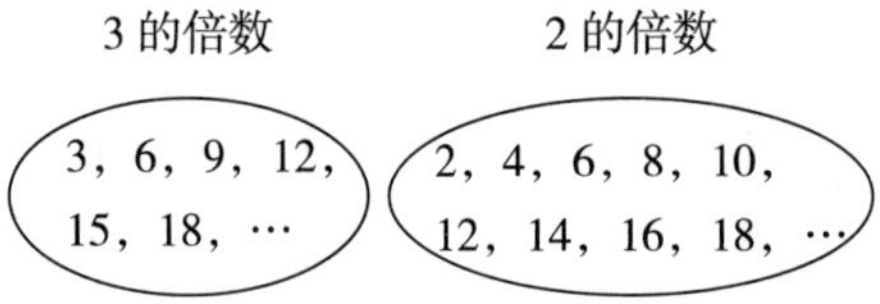

图4

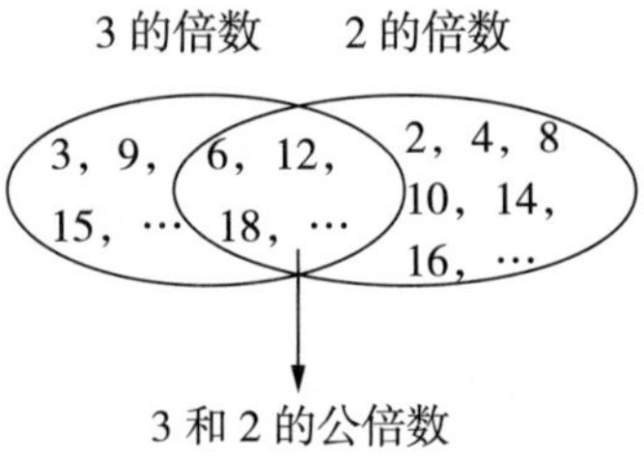

图5

▶推荐阅读

《小学数学的基础理论》（钟善基、李家骏，北京师范大学出版社，1996）

该书的第二章第二节对公倍数的定义和相关推论进行了详细的论述。

（董翠娟）

最小公倍数（least common multiple）

▶概念描述

现代数学：最小公倍数是一种特殊的公倍数。设 a_1，a_2，…，a_n是n个整数（$n \geqslant 2$，$n \in \mathbf{N}_+$），它们的公倍数有无穷多个，其中最小的正的公倍数m，称为a_1，a_2，…，a_n的最小公倍数。最小公倍数通常用方括号表示，记为 $m=[a_1, a_2, \cdots, a_n]$。最小公倍数有以下性质（裘光明，2002）[358]：

① $a_1, a_2, \cdots, a_n$ 的最小公倍数 m，是这组数的其他所有公倍数的真因数。

② $[a_1, a_2, \cdots, a_n]=[[a_1, a_2, \cdots, a_{n-1}], a_n]$。

③ 在一组正整数中，若最大的那个正整数恰是其余各数的倍数，则该数即为这组数的最小公倍数。

④ 如果一组正整数两两互素，则这组数的乘积就是它们的最小公倍数。

⑤ 若 a，b 都是正整数，则有 $ab=(a, b)[a, b]$，即两个正整数的乘积等于它们的最大公因数与最小公倍数的乘积，当 $(a, b)=1$ 时，有 $ab=[a, b]$。

⑥ 若 a，b 都是大于 1 的正整数，它们的标准分解式为 $a=p_1^{\alpha_1}p_2^{\alpha_2}\cdots p_s^{\alpha_s}$，$b=p_1^{\beta_1}p_2^{\beta_2}\cdots p_s^{\beta_s}$，式中 $p_1<p_2<\cdots<p_s$ 是素数，α_i，β_i $(i=1, 2, \cdots, s)$ 是非负整数，则 $[a, b]=p_1^{f_1}p_2^{f_2}\cdots p_s^{f_s}$，式中 $f_i=\max(\alpha_i, \beta_i)$ $(i=1, 2, \cdots, s)$。这一性质可以推广到有限个正整数的最小公倍数的情形。正整数 $a_1, a_2, \cdots, a_n$ 的最小公倍数还可记为 $\{a_1, a_2, \cdots, a_n\}$，L. C. M $(a_1, a_2, \cdots, a_n)$ 等。

小学数学：小学数学教材中没有明确给出最小公倍数的定义，重点是结合生活情境，帮助学生理解最小公倍数的现实意义，并引导学生在充分认识公倍数的基础上，体会最小公倍数是指一组正整数公倍数中最小的一个。(小学阶段在正整数范围内研究，不包括 0。)

▶概念解读

最小公倍数的上位概念是公倍数。一般在教学中，公倍数和最小公倍数是同时进行研究的。之所以说它是一种特殊的公倍数，其特殊性在于它在一组正整数无穷多个公倍数中最小，所以称为最小公倍数。

最小公倍数与通分有着密切的联系。异分母分数在进行大小比较或做加、减法时，需要通分，即把异分母分数分别化成和原来分数相等的同分母分数。在通分过程中，用异分母分数分母的最小公倍数做公分母最简单。

求一组正整数的最小公倍数的方法一般有以下几种：

① 列举法。对于求几个较小正整数的最小公倍数，可以采用先分别列举出每个正整数的一部分的倍数，再从它们的公倍数中找出最小公倍数的方法。

② 短除法。在可整除所有正整数的条件下，把从小到大的质数依次做除数去除（有时同一个质数可除若干次），直到被除数两两互质时为止，这时将所有除数和商相乘的积就是最小公倍数。例如求 48 和 60 的最小公倍数，用短除法计算为：

$$\begin{array}{r|rr} 2 & 48 & 60 \\ \hline 2 & 24 & 30 \\ \hline 3 & 12 & 15 \\ \hline & 4 & 5 \end{array}$$

所以，[48，60] $=2\times2\times3\times4\times5=240$。注意，求三个以上正整数的最小公倍数时，只要有其中两个正整数有公有的质因数就要除下去，一直除到被除数两两互质为止。

③ 分解质因数法。首先把几个正整数的质因数写出来，最小公倍数等于它们公有的质因数和独有的质因数的乘积。例如 $30=2\times3\times5$，$45=3\times3\times5$。将这两个数分解质因数后，用它们公有的质因数乘独有的质因数，就是这两个数的最小公倍数。所以，[30，45] $=3\times5\times2\times3=90$。

▶教学建议

（1）引导学生在问题解决的过程中经历最小公倍数概念的产生过程

教学中，因为“公倍数”和“最小公倍数”两个概念联系紧密，一般同时进行教学，因此最小公倍数的教学同样需要引导学生在问题解决的过程中经历概念的产生过程。

例如，石桂花老师创设了这样一个问题情境：火车站是 1 路和 6 路汽车的起点站，1 路车每 3 分钟发车一次，6 路车每 4 分钟发车一次。这两路汽车同时发车后，至少再过多少分钟又同时发车？学生们经过自己的思考之后，多数人将每路车发车的时间列出来一部分。1 路车发车时间：3、6、9、12、15、18、21、24、27……6 路车发车时间：4、8、12、16、20、24、28、32、36……学生们知道再次同时发车的时间一定既是 3 的倍数，又是 4 的倍数，从而找出它们公有的倍数 12、24……这些公倍数中 12 是最小公倍数。就这样，问题解决了，最小公倍数的概念也水到渠成的产生了。在这个过程中，学生不仅理解了概念，还深刻地体会到了最小公倍数的现实意义。

（2）分类研究求两个数最小公倍数的方法，培养学生思维的灵活性

在小学数学中，只要求学生会求两个数的最小公倍数。教学时，教师既要关注求两个数最小公倍数的一般情况，还要关注其特殊情况，引导学生分类进行研究。对于求两个数最小公倍数的一般情况，可以采用多种求法：可以采用先分别找出两个数一部分倍数，再找出两个数的公倍数，从而找出最小公倍数的方法；还可以采用短除法或分解质因数法等方法。对于求两个数最小公倍数的特殊情况，一般分为两类研究：有倍数关系的两个数和有互质关系的两个数，主要是引导学生在大量实例中找到求它们最小公倍数的特殊规律。有倍数关系的两个数，较大数是这两个数的最小公倍数。例如，15 和 5 两个数具有倍数关系，它们的最小公倍数就是其中较大数 15。有互质关系的两个数，最小公倍数是它们的乘积。例如 7 和 11 两个数互质，它们的最小公倍数就是它们的乘积 77。不同情况的两个数，采用不同的方法去求它们的最小公倍数，学生在对此分析思考的过程中，思维的灵活性得以发展。另外，还可以将求两个数最大公因数和最小公倍数的特殊类型进行分析、对比，加深对它们意义的理解。

▶推荐阅读

《小学数学的基础理论》（钟善基、李家骏，北京师范大学出版社，1996）

该书的第二章第二节对最小公倍数的性质和求法进行了详细的论述。

（董翠娟）

小数（decimal）

▶概念描述

现代数学：小数亦称十进小数，是实数的一种特殊的表现形式。所有分数都可以表示成小数，根据十进制的位值原则，把十进分数仿照整

数的写法写成不带分母的形式，小数中的圆点叫作小数点，它是一个小数的整数部分和小数部分的分界号。其中整数部分是零的小数叫作纯小数，整数部分不是零的小数叫作带小数。例如 0.3 是纯小数，3.1 是带小数。(胡乔木，1993)

小学数学：小学数学教材一般这样呈现：把分母是 10、100、1000……的分数改写成不带分母形式的数，叫作小数。所有分数都可以表示成小数，小数中除无限不循环小数外都可以表示成分数。无理数为无限不循环小数。

▶概念解读

小数的意义，可以从分数的意义着手，分数的意义可以从分割及合成活动来解释——当一个整体（指基准量）被等分后，再集聚其中一部分的量称为“分量”，而“分数”就是用来表示或记录这个“分量”。例如，$\frac{2}{5}$是指一个整体被分成五等分后，集聚其中二分的“分量”。当整体被分成十等分、百等分、千等分……时，此时的分量就使用另外一种记录的方法——小数。如$\frac{1}{10}$记成 0.1，$\frac{2}{100}$记成 0.02，$\frac{5}{1000}$记成 0.005，等等。其中的“.”称之为小数点，用以分隔整数部分与无法构成整数的小数部分。整数部分不是 0 的小数称为带小数，整数部分若为 0 则称纯小数。由此可知，小数的意义是分数意义的一环。

▶教学建议

在分数初步认识学习的基础上，教材安排了小数的初步认识。小数的出现标志着十进制记数法从整数（自然数）扩展到了分数，使分数与整数在形式上获得了统一。由此可见，小数和整数、分数有着密切的联系。

（1）利用知识迁移建立小数概念

分数的学习对小数的学习特别是小数意义的理解有直接显著的影响，后者的学习对前者又有促进作用。例如，“8 分米是十分之八米”是学生已有的知识，只要通过提问就可以引起学生的回忆和思考；还可以写成 0.8 米，也就是同一对象的两种不同形式，使小数和分数建立起直接的联系，使学生进一步体会到：十分之几和一位小数，百分之几和两位小数，千分之几和三位小数等之间的关系。

再如，把正方形平均分表示其中的若干份，以及用数轴表示数，这是认识整数、分数时常用的模型，可以将其拓展到小数。例如，把一个正方形平均分成 10 份、100 份、1000 份……其中的若干份既可以用分数表示成十分之几、百分之几、千分之几，又可以分别用一位小数、两位小数、三位小数等表示。这样的学习过程，能够帮助学生理解小数的意义，建立小数的模型。

（2）沟通整数、小数、分数之间的关系

① 沟通整数和小数的关系。整数与小数的计数方法是一致的，相邻两个计数单位间的进率都是 10，小数的计数方法是整数计数方法的扩展。教学中要设计相应的教学环节，将整数的计数方法迁移到小数，为学生在计数的经验和方法上建立联系；不仅如此，还要利用这些活动帮助学生整理认数系统，把原来认识的整数数位表扩充到小数。

② 沟通分数和小数的关系。小数和分数上的沟通，主要是意义上的沟通，使学生理解小数是十进分数。

③ 沟通整数、分数、小数之间的关系。小数和整数、分数有着密切的联系，要在整数学习的基础上学习小数。小数的表征形式与整数相似，数位顺序表得到补充，且都是十进制。如果以个位为基础，向左扩展就是十位、百位、千位等；向右扩展就是十分之一位（十分位）、百分之一位（百分位）、千分之一位（千分位）等。换句话说，以个位为对称轴，两边的数位呈现了对称的关系，只是小数部分在位前增加了“分”。这对“每相邻的两个计数单位之间的进率都是 10”进行了全面的概括。小数是十进分数，从这个意义上说，对小数的理解比对分数的理解更容易一些。

整数可以这样数：一个一个地数，一十一十地数，一百一百地数。小数可以这样数：0.1、0.2、0.3、0.4、0.5、0.6、0.7……分数也可以这样数：$\frac{1}{8}$、$\frac{2}{8}$、$\frac{3}{8}$、$\frac{4}{8}$、$\frac{5}{8}$、$\frac{6}{8}$、$\frac{7}{8}$、$\frac{8}{8}$……以此类推。这列数是按照一个单位进行数数的，无论是整数、小数、分数，它们都是计数单位的累加。

（3）把握好小数认识的两个阶段的教学

第一学段：小数的初步认识（三年级第二学期）。教材从学生熟悉的元、角、分和米（先用人民币、再用米尺）等常用计量单位的知识作为学习小数的形象支撑，借助于具体的、生活中常见的“量”认识一位小数、两位小数，知道小数所表示的具体量的含义，初步体会到“单位”的意义与价值。这一阶段不把小数作为一个抽象的“数”，而是作为具体的“量”来认识。

第二学段：小数的意义（四年级第二学期）。结合具体的量，让学生体验单位的不同导致度量结果用不同的数表示——单位越小，度量的结果越精确，从而理解相邻计数单位之间的十进制关系，逐步抽象出小数的计数单位和数位，以及完善数位顺序表。

两个学段的重点不同，呈现的方式和学习的方式也应当有区别。教师要根据学生的实际选择合适的学习方法，帮助学生理解小数的意义。

▶推荐阅读

（1）《小学数学研究》（张奠宙等，高等教育出版社，2009）

该书的第四章第五节“小数和分数”，对小数和分数的关系进行了详细的解读。

（2）《数学辞海·第一卷》（裘光明，山西教育出版社，2002）

该书的第28页对小数进行了细致解读。

（李义杰）

纯小数（pure decimal）和带小数（mixed decimal）

▶概念描述

现代数学：纯小数指整数部分为零的小数。纯小数小于1。如0.25，0.314都是纯小数。

带小数，亦称混小数，是一种常见的小数，指整数部分不为零的小数。带小数的值大于或等于1。如2.25，37.785都是带小数。（裘光明，2002）[29]

小学数学：小学数学教材并没有给出纯小数、带小数的定义，甚至北师大版、苏教版等教材均未出现这两个概念。不过，2005年北京版教材第8册第12页结合事例指出：0.88是纯小数，1.8是带小数。

▶概念解读

（1）纯小数、带小数与小数的关系及表示

纯小数、带小数是小数的下位概念。小数亦称十进小数，是数系中最基本的一种数。小数可以表示为 $\alpha = a + \alpha_0 = a.a_1a_2a_3\cdots = a + \frac{a_1}{10} + \frac{a_2}{10^2} + \frac{a_3}{10^3} + \cdots$，其中 a 表示数 α 的整数部分，整数部分 a 后的圆点称为小数点（decimal point），小数点后表示小于 1 的 α_0 的部分称为小数部分，其中的 a_i（$i=1, 2, 3\cdots$）都是从 0 到 9 的 10 个数字，即不大于 9 的整数。它依照十进制数每向左进一位，位值增大 10 倍，每向右退一位，位值缩小为$\frac{1}{10}$的规则。小数部分数位位值也遵循这一原则，小数点前一位的位值为 1，小数点后第一位位值是$\frac{1}{10}$，第二位位值是$\frac{1}{10^2}$，第三位位值是$\frac{1}{10^3}$……当 $a=0$ 时，这个小数就是纯小数；当 $a \geqslant 1$ 时，这个小数就是带小数。

（2）小数的认识历程

小数是由于开平方的需求而产生的，263 年，刘徽在《九章算术》“少广”章开方术中提出对于开方开不尽的数时，用十进分数表示：“凡开积为方……求其微数，微数无名者，以为分子，其一退以十为母，其再退以百为母，退之弥下，其分弥细……”刘徽称小数为微数。南宋秦九昭在《数学九章》中计算付利息的答案是：“末后一月，二万四千七百六贯二百七十九文，三分四厘八毫四丝六忽七微（无尘）七沙（无渺）三莽一轻二清五烟。”用现在小数计数法写出来是：24706279.3484670703125。“小数”这个名称是元代数学家朱世杰提出的，是指个位以下的无法表示数位名称的部分的统称。（高月琴，2007）

现代使用的小数表示方法来源于欧洲。荷兰工程师斯蒂文（Stevin）1584 年在考虑银行复利表的制作时，注意到了采用十进小数的优越性，次年他在仅有 7 页的名著《论十进》中论述了小数的表示法和运算法。如把 18.245 写成 18⊙2①4②5③，虽不太高明，但对小数在欧洲的传播起到了重要作用。1593 年，克拉维斯著《星盘》一书中首先把小数点作为整数部分与小数部分分界的符号；1608 年，他出版的《代数学》明确地阐述了小数点的作用。(顾汝佐等，1985)[1056]

（3）纯小数、带小数与整数

小数的出现解决了整数除法的遗留问题：余数，使计算结果得到更精确的表示。纯小数是对整数 0 与 1 之间的间隔进一步细分，如图 1 所示。

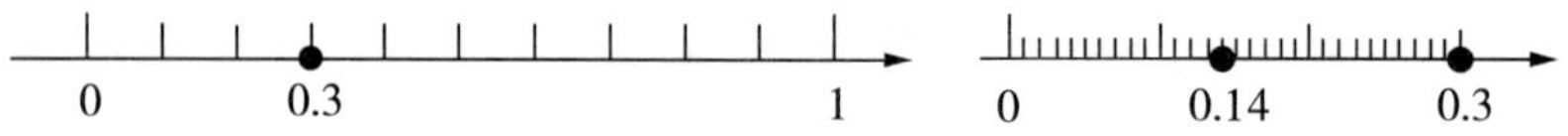

图 1

带小数则是将这种细化拷贝到整数的所有间隔，由此数轴上的数变得稠密了。

▶教学建议

（1）纯小数、带小数的教学线索

纯小数、带小数的教学可以从以下 4 条主要线索和 6 个不同角度组织教学。(如图 2)

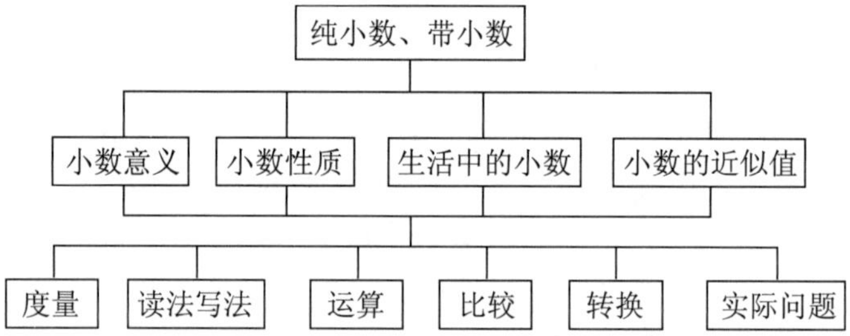

图 2

（2）在比较中区分纯小数、带小数

在比较两件物品的价格问题中，呈现纯小数和带小数，如 0.88 元和 1.80 元。学生借助生活经验，能够判断两个物品价格的高低，进而得到两个小数的大小。这可以通过引导，使学生把元、角、分的位值及关系、整数比大小的已有知识迁移到小数的认识，从而扩充数位顺序表。

（3）“数形结合”，通过直观感受小数带来的“稠密性”

教师可以从学生的 20 厘米直尺出发，组织学生寻找 2 分米、0.5 分米、0.75 分米、1.25 分米，进而提出：怎样寻找 0.5 毫米、2.4 毫米？

需要对直尺进行怎样的改造？利用课件，放大 1 毫米从而细分。在这样的过程中，使学生体会到小数点后数位越多，对直尺的细分层次越多。

▶推荐阅读

(1)《如何培养学生的数感》（安吉莱瑞，北京师范大学出版社，2007）

该书第 106—109 页介绍了在小数概念、小数运算中学生容易出现的问题与症结，并给出在上述内容的教学中培养数感的有效方法：凑整和计算"链"。

(2)《教与学的新方法·数学（上册）》（Martin，北京师范大学出版社，2004）

该书第 230—249 页，在小数的认识、运算、近似值等内容的教学活动设计中，充分运用了几何直观，值得借鉴。

（孙　建）

有限小数（finite decimal）

▶概念描述

现代数学：小数是一种特殊的分数，但是又独立于分数。小数是十进制计数向相反方向延伸的结果。特殊的十等分的分数就是有限小数。

有限小数只能表示一部分的分数，大量的分数的小数表示是无限循环小数。

分数的小数表示定理为：设$\frac{r}{q}$是一个最简分数，它能用 g 进位的纯循环小数表示的充要条件是 g 和 q 没有公因子。

推论：如果 g=10，那么，一个既约分数能够表示为纯循环小数的充要条件是分母没有 2，5 的因数。（张奠宙 等，2009）[89]

小学数学：2005 年人教版教材五年级上册的第 28 页明确指出：小数部分的位数是有限的小数叫作有限小数。

▶概念解读

如"纯小数和带小数"概念解读部分所示，小数的值用分数式表示是

$$a+\frac{a_1}{10}+\frac{a_2}{10^2}+\frac{a_3}{10^3}+\cdots$$

小数部分的数位自小数点起依次称为十分位、百分位、千分位……对于小数 $a.a_1a_2a_3\cdots$，如果存在正整数 i，使得从 a_i 起向右，不再出现非零的数字，则此小数被称为有限小数或有尽小数，否则称为无限小数或无尽小数。在写出有限小数时，可以写到最后一个不为 0 的数位，或最多只写出一部分为 0 的数位而略去其后所有的 0，因此，通常见到的一般都是有限小数，如 1.414、9.50。由此可见，整数也可以表示成小数，只不过是有限小数罢了。有限小数用分数式表示只需有限项，所以一定可以化成分数。(裘光明，2002)[28]

小数
- 有限小数（整数是特殊的有限小数）——有理数
- 无限小数
  - 无限循环小数——有理数
  - 无限不循环小数（无理数）

所有分数都可以表示成小数，小数中除无限不循环小数（无理数）外，都可以表示成分数。

▶教学建议

(1) 在小数计算中体验"除尽与除不尽"

教师在教学中通常可以让学生在计算中体验商的小数部分有限。例如教师在上课伊始出示一组试题：12÷5　3.45÷5　10÷3　58.6÷11，让学生分组进行计算。学生在计算中就会感受到"第 1、2 两道题做得快，第 3 道题和第 4 道题做得慢"。这是为什么呢？他们可能会主动去观察思考：第 1、第 2 两题和第 3、第 4 两题的商有什么特点？从而发现：第 1 题除到被除数的最后一位仍有余数，但补 0 后继续除就可以除尽；第 2 题的被除数虽然是小数，但也是可以除尽的；而第 3 题因为余数重复出现 1，所以商就重复出现 3，总也除不尽；第 4 题因为余数重复出现 3 和 8，所以商就重复出现 27，总也除不尽——教师可把重复出现的余数用

红笔圈出以便于学生观察。

(2) 在比较“有限”和“无限”中理解有限小数的意义

通常有限小数的教学与无限小数是分不开的，大多数是将两者进行对比加以区分。例如接着上面的情况，学生经过小数题组计算思考后进行讨论：第1、第2两题和第3、第4两题商的小数部分的位数有什么不同？经过师生之间、生生之间的交流碰撞，得出：两个数相除，如果不能得到整数商，会有两种情况出现。第一种情况是，除到小数部分的某一位时不再有余数，商里的小数部分的位数是有限的，也就是被除数能够被除数除尽。例如，第1、第2题的商就属于这种情况。第二种情况是，除到小数部分后，余数重复出现，商也不断重复出现，商里小数部分的位数是无限的。例如，第3、第4题的商就是属于这种情况。最后，建立概念——小数部分的位数是有限的小数，叫作有限小数。小数部分的位数是无限的小数，叫作无限小数。当小数部分的位数是无限的，可以用省略号表示。

▶推荐阅读

(1)《小学数学研究》(张奠宙等，高等教育出版社，2009)

该书的第四章《分数》，对小数和分数的内容本质以及在教学上的处理，进行了详细的研究。

(2)《数学辞海·第一卷》(裘光明，山西教育出版社，2002)

该书的第28页对小数进行了细致解读。

(李义杰)

无限小数(Infinite decimal)

▶概念描述

现代数学：要全面深刻地理解无限小数，有必要对实数做一个全面的了解。实数分为有理数和无理数。有理数可分为整数和分数。如果把有理数和无理数都写成小数形式时，有理数能写成整数、有限小数或无限循环小数，比如 $2=2.0$，$\frac{2}{5}=0.4$，$\frac{1}{3}=0.33333\cdots\cdots$。而无理数只能写成无限不循环小数，比如自然对数的底数 e = 2.718281828459045……；再如开方开不尽的数，像$\sqrt{2}$ = 1.414213562……等。无限不循环小数和无限循环小数不同，它的小数点后有无限个数位，却没有周期性的重复，换句话说就是没有规律。最有名的两个无限不循环小数就是圆周率 π 和自然对数的底数 e。下面我们就来说说无限小数。

无限小数的定义一般有以下两种：

① 它是不能除尽的数，经过计算化为小数后，小数部分无穷尽。

② 小数部分的位数是无限的小数叫作无限小数。

无限小数可以分成无限循环小数（如 1 ÷ 3 = 0.33……，1 ÷ 7 = 0.142857142857……）和无限不循环小数（如圆周率 π = 3.1415926535……，到 2011 年为止使用 IBM 蓝色基因/P 超级计算机已计算到 60000000000000 位小数，仍然没有出现循环）。

小学数学：2005 年人教版教材五年级上册的第 28 页明确指出：小数部分的位数是无限的小数叫作无限小数。例如，0.2142857142857……就是一个无限小数。

▶概念解读

在小学数学中给出的分数定义实质上是正有理数$\frac{p}{q}$的定义，其中 $q \geqslant 2$。小数是分数的一种特殊表现形式，同质不同形。根据$\frac{p}{q}$的定义，在最简分数$\frac{p}{q}$中，当 q 可以分解为只含有因数 2 和 5 时，那么$\frac{p}{q}$可以用有限小数表示；当 q 可以分解为不只含有因数 2 和 5 时，那么$\frac{p}{q}$可以用无限小数表示。

我们知道，实数是由有理数和无理数组成的。实数和数轴上的点是一一对应的。因此，数轴上的每一个点都应该对应于唯一的一个实数。把直线用通常的方法标出 0、1、2 这些整数点来，就是数轴了。这样，如果哪一个点正好落在某个整数点上，我们就可以用这个整数表示这个点。那么其他点如何表示呢？如果把 0 和 1 之间平均分成 10 份，第一个分点上就可以记为 0.1，第二分点可以记为 0.2，第三个分点可以记为 0.3……以此类推；如果把 0 和 1 之间平均分成 100 份，第一个分点上就可以记为 0.01，第二个分点上可以记为 0.02，第三个分点上可以记为

0.03……以此类推。在0和1之间可以平均分成10份、100份、1000份、100000000份……以此类推，我们可以无限地分下去，这样所得到的小数都是十进制小数。

现在我们把0和1之间的线段平均分成3份，第一个分点就是三分之一，如果用小数表示，首先要将0和1之间平均分成10份，三分之一落在了十等分的第三、第四两个分点之间，再把这个小线段十等分，它仍然在第三、第四两个分点之间……每次十等分，它都在第三、第四两个分点之间。那么我们只好用一个无限小数“0.333……”来表示这个点了，其中的3是指过了第三个分点但没到第四个分点。而这个无限小数表示的是三等分点，不是我们得到的那些十、百、千等分点。无限小数在数轴上所对应的点，都是不能用十进制小数表示的，它是一个以和它相等的分数的分母为等分数、分子为等分个数的点。

▶教学建议

（1）无限小数的意义可以通过体验来理解

例如在教学过程中，教师通常采取体验式教学。教师可首先出示“1÷3=”、“22÷7=”这样的算式让学生进行计算比赛，学生在计算过程中就会亲身体会到小数部分的无穷尽。根据学生的知识经验和心理特点，他们会对比赛跃跃欲试。比赛一开始，他们就会迅速地进行计算，当计算一段时间后，学生开始疑惑、犹豫、思考……他们会发现这样除下去永远都算不完，从而会停下来。这是学生通过计算初步体验无限的含义。为什么会出现永远也算不完这样的现象呢？教师可以引导学生通过观察竖式发现其中的道理：在进行除法计算时，每一次除完所得的余数必须比除数小，当某一个或几个余数没完没了地重复出现时，商中小数部分的某一个数字或某几个数字也会相应地重复出现。相等的余数会导致相等的商，这样余数和商就周期性地重复出现了。因此，商的小数部分的位数也就无穷无尽了。这样，学生不仅能再次体验到无限的含义，而且能理解其中的深刻道理。

（2）通过观察来感受无限小数的意义

教师可以把刚才“1÷3=”、“22÷7=”的算式让学生通过计算器或电脑计算完成，接着观察计算器或电脑上的结果，然后让学生思考：“结果是不是计算器或电脑上所显示的答案？为什么？”因为学生经历了竖式的计算过程，理解了余数不断重复出现导致商的小数位数的无限，因而一定能够回答：“不是的，因为计算器显示的数字的个数是有限的，不能表示出‘1÷3=’、‘22÷7=’这样算式的计算结果。其实后面还有很多很多不断重复出现的数字，有无数多个位数。”学生通过观察推理也可以感受到无限小数的意义。这一次的感受是通过观察两个数相除所得结果这个角度，来理解无限小数意义的。

▶推荐阅读

(1)《数学辞海·第一卷》（裘光明，山西教育出版社，2002）

该书的第28页对无限小数的相关概念进行了具体说明。

(2)《古今数学思想》（克莱因，上海科学技术出版社，2002）

该书第一册第291—301页对数系和算术的状况做了非常详细的分析，对无限小数的理解很有帮助。

（李义杰）

循环小数（recurring decimals）

▶概念描述

现代数学：循环小数的定义一般有如下两种：

① 从小数点后某一位开始不断地重复出现一个或一节数字的十进制无限小数，叫作循环小数或无限循环小数；被重复的一个或一节数字称为循环节。循环小数的缩写法是将第一个循环节以后的数字全部略去，而在第一个循环节首末两位上方各添一个小点。如 $3.258258258\cdots\cdots=3.\dot{2}5\dot{8}$。

循环小数分为两大类：混循环小数和纯循环小数。

混循环小数：循环节不是从小数部分第一位开始的循环小数，如 $3.2\dot{5}\dot{8}$。

纯循环小数：循环节从小数部分第一位开始的循环小数，如 $3.\dot{2}5\dot{8}$。

② 公理化定义（裘光明，2002）[29]：

循环小数是无限小数的一种特殊形式。对一个无限小数 $0.a_1a_2\cdots a_n\cdots$，若能找到两个正整数 $s\geqslant0$，$t>0$，使得 $a_{s+i}=a_{s+kt+i}$（$i=1, 2, \cdots, t; k=1, 2, \cdots$）

成立，则称此无限小数为循环小数，记为$0.a_1a_2\cdots a_s\dot{a}_{s+1}\cdots\dot{a}_{s+t}$。对于一个循环小数而言，满足上式的 s，t 值有无数多个，如果取其中最小的 s，t 值，则称 $a_{s+1}\ a_{s+2}\cdots a_{s+t}$为这个循环小数的循环节，$t$ 称为循环节的长度；若最小的 $s=0$，则这个循环小数称为纯循环小数；如果最小的 $s>0$，则相应的循环小数称为混循环小数，并把小数点之后至循环节之前的部分 $a_1a_2\cdots a_s$称为非循环节。任何一个循环小数必可化为分数。

从数学的观点看，第一个定义通俗易懂，小学数学教材的表述与其相似。第二个定义科学严谨，体现了循环小数的本质。

小学数学：2005 年人教版教材五年级下册的第 28 页明确指出：一个数的小数部分，从某一位起，一个数字或者几个数字依次不断地重复出现，这样的小数叫作循环小数。

这与“循环小数”在现代数学中的第一个定义是基本上一致的。在小学数学教材中考虑到学生的认知，不提及十进制，而是默认为十进制无限小数。

▶概念解读

循环小数是在实际度量和生产生活中产生的。在度量和均分时，往往会出现这样的情况：

在除法中，两个数相除，如果得不到整数商，一般会有两种情况：一种得到有限小数，一种得到无限小数。在结果唯一的前提下，为了保证除法运算通行无阻，的确需要引进一种新的数，这样分数便应运而生。

循环小数其实是有理数的小数表现形式。比如三分之一、七分之二等简单的分数，在生活实际中有时又需将分数表示为小数，进而会出现循环小数。

有时根据需要可以将循环小数化为分数。这有两种情况：

一个纯循环小数的小数部分可以化成这样的分数：分子是一个循环节所表示的数；分母的各位数字全是 9，9 的个数等于一个循环节中数字的个数。

一个混循环小数的小数部分可以化成这样的分数：分子是第二个循环节以前的小数部分的数字所组成的数，与小数部分中不循环部分的数字所组成的两数之差；分母的前几位数字全是 9，9 后面的数字全是 0，

9的个数等于一个循环节中的数字个数，0的个数等于不循环部分数字的个数。

▶教学建议

循环小数是学生较难理解和表述的一个概念，特别是表达其意义的一些抽象说法，如“循环”、“无限”等。因此，教学中教师要通过情境的创设，帮助学生理解概念。

（1）循环小数的意义可通过直观体验突破难点

黄爱华老师在教学循环小数时，以“从前有座山，山上有座庙，庙里有个老和尚，老和尚对小和尚说：从前有座山，山上有座庙，庙里有个老和尚，老和尚对小和尚说……”这个故事引入。学生在接着讲故事的生动有趣的情境中，感受着、体验着循环小数所具有的“无限”、“依次”、“不断”、“重复”等本质特点，使抽象的数学概念具体化。同时，教师用直观形象的方法在课的开始扫除了障碍，使难点分散，为下面学习循环小数的意义做好了铺垫。

（2）循环小数的意义通过除法计算不断完善

故事引入后，黄老师出示两条信息：“乌龟6分钟爬70米，蜗牛11分钟爬9.4米”，让学生独立计算乌龟和蜗牛的速度。（70÷6=11.66……，9.4÷11=0.85454……）

有些学生算了一会儿就停下了笔，有的怀疑老师出错了题——他们发现这样算下去永远都除不完，这正是学生通过计算初步体验循环小数的无限。

黄老师进而引发学生思考“你为什么不继续除下去？你遇到了什么情况，发现了什么规律？”，以引导学生通过观察竖式发现其中的规律，让学生在计算实践中发现问题并尝试解决，通过讨论交流理解概念。计算过程中，让学生亲身经历循环小数产生的过程，能够使其加深对循环小数的理解，充分感受到循环小数是无限的。至此，黄老师再让学生说一说什么是循环小数。有了前面的直观体验，再通过计算的实践，学生通过交流就能够不断完善循环小数的意义。

接着，师生通过讨论“该怎样表示这两道题的商呢？”，由此得出循环小数的一般记法。

一般来说，学生的表示方法可能有以下几种，教师可以结合学生的回答讨论循环小数的记法。

70÷ 6＝11. 6 ……　　　（表示小数部分无限，但未表示数字的重复）

70÷ 6＝11. 66666 ……（可以这样表示，但太麻烦了，不用写那么多"6"）

70÷ 6＝$11.\dot{6}$　　　　（循环小数的简便记法）

70÷ 6 ＝11. 66 ……　（既表示无限，又表示了"6"这个数字不断重复）

这是让学生积极寻找解决表示循环小数的方法。这一过程突出了知识的形成过程，揭示了简写背后蕴含的道理，使学生掌握其简写的方法。

▶推荐阅读

(1)《数学辞海·第一卷》（裘光明，山西教育出版社，2002）

该书第 29 页有对"循环小数"及其相关概念的详细解读。

(2)《听名师讲课：数学卷》（雷玲，广西教育出版社，2004）

该书第 42—43 页有黄爱华老师对循环小数的教学片段及评析。

（李义杰）

分数（fraction）

▶概念描述

现代数学：分数的定义一般有以下四种（张奠宙 等，2009）[78]：

① 把一个单位平均分之后的一份或几份；

② 两个数相除的商；

③ 两数之比；

④ 公理化定义。

在整数的有序对（p，q）（$q\neq0$）的集合上定义如下等价关系（金成梁，2010）：

设 p_1，$p_2\in\mathbf{Z}$，q_1，$q_2\in\mathbf{Z}\setminus\{0\}$。如果 $p_1q_2=p_2q_1$，则称（p_1，q_1）~（p_2，q_2），$\mathbf{Z}\times(\mathbf{Z}\setminus\{0\})$。关于这个等价关系的等价类称为有理数。（$p$，

q）所属的有理数记为$\frac{p}{q}$。

令整数 p 对应于（p，1）所属的等价类，即对应于$\frac{p}{1}$，就能把整数集嵌入有理数集中。习惯上$\frac{p}{1}$仍记为 p。在有理数集中，整数以外的数称为分数。

从数学的观点看，第二个定义“两个数相除的商”体现了分数的本质，符合数系扩张的数学思想。(张奠宙 等，2009)[78]

小学数学：小学数学教材一般认为，把单位“1”平均分成若干份，表示这样的一份或几份的数叫作分数。这个定义与“分数”在现代数学中的第四个定义是基本上一致的。在小学数学中给出的分数定义实质上是正有理数$\frac{p}{q}$的定义，其中 $q \geqslant 2$。

▶概念解读

分数是在实际度量和物品均分中产生的。在度量和均分时，往往会出现下面的情况：

用一个做标准的量（度量单位）去度量另一个量，只有若干次后当量正好量尽时，才可以用一个整数来表示度量的结果。如果若干次后不能正好量尽，例如，用 b 做标准去量 a，有两种情况——一种情况是把 b 分成 n 等份，用其中的一份作为新的度量单位去度量 a，量 m 次正好量尽，就表示 a 含有把 b 分成 n 等份以后的 m 个等份。在这种情况下，不能用一个整数表示用 b 去度量 a 的结果，就产生了引进一种新数的需要。还有一种情况，就是无论把 b 分成几等份，用其中的一份作为新的度量 a，都不能恰好量尽（如用圆的直径去量同一圆的周长）。这种情况下，也需要引进一种新的数（不过这种想法是后来才出现的）。

由上而得，在整数除法中，两个数相除，有时不能得到整数商。在结果唯一的前提下，为了保证除法运算通行无阻，的确需要引进一种新的数，这样分数便应运而生。

分数的产生经历了一个漫长而艰辛的过程。开始时，将物体一分为二，于是产生了原始的分数概念，或者叫作分数概念的萌芽，这也几乎是世界各民族分数概念的共同渊源。在此以后，才逐渐出现了三分之一、三分之二等简单的分数。

除法运算为分数概念的数学化铺平了道路。我国古代用算筹来做除法运算。由于筹算制度没有运算符号和等号，运算就表示为等式变换，筹式表示除法，也就相当于分数。当遇到除不尽时，古人就把余数作为分子，除数作为分母，于是产生了分子在上、分母在下的分数筹算形式。英国著名科学史家李约瑟曾风趣地说："用'儿子'表示分子和用'母亲'表示分母是很有启发意义的，它表明古人所想的真分数，即下面的数（指分母）比上面的大（就像怀孕一样），性（阴和阳）的差别使他们想到，乘一个数与除另一个数的作用是等效的。"

1175 年，阿拉伯数学家阿尔·哈萨（Hassar，Al.，又译为海塞尔）创造性地在分子、分母之间添加了一条横线，分数线由此诞生了，而且形象地表示了"分"的含义。真正最早使用斜的分数线的是 1845 年，英国数学家德摩根（De Morgan，A.）。"分数"的表示形式，经过历史洪流的冲刷，就成为现在这两种样子了。

▶教学建议

① 分数的意义非常丰富，可以从以下两条主线和四个维度来理解（如下图）：

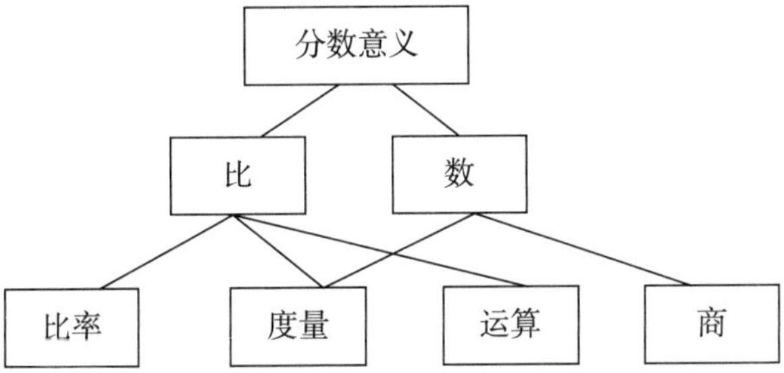

正因为分数有非常丰富的意义，所以在分数教学中，仁者见仁，智者见智。有的老师从平均分、除法入手，如刘劲苓老师从除法入手——她首先出示一个大大的除号，问学生："你看到了什么？想到了什么？"这个符号一下子把学生的思维调动起来，学生纷纷举手回答问题。刘老师及时捕捉学生的信息"除法"、"平均分"，随即出示"把 100 张纸，平均分给 2 个小朋友，每个小朋友得到几张？"，引导学生列式 100÷2=50（张）；接着出示"把 10 张纸，平均分给 2 个小朋友，每个小朋友得到几张？"，引导学生列式 10÷2=5（张）；最后出示"把 1 张纸，平均分给 2 个小朋友，每个小朋友得到几张？"，引导学生列式 1÷2。刘老师问结果是多少，有的学生说“一半”，有的说“0.5”，有的说“$\frac{1}{2}$”。因为除法本身就是平均分，这样当1÷2得不到整数结果时，分数也就应运而生了，从而帮助学生一步一步建立$\frac{1}{2}$这个分数的概念。还有的老师选择从测量入手，如华应龙老师，创设了“用领带当尺子测量沙发”的教学情境（详见《小学数学教师》2011年第4期）。其实，不论选用什么方法，都要依据本班学生的数学基础，因为适合学生的就是最好的。

②“认识分数”是学生对数域的第一次拓展，也是认识上的一次重要飞跃，所以对分数的完整认识不是一节课就能解决的。教材一般分为两个阶段：第一学段为初步认识分数，重在理解、感悟；第二阶段为进一步学习而建立分数的基本概念。实际上，充分理解分数意义的内涵，在小学阶段大体要分成五个阶段：孕伏阶段（认识平均分）、明确阶段（初步认识）、再认识阶段（分数的意义）、沟通阶段（分数与除法关系）、综合应用阶段（分数的运算及解决问题），所以对于“分数”的教学需要系统思考、逐步渗透、多维度建立，真正落实对分数理解的深刻性，达到预期的教学目标。

▶推荐阅读

（1）《小学数学课堂的有效教学》（刘加霞，北京师范大学出版社，2008）

该书的第一编第二章主要论述了对分数的多维多元的理解。

（2）《小学数学研究》（张奠宙等，高等教育出版社，2009）

该书的第四章主要从数系的拓展到分数的定义及相应知识进行了非常详细的论述。

（刘劲苓）

分数单位（fraction unit）

▶概念描述

现代数学：把单位“1”平均分成若干份，表示其中的一份的数，叫作分数单位（或单位分数）。例如，把单位“1”平均分成 n 份，表示一份这样的数，记作$\frac{1}{n}$；表示 m 份这样的数，记作$\frac{m}{n}$。$\frac{1}{n}$叫作$\frac{m}{n}$的分数单位。（裘光明，2002）[38]

小学数学：小学数学教材通常这样阐述分数，分母不同的分数化为分数单位相同的数才能进行计算，这也叫作通分。

最大的分数单位是二分之一，没有最小的分数单位。

分数大小相等，分数单位不一定相等。

▶概念解读

分数的意义中用“表示这样的一份”词语突出了分数单位，学生们在理解时往往感到茫然——在分数意义的叙说中为何要加进“表示这样的一份”关于分数单位意义的词语？其实，这和分数单位的独特作用和价值有关，而分数单位的独特作用和价值是一个逐渐感悟的过程。

① 分数的引入或分数的产生往往是从分数单位开始。2006 年北京版教材第 6 册的第 72 页由平均分蛋糕产生$\frac{1}{2}$，进而展开几分之一的学习活动；人类产生分数的过程也是如此——先产生$\frac{1}{2}$、$\frac{1}{4}$之类的分数。

② 认识分数往往以分数单位做媒介。如认识$\frac{3}{4}$时，往往以分数单位$\frac{1}{4}$做媒介，感受$\frac{3}{4}$由 3 个$\frac{1}{4}$组成了$\frac{3}{4}$。在将“一个物体”和“一个计量单位”看作单位“1”的分数中，借助分数单位可以加深对分数的认识；在将“由许多物体组成的一个整体”看作单位“1”的分数中，借助分数单位可以进一步地认识分数。

③ 在数轴上表示分数往往要借助分数单位。比如表示$\frac{4}{5}$，先要将 0—1 这一线段（单位“1”）平均分成 5 份（小格），从 0 开始往右数

出这样的4个小格，也可以从1往左数出这样的1个小格。不管怎样数，每一格就是1个分数单位，即$\frac{1}{5}$。

④ 分数和小数的互化往往会利用分数单位来进行。分数化小数的一般方法会用分子除以分母，但有些特殊分数化小数时往往会利用分数单位来进行。如$\frac{7}{20}$化成小数时可以这样进行——$\frac{1}{20}=0.05$，$\frac{7}{20}$中有7个0.05就是0.35。回顾反思，$\frac{7}{20}$化成小数可以先将分数单位化成小数，想想有几个这样的分数单位，再用乘法算出结果。小数化分数时，自然会想到、用到分数单位来理解小数化分数的理由。如0.29化成分数，因为0.29中有29个$\frac{1}{100}$，所以是$\frac{29}{100}$。

分数单位的独特作用和价值不只这些，只要挖掘教材还会有新的发现。分数单位的独特作用和价值的感受是一个较长的时间过程，随着对分数单位感受的最多，学生对分数这部分的知识的理解会越来越深。但毕竟关于分数知识的内容横跨三到六年级四个年级，内容涉及意义、性质、运算和应用等，对分数单位感受的深浅会影响到这些内容的进一步学习。

古埃及人把所有分数都拆成一些所谓单位分数的和，如阿梅斯（Ahmes）把$\frac{2}{5}$写成“$\frac{1}{3}$、$\frac{1}{15}$”之和，在莱因德（Rhind）纸草书里有一张表，它把分子是2而分母是5至99的奇数的各个分数，表达成分子是1的分数之和，例如①：

$$\frac{2}{5}=\frac{1}{3}+\frac{1}{15},\ \frac{2}{7}=\frac{1}{4}+\frac{1}{28},\ \frac{2}{9}=\frac{1}{6}+\frac{1}{18},\ \cdots,\ \frac{2}{99}=\frac{1}{66}+\frac{1}{198}$$

利用这张表，可以把分子不是1的分数化为分子是1的几个分数之和的形式。例如，$\frac{7}{29}$先分解成$\frac{1}{29}+\frac{2}{29}+\frac{2}{29}+\frac{2}{29}$，再查表整理得：$\frac{7}{29}=\frac{1}{6}+\frac{1}{24}+\frac{1}{58}+\frac{1}{87}+\frac{1}{232}$。这样处理分数的方法是十分麻烦的，以致影响了埃及在这方面的发展水平。

---

① 注：当时没有加号。

▶教学建议

在小学数学里，认识分数单位是小学生数的概念的一次重要扩展。

分数意义的教学本来就是一个难点，而分数单位就建立在对意义的理解上。教师要通过在具体情境中让学生能把数学和生活联系起来，在学生的认知发展水平和思维特点的基础上给学生提供充分从事数学活动的机会，帮助他们在自主探索和合作交流的过程中真正理解和掌握数学知识和技能、思想和方法，获得数学经验。

华应龙老师在教学“分数的意义”一课时，认为不仅要讲分数单位，而且还要重讲。具体如下——

新课开始，华老师创设了故事情境：“大头儿子的爸爸去买床，没有找到尺子，于是打电话给大头儿子。儿子在家里找到了爸爸的领带，量到床的长度刚好是两个领带长。当买沙发时，儿子发现沙发的长度没有两个领带那样长，怎么办呢？”稍加思索后，学生帮大头儿子想到可以将领带对折再量，结果是对折、对折、再对折，正好是 7 个领带长。可大头儿子怎么跟爸爸说沙发是几个领带长呢？华老师让学生把自己的思考写下来。

有的学生写了 3 个$\frac{1}{7}$，有的写了$\frac{1}{6}$。“对折三次后是这条领带的几分之几呢？”华老师当机立断，把自己的领带解下来进行演示：原来三次对折后，每一份是原来领带的八分之一长，显然沙发的长应该是 7 个$\frac{1}{8}$领带长。华老师随即板书课题“分数的再认识”，并补充说：一般认识一个事物，要经过这样几步：① 是什么？② 为什么？③ 怎么做？接着，华老师从测量上课地方舞台的长，引导学生回忆学过的长度单位米、厘米、毫米等，又语重心长地告诉学生：“创造一把尺子，其实就是创造了一个新的单位。我们要学会用合适的单位，而$\frac{1}{8}$就是$\frac{7}{8}$的单位。”

华老师巧妙地由“长度单位”引出“分数单位”，由量床长用整数 2 表示，渐次引出$\frac{1}{2}$，$\frac{1}{4}$，$\frac{1}{8}$这些分数单位的产生，而这都是源于实际的需要。可见，华老师创设“大头儿子的难题”的学习情境，不仅激发了学生学习的兴趣，而且触发了学生的数学思维。

华老师还利用《集结号》的一段视频，引出了视频中用到的单位——“密位”。接着，他说明了“360 度=6000 密位”，并要求学生分析出密位是怎样规定的。有了度量角的基础，学生想到把一个圆平均分成 6000 份，1 密位就是其中的 1 份。即 1 密位=$\frac{6}{100}$度，也就是把 1 度平均分成 100 份，取其中的 6 份就是 1 密位。

华老师的课堂设计正是紧紧抓住“什么是分数”、“为什么要有分数”，并从学生的实际出发，让学生理解是为了现实生活的需要才产生分数的，也是因为生活的需要才产生了分数单位。这一点正是完美地体现了 2011 版《课标》的理念。

▶推荐阅读

《基本概念与运算法则——小学数学教学中的核心问题》（史宁中，高等教育出版社，2013）

该书第一部分“如何认识分数”，从整体与等分的角度介绍了分数单位，在对分母相同、分母不同的分数的介绍中，凸显了分数单位的本质。

（王　敏）

最简分数（irreduible fraction）

▶概念描述

现代数学：现代数学对最简分数有如下定义：

① 对于分数$\frac{p}{q}$，如果非零整数 p 和 q 互质，这样的分数叫作最简分数，又称不可约分数。

② 分子、分母只有公因数 1 的分数叫作最简分数，或者说分子和分母是互质数的分数，叫作最简分数。

③ 最简分数又叫既约分数、不可约分数。它可理解成已经约分过的

分数，也就是分子和分母是互质数的分数。(裘光明，2002)[32]

小学数学：分子、分母是互质数的分数，叫作最简分数。按照字面定义，即若 $(a, b)=1$，那么$\frac{a}{b}$是最简分数，如$\frac{1}{2}$，$\frac{3}{4}$，$\frac{5}{2}$，$\frac{7}{1}$等真分数和假分数都叫作最简分数。实际上，最简分数的应用范围仅针对真分数而言。

▶概念解读

我们知道，在小学数学中，建立最简分数的概念有利于学习分数的约分以及整数比的化简。但是，这仅仅是最简分数概念的最初应用。在数学上定义既约分数（最简分数）在很大程度上都是为了研究的需要。例如，我们要研究分数与小数的互化。小学数学课本中指出："一个最简分数，如果分母中除了 2 和 5 以外，不含有其他的质因数，这个分数就能化成有限小数；如果分母中含有 2 和 5 以外的质因数，这个质因数就不能化成有限小数。"根据这个结论，一个分数当且仅当它化为最简分数时，才能据以判断它将化为何种小数。这里并不是单对真分数而言的，也是针对假分数来说的。如果只是把最简分数定义为分子、分母是互质数的真分数，那么上述结论就不能起到包含各种情况的作用了。

又如，为了研究无理数的需要，在中学数学里，以$\sqrt{2}$为例，采用反证法证明$\sqrt{2}$是无理数。假设$\sqrt{2}$是有理数，那么就可以表示成既约分数$\frac{m}{n}$的形式。由于这一类证明事先不知道也不必知道$\frac{m}{n}$是真分数还是假分数，它能否化为带分数以及它的分母是否等于 1，所以，这里只能规定 $n\neq0$，且 m 和 n 是互质数的整数。如果把最简分数定义为"分子、分母是互质数的真分数或带分数"，或者把最简分数定义为"分子、分母是互质数的且分母不是 1 的分数"，那么都不能概括上述的各种情况，因而是无助于无理数存在的证明的。

从上面两个例子中可以看出，我们把分子分母是互质数的分数定义为最简分数，是有利于数学上的计算和研究的。

▶教学建议

最简分数是在学习了约分的基础上进行的。教学时，教师可以进行情境导入：一共要游完100米，小明游了75米，小华游了全程的$\frac{3}{4}$，比一比谁游得远一些？因为刚刚学完约分，学生会利用相关知识，把$\frac{75}{100}$化成$\frac{3}{4}$。然后学生通过充分讨论验证得出结论：$\frac{75}{100}$和$\frac{3}{4}$的分数大小相等。这样的教学从学生已有的认知发展水平和知识经验出发，为学生提供充分的时间和空间进行思考，通过知识的迁移，使学生能够运用学过的知识解决新的问题，在观察、发现以及和同学的交流中理解约分能使分数化简。紧接着教师追问“$\frac{75}{100}$和$\frac{3}{4}$有什么不同？”，让学生充分表达自己的想法，在交流想法的过程中达成共识：这两个分数相等，并且$\frac{75}{100}$化成$\frac{3}{4}$最简单，因为分子、分母都已经比较小了。然后教师可以继续鼓励学生思考：为什么$\frac{3}{4}$与$\frac{75}{100}$比是简单了，那还有没有和它们相等、但比$\frac{3}{4}$还简单的分数？为什么$\frac{3}{4}$是最简单的？这可以为学生提供小组交流与合作的时间与空间，使他们能充分交流自己的看法，逐步构建新知，理解最简分数的本质。此时，再揭示最简分数的概念——$\frac{3}{4}$的分子、分母的公因数只有1，这样的分数就是最简分数。

需要指出的是，对于这样的小学数学概念，不一定要用专业、严谨的词句去定义，而一定要以具体直观的实例做支撑，让学生理解。最简分数的教学属于概念教学，在概念教学的过程中，为了使学生顺利获取有关概念，常常要提供丰富的感性材料让学生观察，并在此基础上通过教师的启发引导，对感性材料进行比较、分析、综合，最后再抽象概括出概念的本质属性。即通过一系列的判断、推理，使概念得到巩固和运用。例如，揭示最简分数的概念后，让学生两人一组各举出5个最简分数；或者出示多个分数，问他们哪些分数是最简分数并说明理由等，从而巩固最简分数的意义。

教学中，学生的主体地位是必要的，但教师在教学全过程中的主导地位也不能忽视。教师应发挥好主导作用，因为教师与学生的主、客体地位是相互依存、相互规定、在一定条件下又相互转化的。例如，教师可以追问：对于不是最简分数的分数，你们有办法化成最简分数吗？然后请学生尝试做，继而交流讨论化最简分数的方法。具体做法如下——方法一：用分子、分母的公因数，逐次去除分子和分母，最后得到最简分数。方法二：用分子、分母的最大公因数，分别去除分子和分母，得到最简分数。

这样学生不仅掌握了什么是最简分数，同时也掌握了约分的方法——方法是用来解决问题的，更是学生主动发现的。因此在教学中，教师不能只枯燥地讲解概念，而要在一定情境中激发学生的创造激情，点燃学生解决问题的欲望，这样数学概念教学才能有生命力。

在概念教学中，教师还要善于为学生创造条件，让学生沿着观察、思维、理解、表达的过程，由感性到理性、由具体到抽象地去掌握概念。这样极易调动学生的积极性、主动性，也可以教会学生去发现真理。

▶推荐阅读

《小学数学研究》（张奠宙等，高等教育出版社，2009）

该书第四章从分数等价性的角度介绍了最简分数，并阐明最简分数是分数的等价类中的一个特殊代表。

（王　敏）

倒数（reciprocal）

▶概念描述

现代数学：倒数是指与一分数有特殊关系的数。即乘积是 1 的两个分数，互称为倒数。但是零没有倒数。非零任意数 a 的倒数是$\frac{1}{a}$，非零分数$\frac{b}{a}$的倒数是$\frac{a}{b}$。（裘光明，2002）[34]

小学数学：2007 年北京版教材第 11 册的第 13 页这样阐释倒数：乘积是 1 的两个数互为倒数。

▶概念解读

公元前2000多年前，古巴比伦人就用“倒数表”把除号表示成六十进位制的小数，通过乘除数的倒数来做除法。

印度数学家马哈维拉（又名大雄），约850年撰写了《计算精华》一书。其中共含9章：① 术语；② 算术运算；③ 与分数有关的运算；④ 有各种特点的运算；⑤ 与三分律（比例律）有关的运算；⑥ 混合运算；⑦ 面积计算；⑧ 与挖掘有关的计算；⑨ 与影子有关的计算。他认识到一个分数除以另一个分数，等于把这个分数的分子、分母颠倒相乘，也就是乘上除数的倒数。

（1）分数的倒数

找一个分数的倒数，如$\frac{3}{4}$，把$\frac{3}{4}$这个分数的分子和分母交换位置，使原来的分子做分母、原来的分母做分子，则这个分数变为$\frac{4}{3}$。$\frac{3}{4}$是$\frac{4}{3}$的倒数，也可以说$\frac{4}{3}$是$\frac{3}{4}$的倒数。求带分数的倒数，则要先把带分数化成假分数。对于$-\frac{2}{3}$这样的，也可以把分子看作-2。

（2）整数的倒数

找一个整数的倒数，如12，把12化成分数，即$\frac{12}{1}$，再把$\frac{12}{1}$这个分数的分子和分母交换位置，使原来的分子做分母、原来的分母做分子。则这个分数变为$\frac{1}{12}$，而12是$\frac{1}{12}$的倒数；也可以说$\frac{1}{12}$是12的倒数；还有一种说法，12和$\frac{1}{12}$互为倒数。不过，0没有倒数，倒数是其本身的数是1。

1的倒数还是1是因为：1化成分数$\frac{1}{1}$，$\frac{1}{1}$这个分数的分子和分母交换位置，让原来的分子做分母、原来的分母做分子，则这个分数变为$\frac{1}{1}$。$\frac{1}{1}$化成整数还是1，所以1的倒数还是1。

0 没有倒数是因为：0 化成分数$\frac{0}{1}$，$\frac{0}{1}$这个分数的分子和分母交换位置，让原来的分子做分母、原来的分母做分子，则这个分数变为$\frac{1}{0}$，但因为除数（分母）不能为 0，否则分数无意义，所以 0 没有倒数。

（3）小数的倒数

① 普通算法。

找一个小数的倒数，如 0.25，把 0.25 化成分数，即$\frac{1}{4}$，再把$\frac{1}{4}$这个分数的分子和分母交换位置，让原来的分子做分母，原来的分母做分子，则这个分数变为$\frac{4}{1}$。再把$\frac{4}{1}$化成整数，即 4，则 0.25 是 4 的倒数，也可以说 4 是 0.25 的倒数。

② 用 1 计算法。

我们也可以用 1 去除以这个数，如 0.25，$\frac{1}{0.25}$等于 4，所以 0.25 的倒数是 4——因为乘积是 1 的两个数互为倒数。分数、整数也都适用这个规律。

▶教学建议

“倒数”这一概念是在分数乘法之后出现的，它虽然和分数乘法没有什么直接联系，却为后面的分数除法转换成分数乘法的教学起到了铺路搭桥的关键性作用；同时也为初中一年级的有理数除法统一成有理数乘法教学奠定了良好基础。从这个意义上讲，学好“倒数”是学习小学分数除法与初中有理数除法的必要准备。

在教学倒数时，教师可以借助学生已有的知识储备，利用他们在现实生活中的经验积淀和社会生活中所形成的朴素认知（即数学现实），让他们亲自参与数学探究活动，而教师要适度收放。

如黄爱华老师在教学“倒数的认识”一课时，由学生熟悉的“找朋友”一次导入，围绕着“找朋友”，先让学生独立思考，然后再小组里交流，通过学生找朋友，从数中找到内在的联系。最后汇报，黄老师从学生呈现的信息中总结出乘积为 1 的互为朋友的两个数为倒数。第二环节：让学生自己寻找求一个数的倒数的方法。黄老师追问：是不是所有的自然数、小数、分数都有倒数？如果有，怎样很快找到一个数的倒数？请进一步研究，看看有什么发现？一系列的问题引导学生探究求一个数的倒数的方法。学生根据生活经验和互为倒数的朋友找到比较简洁易懂的求倒数的方法。在学生的发言中，让学生理解求一个数的倒数的方法，同时让学生进一步在讨论中理解“0”这个数没有倒数。这样对知识进行了勾连，让学生理解知识不是孤立的，要抓住知识间的本质联系，进行旧知识的迁移。第三环节：让学生体会“互为”的意思。黄老师先是根据学生的解释举出具体例子让学生深入理解“互为”的含义，接着总结了求自然数、分数的倒数的方法，然后让学生进一步探索求一个小数、带分数的倒数的方法。

之后就在这有序的多次收放中，学生逐步建构起求一个数的倒数的完整方法，发现其中的数学规律与奥秘；也就是在这有序的收放中，学生的思维能力得到培养，思维品质得到提升。

▶推荐阅读

《怎样培养学生的数感》（石迎春，吉林大学出版社，2013）

该书第六章在正确运用分数进行计算的介绍中，谈了倒数在分数除法计算中的价值。

（王　敏）

百分数（percentage）

▶概念描述

现代数学：百分数是一种特殊分数，指分母是 100 的分数，或表示一个数是另一个数的百分之几的数。百分数分母常用符号“%”表示，称为百分号，并写成分子与百分号并列的形式。如 5%、1.5%读作百分之五、百分之一点五。百分数在日常生活、工农业生产、统计工作和科学研究等方面具有广泛应用。（裘光明，2002）[34]

小学数学：2007 年北京版教材第 11 册的第 41 页写道：表示一个数是另一个数的百分之几的数，叫作百分数。百分数又叫百分比或百分率。

▶概念解读

百分数是在分数的基础上产生的——在分数的基础上又以 100 做基数，发明了百分数。百分数与小数在形式上不同于分数，但是，它们都是从分数中分离出来的。分数中分离出十进分数，将其改写成不带分母形式的数（按计数原则进行计数）就是小数；分数中分离出分母是 100 的分数，将其改写成带有百分号（%）形式的数就是百分数（相应地也会有十分数、百分数、千分数、万分数……）。

（1）百分数与分数的相同点

百分数是“求一个数是另一个数的百分之几”，它同“求一个数是另一个数的几倍或几分之几”的实质是一样的，都是表示两个数的倍数关系。所以这时的百分数和分数都是后面不写计量单位的，它们都是“率”。

（2）百分数与分数的不同点

① 意义不同：分数既可以表示“把单位‘1’平均分成若干份后这样的一份或几份的数”，又可以表示“一个数是另一个数的几分之几”。所以，分数后面既可以有计量单位，也可以不写计量单位。而百分数表示一个数是另一个数的百分之几，它表示两个数之间的倍数关系，不能表示某一具体量，所以后面不写计量单位。如可以说 1 米是 5 米的 20%，不可以说“一段绳子长为 20%米”。

② 写法不同：百分数的分子可以是整数，也可以是小数；而分数的分子只能是除 0 以外的自然数；百分数不可以约分，而分数一般通过约分化成最简分数。任何一个百分数都可以写成分母是 100 的分数，而分母是 100 的分数并不都具有百分数的意义。

▶教学建议

（1）从感性认识到理性认识，再从理性认识到实践

百分数是学生在生活中能经常见到的一种数，因此教学百分数应从与人们生活联系比较紧密又简单的问题入手。这样一方面可以加深学生对百分数概念的理解；另一方面也可使学生学会理解一些实际问题，并受到一定的思想教育。

如黄爱华老师在教学“百分数”一课时，让学生课前搜集了很多生活中的百分数。课上黄老师展示学生搜集的资料：A 类酒的酒精度

52%，B 类酒的酒精度 38%，C 类酒的酒精度 3.1%……黄老师问：“看到这些资料，你想到了什么?”学生说：“A 类酒中纯酒精的含量比较高。”黄老师追问：“你们是怎么比较出来的呢?”学生说：“因为百分数的分母都是 100，只要比较这三个百分数的分子就可以了。”黄老师继续追问：“52%的分母 100 表示什么，分子 52 又表示什么呢?”学生说：“分母 100 表示把 A 类酒的总数量看成 100 份，分子 52 表示其中的纯酒精占 52 份。”获得对百分数的感性体验后，通过分析比较得出百分数的共性，再通过抽象概括得出百分数的概念，这时就显得水到渠成了。这体现了“从感性认识到理性认识，再从理性认识到实践”这一学生认识事物的一般规律和知识发生的过程。学生自然也体会到了百分数在生产、工作和生活中应用的广泛性。

(2) 加强新旧知识间的联系，培养学生的正迁移能力

迁移是一种学习对另一种学习的影响。现代认知心理学认为，学生的学习过程是学生原有的认知结构同新知识互相作用形成新的认知结构的过程。新知识与学生原有的认知结构的作用有两种基本方式：一是同化，即把新知识直接纳入原有的认知结构；二是顺应，即改变原有的认知结构以接纳新知识。这两种作用方式都以新知识与原认知结构建立联系为前提。分数和百分数有着密切的联系，在学生学习百分数的意义的过程中，教师可将其与分数进行联系，使学生懂得百分数与“求一个数是另一个数的几分之几”的本质相同，这样在学习时学生自然会想到，求一个数是另一个数的百分之几和求一个数是另一个数的几分之几的方法完全相同，只是一个结果用百分数表示，另一个结果用分数表示。从而了解百分数和分数，到底有哪些不同。同时，这不仅利用了旧知识学习新知识，还充分建立起新旧知识之间的联系，在学生头脑中形成了知识网络图。因此，了解学生原有的认知结构，把握新旧知识的联系，找准新知识的生长点，充分利用旧知识来学习新知识是百分数教学取得成功的关键。

▶推荐阅读

(1)《算术辞典》(修订版)（顾汝佐等，上海科学技术出版社，2005）

该书第一部分的第一章论述了关于百分数的两种定义形式。

(2)《关于百分数的定义》（《宁夏教育》编著，《宁夏教育》，1983

年第 3 期)

该文对分数和百分数的区别进行了详细论述。

(王　敏)

[数的运算]

代数学(algebra)

▶概念描述

现代数学: 代数学简称代数,是数学的一个分支,用字母代表数来研究数的运算性质和规律,从而把许多实际问题归结为代数方程或方程组。在近代数学中,代数学的研究由数扩大到多种其他对象,研究更为一般的代数运算的性质和规律。(中国社会科学院语言研究所词典编辑室,2012)[250]

根据研究对象的不断扩充,代数学的发展可以被分为算术、初等代数、高等代数、近代代数和现代代数五个历史时期。算术是代数的前身,也被看作代数的一部分。

小学数学: 小学数学教材中没有出现"代数学"的定义,但是在四年级总复习时开始用到"数与代数"一词。

▶概念解读

"代数"一词,来自拉丁文"algebra",但它又是从阿拉伯文变化而来的,原意是"还原"或"移项"的意思。我国清代数学家李善兰在1859 年首先使用"代数"这个名词,他将英国数学家棣么甘所著的书*Elemants of Algebra* 定名为《代数学》。

小学阶段主要研究的是"算术"和"初等代数",所以在小学教材中没有直接出现"代数"一词,而是做了一点铺垫,称这部分内容为"数与代数"。

算术是研究数在加、减、乘、除、乘方和开方等运算下的性质的数学分支学科。而数的概念是随着历史的发展不断扩充的。我们的祖先由于记事和分配的需要，头脑中逐渐抽象出了数的概念。古希腊人曾用小石子记录牲畜的头数或部落的人数，现在使用的英语单词 calculate（计算）一词就是从希腊文 calculus（石卵）演变而来的。结绳记事、刻痕计数、摆小棍等也是古人常用的计数方法。这些办法代代使用，逐渐由少到多地形成了自然数（natural number）的概念并且产生了记数的符号。虽然能够写出来的只是有限个，但是人们已经逐渐认识到自然数有无限多个。随着时间推移，人们逐渐发现，仅仅用自然数表示事物的多少已经不够了。比如 5 个人分 4 件东西，每个人该得几件呢？用自然数就无法表示，于是产生了分数。自然数（包括零）和正分数，通常称为算术数（arithmetic numbers）。非零自然数也称为正整数。算术数及其运算是小学阶段数学学习的主要内容。

随着认识的不断发展，又逐渐产生了负数的概念。正整数、负整数和零，统称为整数（integer）。如果再加上正分数和负分数，就统称为有理数（rational number）。数的范围被扩充了，人们的计算更方便了。后来又有了无理数（这部分内容集中在中学学习，在小学阶段我们最熟悉的圆周率 π 就是其中之一。遗憾的是，在小学阶段我们认识的无理数仅此一个，实在太少了，以至于有学生认为无理数很少，其实无理数比有理数多得多）。有理数和无理数一起统称为实数（real number）。数的范围扩大了，各种数学理论的研究就得以深化。后来实数域又被扩展到了复数域。

尽管人们对数的归类法还有某些分歧，但在承认数的概念还会不断发展这一点上意见是一致的。到目前为止，数的家庭已发展得十分庞大。关于复数部分见下图。

- 复数
  - 实数
    - 有理数
      - 整数
        - 正整数
        - 零
        - 负整数
      - 分数
        - 正分数
        - 负分数
    - 无理数
      - 正无理数
      - 负无理数
  - 虚数

初等代数是研究数和字母的代数运算理论和方法的，更确切地说，是研究有理数、实数或复数，以及以它们为系数的多项式的代数运算理论和方法的数学分支学科。初等代数是更古老的算术的推广和发展。在古代，当算术里积累了大量的各种数量问题的解法后，为了寻求有系统的、更普遍的方法，以解决各种数量关系的问题，就产生了以解方程的原理为中心问题的初等代数。

代数学的起点是用字母表示数。在人类历史的发展过程中，人们最先接触的是具体的数量，从具体的数量到抽象的数是人类认识上的第一次飞跃，也由此产生了算术理论。随着生产的发展，人们发现算术中的许多现象具有共同的特征，这时，只用几组算式来表示，就不能代表这几组算式的一般性规律，若是用语言文字表达又很麻烦。数不够用了，必然要引起数学史上第二次抽象——用字母表示数。历经 2000 多年，最终形成了用字母表数的方法，从此贯穿于全部数学中。由此，数学在表达方法、解题思想和研究方法方面都发生了深刻的变化。

有了字母表示数，代数学中的代数式、代数方程便出现了。因此，代数可以理解为“用字母代替数”，表明它比算术更高明。有了字母表示数，数学中的定理、性质、定律、法则、运算律等都能用字母公式表达出来了。

▶教学建议

①“数与代数”部分是义务教育阶段数学课程的重要内容，贯穿于一至九年级。它主要包括数的概念、数的运算、数量的估计；字母表示数，代数式及其运算；方程、方程组、不等式，函数等。由于此部分内容多、跨度大，把握好核心概念就显得尤为突出。如对“数感”和“符号意识”的培养是这部分内容所承载的重要任务。（具体要求可以参考《〈义务教育数学课程标准（2011 年版）〉解读》）

② 了解相关内容的本质与发展过程，从整体上认识相关概念方法的发展脉络，有助于教学目标的实现。例如，在六年级总复习时，教师在与学生交流了学过哪些数之后，问：“数数的时候，有自然数就够了，为什么还要有这么多的数呢？我们一起来回顾一下。”教师出示数的发展过程的图片及简短文字，进而在学生解释的基础上讲解数的发展史，再借助于数轴将各种数进行分类，形成初级网络。这样，学生在了解历史及活动的过程中进一步认识了数。这样构建知识网络的教学，不仅有利于学生整体把握知识之间的内在联系，还能深化学生对每部分知识的理解和应用，而且能从中提炼数学思想，提升学生的能力水平。

▶推荐阅读

(1)《数学的源与流》(张顺燕，高等教育出版社，2003)

该书的第十章第一节主要论述了什么是代数。

(2)《数学史概论》(李文林，高等教育出版社，2002)

该书关于代数学有非常详细的阐述，值得大家学习。

(刘劲苓)

算式 (arithmetic expression)

▶概念描述

现代数学： 算式简称式，是算术的基本概念之一，指把数或表示数的字母用运算符号或关系符号连结起来的式子。算式分横式与竖式。(裘光明，2002)[35]

小学数学： 小学数学教材中没有明确的算式定义，但是学生在学习加法、减法、乘法、除法时都要学习算式的写法、读法及算式的意义。

▶概念解读

(1) 运算符号

运算符号是常用的数学符号之一，指按照运算法则进行加、减、乘、除、乘方、开方等运算时所使用的数学符号。算式中常用的运算符号有六个，即加号、减号、乘号、除号、乘方号和开方号（或称根号）。

(2) 关系符号

关系符号是常用的数学符号之一，指在算术中表示两个数、两个式子或数与式之间数量关系的符号。算术中常用的关系符号有两类：一类是表示相等与不等关系的符号，如等号、不等号、近似等号等。另一类是表示大小关系的符号，如大于号、小于号、不大于号、不小于号等。

等号是指表示两个数、两个式子或数与式相等的符号，记为“=”，读作“等于”。

不等号是指表示两个数、两个式子或数与式子不相等的符号，记为

"≠"，读作"不等于"。

近似等号亦称约等号，是指表示两个数量近似地相等的符号，记为"≈"或"≐"，读作"近似于"或"约等于"。

大于号指表示左边数量大于右边数量的符号，记为">"，读作"大于"。小于号指表示左边数量小于右边数量的符号，记为"<"，读作"小于"。

另外，不小于号即"大于或等于号"。不大于号即"小于或等于号"。

▶教学建议

（1）加强直观教学，重视对算式意义的理解

加法算式、减法算式、乘法算式、除法算式是最基本的四种算式，也是人们解决问题非常重要的算式。学生只有理解了算式的意义，才能正确地运用算式解决问题。对算式意义的理解，实际上是对运算意义的理解，因此教师要重视对运算意义的理解。

运算的含义，对学生来说是抽象的，学生理解这些抽象的概念，尤其是低年级的学生，会有一定的困难，因此，教师一定要处理好直观与抽象的关系，加强直观教学。比如，可以利用课件、学具，让学生通过用眼看、动手做、认真想、说一说等活动，促进学生多种感官参与活动，帮助学生更好地理解运算的意义。

例如，刘颖老师执教"减法"一课时，运用一些直观的教学手段，突出了从概念的本质上理解减法运算的意义。刘老师为了让学生能够准确理解减法的含义，改变教材图画出示方式，变静为动，把"原来桌上有 3 只纸鹤，拿走了 1 只"用动态的形式表现出来，让学生直观感受图中描述的整体与部分的关系，初步感知减法的含义；然后配合手势说明，动态地表示出为什么用减法计算，继而通过肢体语言进一步加深对减法意义的理解。

（2）沟通数学与生活的联系，加深对算式意义的理解

加法、减法、乘法、除法都是解决问题的模型，都能从生活中找到对应的原型。在进行算式意义的学习时，教师往往都是从生活中的问题情境引入，然后逐步抽象出算式的意义，这是非常必要的。为了更好地加深学生对算式意义的理解，教师可以进一步沟通数学与生活的联系，给学生一个算式，通过讲故事或举例的方式，让学生找出生活中对应的原

型。如果学生能找到对应的原型，就说明学生对运算的意义已经理解了。这个过程，实际上是在帮助学生进一步内化，加深对算式意义的理解。

例如，刘颖老师执教的“减法”一课，在练习环节，设计了有层次的习题，使学生更加深刻理解减法的含义。尤其是“生活中还有哪些事情能用 5-1=4 表示呢?”这一问题，就是给了学生一个算式，让学生找出生活中的一件事。学生举例的过程，是在学生对减法的意义有了一定认识的基础上进行的。他们首先要在头脑中再现生活中的场景，从中寻找可以用 5-1=4 表示的事情，在这个回忆、再现、建立联系、表达的过程中，感受到了数学与生活的联系，促进了对于减法意义的深入理解。

▶推荐阅读

《教案·新课标课堂教学设计与案例：数学一年级上册》（课程教材研究所等，人民教育出版社，2011）

该书收录了“四则运算”的优秀课例，对广大一线教师有一定的指导意义。

（刘　娟）

竖式（vertical form）

▶概念描述

现代数学： 竖式是笔算的一种书写方式，可作为横式的说明或补充。（沈以淡，2003）[279]

笔算是常用的计算方法之一，指用笔书写演算过程的计算方法。笔算要求写出竖式，计算时有严格、固定的顺序，有明确的计算法则。（裘光明，2002）[35]

小学数学： 小学数学教材中没有给出竖式的明确定义，但是在学习加法、减法、乘法、除法的笔算时，都出现了竖式，并且要求学生会用竖式进行计算。

▶概念解读

现行教材中竖式的产生经历了很长的时间，《数学辞海》中有如下描述（裘光明，2002）[40-41]。

① 四则运算的起源很早，几乎与数字同时产生。我国很早就有较完整的自然数的四则运算和分数的概念，由于那时的计数和运算都是以算筹为工具，称为筹算。因筹算是通过等式的逐步改变而最终获得问题的解答，不保留运算的中间过程，因此，保存在中国古代文字和典籍中的只是一些运算的结果。

② 在印度中世纪时期，流行着几种实用且有趣的乘法，一种叫十字相乘法。如图 1 所示，印度人自称它为闪电式乘法，如 325×478。

$5\times 8=40$,
$2\times 8+7\times 5+4=55$,
$3\times 8+4\times 5+2\times 7+5=63$,
$3\times 7+4\times 2+6=35$,
$3\times 4+3=15$,
得 $325\times 478=155350$

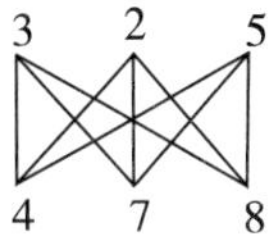

图 1

另一种是方格乘法，如图 2 所示。从表中容易看出，乘积写入表格内部，此法约 15 世纪传入我国，由于形如织锦，古称为“铺地锦”。现在小学教材中的笔算乘法是根据帕乔利（Pacioli，L.）于 1494 年所著的《算术、几何及比例性质之摘要》传入我国后为依据的。

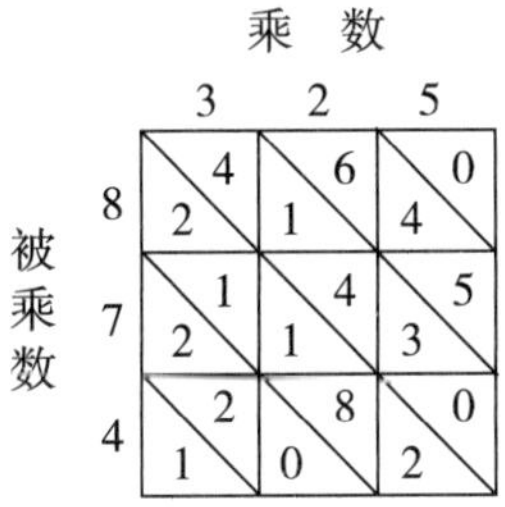

图 2

③ 中世纪欧洲流行的除法和现在笔算的除法也大不相同。其中，较通用的一种称为帆船除法或勾画除法。其作法是先将被除数与除数写下来，然后进行演算。在演算过程中随时将已处理完的数勾画掉。演算完毕，在沙盘或纸上留下一行又一行已划掉的数，好像一只帆船。以 106704÷456 为例，帆船除法的图式如图 3 所示。帆船除法在欧洲盛行了 300 年以上。

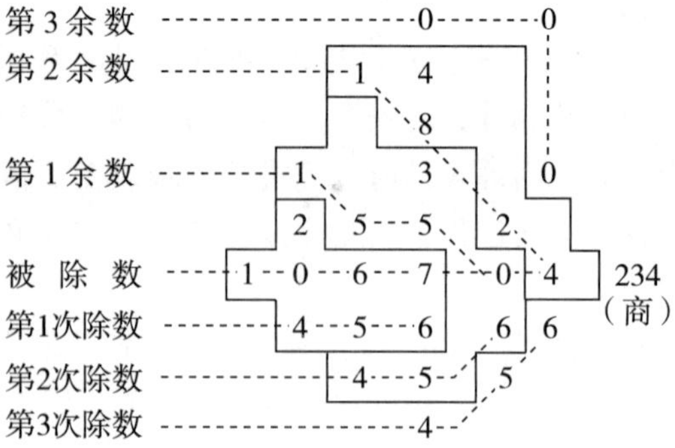

图 3

④ 17 世纪初，李之藻在他编译的《同文算指》一书中，首次将欧洲的笔算，包括四则运算法则介绍到中国，不过书中仍用中国数码。梅文鼎撰写的《历算全书》是我国第一部自著的笔算著作，写于康熙三十二年（1693）。梅文鼎在李之藻编译的《同文算指》所传授的四则算法基础之上，将数字运算式一律由横写改为竖写。直到 19 世纪后期，多部欧美和日本的数学著作被译为中文，阿拉伯数码在数学教材中终于代替了中国数码。从此，四则运算从符号到运算法则、运算定律都形成了现行教材中的表述模式。

▶教学建议

（1）竖式计算不仅要“知其然”，还要“知其所以然”

竖式是笔算的一种书写方式。竖式计算是基于法则进行的，计算法则是人们进行计算的基本程序和方法，具有可操作性，而法则通常要满足运算定律。可以说，算理为法则提供了理论依据，法则又使算理具体化，两者关系是十分密切的。根据算理与计算法则的关系，在教学中不仅要让学生知道怎么算，还要让学生知道为什么这样算——知其然又知其所以然，这是计算教学的根本。

丁杭缨老师执教的“两位数乘一位数”给了足够的时间和空间，在直观教学中帮助学生理解算理。丁老师先是鼓励学生自己想办法计算出 21×3 的结果，学生想出了以下几种算法：

① $20\times3=60$
$1\times3=3$
$60+3=63$

② $$\begin{array}{r} 21 \\ \times\quad 3 \\ \hline 63 \end{array}$$

③ $$\begin{array}{r} 20 \\ \times\quad 3 \\ \hline 60 \end{array}\quad \begin{array}{r} 1 \\ \times\quad 3 \\ \hline 3 \\ +\quad 60 \\ \hline 63 \end{array}$$

面对学生的各种算法，丁老师精心设问、适时追问，引发了学生更深层面的思考。如丁老师的提问“6 和 3 是怎么来的？各表示什么意思？”、“我点一个竖式中的数，你能告诉我它相当于横式中的哪一步吗？你能把它圈出来吗？”、“谁愿意上来点点看，在这个图中是指哪一部分呢？”，把抽象的算理具体化、形象化，帮助学生在口算、竖式和直观图之间建立联系，巧妙地将算式与直观图相结合，从而在联系中深刻地理解了算理。

（2）给学生创设自主探究的空间、促进学生自主学习

笔算方法是计算的基本程序，如果学生依靠单纯模仿或机械记忆也会进行笔算，但是这样的教学不利于学生的发展。因此，在进行笔算教学时，教师要给学生创设自主探究的空间，在学生思考、尝试、交流等活动的基础上总结出笔算的方法，有利于学生理解算理、积累数学活动经验、提高分析、推理、概括等能力。例如，于萍老师执教的“小数加减法”一课，对学生主体地位的体现非常好。以往学习计算，都是教师带领学生学习例题，之后做练习，而于老师没有采取这种教学方法，而是要求学生：“每人都编一道一步计算的小数加法或减法题，看谁编的题能给大家带来‘新情况’。先写横式，再写竖式算一算。”学生探寻“新情况”的过程，实际上就是学习小数加减法的过程。学生编出的每一道题，可以说是经过认真思考，从几种情况中筛选出来的。这些丰富的认知体验，为学生之间的进一步交流打下了基础。于老师用学生编的“例题”作为全班研究的“例题”，给学生营造了自主学习的空间，学生非常感兴趣，对各种“新情况”有自己的感受与思考，沟通了知识间的联系，理解了只有计数单位相同的数才能直接相加减，在主动尝试与探究中学会了小数加、减法的计算方法。

▶ 推荐阅读

《小学数学教学策略》（张丹，北京师范大学出版社，2010）

该书第二章第三节“数的运算的教学策略”对有关竖式笔算的教学

有详细的分析与建议，有很强的指导意义。

（刘　娟）

加法（addition）

▶概念描述

现代数学：加法是数学中的基本运算之一。算术中的加法主要研究正实数相加，有时亦涉及负实数。实数加法的基础是如下自然数的加法：对于自然数 a，b，如果在自然数列 $\mathbf{N}=\{0, 1, 2, \cdots, n\}$ 中，从 a 起依次数 b 个数，得数 c，则称数 c 为自然数 a 和 b 的和（且和是唯一的）。求两个数的和的运算称为加法，记为 $a+b=c$，读作 a 加 b 等于 c。a 与 b 都称为加数，符号“+”称为加号。在自然数列中，两个（或若干个）数的和不小于每一个加数。（裘光明，2002）[36]

公理化定义：在自然数集合 $\mathbf{N}$ 中，用 a' 表示任何 $a\in\mathbf{N}$ 的后继数，然后定义自然数的加法：$a+1=a'$，$a+b'=(a+b)'$，其中 $a\in\mathbf{N}$，$b\in\mathbf{N}$。参见“佩亚诺公理”。对多个自然数的加法：$a_1+a_2+\cdots+a_n$（$a_i\in\mathbf{N}$，$i=1, 2, \cdots, n$）可用递推的方法来定义。随着数的扩充，还可逐次定义分数、小数、有理数、实数和复数的加法。在其他数学对象如代数式、函数式、向量、矩阵、集合、映射中也规定加法运算，一般都要求加法运算满足交换律和结合律。（裘光明，2002）[36]

小学数学：小学数学教材没有对加法给出明确的定义，主要是通过情境图，让学生初步理解加法的意义。例如，2013 年北京版教材第 1 册的第 40 页，借助父子买金鱼、倒金鱼的连环画，强调“把两条金鱼和一条金鱼合并起来，一共有几条金鱼”用加法运算，体会加法是把两个或两个以上的数、量合并成一个数、量的运算。

▶概念解读

加法和减法是数字运算的开始，也是人类最早掌握的两种运算。加法的本质是完全一致的事物的重复或累计，可以看作二元函数。

加、减运算与加、减号并不是同时产生的。加、减号是在生活、生产实践中产生的，经历了三四千年的历史。①

公元前5000多年，人们使用象形文字表示加、减号——用“𓂻”表示加号，用“𓂽”表示减号。加号好像一人向右走来的两条腿形，减号则像一人向左走去的两条腿形。

公元前2000年左右，古巴比伦人用楔形文字把数字合在一起表示相加。如10+2=12，用“𒌋”表示10，用“𒁹”表示1，用“𒌋𒁹𒁹”表示12。这种写法容易混淆，接下来还出现了用文字“tab”表示加号。用象形文字表示加减号的形式延续了1000多年，这种记录形式写多了比较麻烦，简洁的符号表示就成为历史发展的必然。

公元4世纪左右，希腊代数学的鼻祖丢番图（Diophantus）在其旷世之作《算术》一书中，创用了一套简洁漂亮的数学符号。不过他没有创造加号，而是采用了省略式表示加法。

12世纪印度数学家婆什迦罗吸收了丢番图的“省略式”表示加法，如 $1+\frac{1}{2}$ 写成 $1\,\frac{1}{2}$，形如今天小学数学教材中的带分数。这与当时用空格表示零的形式雷同，读者需要根据上下文判断其表示的意思，因此，给阅读带来了不便。

15世纪开始，德国数学家雷格蒙塔努斯（Regiomontanus，J.，又名缪勒）在他的手稿中用拉丁文“et”表示加号，如2+5写成2et5。

现在通用的加号“+”、减号“-”是在15世纪末德国数学著作里最早出现的——在乌布利希·瓦格涅尔的算术手抄本里，用1&+2表示现代的 x^3+2x^2。

1489年，最早在印刷图书中使用“+”做加号的是德国数学家维德曼（Widmann，J.），但是该书中的“+”、“-”并不是作为运算符号使用的，而只是表示剩余和不足。据说他常去酒店喝酒，看见卖葡萄酒的人从坛中倒出酒后，就在坛上画上一横线，表示还剩多少；若把新酒注入坛内，就把坛子上的线条勾销称“+”。于是他就把横线上加一竖，表示增加的意思，“+”就叫作加号；从加号上拿掉一竖，表示减少，“-”就叫作减号。

1514年，荷兰数学家赫克（Hoecka，V.）才用“+”表示加法，

① 以下关于“+”、“-”的由来，参阅了《数学符号史》（徐品方、张红，科学出版社）第108—118页和《小学数学中的数学史》（刘劲苓，中央民族大学出版社）第22—23页。

"-" 表示减法。"+"、"-" 的使用至今才有 500 多年的历史。

我国古代因注重以工具计算，一般运算全在算筹或算盘上进行，只记录其结果，因此并无采用数学符号，记录时用文字表达运算。

▶教学建议

富森在有关正整数加减法的研究一文指出，正整数加、减法的现实意义主要包括以下四个方面：聚合、比较、增加性变化和减少性变化。文中又进一步指出，就前两者而言，其所反映的是两个数量之间的静态关系，后两者所涉及的则是同一数量的动态变化过程。正因为加法的现实情境不是唯一的，所以在加法的教学中，应注意以下两点（郑毓信，2004）：

（1）沟通现实情境与加法运算之间的联系

如黄丽华老师在教学加法时，先出示两个数量之间的动态连环画（图一：小朋友一只手拿着 3 支铅笔，另一只手拿着 2 支铅笔。图二：小朋友把两只手里的铅笔合在一起），又出示同一数量的动态变化图（树上有 3 只小鸟，又飞来 2 只），让学生说说"两幅图有什么相同的地方"，从而初步感受它们都表示把两部分合在一起。接着，黄老师鼓励学生用学具摆出或用"△"等符号画出把这两部分合在一起的意思，再认识加法算式、加号及其读、写法。最后，黄老师再让学生思考：3+2=5 在两幅图中不同的含义。

（2）引导学生经历建构加法模型的过程

马明燕老师在教学加法时，先进行实物操作：把 2 条红金鱼和 1 条黑金鱼合在一起，请学生"想办法表示把 2 条红金鱼和 1 条黑金鱼合起来"（可以用做动作、圈起来、加法算式等不同表征方式），初步认识加法表示合并起来。接着，马老师举例让学生思考：怎么不同的事情都可以用 2+1 表示，从而让学生体会加法表示一类事情，建立加法模型。

尽管以上教师用了不同的教学思路，但都是借助多样的现实情境，沟通现实情境与加法运算之间的联系，加深学生理解加法的意义。

▶推荐阅读

（1）《数学符号史》（徐品方、张红，科学出版社，2007）

该书中的《酒桶上的+、-记号》一文详细介绍了加号的产生。

（2）《小学数学中的数学史》（刘劲苓，中央民族大学出版社，

2008）

该书中的《一箭双雕的运算符号——“+”、“-”的由来》简洁、易懂。

（马明燕）

减法（subtraction）

▶概念描述

现代数学：减法是数学中的基本运算之一。最简单的是数的减法，减法是加法的逆运算。已知两个数 a 与 b，要求一个数 c，能满足 $b+c=a$，那么 c 称为 a 和 b 的差，记作 $a-b=c$，读作 a 减 b 等于 c。a 称为被减数，b 称为减数，c 称为差，符号“-”称为减号。减法是加法的逆运算，减法可以定义为：已知两个加数的和与其中一个加数，求另一个加数的运算。在仅能运用正数的算术中，被减数不能小于减数。在引进负数和负号后，减法可以统一于加法，即 $a-b=a+(-b)$。（裘光明，2002）[37]

小学数学：小学数学教材没有明确的定义，主要是通过情境图，让学生初步理解减法的意义。例如，2013 年北京版教材第 1 册的第 43 页，借助买饮料的连环画，让学生体会从整体里面去掉一部分，还剩几瓶饮料。即让学生用减法运算。

▶概念解读

减号的产生见本书“加法”概念解读部分。

整数减法法则分三种情形表述：

一位数或两位数减去一位数，而差是一位数的减法法则。根据减法是加法的逆运算的关系，可利用加法表来计算。

多位数减法法则。相同数位对齐，从个位减起，哪一位上的数字不够减就从前一位借一当十，然后再减。

对于任意数 a，总有 $a-a=0$，$a-0=a$，$0-0=0$。

差的变化规律：指差随被减数或减数变化而变化的规律。

如果被减数增加（或减少）一个数，减数不变，那么差也随着增加（或减少）同一个数。即：如果 $a-b=c$，那么 $(a+m)-b=c+m$ 或 $(a-m)-b=c-m$。

如果减数增加（或减少）一个数，被减数不变，那么它们的差反而减少（或增加）同一个数。即 $a-b=c$，那么 $a-(b+m)=c+(-m)$ 或 $a-(b-m)=c+m$。

如果被减数和减数同时增加（或减少）一个数，那么它们的差保持不变。即：如果 $a-b=c$，那么 $(a+m)-(b+m)=c$ 或 $(a-m)-(b-m)=c$。

▶教学建议

全面理解减法的意义。富森在《正整数加减法的现实意义》中提出，正整数加减法的现实意义主要包括聚合、比较、增加性变化、减少性变化。在教学中，教师不应该唯一强调某一种现实情境（富森指出），而应当注意现实情境的多样化，逐步完善减法的意义。

① 在一年级教学中，要结合具体情境，帮助学生建立减法模型。减法的应用可以理解为从一个数里去掉一部分求剩余是多少，或者求两数相差多少。例如，2009 年人教版教材安排了一位小朋友拿走 1 只纸鹤的活动，说明从 3 只中去掉 1 只，求剩下多少。用减法计算即 3-1=2；还可以看成有 3 个小朋友，走了 1 个，求剩下几个，也可以用 3-1=2 来表示。接着，教材安排让学生认识减号以及减法算式的读法，演示一个小朋友把手中的 4 个气球放飞 2 个的活动过程，说明求剩下几个，并要用减法计算。在此基础上，教材还安排了求两个数相差多少的实际问题，使学生体会：不同的情境原型都是从整体里去掉了一部分，用减法计算，初步建立减法的概念。

例如，丁育慧老师在实际教学中，依据低年级学生的特点，结合具体情境，加强直观，帮助学生建立减法模型。

丁老师先出示情境图（乐乐手里的 4 个气球飞走了 1 个，还剩几个气球?），让学生说说图的意思。接着让学生用不同的方法解决问题——可以说一说，也可以把想法在本上写一写或者画一画。之后让学生交流想法——有的学生借助实物图就找到了答案（图上有 4 个气球，飞走了一个，从 4 个气球里去掉飞走的一个，数数还剩 1、2、3，所以还剩 3 个气球）；还可以借助手中的小棒摆一摆，也能解决（先摆 4 根小棒，表示 4 个气球，飞走一个气球，就拿走一根小棒，数数还剩 3 根小棒，所以还剩 3 个气球）；还可以通过画图解决问题（先画 4 个圆表示乐乐手里拿的 4 个气球，用斜线划去一个圆表示飞走的 1 个气球，数数还有 3 个圆，所以就还剩下 3 个气球）；当然还有用算式（4－1＝3）解决问题的——丁老师让学生说一说算式的意思，学习减法算式的读法和写法。接着，丁老师又出示了不同的情境，让学生思考为什么都可以用减法解决，使学生理解它们都是从整体中去掉一部分，求还剩多少的问题，从而帮助学生建立减法模型。

② 在中年级教学中，教师要不断引导学生理解：减法是已知两个加数的和与其中一个加数，求另一个加数的运算。为了深入理解减法的意义，可以利用加法、减法互为逆运算作为突破口，让学生通过归纳、推理，概括出减法的意义。

如对下图，让学生观察三个算式有什么相同的地方。

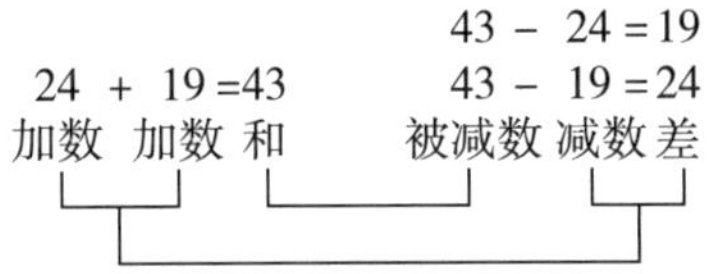

然后，教师可以引导学生弄清在加法中是已知的，在减法中是未知的；在加法中是未知的，在减法中则变成了已知的。也就是说，减法中的已知条件和问题与加法中的已知条件和问题正好是相反的。继而，教师可以引导学生思考：从上面减法的算式看，减法是一种什么样的运算？进而归纳总结：已知两个加数的和与其中的一个加数，求另一个加数的运算，叫作减法。而从加、减法的意义上看也是一种相反的运算，因此说减法是加法的逆运算，逆运算也就是相反的运算。

▶推荐阅读

（1）《谈减法的两种定义》（王清宇、刘德珍，《湖南教育》（上），1988 年第 12 期）

该文详细介绍了减法的两种定义的联系和区别。

（2）《小学数学研究》（张奠宙等，高等教育出版社，2009）

该书第 26 页的《关于自然数的加法、减法、乘法、除法的定义》介绍了用集合语言定义自然数之后，怎样描述性地定义自然数的运算。

（马明燕）

乘法（multiplication）

▶概念描述

现代数学：乘法是数学中的基本运算之一。整数乘法是求几个相同加数的和的简便运算。“乘”亦指乘法的运算方法。一般来说，如果 b 是一个不小于 2 的整数，b 个相同加数 a 的和是 c，那么 c 就叫作 a 与 b 的积；记作 $a\times b=c$，或 $a\cdot b=c$；读作 a 乘 b 等于 c。其中，数 a 和数 b 都叫作乘数，乘数又叫作积的因数。符号“×”或“·”都称为乘号。当因数中至少有一个是字母时，乘号可以省略。即 $2\times a=2a$，$a\times b=ab$，或 $a\cdot b=ab$。但当两个因数 a 与 b 都是具体的数时，就不能用这种表示方法了。

例如，$4+4+4=12$ 可以表示为 $3\times 4=12$，也可以表示为 $4\times 3=12$。“$3\times 4=12$”读作“三乘四等于十二”，“$4\times 3=12$”读作“四乘三等于十二”。4 和 3 都是乘数，又叫作积的因数。

当 b 是 1 或者 0 时，补充定义 $a\times 1=a$，$a\times 0=0$。特别当 $a=0$ 时，$0\times 0=0$。（裘光明，2002）[37]

小学数学：小学数学教材中没有明确的乘法定义。不同版本的教材都是结合生活实例，让学生在数、读的过程中，感受求几个相同加数的和“用乘法算式表示真简便”，体会引入乘法的必要性。

▶概念解读

（1）乘号的产生

数学中的乘号迄今为止还没有达成国际统一的协定。翻开各国外文原版著作就会发现有三派（兰佐斯，1979）：欧洲大陆和拉丁美洲派用脚点“.”，如 3.5=15（乘号在 3 的脚下，似我国小数点的位置，称为脚点）；英国和英联邦各派将乘法表示为“3.5=15”（乘号也为脚点）；美国派则表示为 3·5=15（乘号在 3 与 5 正中间）。我国与美国相同。

乘号“.”是英国代数奠基人哈利奥特在 1621 年前的《实用分析术》一书中首先用到的。1637 年，法国数学家笛卡儿在其名著《方法谈》中曾用“.”表示乘法。创用的乘法记号有“·”、“×”、“.”和“省略乘号”，即“$a\cdot b$”、“$a\times b$”、“$a.b$”、“$a\ b$”（省略乘号，一般在字母前和括号前省略）。一意多符和一符多意都不好，乘法记号它们形异意同，都表示乘号的记号，不同场合人们使用不同的乘号。“×”在某些场合很好用，如 3×4，写成 3 · 4 也正确，但与小数点易混。省略乘号也不是在所有场合都适合，如 3×4 省略点后，写成 34 就不正确了；又如 $a\times b=ab=a\cdot b$，几种形式都适合。

（2）乘法是特殊的加法

乘法运算和加法运算有密切联系。英国数学家奥特雷德在《数学入门》中，创造了 150 个数学符号。经过历史的冲刷，这些符号中只剩下有生命力的少数几个，乘号“×”就是其中的一个。（克莱因，1979）关于奥特雷德是怎样发现乘号的，富于想象的人们进行了蕴含哲理的精辟的解释：奥特雷德认为乘法是增加的意思，是一种特殊的加法，但又和加法有所不同，于是他把“+”斜过来，便得到了乘法的记号。因此，小学数学中，乘法表示求几个相同加数连加的简便运算。

▶教学建议

（1）站在加法的船上看乘法

乘法概念的建立与同数连加有着密切的联系，而同数连加算式的意义也是导出乘法意义的缘由。教学中，要让学生切实理解相同加数的概念、同数连加的意义。这可以选择生活中需要用加法解决的实际问题，列出加法算式，如 2+4，5+3，2+2+2，3+3+3，6+6+6+6。再把这些加法算式进行分类、观察、比较，发现有一类加法算式的加数比较特殊，从而出示“相同加数”的概念；并且使学生能看出每个加法算式中的相同加数是几，数出“相同加数的个数”，为建立乘法概念奠定知识上的基础。

（2）结合具体情境理解乘法意义

因为取消了被乘数与乘数的区分，所以教师通常要在具体的情境下引导学生去理解乘法算式所表示的意义，一般不要求学生脱离具体情境抽象地理解算式的意义。如 2004 年北师大版教材二年级上册中，通过解决“有几块积木”的问题，让学生体会到由于观察角度的不同，积木数量可以看成 7 个 5，也可以看成 5 个 7，用乘法算式表示可以写成 7×5 或 5×7。因为它们的和相同，因而不必区分被乘数与乘数。那么 5×7 表示什么意义？它不仅表示 7 个 5，也表示 5 个 7。

教师也要让学生知道，结合具体情境，如“3 个人，每人有 2 元，共有几元？”，可列出乘法算式 3×2 或 2×3。但此时，它只表示 3 个 2。显然，数学上的抽象性与具体问题具体分析的原则在乘法意义的学习中有了具体体现。

(3) 结合具体情境理解整数乘法意义

关于如何理解整数乘法的意义，我们来看马明燕老师的一个教学设计：

① 观察下图，说说一共有几个橘子。

怎样引导学生解决这个问题呢？教师可以让学生先说图意，再列出2道加法算式和2道乘法算式；也可以先列出算式，再说出所列算式的意思。

② 在活动中加深对乘法的认识。

教师可以先让学生观察刚才列的四个算式中，哪些相同？哪些不同？这样意在让学生体会三点：同一个问题观察的角度不同，会有不同的解决方法；知道3个6与6个3的意义不同，但是和相同；3个6与6个3的和相同，意义不同，但乘法算式写法可相同。因此，学生可以感悟到“写乘法算式可以交换因数的位置”，从而为一句口诀可以解决两道乘法算式做铺垫。

继而教师可以再让学生比较：3+3+3+3+3+3=18与6×3=18或3×6=18。3个6连加的和可以用加法表示，可以写成6×3或3×6。然后再想象：如果10个6连加呢？100个6连加呢？这个算式写出来会是什么样呢？从而悟出：如果用加法表示会写很长，写很多个3相加，黑板都写不下了……而乘法算式写起来比较简便。然后再让学生读读加法算式和乘法算式，发现乘法算式读起来比较简便。

进一步质疑：2+1+4=7能不能写成乘法算式？为什么？从而让学生深刻体会求几个相同加数的和用乘法读、写都简便，以后学习了乘法口诀计算起来会更简便。

③ 看书自学乘法算式的各部分名称。

6	×	3	=	18
⋮		⋮		⋮
因数		因数		积

▶推荐阅读

(1)《数学符号史》（徐品方、张红，科学出版社，2007）

该书第 118 页《没有统一的×、÷号》一文，详细介绍了×、÷号的历史沿革。

(2)《让学生获得什么样的基础知识——以“乘法初步认识”为例》(刘加霞、高丽杰,《小学教学(数学版)》, 2007 年第 2 期)

该文介绍了“乘法的初步认识”的两节案例，通过对比分析，探讨了“让学生获得什么样的基础知识”这样一个问题，并阐述了如何设计有过程的教学，从而促进学生高水平的理解。

(马明燕)

除法 (division)

▶概念描述

现代数学：除法是数学中的基本运算之一，已知两个数 a, b ($b\neq 0$)，要求一个数 q，使 q 与 b 的积等于 a，这种运算称为除法，记为 $a\div b=q$ 或 $a:b=q$，读作 a 除以 b 等于 q，或 a 比 b 等于 q。a 称为被除数，b 称为除数，q 称为 a 与 b 的商，符号“÷”或“：”称为除号或比号。

除法可以定义为：已知两数的积与其中一个因数，求另一个因数的运算。因此，除法还是乘法的逆运算。除法还可以看作从被除数中连续减去除数，求减去除数的次数的算法。特别地，对于任意数 $a\div 1=a$，$a\div a=1$，$0\div a=0$。(裘光明, 2002)[39]

小学数学：现行的小学数学教材一般是在二年级时开始学习除法，教材中没有给出除法的定义。不同版本的教材都是结合生活实例，让学生在分一分的活动中，感受到在生活中分东西时，可以按份数平均分，也可以按每份数平均分，在积累了大量等分经验基础上引出除法。

▶概念解读

自然数的除法，一般作为乘法的逆运算加以定义。但是，也可以直接定义，像将乘法定义为连加某个数一样，也可把除法定义为连减某个数，直到不能减为止。若剩余数为 0，则称为除尽；否则，称为带余除法。(张奠宙 等, 2009)[286-287]

在除法中，零不能做除数。因为在 $a \div b = q$ 中，当 $a \neq 0$ 时，由于任何数乘 0 都不可以等于 a，所以 $a \div b$ 的商不存在；当 $a = 0$ 时，由于任何数乘 0 都等于 0，所以 $a \div b$ 的商不确定。

除法的本质是平均分。一般人认为，现代记号“÷”作为除法运算的符号，首创者是瑞士数学家雷恩（Rahn，J. H.）。据说，雷恩先生在做数学运算时，遇到要把一个整体分成几份的问题，但没有符号可以表示这种分法。于是，他就用一条短横线把两个圆点分开，表示分解的意思。这种推测，道出了除法表示等分成几份之意。

除法算式一般有两种读法。如 $8 \div 2 = 4$，可以读作 8 除以 2 等于 4，也可以读作 2 除 8 等于 4。这是因为在原先的汉语言表达中，除法是区分主动与被动状态的，“除以”就是用某数除的意思。像刚才说的 8 除以 2，就是以 2 除 8 之意。因为“除”和“除以”这两个概念既有区别又有联系，所以常常引起学生的混淆。近些年来，随着“乘”和“乘以”两个概念统一为“乘”，“除”和“除以”这两个概念是否统一也成了老师们热议的话题。

在小学，除法概念的学习分为两个阶段。第一个阶段是在中低年级，数的范围局限在非负整数集。这时主要理解：除法表示平均分，以及除法是乘法的逆运算。第二个阶段是在高年级，数的范围在整数、小数、分数上，主要理解除法和分数、比的关系。可见，学生学习除法概念的过程是由浅入深、循序渐进的。

▶教学建议

除法是平均分的数学化表示。学生只有充分经历“平均分”的过程，明确“平均分”的含义，建立起“平均分”的清晰表象，才能为认识除法打好基础。侯丽丽老师充分重视“平均分”在除法学习中的重要作用，在教学中能够抓住概念本质，带领学生深入理解平均分。具体如下。

（1）重视操作，使学生充分经历平均分的活动

侯老师首先引导学生在动手操作的过程中，理解“平均分”的概念，使学生体会到日常分东西时有一种特殊情况，每份分得同样多，就是平均分。然后侯老师鼓励学生用不同的方法进行平均分。

① 探索平均分的方法。

侯老师提出问题：把 9 个桃子，平均分给 3 只小猴，每只小猴几个桃子？学生动手操作后，汇报交流。

方法一：

	第 1 次	第 2 次	第 3 次	共?个
	1	1	1	3
	1	1	1	3
	1	1	1	3

方法二：

	第 1 次	第 2 次	共?个
	2	1	3
	2	1	3
	2	1	3

方法三：

	第 1 次	第 2 次	共?个
	3		3
	3		3
	3		3

方法四：

	第 1 次	第 2 次	共?个
	1	2	3
	1	2	3
	1	2	3

方法五：

	第 1 次	第 2 次	共?个
	2	1	3
	1	2	3
	3		3

在交流中，学生发现前四种方法每次分给每只小猴的桃子的个数都同样多，所以最后每只小猴都得到了 3 个桃子。对于方法五，虽然每一次分给每只小猴的桃子的个数不一样，但经过调整后，每只小猴最后分得的结果同样多，也是平均分。学生在交流的过程中还发现，这种方法虽然从最后结果看是平均分，但是有些麻烦，在分的过程中还需要不断地调整，从而体会到为了确保结果是平均分，在分的过程中每一次最好

分得同样多。

紧接着，侯老师再出示：猴王摘了 8 个桃子，每 2 个给 1 只小猴，猜猜可以分给几只小猴？学生动手进行验证。

这样，学生在充分经历了平均分物的过程后，不仅掌握了平均分的方法，也对平均分的含义有了进一步的认识。

② 突出平均分的本质属性。

侯老师让学生思考：把 9 个桃子平均分给 3 只小猴，每只小猴分得 3 个桃子；又把 8 个桃子，按每 2 个桃子分给 1 只小猴，结果平均分给了 4 只小猴。想想刚才分的情况有什么相同的地方？

侯老师通过这道题目使学生明确：不管是按份数平均分，还是按每份数平均分，结果每一份分得的都同样多，都是平均分。

（2）将平均分的过程与除法算式及含义建立充分的联系

由于除法概念比较抽象，因此除法的初步认识往往会从分物活动引入，使学生理解“除”的实质是平均分。在进行平均分的教学时，就要让学生对平均分的过程和方法非常清楚，要知道分的是什么，怎么分的，分的结果是什么。然后结合平均分的具体情境教学除法算式的写法和含义，使学生体会到被除数是要分的总数，除数是平均分的份数或每份的数，商是平均分的结果，体会到除法是解决平均分问题的一种运算方法。学生经过这样多次的体验、感悟，就能逐渐建构起除法这一概念的模型。

▶推荐阅读

（1）《整体感悟基础上的分析——“认识除法”的教材分析及教学建议》（刘秘密，《教学月刊（小学版）》，2011 年第 3 期）

该文以“认识除法”一课为例，分析了不同版本的教材编写及其教学过程中的问题，并对教材进行了重组，给出了一些具体的教学建议。

（2）《也谈“除”和“除以”》（王全夫，《中小学数学（小学版）》，2008 年第 6 期）

该文阐述了“除”和“除以”这两个概念以及“除”和“除以”作为不同概念的利弊，并分析了这两个概念和谐统一的可能性。

（张秀林）

运算定律（operational law）

▶概念描述

现代数学：运算定律，指基本运算律，包括加法运算定律和乘法运算定律。

加法运算定律指加法交换律、加法结合律——

加法交换律：两个数相加，交换加数的位置，它们的和不变。即 $a+b=b+a$。

加法结合律：三个数相加，先把前两个数相加，再加上第三个数，或者先把后两个数相加，再加上第一个数，它们的和不变，即 $(a+b)+c=a+(b+c)$。

加法交换律和加法结合律可以推广到若干个加数相加的情形。

乘法运算定律指乘法交换律、乘法结合律、乘法分配律——

乘法交换律：两个数相乘，交换因数的位置，它们的积不变。即 $ab=ba$。

乘法结合律：三个数相乘，先把前两个数相乘，再与第三个数相乘，或者先把后两个数相乘，再与第一个数相乘，它们的积不变，即 $(ab)c=a(bc)$。

乘法交换律和结合律可以推广到若干个数相乘，而积不变。

乘法分配律：两个数的和（或差）与一个数相乘的积，等于这两个数分别与这个数相乘，所得的积的和（或差），即 $(a\pm b)c=ac\pm bc$。

乘法对加法（或减法）的分配律可以推广到若干个数的和（或差）与一个数相乘。（裘光明，2002）[36,38]

小学数学：加减乘除运算定律是指在运算过程中被事实所证明的四则运算变化发展的基本规律。加法运算定律有加法交换律、加法结合律，乘法运算定律有乘法交换律、乘法结合律、乘法分配律。俗称“五大定律”。（史宁中，2012）[143]

▶概念解读

自然数或正整数的数学理论就是众所周知的算术。算术的基础在于：整数的加法和乘法服从某些规律，即五个算术基本规律。加法和乘法的交换律说明人们可以交换加法或乘法中元素的次序。结合律表明三个数相加时，或者我们把第一个数加上第二个与第三个的和，或者我们把第三个数加上第一个与第二个的和，其结果都相同。分配律表明用一个整数去乘一个和时，我们可以用这个整数去乘这个和的每一项，然后把这些乘积加起来。

其实，人们很早就发现了这些基本规律。随着生产的发展，人们发现很多数学现象具有共同的特征，如 $3+2=2+3$，$4+5=5+4$，$7+8=8+7$，……类似的等式共同体现了一个定律——加法交换律。当然，只是用几组算式来表示，不能代表这几组算式的一般性规律，若是用语言文字表达又很麻烦。所以，引发了数学史上第二次抽象——用符号表示数。另外四个定律也是这样。这些算术规律是很简单的，而且好像是显然的，人们不需要过多的证明就能接受这样的结果。

19 世纪早期，代数还被单纯地看作符号化的算术。上述五条定律成为自然数的代数中总是成立的性质。但是，这些性质是符号的，它们还可以用于自然数以外的元素的集合。因此，这五条性质也可以看作其他完全不同的元素体系的性质。它们的推理构成了可应用于自然数的代数；显然它们的推理也构成了可应用于其他体系的代数。这就是说，许多不同的体系有共同的代数结构。这五条基本性质可看作对特殊类型的代数结构的公设。从这个观点考虑，代数不再束缚于算术之上，而成为纯粹形式的演绎研究了。

1830 年左右，上述代数现代观点的萌芽出现在英国数学家皮考克（Peacock，G.）的著作中。皮考克是最先研究代数基本原则的人之一。1830 年，他发表了《代数论著》一书，试图对代数做出堪与欧几里得“原本”媲美的逻辑处理。他赢得“代数的欧几里得”的称号，为抽象代数的诞生开辟了先河。

▶教学建议

先要定义乘法的意义，才会有乘法的运算。乘法交换律是由乘法定义，可以用数学归纳法严格推导出来的。画图解释、举例解释等，都不过是解释而已，并不是证明。但是，严密的证明要用到原始的“后继”定义，将乘法归结为加法，并用到数学归纳法，这在小学里显然不可使用。小学数学教学重视设置情境，加以具体解释，帮助学生理解正整数的乘法交换律，也就够了。

(1) 设置合理情境，提炼定律内容

运算定律虽然很简单，似乎不需要什么证明，但对于小学生来说，创设合适的情境、体会定律的内容就显得尤为重要。例如，在“乘法分配律”的教学中，教师创设了这样的情境：出示2008年北师大版教材四年级上册第49页的图片（如下图），并提出“你能用几种方法解决?”。学生很快就想出两种方法，进而教师再让学生对比，看看有什么相同和不同。学生不仅能发现结果相同，还能发现先求一共有多少箱会使得计算简便，从而在此基础上得出乘法分配律，并体会它的意义和作用。

(2) 利用错误资源，明确适用范围

正视学生学习过程中出现的错误，寻找合理因素，分析错误原因，巧妙利用资源，还错误以本色的过程，是把师生共同培养成训练有素的思维者的过程。学生在学习了运算定律后，经常会出现这样的错误：$1.25\times8.8=1.25\times8\times0.8$ 或 $1.25\times8.8=1.25\times8\times1.25\times0.8$。分析原因发现，这两种都是对乘法分配律的误解，受到了乘法结合律的干扰。教学中，可以直接呈现错误算式，让学生先判断正误，并说明理由，再结合具体的情境或实例，进一步认识和理解乘法分配律及其他定律的使用方法和使用范围。

▶推荐阅读

(1)《小学数学疑难问题研究》（金成梁，江苏教育出版社，2010）

该书第二节对数的运算进行了全方位的介绍，其中A2-41的内容可以指导我们的教学，值得了解和借鉴。

(2)《基本概念与运算法则——小学数学教学中的核心问题》（史宁中，高等教育出版社，2013）

该书的第二部分对“数的运算”进行了比较全面的论述。

（刘劲苓）

递等式（four arithmetic mixed operations）

▶概念描述

现代数学：在计算四则混合运算的算式时，按照运算顺序，依次逐步计算，形成一层一层的等式，通常称为递等式。（黄文选 等，2002）例如：

$$
\begin{aligned}
&45+80\div20\times12-32\\
=&45+4\times12-32\\
=&45+48-32\\
=&93-32\\
=&61
\end{aligned}
$$

小学数学：小学数学教材中没有明确的定义，但是学生在学习四则混合运算时，已经接触了递等式。

▶概念解读

（1）等式与递等式

等式是数学的基本概念之一，指表达相等关系的式子。在等式中通常用等号“=”把认为相等的两个对象联结起来。

现在使用的等号“=”是在数学史发展过程中逐渐形成的。公元15世纪前的数学著作中没有明确的等号，等量关系大都用文字叙述。现在使用的等号“=”是雷科德于1557年首先提出使用的。

“递等式”中的“递”字，就是“传递”、“传送”的意思 。所谓“递等式”，就是把两步以上算式的计算思考过程，按照计算顺序一步一步等值“传递”下去。即在原式与结果之间，进行等值传递的算式，叫作“递等式”。递等式通常有两种，一是“逐步递等”，例如：

$$
\begin{aligned}
&40-5\times3+40\div5\\
=&40-15+40\div5\\
=&40-15+8\\
=&25+8\\
=&33
\end{aligned}
$$

另一种是“逐级递等”，例如：

$$
\begin{aligned}
&40-5\times3+40\div5\\
=&40-15+8
\end{aligned}
$$

$= 33$

（2）递等式与脱式计算

用递等式一步一步或一级一级地进行运算叫作脱式计算。

脱式计算与递等式是联系在一起的两个不同的概念，前者讲运算，后者讲运算后逐步写成的等式形式。“逐步递等”又称“逐步脱式”，“逐级递等”就是“同级同时脱式”。

▶教学建议

（1）掌握用递等式运算的运算顺序及书写格式

递等式与脱式计算是分不开的。用递等式计算用于四则混合运算，要保证等值传递，就要按照正确的运算顺序进行。因此，学生首先要掌握运算顺序，即算式中不包含括号时，遇到同级运算时，按从左到右的顺序进行运算；对含有不同级的运算，要先做高级运算，再做低级运算；算式中包含括号时，要先做小括号内的运算，再做中括号内的运算，最后做大括号内的运算。

另外，学生还要掌握正确的书写格式。

学生第一次接触递等式，学起来有些困难，所以可能会出现以下几种情况：一是横式上也写得数。因为以前列竖式计算时，我们都强调不要忘记写得数，在写完递等式时，学生往往在横式上也写出得数，如递等式①。二是在写递等式的某一步时，很容易将后面一步抄丢了，也就是没有进行等值传递，如递等式②。

①	②
$40-5\times3+16=41$	$40-5\times3+16$
$=40-15+16$	$=40-15$
$=25+16$	$=25+16$
$=41$	$=41$

在初学递等式时，教师可以利用学生的错误资源，通过对比、辨析，帮助学生理解递等式的含义，使学生能够正确书写。

（2）养成良好的验算习惯

用递等式计算的题目，运算的步骤比较多，学生在计算过程中，如果某一步出现错误，就会导致最后的结果出错。所以，在平时的教学中，要培养学生良好的验算习惯。用递等式进行计算的题目，最好采用

"一步一回头"的验算方法，也就是每算完一步，就回过头来检查这一步的运算是否正确，包括运算符号的抄写、数的抄写是否正确、是否漏抄，等等。用"一步一回头"的验算方法，能保证每一步都用正确的结果进行运算。

▶推荐阅读

《小学数学疑难问答300例》（焦海军、周胜发，科学普及出版社，1998）

该书第50—51页介绍了递等式的相关内容。

（刘　娟）

一级运算（grade I operation）与二级运算（grade II operation）

▶概念描述

现代数学：运算等级是算术的基本概念之一。在算术运算中，根据其运算的难易程度划分的运算级别，称为运算等级。（裘光明，2002）[35] 算术中的直接运算和逆运算的等级划分如下：

运算级别	直接运算	逆运算
一级运算	加法	减法
二级运算	乘法	除法
三级运算	乘方	开方　求对数

小学数学：小学数学教材中没有明确定义，只是在解决问题的过程中让学生体会、总结运算顺序时，知道加法与减法是同一级运算，乘法与除法是同一级运算。

▶概念解读

（1）高级运算与低级运算

对于一级运算、二级运算、三级运算有时也会用高级运算与低级运算来表述，高级运算与低级运算是相对的，如二级运算对一级运算来说是高级运算，但对于三级运算来说，它又是低级运算。

（2）运算顺序

在一个算式中包含多种运算时，运算先后次序的约定内容如下：

① 算式中不包含括号时，遇到同级运算，按从左到右的顺序进行运算；含有不同级的运算，先做高级运算，再做低级运算，即先乘方、开方，其次是乘法、除法，最后才是加法和减法。

② 算式中包含括号时，先做小括号内的运算，再做中括号内的运算，最后做大括号内的运算。同一括号内的运算，则按上一条的规定顺序进行运算。

（3）乘方与开方

求 n 个相同因数乘积的运算叫作乘方。在 a^n 中，相同的乘数 a 叫作底数，a 的个数 n 叫作指数，乘方运算的结果 a^n 叫作幂。a^n 读作 a 的 n 次方，如果把 a^n 看作乘方的结果，则读作 a 的 n 次幂。a 的二次方（或 a 的二次幂）也可以读作 a 的平方；a 的三次方（或 a 的三次幂）也可以读作 a 的立方。每一个自然数都可以看作这个数的一次方，也叫作一次幂。如 8 可以看作 8^1。当指数是 1 时，通常省略不写。

在小学阶段，计算正方形的面积和圆的面积时会用到乘方的运算，在计算正方体的体积时会用到立方的运算，只要求学生会计算简单数的平方与立方，并不告诉学生这两种运算的名称。数 a 的 n（n 为自然数）次方根指的是 n 方幂等于 a 的数，也就是适合 b 的 n 次方等于 a 的数 b。例如 16 的 4 次方根有 2 和−2。一个数的 2 次方根称为平方根；3 次方根称为立方根。各次方根统称为方根。求一个指定的数的方根的运算称为开方。开方是乘方的逆运算。在小学阶段不涉及开方运算。

▶教学建议

（1）在解决实际问题的过程中，体会运算顺序的合理性

一级运算与二级运算的学习，是融在混合运算的教学中的。从数学的角度来说，混合运算的顺序是一种规定，但这种规定既根据数学本身的规律具有其合理性，又与人们解决实际问题的先后顺序基本一致。因此，在混合运算的教学中，不能以单纯地传授知识、记忆运算顺序的方式进行教学，而是要设法将混合运算的教学与解决问题有机结合，让学生在具体的问题情境中，理解算式所表达的意义，体会运算顺序的合理性。例如，张玲老师执教的“四则运算”一课，就创设了生动具体的问题情境。首先是解决门票问题，张老师放手让学生独立思考，自主探

究，并在合作交流的基础上形成解决问题的步骤和方法——先算什么，再算什么，从而初步感知运算顺序；接着是解决买饮料的问题，让学生体会计算顺序的必要性；最后是总结四则运算的运算顺序。这节课将探求解决问题的过程与理解运算顺序有机结合，同时体会运算顺序规定的必要性，使混合运算的教学生动起来。

（2）精心设计练习，培养学生的运算能力

计算教学的核心目标之一就是要培养学生的运算能力。2011 版《课标》对运算能力是这样表述的："运算能力主要是指能够根据法则和运算律正确地进行运算的能力。培养运算能力有助于学生理解运算的算理，寻求合理简洁的运算途径解决问题。"在混合运算的教学中，培养学生的运算能力是非常重要的，因此教师要精心设计练习，避免学生大量地、机械地进行"题海战术"。一方面，教师要设计解决生活中的实际问题，让学生体会到数学与生活的紧密联系；另一方面，还要注意培养学生的思维能力，因为运算能力不仅是一种数学的操作能力，更是一种数学的思维能力。另外，教师在设计习题时还要注意增加趣味性，避免学生枯燥地进行练习。例如，张玲老师执教的"四则运算"一课，在巩固练习环节设计了两道题。一是计算题；二是"24 点"。第一题虽然是基本题，但张老师的一句追问"在计算和订正中，你们认为哪些题最容易出错？为什么？"把学生的自我反思与生生间的交流结合起来，无形中培养了学生思维的深刻性。第二题是以游戏的形式呈现的"快乐 24 点"。它一方面激发学生的兴趣，另一方面有利于培养学生的应用意识，以及思维的灵活性。

▶推荐阅读

《再议小学生计算技能的培养》（周玉仁，《小学数学教育》，2007 年第 7—8 期）

该文从何为计算技能、为什么我国小学生的计算技能在国际数坛上始终享有盛誉、培养小学生计算技能的若干策略等几方面进行了详细的介绍，对广大一线教师有一定的指导意义。

（刘　娟）

估算（estimation）

▶概念描述

现代数学：估算是对计算过程及结果进行近似或粗略估计的能力，是进行大致的推算。

小学数学：小学数学教材对此没有明确的定义，主要指的是能结合具体情境，选择适当的单位，对数据进行适当的放大或适当的缩小，通过口算，得到和、差、积、商近似值的方法。

▶概念解读

估算是人们在日常生活、工作和生产中，对一些无法或没有必要进行精确测量和计算的数量所进行的近似或粗略估计的一种方法。估算是计算能力的重要组成部分，小学数学中加、减、乘、除的估算主要包括估值和区间估计两种形式。

估值是指估计和、差、积、商大约是多少。如 2003 年人教版教材三年级上册第 18 页的例 2：

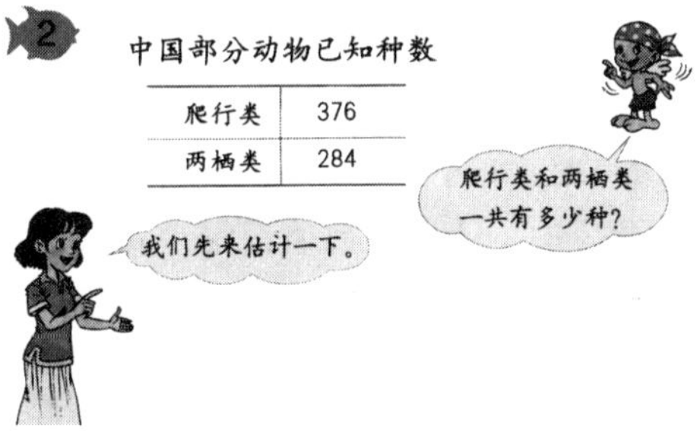

这道题是估计“和”大约是多少，它的主要解法有：

解法一：把 376 看成 300，把 284 看成 200，300+200=500。有的学生回答为爬行类和两栖类大约有 500 种，还有的学生回答为爬行类和两栖类合起来肯定比 500 种多。

解法二：把 376 看成 350，把 284 看成 300，350+300=650。学生回答为爬行类和两栖类大约有 650 种。

解法三：把 376 看成 400，把 284 看成 300，400+300=700。有的学生回答为爬行类和两栖类大约有 700 种，还有的学生回答为爬行类和两

02 数与代数

栖类合起来比 700 种少一些。

……

这道题对和的估计为 500—700。我们可以看出：

① 在计算教学中引入估算，可以有效地引导学生独立思考，寻找不同的解题思路。

② 在小学“估值”教学中，主要看估值的方法是否正确。第一题在方法正确的前提下，学生对 376 加 284 的和的估值为 500—700，可以认为估算正确。

③ 估算中有较大的差异是正常现象。但教师要引导学生逐步地从比精确值相差较多向相差较少转变。如上题中，可以让学生通过笔算精确地计算出 376+284＝660，让学生把估算结果与笔算结果比较，有意识地引到学生不断提高估算水平。

④ 估算通常是把需要笔算的数学问题通过取整（也可能是特殊值的计算）转化为口算来解答。通常，估算的结果只能与精确值相近似，在特定情况下有可能估算的结果等于精确值。例如，174÷29 的商是 6，如果把 174 看成 180，29 看成 30，180÷30＝6。不过，对于估算问题不能单纯看结果，还要看过程。只要估算的方法对，得出的结果正好是精确值也是正确的，何况在估算时，学生并不知道精确值是多少。

⑤ 在估值时，有的学生也可能体现出“区间套”思想，如直接说出比谁大，比谁小。这是正确的，但这种区间估计的思想对小学生来说比较困难。

⑥ 各套教材在编写中，选用的数值通常是接近整十、整百的数，以降低估算的难度。应该说在小学阶段，不能直接口算的加减乘除运算都可以估算。

区间估计：数值的区间估计包括估上限和估下限两种不同的情况。估上限指估算的结果比给定的数值要小，或者等于给定的值；估下限指估算的结果比给定的数值要大，或者等于给定的值。

加法或乘法估上限的问题，通常要把给定的数据往上估一估，口算出和或积。如果这个和或积比给定的数值小，或者等于给定的数值，则说明原来的和或积也比给定的数值小，或等于给定的值。用数学方法表示是：

如果 $a \leqslant b$，$c \leqslant d$，并且 $b+d \leqslant N$，那么 $a+c \leqslant N$。

如果 $a \leqslant b$，$c \leqslant d$，并且 $b \times d \leqslant N$，那么 $a \times c \leqslant N$。

加法或乘法估下限的问题，通常要把给定的数据往下估一估，口算出和或积。如果这个和或积比给定的数值大，或者等于给定的数值，则说明原来的和或积也比给定的数值大，或等于给定的值。用数学方法表示是：

如果 $a \geqslant b$，$c \geqslant d$，并且 $b+d \geqslant N$，那么 $a+c \geqslant N$。

如果 $a \geqslant b$，$c \geqslant d$，并且 $b \times d \geqslant N$，那么 $a \times c \geqslant N$。

数值的区间估计难点在于：在估算之前，学生并不知道这道题是估上限，还是估下限，所以不易确定估算的方法。如 2004 年冀教版教材三年级上册第 15 页“练一练”的第 2 题：

估计一下带 800 元钱买一套桌椅够不够。

不难看出此题是和的区间估计。教师可以引导学生先想一想 478 加 259 的和比谁多、比谁少，再考虑是否够用——400 元加上 200 元是 600 元，78 元加上 59 元比 200 元少，比 100 元多。所以 478 元加上 259 元比 800 元少，比 700 元多，大约是 7 百多元，带 800 元够用。

当然，学生也可以采用估上限的方法：

方法一：把 478 元看成 500 元，把 259 元看成 300 元，500+300=800（元）。带 800 元够用。

方法二：把 478 元看成 500 元，800−500=300（元）。剩下的 300 元比 259 元多，带 800 元够用。

再看下面的估算方法：

方法一：把 478 元看成 450 元，把 259 元看成 250 元，450+250=700（元）。带 800 元够用。

方法二：把 478 元看成 450 元，800−450=350（元）。剩下的 350 元比 259 元多，带 800 元够用。

受生活经验的限制，且四则运算的区间估计所涉及的逻辑关系也是小学生不容易掌握的，因此它要比单纯的估值困难得多。

▶教学建议

（1）估算、口算、笔算相结合

把估算作为解决问题的一种方法，解决此类问题可以估算，也可以采用口算和笔算的方法。是否估算正确，既要考虑估算的过程，也要考虑估算的结果，还要注意减少估算可能造成的误差，还可以引导学生通过笔算来检验估算结果的正确性。

如2002年北师大版教材二年级下册第76页的第4题：

4.

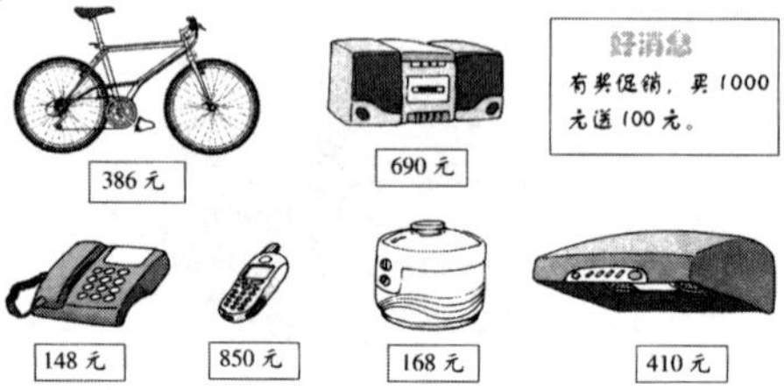

(1) 买一台录音机和一台抽油烟机，能获奖吗？

(2) 买一部手机和一部电话，能获奖吗？

(3) 你还可以怎样买？能获奖吗？

这道题采用口算、估算和笔算都可以解答，不必限用估算的方法。

（2）在具体的情境中，培养估算的意识，掌握估算的方法

例如，吴正宪老师在执教“估算”一课时给出了这样一道题：

青青和妈妈在超市里买了五种商品：牛奶48元/箱，果汁23元/盒，巧克力69元/盒，饼干16元/盒，水杯31元/个。

妈妈想：我只带了200元，这钱到底够不够？

收银员阿姨想：我怎么把数据输入到收银机里呢？

吴老师说：想请小朋友们考虑在下列哪种情况下，估算比精确计算有意义——

A. 当青青想确认200元钱是不是够用时。

B. 当销售员将每种食品的钱输入收银机时。

C. 当青青被告知应付多少钱的时候。

在充分的交流中，学生体会到什么时候需要估一估，什么时候需要精确算，从而培养了估算意识。在后面解决问题的过程中，学生不断调整估算的方法，慢慢体会什么时候需要“大估”，什么时候需要“小估”，逐步掌握估算方法。

▶推荐阅读

（1）《把握基本矛盾　走向有效教学——“数的运算”备课解读与难点透视》（徐斌，《人民教育》，2006 年第 13—14 期）

该文讲述了估算的价值，及如何加强学生估算，提出具体建议。

（2）《估算教学应关注什么——听吴正宪老师“估算”一课的思考》（姜立身，《小学教学（数学版）》，2007 年第 12 期）

对学生习惯于精确计算，如何才能使学生愿意使用估算，如何进行估算和如何评价学生的估算结果等估算教学疑难问题，该文能给我们以启示。

（马明燕）

验算（checking computations）

▶概念描述

现代数学：验算是一种特殊的算法，是指检验运算的过程与结果是否正确的方法。为了易于发现错误，最好不采用原来的解题思路或方法。例如，可以用逆运算法则去检查原运算是否正确，可以用还原的方法去检查原来的推理是否有误，可以用问题中的事理去检查所列算式是否正确等。（裘光明，2002）[35]

小学数学：小学数学教材对验算并没有明确的定义，但是安排了验算的相关内容，并要求学生掌握验算的方法。

▶概念解读

验算是一种良好的习惯，养成验算的习惯，需要了解和掌握一定的验算方法。下面针对加减乘除列举一些比较常用的验算方法（裘光明，2002）[36-39]。

（1）对加法的验算

① 用减法验算。根据减法是加法的逆运算，将其和减去它的一个加数，如果计算是正确的，所得的差必然等于另一个加数。

② 用加法验算。根据加法交换律，将加数交换位置再相加，如果计算是正确的，两次相加的结果必然相等。

③ 用弃九法验算。弃九法是一种检验整数计算结果是否正确的方法。它只能判定“结果错误”，而通常不能用来判定“结果正确”。设将整数 $a=\overline{a_na_{n-1}\cdots a_1a_0}$ 与 $b=\overline{b_mb_{m-1}\cdots b_1b_0}$ 相加、相减或相乘后得到的结果是 $a+b=c=\overline{c_xc_{x-1}\cdots c_1c_0}$，$a-b=d=\overline{d_yd_{y-1}\cdots d_1d_0}$ 或 $ab=e=\overline{e_ze_{z-1}\cdots e_1e_0}$，那么，如果（$a_n+a_{n-1}+\cdots+a_0$）+（$b_m+b_{m-1}+\cdots+b_0$）与（$c_x+c_{x-1}+\cdots+c_0$）被9除的余数不相等，则 $a+b=c$ 一定是错误结果。同样，由（$a_n+a_{n-1}+\cdots+a_0$）（$b_m+b_{m-1}+\cdots+b_0$）与（$e_z+e_{z-1}+\cdots+e_0$）被9除的余数不相等，则 $ab=e$ 是错的。对减法结果也可同样检验。在进行上述检验时，若有某些位的数码是9，就可以把它删掉，不参加运算。例如，检验 23998+57630=80628 是否正确，我们可以按弃九法进行检验，即先用［（2+3+8）+（5+7+6+3+0）］÷9=3……7，（8+0+6+2+8）÷9=2……6，余数不相等，因此可以肯定地说，23998+57630=80628 是错误的。

（2）对减法的验算

① 用加法验算。根据加法是减法的逆运算，将其差与减数相加，如果计算是正确的，所得的和必然等于被减数。

② 用减法验算。根据减法算式中各数之间的关系，在做完减法后将被减数减去差，如果计算是正确的，所得的结果必然等于减数。

③ 用弃九法验算。(略)

（3）对乘法的验算

① 用除法验算。根据除法是乘法的逆运算，将所得的积除以一个因数，如果计算是正确的，所得的商必然等于另一个因数。

② 用乘法验算。根据乘法法交换律，将因数交换位置再相乘，如果计算是正确的，两次相乘的结果必然相等。

③ 用弃九法验算。(略)

（4）对除法的验算

① 用乘法验算。根据乘法是除法的逆运算，当能整除时，将所得的商与除数相乘，如果计算是正确的，所得的积必然等于被除数；当其为带余除法时，将所得的商与除数相乘，再加上余数，如果计算是正确的，它们的和也必然等于被除数。

② 用除法验算。根据除法算式中各数之间的关系，当能整除时，用被除数除以商，如果计算是正确的，除得的结果必然等于原来的除数；

当其为带余除法时，应用被减数减去余数，再除以商，如果计算是正确的，除得的结果必然等于原来的除数。

③ 用弃九法验算。(略)

对加减乘除的运算除以上方法外，还有实际问题的验算方法，即检查解决实际问题的过程和结果是否正确的方法。一般会采用其他解题方法进行检验，或者是已知条件与未知条件互换进行检验等。

▶教学建议

(1) 体会验算的重要性，增强验算的意识

在实际的教学中，会发现有一部分学生缺乏验算的意识和习惯，要想让学生有验算的意识，首先要提高学生对验算重要性的认识。在教学中，可以通过讲故事的形式，让学生体会检验的重要性。比如，可以向学生讲述苏联的联盟一号宇宙飞船坠毁的原因是地面检查时忽略了一个小数点的故事。还可以通过学生之间交流的形式，让有良好学习习惯的学生介绍自己的学习方法，让学生体会到通过验算，可以对自己的思维过程认真地进行回顾检查、整理思路，从而发现和及时矫正错误，进一步理解所学的知识，提高自己的反思能力，增强验算意识。

(2) 掌握验算的方法，培养自觉验算的习惯

我们往往会发现有的学生面对一道错题，就是查不出错在哪里，这有一部分原因是他们还没有掌握验算的方法。要培养学生良好的验算习惯，首先要让学生掌握一定的验算方法。验算不仅包括运算结果的检验，更包括解决问题过程的检验。前文对结果进行验算的方法已经有了介绍，老师们应该适时教给学生常用的验算方法。对运算过程的检验，我们要在平时的教学中进行渗透，比如解决完一道题，就让学生回顾解决问题的过程，看一看是怎么解决这个问题的？每一步的思考是否正确？中间的步骤是否有抄错数或方法错的问题出现？每一步的结果是否正确？还有没有其他的解决问题的方法？和我们学过的哪些知识有联系？等等。长此以往，学生会积累一定的经验，掌握验算的方法，养成良好的验算习惯。

▶推荐阅读

《小学生验算习惯养成的实践与探索》（吴爱珍、余真彪，《小学数学教育》，2010 年第 7—8 期）

该文从重视验算、提高认识，授之以渔、灵活运用、关注细节、养成习惯等几方面进行了详细的介绍，对广大一线教师有一定的指导意义。

（刘 娟）

整除（divide exactly）和除尽（extirpate）

▶概念描述

现代数学：对于一个整数 a 和一个整数 b，如果存在一个整数 q，使得 $a=bq$ 成立，那么就说 a 能被 b 整除，或 b 能整除 a。（顾汝佐等，1985）例如，$15\div3=5$，表示 15 能被 3 整除，记作 $3\mid15$；或表示 3 能整除 15，记作 $15\vdots3$。关于“除尽”的概念描述则一般不涉及。

小学数学：对于“整除”，2004 年北京版教材第 10 册的第 45 页指出：整数 a 除以整数 b（$b\neq0$），除得的商是整数而没有余数，我们就说 a 能被 b 整除，或 b 能整除 a。

关于“除尽”则为：数 a 除以数 b（$b\neq0$），所得的商是整数或有限小数而余数为 0 时，我们就说 a 能被 b 除尽，或 b 能除尽 a。例如，$1.4\div2=0.7$，$15\div3=5$，$9\div4=2.25$ 都表示除尽；$1\div3=0.\dot{3}$，$7\div3=2.\dot{3}$ 都表示除不尽。（刘开云 等，2008）

▶概念解读

整除是在整数范围里定义的概念。在小学里讲整除时，所说的数是指 0 以外的自然数。

一般来说，要想判断 a 能否被 b 整除，最直接的方法就是用 a 除以 b，看是否有余数；或者看是否存在一个整数 q，能使 $a=bq$ 成立（a、b 均为整数）。两种方法在本质上是完全一致的，只是前一种方法对于具体的数值运算是最直接有效的，而后一种方法更多地用于代数运算和抽象证明（只考虑 q 的存在性，而不考虑 q 的值是多少）。

整除和除尽这二者既有联系又有区别。整除是除尽的特殊情况。也就是说能整除的一定能除尽，而能除尽的不一定能整除。

整数的整除性问题，是数论中的最基本的问题。说到数论，它是一个历史悠久的数学分支，是研究整数的性质的一门学科。由于整数性质的论证具体、严格、富有技巧，它既容易使学生接受，又是培养学生逻辑思维和推理能力的一个有效途径。因此，了解一些整数的性质和整除性问题的解法是很有必要的。

整除的性质主要有以下几点。

（1）和、差的整除性

如果 a 与 b 都能被 c 整除，那么 $a+b$ 与 $a-b$ 也能被 c 整除。例如，15 和 9 都能被 3 整除，那么 15+9 与 15−9 也能被 3 整除。

（2）积的整除性

如果 a 能被 b 整除，那么 a 的整数倍也能被 b 整除。例如，15 能被 3 整除，那么 15 的 2 倍、3 倍、4 倍……也能被 3 整除。

（3）传递性

如果 a 能被 b 整除，而 b 能被 c 整除，那么 a 一定能被 c 整除。例如，24 能被 6 整除，而 6 能被 3 整除，那么 24 一定能被 3 整除。

能被一个数整除的数的特征主要如下。

能被 2 整除的数的特征：个位上是 0、2、4、6、8 的数都能被 2 整除。

能被 3 整除的数的特征：一个数各位上的数的和能被 3 整除，这个数就能被 3 整除。

能被 4 或 25 整除的数的特征：一个数的末两位数能被 4 或 25 整除，那么这个数就能被 4 或 25 整除。

能被 5 整除的数的特征：个位上是 0 或 5 的数都能被 5 整除。

能被 6 整除的数的特征：一个数只要能同时被 2 和 3 整除，那么这个数就能被 6 整除。

能被 7 整除的数的特征：把个位数字截去，再从余下的数中，减去个位数的 2 倍，差是 7 的倍数，则原数能被 7 整除。

能被 8 或 125 整除的数的特征：一个数的末三位数能被 8 或 125 整除，那么这个数就能被 8 或 125 整除。

能被 9 整除的数的特征：每一位上数字之和能被 9 整除，那么这个数就能被 9 整除。

能被 11 整除的数的特征：一个数的奇数位上数字之和与偶数位上数字之和的差能被 11 整除（包括差值为 0），那么这个数就能被 11 整除。

能被 7、11、13 整除的数的共同特征：一个数的末三位数字所组成的数与末三位以前数字所组成的数之差能被 7、11、13 整除，那么这个数就能被 7、11、13 整除。

▶教学建议

整除是数学知识单元的起始概念，是学习因数和倍数等概念的前提。从课前的调查中我们了解到，学生根据“整除”二字的字面意义能猜想到整除应该与整数有关，与除法有关。绝大多数学生认为，只要商是整数的除法算式，它表示的就是整除的关系。由此看来，整除的概念对于学生来说是非常抽象的。

（1）注意利用学生已有知识经验

学生已经认识了自然数和小数，并掌握了自然数和小数的四则运算，这些是学生学习数的整除的知识基础。整除这个概念对于学生来说比较陌生，但整除的现象学生早在二年级学习除法时就已接触过，像 $12\div2=6$，$45\div9=5$ 等。学生对这样的除法算式非常熟悉，只是不知道像这样的除法算式表示的才是整除的关系。所以教学中教师要注意从学生已有的知识经验入手，抓住新旧知识的联系，让学生从一个新的角度重新去认识已经学习过的除法的知识，帮助学生理解整除的概念。

（2）注意放手让学生自主探究

有的教师认为“数的整除”这个概念是人为规定的，只要告诉学生就行了，没有必要让学生探究。其实数学的每一个结论都蕴含着它形成的过程，让学生经历这个结论的形成过程，有助于学生真正地理解和掌握知识。

教学中，教师可以先让学生列举出不同的除法算式，像 $8\div4=2$，$0.21\div0.3=0.7$，$2.1\div0.3=7$，$1\div0.5=2$，$21\div5=4\cdots\cdots1$，$1\div4=0.25$，$10\div3=3\cdots\cdots1$，$10\div6=1.\dot{6}$。然后让学生说一说：你认为哪些除法算式表示的是整除的关系？哪些除法算式表示的不是整除的关系？你是怎么想的？使学生在观察、比较中，在相互交流的过程中，逐步理解“除尽”、“除不尽”以及“整除”等概念。

学生在交流的过程中，应注意鼓励学生要敢于质疑，敢于发表自己的见解，达到真理越辩越明的效果。有的学生在学习的过程中就提出：“$0\div3=0$ 表示的是整除的关系吗？”“$2.1\div0.3=7$ 表示的不是整除的关系，如果把 2.1 和 0.3 同时扩大 10 倍后表示的是整除的关系吗?”学生提出的问题有的是教师想不到的，它不仅引发学生去思考，同时也会引发教师对问题的深思。只有这样，才能促使师生比较深刻、透彻地理解整除的概念。学生只有深刻、透彻地理解整除的概念，才能够比较轻松地掌握后续的其他概念。

▶推荐阅读

(1)《小学数学知识树》(刘开云、李燕燕，北京大学出版社，2008)

该书第一部分《数与运算》的第二章《数的整除》介绍了与整除和除尽有关的知识。

(2)《对“因数与倍数”教学内容的再思考》(丁国忠，《小学数学》，2008 年第 2 期)

该文分析了因数和倍数相关概念之间的紧密联系及其对后续学习的重要意义，对因数和倍数在中小学阶段的重要功能进行了深入思考。

(金　英)

余数（rermainder）

▶概念描述

现代数学：带余除法，亦称有余除法、不能整除的除法。已知两个数 a、b（a 是整数，b 是正整数），要求两个整数 q，r，使 q，r 满足以下条件：$a=bq+r$（$0\leq r<b$），则 a 被称为被除数，b 被称为除数，q 被称为不完全商（简称商），r 被称为余数；当 $r=0$ 时，称 a 被 b 整除，记为 $b\mid a$，此时称 b 为 a 的因数或约数，a 为 b 的倍数。在带余除法里，商（或不完全商）和余数（可能为0）都是唯一存在的。(裘光明，2002)[40]

小学数学：小学数学教材对此没有明确的定义，主要是通过分物品使学生了解到：平均分物品时，有时会出现有剩余的情况，这种情况也可以用除法来表示。分剩下的数在除法算式里叫“余数”，这样的除法是“有余数的除法”，进而理解有余数除法的含义。

▶概念解读

（1）余数的产生

“余数”是在“平均分物品”时出现剩余而产生的。随着数学研究的深入，“余数”的概念也有所发展和推广。

很久很久以前，人们以狩猎为生，可是有时猎物很少，必须把食物平均分开，否则，有人就会饿死。但是在分食物的时候，人们经常发现：每个人分到相同数量的食物以后，还会剩下一些，可是这些食物又不够再分一次，于是这就启发了后来的人们认识到数学除法运算中的余数。可见，“余数”是在人们的生活实践中自然产生的。

（2）“有余数除法”的地位与作用

在小学阶段，学生学习有余数除法，一方面可以为后续的“一位数除多位数的除法”打下基础；另一方面，可以解决生活中与余数有关的实际问题。比如，解决周期问题（如学校开运动会，操场四周按“黄、红、绿、蓝”的顺序插彩旗，第15面旗子是什么颜色?）、买东西问题（如用40元钱买书，每本6元，最多可以买几本?）、租船问题（如25人要划船，每船限乘4人，至少要租几条船?）等。在解决问题的过程中，学生可以感受到数学与生活的联系。

“有余数的除法”不仅可以解决生活中与余数有关的实际问题，而且它也是研究整数性质的有力工具。整数理论就是在带余除法的基础上建立起来的。

随着数学更深入地发展，“带余除法”的概念推广到多项式的“带余除法”：对一元多项式环 $P[x]$ 中任意两个多项式 $f(x)$ 和 $g(x)\neq0$，一定存在 $P[x]$ 中的多项式 $q(x)$ 和 $r(x)$，使 $f(x)=g(x)q(x)+r(x)$。式中 $r(x)=0$ 或 $r(x)$ 的次数小于 $g(x)$ 的次数，并且 $q(x)$ 与 $r(x)$ 是唯一确定的，$q(x)$ 称为 $g(x)$ 除 $f(x)$ 的商式，$r(x)$ 称为 $g(x)$ 除 $f(x)$ 的余式，$g(x)$ 称为除式，$f(x)$ 称为被除式；当 $r(x)=0$ 时，称 $g(x)$ 除尽 $f(x)$。对已给多项式 $f(x)$，$g(x)\neq0$，求商式 $q(x)$ 与余式 $r(x)$ 的方法称为带余除法。

从“带余除法”概念的发展与推广，可以看出“带余除法”是很重要的概念，是解决问题和进行理论研究的有力工具。

▶ 教学建议

（1）借助直观材料，丰富学生感知，促进理解“余数”含义

小学阶段，学生对于“余数”的认识，是借助于现实生活中“平均分物品时出现剩余”这一现实原型来学习的，因此，在教学中教师应该注重安排学生的动手操作和观察思考的活动，让学生在实践操作中充分感知、理解有余数除法的意义。理解“余数必须比除数小”是学生认识上的难点。如何突破这一难点？陆友娉老师介绍了“妙用一捆小棒，从两个维度实现认知的突破”的案例。教师先让学生用一捆小棒搭正方形，发现余数总在 1、2、3 之间变化，完成了纵向探究（不同的数据对同一个除数的探究）；然后让学生再猜想、验证用一捆小棒搭三角形、五边形，余数可能是几，进行横向探究（不同的数据对不同除数的探究）；同时还要让学生举例说明“余数为什么不能等于或大于除数”。在丰富的感性材料的支撑下，学生再概括“余数必须比除数小”就水到渠成了。其实，不管采取什么方式突破这一难点，都要借助直观材料的支撑。

（2）积累活动经验，讲出心中故事，内化所学知识

理解了有余数除法的意义，还要会解决与余数有关的实际问题。在解决实际问题时，如何根据具体情况处理余数的问题是关键——什么情况下要考虑余数，用“进一法”得到结果？什么情况下不考虑余数，用“去尾法”得到结果？学生对此理解有一定的难度。关于如何让学生理解这些知识，李玲老师的做法很好。李老师在“用有余数的除法解决问题”一课中，引导学生解决这样一个问题：一辆车运送 36 名同学回学校，每次送 5 名同学，至少需要送几次？学生都会列算式 36÷5＝7（次）……1（人），但是对至少送几次学生的意见不一致：有的认为是 7 次，有的认为是 8 次。那到底是几次呢？学生通过在点子图上圈一圈、现场模拟、头脑中“过电影”等方式理解为什么送 8 次。之后，李老师又让学生解决这样一道题：每瓶矿泉水 5 元，36 元钱最多可以买几瓶？学生也列出了算式 36÷5＝7（瓶）……1（元），进而通过交流，学生理解了最多买 7 瓶。然后通过进一步的练习，学生理解了什么情况下用“进一法”得到结果，什么情况下用“去尾法”得到结果。这些活动有利于学生积累解决问题的经验、积累思维活动的经验、积累与同伴交流的经验，有利于学生理解所学知识。为了帮助学生更好地理解如何利用余数处理问

题，教师还可以设计“讲故事”的练习，如根据“13÷4＝3……1”讲一个故事。在讲故事的过程中，学生就把数学与生活建立起联系，而这就是在内化自己的学习成果，就是在展现自己的学习效果。这种形式的练习，不仅可以促进学生内化所学知识，也有利于教师读懂学生。有了生活经验的支撑，当学生又能用生活中的情境解释这个算式时，他就真的明白了。

▶推荐阅读

《一捆小棒的妙用》（陆友娉，《小学数学教师》，2010 年第 1—2 期）

该文就如何利用小棒让学生“理解余数必须比除数小”进行了详细的介绍，对广大一线教师有一定的指导意义。

（刘　娟）

［式与方程］

方程（equation）

▶概念描述

现代数学：方程亦称方程式，是数学的一个重要概念和研究对象。它一般指含未知数或变数的等式，不仅指代数方程。（裘光明，2002）[93-94]

小学数学：2005 年北京版教材第 9 册的第 122 页指出：像 $2x=100$、$2x+50=100+50$、$x-7=9$、$4x+3=15$ 这样的含有未知数的等式都叫作方程。2006 年人教版教材五年级上册的第 54 页指出：像 $100+x=250$ 这样的含有未知数的等式，称为方程。

▶概念解读

在初等代数中，只论代数方程，含有未知数的代数式的等式称为方程。按方程的解的状况，常把方程分为三类：

① 条件等式方程，例如，$2x+5=3x$ 就是满足 $x=5$ 这个条件的等式。普通所说的方程，常指的就是这类；② 矛盾方程，如 $(x-2)^2=x^2-4x+1$，无论 x 取什么数值，都不能使这个等式成立；③ 恒等方程，例如，$(x-2)^2=x^2+4x+4$ 中的未知数 x，可取一切数值，等式恒成立。

在解析几何中，在平面或空间建立某种坐标系后，几何图形（例如曲线和曲面）常可用点的坐标所应满足的一个或几个方程来表示。例如，在空间直角坐标系中，平面由一个三元一次方程表示，直线由两个三元一次方程表示。

在现代数学中，把含变元的等式称为方程。例如，变元为未知集合的集合方程 $(A\cap X)\cup B=B$；变元 X 为未知命题的逻辑方程 $(p\wedge X)\vee q=1$ 等。（裘光明，2002）[93-94]

▶教学建议

（1）认识方程，学习用字母表示数是首要环节

学习用字母表示数，是代数学习的首要环节；理解用字母表示数的意义，是学习代数的关键，也是在后续学习中运用代数式、方程、不等式、函数进行交流的前提条件。字母表示数的思想，深刻地提示和指明了存在于一类问题中的共性和普遍性，把认识和推理提到一个更高的水平。学生对用字母表示数的理解，要在经历大量运用字母表示具体情境下数量关系的活动中实现。

英国一项关于儿童数学概念发展水平的研究表明，学生对字母表示数的理解方式可以由低到高地概括为六个水平：

① 一看到字母，就直接赋予它一个数值；② 对题中的字母视而不见，不理睬，或者承认其存在，但不赋予它任何意义；③ 把代数式中的字母看作具体物体的记号，或直接看作物体；④ 把字母看作特定的未知量，这时字母在儿童心中是某个（具体的）未知数的记号，可以直接参与运算；⑤ 把字母看作广义的数，这时，在儿童心中字母是数，而且可以取多个值；⑥ 把字母看作变量，即儿童把字母看作可在一定范围内变的数，两组这种数之间有一种系统的关系。

研究还表明，只有少部分学生把字母看作广义的数，把字母看作变量的就更少了。大多数学生把字母当作具体的对象。正如一位教授所言，“字母表示数”，是一个非常丰富而又“难产”的概念。由此，我们要建立这样的认识：学生经历从用数字表示数到用字母表示数的过程是

一个漫长的过程，需要经历大量的活动，积累丰富的经验，要让学生在具体情境中反复体会用字母表示数的意义。在小学，学生对代数知识的认识非常肤浅。例如，许多学生认为 $2x=7$ 与 $2y=7$ 的意义不同。我们要注意纠正学生在学习中形成的不恰当概念。在教学时，从学生熟悉的生活中选择一些典型的数量关系，引导学生用字母表示数。具体说来，教师要抓住三个环节：如何引入用字母表示数；怎样引导学生理解含有字母的式子不仅表示数，还表示数量关系；注意让学生体会用字母表示数的好处。

（2）认识方程，让学生经历建立方程模型的过程

方程思想的首要方面是"能根据具体问题中的数量关系列出方程，体会方程是刻画现实世界的一个有效的数学模型"。因此，教学应通过设计丰富的情境，让学生经历建立方程模型的过程。在教学认识方程时，教师就要有"建模"意识。

小学生由于认识的局限性，他们往往把运算中的等号看作"做什么"的标志。如在算式"3+2"的后面写上等号，往往被理解为执行运算的标志。他们通常把等号解释为"答案是……"；而实际上，他们应把等号看作相等和平衡的符号，逐步认识到：这个符号表示一种关系，即等号两边的数量是相等的，也就是在 3+2 与 5 之间建立了相等的关系。由此可见，在以往的教学中，我们要注意纠正如下"错误"，如学习两步计算的实际问题时，有学生列出这样的算式：$3\times5=15+2=17$（本）。而正确的写法应当是：$3\times5=15$（本），$15+2=17$（本），或 $3\times5+2=17$（本）。认识方程以及后续方程的学习，等式是学生需要面临和着力理解的重要代数概念。

"天平"为处理方程提供了一个强有力的智力图像。方程类似于一组天平，方程中的等号表示处于平衡状态——用天平平衡的道理，可以形象直观地帮助学生深化对"相等关系"的理解。利用等式性质解方程，重要的是帮助学生建立如下规则：在等式的两边进行相同的运算，那么平衡就得到了维持。解方程的过程，不能演绎为操作、训练解方程技巧的过程，而应当成为深刻理解上述规则的过程。

还要指出的是：在教学解方程的过程中，教师还要注意教给学生检验的方法，并在练习中经常提醒学生对解方程过程中的每一步进行检验。

▶推荐阅读

《小学数学教学策略》（张丹，北京师范大学出版社，2010）

该书的第 133—141 页主要论述了方程的教学策略。

（邓　宏）

［正比例、反比例］

比（ratio）和比例（proportion）

▶概念描述

现代数学：比，亦称单比，算术术语。比较两个同类量之间的一种倍数关系，称为这两个同类量的比。在单位相同时，两个量的比可以用表示这两个量的数的比来代替。两个数相比，也可以说成两个数相除。比的概念是从比较两个同类量之间的倍数关系而产生的，后来推广到两个不同类量的比。但无论是同类量的比还是不同类量的比，都可以归结为两个数的比。（裘光明，2002）[46]

比例，算术术语，指四个数（或四个量）之间的一种关系式。如果两个数（或量）的比，等于另外两个数（或量）的比，则称这四个数（或量）成比例。（裘光明，2002）[47]

小学数学：小学数学教材中一般认为，两个数相除，又叫作这两个数的比。

▶概念解读

小学数学里，“比”是专有名词，意为倍数之比。

建立比的严格理论的是欧多克索斯（Eudoxus）。他引入了一个变量的概念，它不是整数。欧多克索斯认为整数是跳动的个体（即离散的），而量是指线段、角、面积、时间等可以连续变动的东西。他用量这个概念建立了比和比例的理论，这样就把有公度比和无公度比（比值为无理数）都包括进去了。欧几里得《几何原本》中的第五卷《比理论》，被认为是根据欧多克索斯的成果而编写的，也是欧几里得几何的成就之一。

比号是一种数学符号。它是 17 世纪著名数学家莱布尼茨首先提出的。他认为两个量的比包含有除的意思，但又不能用“÷”表示。于是，他把除号中间的小短线去掉，用“：”表示比号。1760 年，克莱罗出版的书中使用了这种符号，才予以推广并使用至今。

我国最早在《九章算术》中就有关于比例问题的记载，称为今有术。它的方法是利用已知的所有数、所有率和所求率求出所求数。它们之间的关系是所求数 =（所有数×所求率）÷所有率。印度在 7 世纪时也有类似的关系式，并称为三率法。传入欧洲后，称为三数法则，或称黄金法则。在中国，“今有术”一词一直沿用到清代。由吴嘉善著、丁取忠校的《白芙堂算数丛书》（1887 年）中阐述今有术说：“所有率，所求率者，举以为例之两数也……唯此两率者，为例已定，故今所设之数可以照以求，所以亦名比例式也。”

▶教学建议

（1）关注数学与生活的联系，追问数学本质

数学来源于生活，但数学学习不能止于生活。当我们将一个个学生熟悉的生活素材带进课堂时，我们要思考每一个事件蕴含的数学意义和学习价值，只有在它贴切地、精准地指向概念的本质，揭示概念的内涵，促进儿童的数学理解时，它才是有“意义”的。比的本质是什么？仅仅是表示“相除关系”吗？王永（2009）教授认为：“比源于度量，度量解决了物体可度量的属性（长度、面积、体积、质量）的可比性，比却能够解决物体不可度量的属性（颜色、形状、质地等）的可比性。这就是比的本质。”也就是说，比更多是为了表征隐含于数量之中的、不可度量的事物属性。许卫兵老师在教授“比的认识”一课时，通过请学生配制蜂蜜茶的活动，用“蜂蜜”和“水”的比来比较几种不同配法的“甜度”。这和不少课堂只就一组数据（比如一个长方形的长和宽）直截了当地研究“相除”并产生比要深刻得多。

（2）处理好除法、分数和比之间的关系，明晰比与比例的区别

除法是一种运算，而运算必须有结果：商。因此，除法涉及被除数、除数、商三者，缺一不可。

“比”是两个数量之间的一种倍数状态，“比值”则是一个数，是比的前项除以比的后项的商。“比”可以脱离“比值”而单独存在。例如，某班男、女生的比是 2∶3，它可以计算比值：2÷3，也可以不计算。所

以，“比”和“除法”在概念上是不同的。

但是，如果计算 $a:b$ 的“比值”的话，那么比值就是两个数相除所得的商 $a\div b$，其大小就是分数$\frac{a}{b}$。因此，商、比值、分数三位一体。除法的结果和比值的计算，都是用分数表示的。

从意义上看，比由两个数组成，表示两个数相除，反映前项、后项与比值间的关系；连比表示各部分数量与总数量之间的关系。比例由两个比用等号连成，是一个等式，四个数成比例表示四个数之间的一种关系。

(3) 在正、反比例教学中适时渗透函数思想

正、反比例这部分教学内容肩负着帮助学生完成一次认识上飞跃的重要任务。学生将从大量对“常量”的认识经验中逐步过渡到认识“变量”，这是函数思想渗透的重要契机。函数有三种数学表示方法：表格、关系式和图像，这就是人们通常所说的函数的多重表示。多重表示的方法不仅可以加强概念的理解，也是解决问题的重要策略。图像对于理解变量之间的关系具有十分重要的意义，它是“看见”两种量之间的关系和变化情况的途径之一。在学习的过程中，重在让学生认识图像，感受图像的作用、价值和美。

正比例教学是从常量数学到变量数学学习的启蒙阶段；图像教学能够直观呈现两个变量之间的相依关系，使学生加深对正比例意义的理解。教学时，教师可以在学生根据表格、算式等熟悉的方式表示出正比例关系后，适时引出“图像”，把它作为新朋友介绍给大家。让学生通过初步的猜想和分析，对图像有初步的感知，为后面深入而细致的探究奠定基础。可见，多维教学目标的达成离不开教师对数学核心概念清晰的认识和准确的把握，这就需要教师对教学中每个内容有深入的分析，挖掘其背后的价值，为学生的长远发展奠定重要的基础。

▶推荐阅读

(1)《小学数学研究》（张奠宙等，高等教育出版社，2009）

该书第十二章的100个小学数学问题细致阐述了除法、分数与比的关系。

(2)《言近而指远　守约而施博》（许卫兵，《江苏教育》，2011年第7—8期）

该文深刻阐述了教者对比的本质的认识及把握。

（刘　鹏）

03

图形与几何

“图形与几何”是2011版《课标》设置的四个内容领域之一。“图形与几何”内容属欧氏几何范畴。“几何”一词来源于希腊，最早是指尼罗河流域的古埃及人发明的测量土地的科学。欧几里得在公元前300年左右对前人长期积累的几何知识加以系统整理，运用定义、公理和演绎推理的方法，写成巨著《几何原本》，创立了欧氏几何体系。其后，笛卡儿创立坐标系，产生了解析几何；欧拉创立了微分几何；庞赛列创立了射影几何；蒙日创立了画法几何，丰富了几何的研究方法，扩大了几何研究对象。19世纪，产生了非欧几何的另两个不同的体系：罗巴切夫斯基几何和黎曼几何。1899年，德国数学家希尔伯特在总结前人工作的基础上，发表《几何基础》一书，奠定了比较完善的现代几何学的公理体系。

“图形与几何”主要研究图形，而图形是空间形式的主要表现。因此，对图形的研究要以发展学生的空间观念、几何直观、推理能力为核心。

2011版《课标》指出，“空间观念主要是指根据物体特征抽象出几何图形，根据几何图形想象出所描述的实际物体；想象出物体的方位和相互之间的位置关系；描述图形的运动和变化；依据语言的描述画出图形等”。

发展空间观念的主要途径是实现实物或情景、模型或图形、语言文字或符号之间的双向转化，二维图形与三维图形之间的双向转化。这里需要注意的是“双向”。一个方向是在建构，另一个方向是在解构；一个方向是从具象到抽象，另一个方向是从数学回到实际，在这样的双向转化过程中才能有效地发展空间观念。发展空间观念的主要方式是实验操作、观察和想象。实验操作是“图形与几何”教学的基本出发点，这既是内容本身的特点，更是由学生年龄特点决定的。观察是从直观感受过渡到表象、抽象的必要环节，是在直观操作基础上的思维活动，观察过程中还会再伴有操作。而想象则更多的是基于表象材料基础上的思维活动。空间观念的发展需要经验的不断积累、想象力的不断丰富，教学中要为学生提供足够的时间和空间去操作、观察和想象。

2011版《课标》把几何直观作为核心概念，指明了几何课程发展的方向。这昭示着数学在研究图形中，不仅要关注研究方法、研究结论，还要关注学生对图形的直观性在问题研究、解决的优越性方面的感悟。2011版《课标》指出：“几何直观主要是指利用图形描述和分析问题。借助几何直观可以把复杂的数学问题变得简明、形象，有助于探索解决问题的思路，预测结果。”

在“图形与几何”的教学中注重发展几何直观，一方面在运动或变换的直观背景下易于认识、理解、掌握图形的性质；另一方面对几何直观能力也是一种提升。在其他领域的学习中运用几何直观，可使抽象的数、代数、统计和概率等问题变得直观易于理解。

2011 版《课标》把推理能力作为十个核心词之一，明确要求“要发展合情推理和演绎推理能力”。推理是数学的基本思维方式，也是人们学习和生活中经常使用的思维方式。具有一定的推理能力是培养学生数学素养的重要内容，也是数学课程重要目标。推理能力的发展应该贯穿于整个数学学习过程中。

数学推理一般包括演绎推理和合情推理两种，其中归纳推理和类比推理是两种用途最广的特殊合情推理。教学中，可以开展操作、实验、观察等活动，鼓励学生大胆猜想、实验验证、交流表达推理过程，从而发展学生的推理能力。

“图形与几何”领域安排的内容较多、跨度大，整体把握这一领域课程，理清线索，建立结构，找准“站在哪儿”、看准“要去哪儿”、认真研究“怎样去”，对提高教学的基础性、系统性、连续性尤为重要。“图形与几何”第一、第二学段的主要内容有 4 个部分 15 个方面，结构如图：

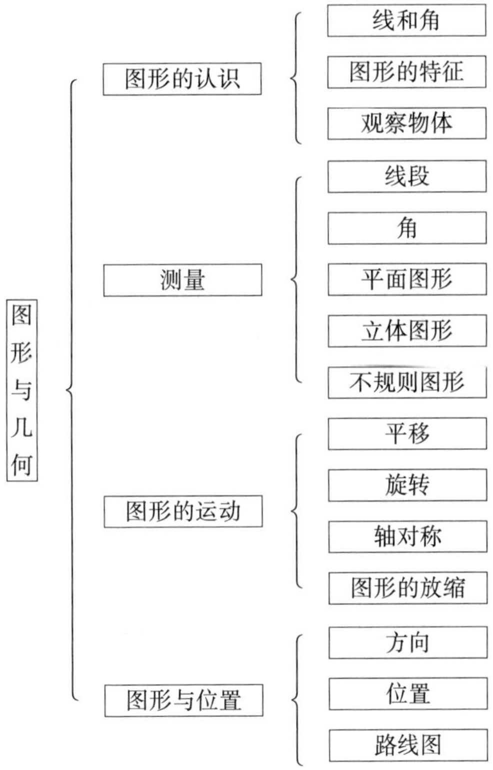

图形认识主要包括两个方面：一是对图形自身特征的认识，它是进一步研究图形的基础。在三个学段中，对同一个或同一类图形分层次完成认识——从“辨认”到“初步认识”，再从“认识”到“探索并证明”。二是对图形各元素之间、图形与图形之间的关系的认识，主要包括大小、位置、形状之间关系的认识。

图形是人类长期通过对客观物体的观察逐渐抽象出来的，图形认识的课程安排是分段逐层完成的。因此，教学要准确把握各学段要求。第一学段主要是通过观察实例或情境、操作实物或具体模型，直观地、整体地认识常见的立体图形和平面图形。第二学段需要更多的抽象与想象的参与 —— 一方面有些概念没有实物模型，另一方面有助于学生发展抽象能力和空间观念。同时，要关注基于图形的想象和图形之间的转换，如通过“不同方向看到的”、“展开与折叠”等过程，引导学生辨认、观察、抽象、想象，发展空间观念。此外，还要注重以知识为载体渗透数学思想，积累数学活动经验。

图形的测量是对一维长度、二维面积、三维体积的度量操作。度量的关键是设立统一、适当的单位，从而使度量从个体的、特殊的测量活动成为一般化的、可以大范围相互交流的前提。教学中应为学生提供必要的机会，鼓励学生选择不同的方法进行测量，让学生通过测量活动体验单位的实际意义，选择适当的单位、测量工具及方法，对测量过程的便利进行和测量结果的准确程度产生影响。

图形的运动最基本的形式有两种：一是形状和大小不变，仅仅位置发生变化（合同运动）；二是形状不变而大小变化（相似运动）。通过图形的运动探索发现并确认图形的一些性质，有助于学生发展几何直观能力和空间观念，有利于学生提高研究图形性质的兴趣，从中体会研究图形性质可以有不同方法。

图形的位置第一学段的学习是定性地刻画物体的位置，用“上、下，左、右，前、后”描述物体的相对位置——与观察者和参照物都有关；用“东、南、西、北”等描述物体的绝对位置——不受观察者的影响，只与参照物有关。两种方式在不同场合下会带来不同的便利。第二学段则是定量刻画物体的位置，即用数对表示物体的位置，是解析几何的基础。

本部分主要对第一、第二学段即小学数学教学中涉及的图形中的主要概念做具体分析。

本章目录

几何学（geometry）

▶概念描述

现代数学：几何学，简称几何，是数学中研究空间形式及其相互关系的分支学科。几何学按照它的内容可分为欧几里得几何和非欧几里得几何，将以上二者统一在一起的是近代射影几何。欧几里得几何通常简称为欧氏几何，非欧几里得几何因此简称为非欧几何。欧氏几何符合一般人对现实空间的认知，非欧几何则一时难以被一般人接受，多数人对射影几何了解得甚少。中小学阶段学习的几何属于欧氏几何。

几何学按照历史发展顺序，可分为初等几何、解析几何、近代几何。

小学数学：现行小学数学教材中都没有出现“几何学”的定义，但是2008年北师大版教材在四年级“总复习”时开始用到“图形与几何”一词。

▶概念解读

数学除了研究“数量关系”之外，还研究“空间形式”。“形”的历史与“数”的历史一样古老，可以追溯到公元前2000年左右，甚至更远。因此“几何学”是数学的一个重要分支，它主要研究空间图形的有关问题。

在我国古代，这个数学分支并不叫“几何”，而是叫作“形学”。它来源于古希腊文，原意是“土地”。中文的“几何”一词，是明代利玛窦和徐光启合译《几何原本》时，由徐光启所创。撷取geo这一音节，把它音译为“几何”。“几何”二字，在古汉语里原先并不是一个数学专用名词，而是个虚词，意思是“多少”。

几何起源于人类的实践活动。恩格斯曾经指出：“数学是从计算时间和制造器皿产生的。”如果说计算时间需要“数”的概念，那么制造器皿则有赖于“形”的意识。在生产生活中，人们感受到太阳、月亮的圆非常稳定，逐渐地把这些“形”留在了他们的记忆之中，并运用在劳动中。

人们对“形”的认识意识，在远古时期有很多例证。如古埃及在齐阿普斯王朝时代建造起来的金字塔便是非常典型的一个。古巴比伦的一块泥板上载有一幅表示15块土地的平面图，其中7块为直角三角形、4

块为长方形，另外 4 块为直角梯形。在我国甘肃省景泰县张家台出土的彩陶罐上发现了大量的几何图形，如平行线、三角形、正方形、圆弧和圆。在我国龙山文化（新石器时代）遗址的考古过程中，发现一些陶片上绘有方格、米字、椒眼、回字和席文等几何图案。

在人类活动的初期，几何“结构”的意识在人们进行比较简单的模仿和比照中逐步建立起来。例如，太阳从地平线上升起，人们把太阳看成圆，太阳升起的高度看成直线，这样就构成了圆与直线的位置关系。而随着生产生活的需要，人们对几何“结构”的意识越来越强。总之，几何起源于人类“形”的意识，而这些意识来自人类对自然界的感受和体验，来自人类适应自然、改造自然的实践活动。

几何的发展经历了漫长而曲折的沧桑岁月，它的诞生和发展都凝聚着劳动人民的智慧，闪耀着古今数学家刻苦钻研、献身科学的精神光芒。

例如，古埃及的劳动人民为克服尼罗河连年泛滥造成的土地丈量困难而发明了“测量术”。尼罗河是古埃及人生存的命脉，但是它每年都泛滥一次，因此人们就要重新丈量土地和计算土地的面积。既然要丈量土地，就一定要掌握土地面积的计算方法。人们在实践中发现：一块地面如果有两砖长、三砖宽，需要铺六块砖（2×3）；另一块地面有四砖长、五砖宽，就需要铺二十块砖（4×5）。这样，人们逐渐探索出了计算正方形和长方形土地面积的方法。

有些土地形状很不规则，于是人们把它们分成若干个三角形。但三角形的面积怎样求呢？人们受到一块正方形的麻布的启发——把正方形麻布折叠成两个大小相等的三角形，每个三角形的面积恰好是正方形面积的一半。古埃及人正是从这类简单的生活现象中，获得了求三角形面积的方法：长乘宽再除以二。在生产、生活中，人们通过长方形、正方形面积的计算，又很快获得计算平行四边形和梯形土地面积的方法。

古希腊数学家欧几里得，把当时所有的几何知识系统地进行整理，写出了流芳百世的巨著——《几何原本》。

我国古代数学家在几何研究方面也取得了突出成就。如《九章算术》中记载了“勾三股四弦五”，这就是有名的“勾股定理”。勾股定理在国外叫毕达哥拉斯定理。《墨经》中把“圆”解释成“一中同长”，与欧氏几何的提法也基本一致。

▶教学建议

①“图形与几何”部分是义务教育阶段数学课程的重要内容，贯穿于1—9年级。它的课程内容，以发展学生的空间观念、几何直观、推理能力为核心展开，主要有：空间和平面基本图形的认识，图形的性质、分类和度量；图形的平移、旋转、轴对称、相似和投影；平面图形基本性质的证明；物体和图形的位置及运动的描述，以及利用坐标对其的刻画。

由于此部分内容多、跨度大，把握好核心概念就显得尤为重要。如对“空间观念”和“几何直观”的培养是这部分内容所承载的重要任务。(具体要求可以参考《〈义务教育数学课程标准（2011年版）〉解读》)

② 注意运用多种方法探索图形的性质。探索图形的性质有很多种方法，在小学阶段可以通过操作、观察、实验等活动，对现象进行归纳或类比，从而发现图形的性质。例如，在推导图形相关的计算公式时，可以设计一些探索活动，让学生感受合情推理的过程，并在认可计算公式的同时，发展学生的创新意识和创新精神。小学阶段，虽然几何方面的学习内容不多，但却是中学学习几何的基础，所以有必要在六年级总复习时，对各种图形进行分类，进而形成知识网络。此外，还可以让学生在了解历史及进行实践活动的过程中进一步认识图形。

▶推荐阅读

(1)《数学的源与流》(张顺燕，高等教育出版社，2003)

该书的很多章节对几何学中的知识进行了介绍，其中第六章对欧式几何进行了回顾，值得教师了解并在教学中借鉴。

(2)《小学数学研究》(张奠宙等，高等教育出版社，2009)

该书的第七至九章对小学几何进行了比较全面的论述，并对一些常见的教学问题展开了研究。

(刘劲苓)

[图形的认识]

点（point）

▶概念描述

现代数学：点的定义一般有以下四种：

① 不可以再分割成部分。（欧几里得，2011）

② 几何学上指没有大小（即没有长、宽、高）而只有位置，不可分割的图形。如两直线的相交处、线段的两端都是点。（中国社会科学院语言研究所词典编辑室，2005）[304]

③ 在点集拓扑中的点，定义为一个拓扑空间中的集合的元素。

④ 公理化定义：在几何学，拓扑学以及数学的相关分支中，一个空间中的点用于描述给定空间中一种特别的对象，在空间中有类似于体积、面积、长度或其他高维类似物。一个点是一个零维度对象。点作为最简单的几何概念，通常是几何、物理、矢量图形和其他领域的最基本的组成部分。点作为几何中最基本的组成部分，点动成线，线动成面，面动成体。点也可以看作二维上无限小的面积、三维上无限小的体积等。在平面上的点可以用一个有序数对（x，y）来表示；在 n 维空间中，用 n 个有序实数组（$x_1x_2\cdots x_n$）表示空间中的一个点。

从数学的观点看，第四个定义从零维到多维来理解点的定义最丰富、最全面。

小学数学：小学数学教材中没有明确给出点的定义，只是在认识平面图形“角、三角形、平行四边形、梯形、圆”、认识立体图形“长方体、正方体、圆锥”或给图形画高时提到了点，还有与线有关的点。这大致可以分成三种情况：

① 图形的认识：角的描述就是“从一点引出两条射线组成的图形”，这“一点”就是角的顶点；三角形有三个顶点，平行四边形有四个顶点，圆锥有一个顶点。有关圆心、半径、直径的知识也都用到了点：从圆心到圆上任意一点的线段，叫作半径；通过圆心且两个端点都在圆上的线段，叫作直径。

② 给图形画高：三角形的高是“从三角形的一个顶点向它的对边作一条垂线……”；平行四边形的高是“从一条边上的任意一点向对边引

垂线……”；梯形的高是“从上底的任意一点向下底引垂线……”；而“从圆锥的顶点到底面圆心的距离叫作圆锥的高”。

③ 与线有关的点：连接两点可以画很多条线，其中线段最短，线段的长度就是这两点间的距离；过直线上或直线外一点，画已知直线的垂线或平行线等。

▶概念解读

点，表示位置，它既无长度，也无宽度，是最小的单位。在平面构成中，点的概念只是相对的，它在对比中存在。圆中同一个圆点，在小的框架中会显得很大，而在巨大的框架中又会显得很小。比如，人类居住的地球与我们人类相比较是巨大的，但与宇宙相比较，它又是一个渺小的点，因此，点的概念是由相互比较的关系决定的。

几何学中的点，只有具体位置，而无大小（即没有长短、宽窄、薄厚），常用大写字母 A、B、C……表示。从几何定义思考点和线是人们在解决实际问题的时候建立的一种模型，理论上的点和直线是不存在的。

点无大小，为什么线段却有长度？举个例子来解释这个问题：对于一根长度为 1 的线段，我们把它均分为 n 份，则每份的长度等于$\frac{1}{n}$。当 n 趋于无穷大时，$\frac{1}{n}$是趋于 0 的，这个长度是忽略不计的，这趋于 0 的每一份线段我们把它称之为点。无穷小乘无限大可以等于任何数，因此，虽然点是没有大小的，但线段是可以有长度的。

▶教学建议

（1）点的意义非常丰富，可以从零维、一维、二维、三维……n 维来理解，点是几何图形最基本的、不可再分的元素

如在一节课中认识点、线、面，教师可让学生通过触摸实物，感悟基本图形点、线、面，并由实物抽象出几何图形，提高其观察、想象与分析能力。

教师也可利用课件演示线是由无数个点组成的，无数个点的排列分布不同会形成不同的线；还可以让学生进一步理解面上也有无数个点。

此外，教师还可以专门引导学生认识平面图形和立体图形中特殊的点，如线段的端点、分点，圆的圆心，平面图形和立体图形的顶点等。

（2）点的趣味知识：长线段上的点与短线段上的点同样多（范立珎等，2008）

线段的长度是有限的，但无论是长线段还是短线段，它们上面点的个数却是无限的，并且长线段与短线段上的点都构成了一个无穷的点的集合。对于两个集合 A 和 B，如何比较其大小和多少呢？也就是怎样确定 A 中的元素多还是 B 中的元素多，这就需要有个标准。对于有限集合大小的比较，我们可以采用“数一数”的办法，对于无限集合就看我们能不能在 A 与 B 两个集合的元素之间建立起一种一一对应的关系。能建立一一对应的关系，就应当承认集合 A 和 B 的元素是一样多的。其实“数一数”的办法也是一一对应的办法，只不过是把要数的元素与自然数间建立一一对应罢了。

按照一一对应的原则，不同长短两条线段上的点是一样多的。例如，线段 AB 和线段 CD 上的点只要通过如图 1 的办法就可以建立一一对应的关系，所以线段 AB 和线段 CD 上的点是一样多的。类似的，我们还可以得到半圆周上的点和直径上的点一样多（如图2）；更进一步还可以得到，半圆周上的点还和无限长直线上的点一样多（如图3），由此，我们还能得出 1 毫米线段上的点和无限长的直线上的点也是一样多。所以无论多么短的一条线段，只要它的长度不是 0，它上面的点就和任意长度的线段乃至无穷直线上的点一样多。

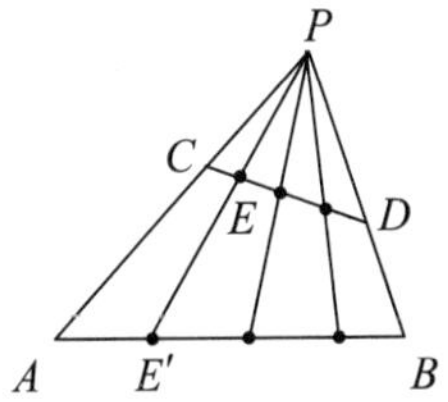

图 1

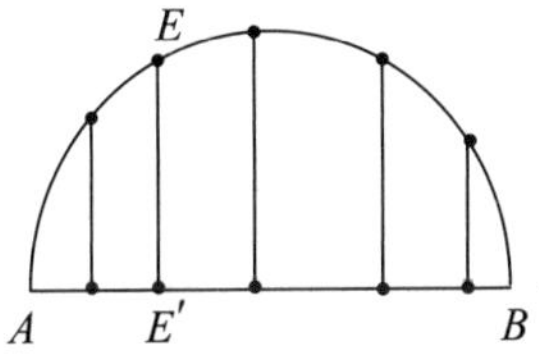

图 2

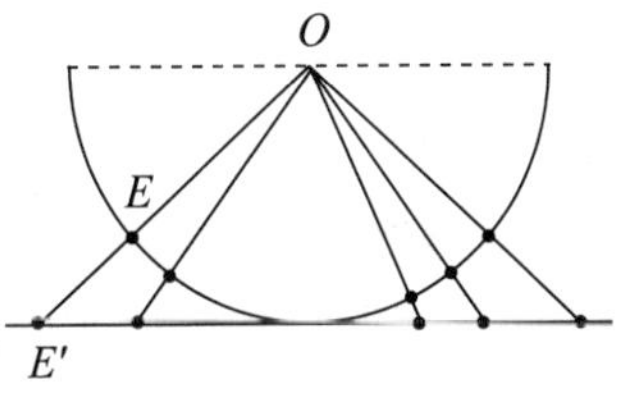

图 3

出现这种令人称奇的结果，是由于几何里的“点”，只有位置，没有大小、长短、宽窄和薄厚，而且任何一条线段或直线上的点都是无限多的，这些点都非常紧密地排列在线段和直线上，没有一点空隙。

▶推荐阅读

(1)《几何原本》（欧几里得，江苏人民出版社，2011）

该书的第一卷有关于点的概念的详细描述。

（2）《小学数学中最易误解的概念》（范立珠、高荆，地质出版社，2008）

该书第 209—210 页“图形与几何”章节的“图形认识”部分，对直线、射线和线段三者之间的关系以及点、线、面、体的概念有比较详细的阐述。

（李义杰）

直线（straight line）、射线（ray）和线段（line segment）

▶概念描述

现代数学：在欧几里得几何学中，直线是几何学中的基本概念，是点在空间内沿相同或相反方向运动的轨迹。或者定义为：曲率最小的曲线（以无限长为半径的圆弧）。

射线亦称为半直线，是几何学的重要概念之一，指直线上任一点一旁的部分。这一点称为射线的端点。射线也可以定义为：从某一个确定的点出发，沿固定方向运动的点的轨迹。

线段是最基本的几何图形之一，界于两点间的直线部分称为线段。这两点称为线段的端点。（裘光明，2002）[119]

初中数学对于直线、射线和线段的学习，也没有给出严格的定义，只是作为基本事实重点研究它们的特点。

小学数学：小学数学教材中没有对直线、射线和线段给出明确的定义，而是借助具体生活实例直观引导认识直线、射线和线段的特点。如 2004 年人教版教材四年级上册的第 35 页是这样描述射线的：像手电筒、汽车灯和太阳等射出来的光线，都可以近似地看成是射线。

▶概念解读

射线和线段的定义是在直线的基础上给出定义的，但直线涉及无限的概念，与长方体、正方体、长方形、正方形等相比，在现实中没有实物原型，这就需要通过想象逐步抽象、加深对直线的认识。相对于直线而言，射线虽然也涉及了无限的概念，但能够在生活中找到实物原型，如手电筒照射出的光，因此认识要相对容易些。线段的认识要更容易一些，因为现实生活中有“线段”的实物原型，并且它是有限的、可测量的。

直线的特征：一是“直”的；二是可以向两方无限延伸；三是没有粗细之分。直线的表示方法一般有两种：如图 1，记作直线 l；如图 2，记作直线 AB 或直线 BA。

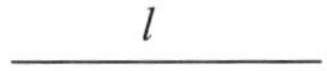

图 1

图 2

直线上的一点和它旁边的部分叫作射线，这个点叫作射线的端点。我们知道射线只有一个端点和一个方向，因此它也是不可度量的。在记录射线时，通常用射线上的端点和射线上任意一点来表示。如图 3 中的射线记作射线 OA 或射线 l。

在记录射线时，要注意端点的顺序必须正确，比如射线 OA 不能表示成射线 AO。同一条射线就是指射线的端点相同，而且延伸的方向也相同的射线。如图 4，射线 OA 与射线 OB 表示同一条射线。两条端点相同、方向不同的射线，则是两条不同的射线。

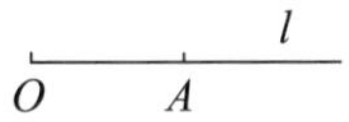

图 3

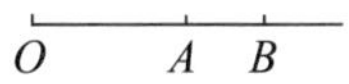

图 4

线段由于有两个端点，所以它的长度是有限的，可以测量的。而且在所有连接两点的线中，线段最短，即两点间的线段最短。线段也可以用表示它两个端点的字母或一个小写字母来表示，有时这些字母也表示线段长度。如图 5 记作线段 AB 或线段 BA——注意线段 AB 和线段 BA 是同一条线段。如图 6 记作线段 a。

图 5

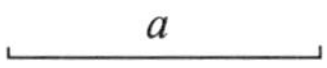

图 6

▶教学建议

小学阶段对于直线、射线和线段的学习，大多数教材都安排在一起，且基本都放在第二学段学习。但也有例外，如人教版教材是在二年级认识线段，在四年级把直线、射线与角的认识放在一起学习。虽然教材的编排顺序略有不同，但对于直线、射线和线段的学习，所有教材都是让学生在观察、对比中认识它们。因此，在教学中教师要注意以下几点。

（1）在具体的生活情境中认识线段、射线和直线

由于在现实中根本找不到“直线”的实物原型，射线和直线都涉及了无限的概念，所以在教学中，教师要结合具体的实例，并引导学生通过想象，认识直线和射线。对于线段的认识，由于现实生活中有大量的实物原型，所以认识要容易一些。因此，教师也可以在学生认识线段的基础上，借助线段，通过想象进一步认识直线和射线。

如学生在认识线段后，教师拿出一个手电筒并打开它，让学生们随着手电筒射出来的光束看，并引导说：“如果这束光线没有被阻挡，它将会怎样？”接着说：“在数学上也有这样的现象。想象一下，如果以一条线段的一个端点为端点，另一头无限延伸，会是怎样的一个图形呢？”

（2）在寻找直线、射线和线段间的区别与联系中进一步认识它们

教学中，教师要引导学生在不同中找相同、在相同中找不同，从而得到一些基本事实。基本事实是人们在长期实践中总结出来的结论。

如 2009 年北师大版教材四年级上册第 16 页是这样引导学生认识直线、射线和线段的：

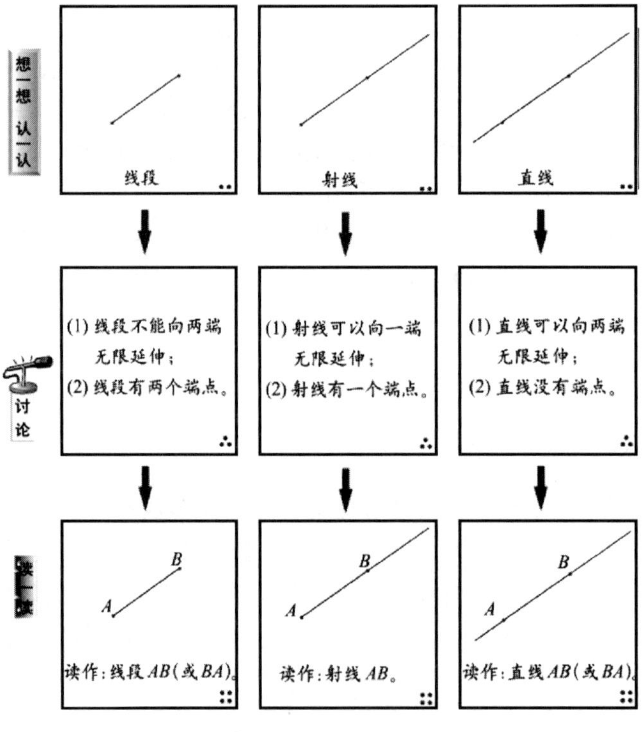

(3) 要在活动中初步感受直线、射线和线段的基本性质

对于直线、射线和线段的基本性质，教学中教师可以安排一些有意思的活动，让学生在活动中直观感受它们的性质。

例如，在学生认识直线、射线和线段后，我们可以尝试安排这样的活动：

① 用一个图钉把一张硬纸条钉在木板上，硬纸条可以转动吗？

② 用两个图钉把一张硬纸条钉在木板上，硬纸条可以转动吗？

通过这样的活动，引发学生的思考：过一点可以画出多少条直线？过两点可以画出多少条直线？在具体的活动中，帮助学生认识到：过一点能画无数条直线，过两点只能画一条直线。

再比如，为了让学生认识到"两点之间线段最短"，我们可以安排这样的活动：力力从家到学校有多少条路可以走，走哪条路最近？

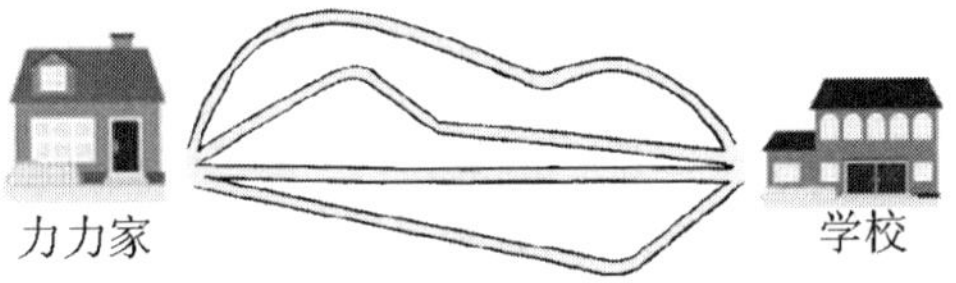

相信在这样的具体情境中更有利于学生对于两点间线段最短的认识。

▶推荐阅读

《数学辞海·第一卷》（裘光明，山西教育出版社，2002）

该书第118—120页从平面几何的角度对直线、射线、线段做了详细的解读。

（丁育慧）

平行（parallel）

▶概念描述

现代数学：一般的定义是，在同一平面内不相交的两条直线称为平

行线，或称两直线互相平行。平行用符号“//”表示，直线 AB 和直线 CD 是平行线，记为 $AB /\!/ CD$（或 $CD /\!/ AB$），读作 AB 平行于 CD（CD 平行于 AB）。

小学数学：小学数学教材中一般说，在同一平面内不相交的两条直线叫作平行线，也可以说这两条直线互相平行。

▶概念解读

（1）符号的产生

大约公元 50 年，古希腊数学家海伦最早创用“$\underline{\underline{OV}}$”或“$\underline{\underline{P}}$”作为表示两条直线平行的记号。活跃在公元 300—350 年前后的古希腊数学家帕普斯，看到他的祖先海伦创用的平行线符号不很满意，于是把字母去掉，有时仿照平行线的样子用“=”表示，也有时用“OL”表示。但是平行线的符号没有得到大家的认可。1634 年，法国数学家厄里岗在其著作中仍用“=”表示平行线。很可惜“=”捷足先登，早已作为欧洲数学王国的成员了。一符一意，否则会鱼目混珠，于是这种表示方法注定会“短命”。1657 年，英国数学家奥特雷德在《三角形》一书中，将横着的“=”直立起来，即用“//”作为表示平行线的记号。后来英国人卡斯韦尔和琼斯在其著作中使用了该符号表示平行线，并一直沿用至今。

（2）平行线的判定

判定两直线是否平行有以下几个充分条件。

① 两条直线被第三条直线所截，判定这两条直线平行可用下列条件的任何一个：A. 同位角相等；B. 内（外）错角相等；C. 同旁内（外）角互补。

② 垂直于同一直线的两条直线平行。

③ 平行于同一直线的两条直线平行。

④ 三角形的中位线平行于第三边，且等于第三边的一半；梯形的中位线平行于底边，且等于两底和的一半。

⑤ 如果一条直线截三角形两边，一边上所截得的两线段与另一边上所截得的对应线段成比例，则这条直线平行于第三边。

（3）平行线的性质

平行线主要有以下性质。

① 两条直线被第三条直线所截，那么：A. 同位角相等；B. 内

（外）错角相等；C. 同旁内（外）角互补。

② 如果某直线与两平行线之一相交，则与另一平行线也必相交；如果某直线垂直于平行线之一，则必垂直于另一条。

③ 平行线间距离处处相等，且平行线间的平行线段彼此相等。

④ 一组平行线截两直线所得对应线段成比例。

⑤ 如果两条平行线被一线束所截，那么两条平行线被线束分成比例线段。

⑥ 平行于三角形一边的直线，截其他两边所得线段对应成比例。

⑦ 过不在已知直线上的一点，可引一条且只可引一条直线与已知直线平行。

▶教学建议

2011 版《课标》第二学段要求“结合实例了解线段、射线和直线”、“结合生活情境了解平面上两条直线的平行和相交（包括垂直）关系”。由于射线和直线涉及无限的概念，在现实中没有“直线”的实物原型，加之学生理解两条直线平行的位置关系时又是借助两条直线来定义的，比较难理解。教学中，教师可以利用两根铁轨作为实物原型来描述——两根铁轨不相交以及它们之间的距离处处相等的事实，都揭示了平行线的本质，但铁轨无法总是笔直的延伸，这就需要学生进行抽象与想象。

(1) 将观察、操作、想象、推理、表达有机结合，经历对图形的认识抽象的过程

图形，是人类长期通过对客观物体的观察逐渐抽象出来的，抽象的核心是把物体的外部形象用线条描绘在二维平面上。如唐彩斌老师为了让学生探索两条直线的位置关系，在复习直线的概念后，提出：“现在增加一条直线，两条直线之间有几种不同的位置关系呢?”然后他出示小组合作学习要求，让学生先想想两条直线的样子是怎样的，再用小棒表示直线摆一摆，并把不同的情况画下来。在这个过程中，学生经历了充分的感知体验，积累了一定的活动经验，为分类做好铺垫。学生尝试分类，在讨论分类结果的过程中，重视让学生充分表达分类的标准是什么、结果是怎样的。当学生把有交叉点的分为一类、没有交叉点的分为一类时，唐老师继续引导学生反思、辨析，帮助学生弄清楚两条直线延长后就会相交在一起，引导学生经历了从关注表面到关注数学本质属性

上去分类的过程。在分类的基础上，唐老师提出永不相交的两条直线互相平行，并借助课件在方格纸上动态演示两条直线的平行与相交，让学生进一步建立平行的表象。

再如，朱德江老师面对“平行线”这样比较抽象的、小学生不易理解的几何概念，根据学生已有的知识经验采取了从“平移”到“平行”的教学思路，以平行线的本质特征——“平行线间的距离处处相等”为教学主线，帮助学生初步体会平行线的意义，并让学生思考：“平移有什么要求？你刚才是怎么画的？”“如果老师移动成这样，你同意吗？”“如果把这两条线段看成直线，直线是无限延长的，它中间的间隔还是三格吗？”通过让学生观察两条直线的关系，再呈现几组直线，引导学生观察、思考每组中两条直线的关系特点，带领学生进行空间想象，逐步发现平行线的特征，初步感知平行线间的距离处处相等。

（2）在直观理解中自然感知所研究的线是在同一平面内的重要意义

学生对“平行”的认知是有一定的基础的，但是对抽象“平行”概念中“在同一平面内”是有一定难度的。许多老师借助长方体盒子进行教学——把长方体的 12 条棱都看成直线，让学生观察后指一指谁和谁互相平行。在学生正确指出后，教师拿起长方体，引导学生一起看不在同一平面内的两条直线，同时把两根小棍分别放在这两条棱上，然后问学生：“它们会相交吗？”这能够引发学生的思维冲突——“两条直线如果不相交就会平行吗？”，并让学生说理，进行比较辨析，帮助学生弄明白：两根小棍是在不同的平面内，既不会相交也不会平行，从而形成完整准确的、清晰的、深刻的概念。

▶推荐阅读

（1）《数学符号史》（徐品方、张红，科学出版社，2007）

该书第 289 页的《几何中象形符号》一文，详细介绍了平行符号的历史沿革。

（2）《小学数学研究》（张奠宙等，高等教育出版社，2009）

该书第 137 页的第五节《垂直与平行》，介绍了在小学阶段如何正确把握平行与垂直概念，以及各国教材是如何安排此内容的。

（马明燕）

平行线（parallel line）

▶概念描述

现代数学：平行线是直线间的一种重要的位置关系。它在几何学中占有特殊的地位。其定义的方式是多样的（裘光明，2002）[125]：

①《几何原本》的定义是：平行的直线是同在一个平面上，而且尽量向两侧延长，也绝不会相交的直线。

② 希尔伯特（Hilbert，D.）的定义是：同在一平面上，而且没有公共点的两直线称为平行线，或称两直线互相平行。

③ 一般的定义是：在同一平面内不相交的两条直线称为平行线，或称两直线互相平行。

平行用符号“//”表示。如果直线 AB 和直线 CD 是平行线，记为 $AB/\!/CD$（或 $CD/\!/AB$），读作 AB 平行于 CD（或 CD 平行于 AB）；如果直线 a 与直线 b 平行，记为 $a/\!/b$（或 $b/\!/a$），读作 a 平行于 b（或 b 平行于 a）。

以上几种定义的表达方式虽然不同，但是其数学实质是相同的。

小学数学：在小学数学不同版本的教材中，“平行线”的定义与上面现代数学的“一般的定义”是一致的，只是在表述上稍有差异。2009 年人教版教材四年级上册的第 65 页和 2005 年北京版教材第 8 册的第 80 页是这样表述的：在同一平面内不相交的两条直线叫作平行线，也可以说这两条直线互相平行。苏教版教材四年级上册的第 39 页是这样表述的：同一平面内，不相交的两条直线互相平行，其中一条直线是另一条直线的平行线。

▶概念解读

“在同一平面内不相交的两条直线称为平行线，也可以说这两条直线互相平行。”从平行线的一般的定义我们可以得知：① 平行线所研究的是平面几何中两条直线的位置关系，因此在教学时引导学生理解“在同一平面内”这个先决条件非常关键，它是研究平行线的前提。②“相交”是学习平行线的上位概念。因此，学习“平行线”是在研究同一平面内两条直线的另一种位置关系“相交”的基础上进行的。“不相交”是平行线的本质属性，所以平行线也是有零个公共点的两条直线。研究平行线对于学生的数学学习来说非常重要，它是学生学习平面几何的基础。

人类对平行线经历了几千年的研究。公元前 300 年左右，欧几里得在《几何原本》中提出了著名的平行公设（第五公设），即“同平面内一条直线和另外两条直线相交，若在直线同侧的两个内角之和小于 180°，则这两条直线经无限延长后在这一侧一定相交”。意思是说，同一平面内一条直线和另外两条直线相交，若在直线同侧的两个内角之和等于 180°，这两条直线一定不相交，也就是平行。它引发了几何史上最著名的长达 2000 多年的关于“平行线理论”的讨论。正因为平行公设难于理解和证明，所以如今中小学数学中都把“同位角相等，两直线平行”和“过直线外一点，有且只有一条直线与已知直线平行”等公理当作平行公理，帮助学生理解平行线理论。

其实在公元前 4 世纪，我国战国时期的《墨经》中对平行线就有了相关记载。墨子说：“平，同高也。”意思是：平行线是指两条直线中，一条直线上的各个点到另一条直线的距离都相等的两条直线。这与欧几里得几何学定理“平行线间的公垂线相等”的意思相同。这个内容在小学教材中也有涉及，学生通过观察和测量，直观理解“平行线间的距离相等”的结论。

数学符号是数学抽象思维的产物，是数学思维活动的物质载体。“//”符号的产生是根据平行线的特征，来源于象形，实际上是缩小的图形。

▶教学建议

（1）小学阶段平行线概念的形成要经历两次抽象

根据小学生的思维特点，小学阶段的几何教学一般属于直观几何和实验几何。因此平行线概念的形成要借助直观，使学生在活动中经历概念的形成过程，并要体现两次抽象。一是从“实物”抽象出“图形”。教学时可以通过生活中有关平行线的场景图引入，隐去非本质的内容，近而抽象出平行线的几何图形。二是从“图形”抽象出“概念”。通过观察、操作、实验、想象等数学活动，对平行线本质属性进行研究，再次从几何图形抽象出平行线的概念。

（2）理解平行线的概念重在有效突破对“在同一平面内”的理解

“在同一平面内”是平行概念的内涵，也是教学的一个难点，学生比较难理解。为了突破这一难点，丰富和加深学生对平行线概念的理解，可以采用不同的直观方式帮助学生理解。于爱敏老师是用一个长方体盒子，在两个不同的面上粘两根小棒的形式，帮学生理解“在同一平面内不相交的两条直线叫作平行线”（详见《小学数学教育》2011 年第 1—2 期）。郑自苹老师用浅显的实例（教室内两面墙壁上的线）借助两条异面直线帮助学生理解“在同一平面内”的含义，使学生在具体的情境中初步建立“同一平面”的表象，加深了对平行线这一概念的理解。

（3）在平行线的教学中发展学生的空间观念

由于生活中不存在直线，因此我们所见到的平行线其实都只是平行线的一部分。为了帮助学生真正建立平行线的表象，教学时可以引导学生根据直线能够无限延伸的特点进行想象，借助两条直线延长后可以相交和不能相交两种情况的对比（如下图），使学生充分体验到同一平面内的两条直线间的距离相等，无限延长后也不会相交。这样，学生在无限的想象中，丰富了对平行线概念的理解，同时发展了空间观念。

▶推荐阅读

（1）《小学数学的基础理论》（钟善基、李家骏，北京师范大学出版社，1996）

该书的第六章主要从初等几何学的建立和小学几何知识中有关平行线的基本知识方面对平行线进行了介绍。

（2）《小学数学研究》（张奠宙等，高等教育出版社，2009）

该书第七章第五节论述了平行的相关知识。

（董翠娟）

垂线（perpendicular）

▶概念描述

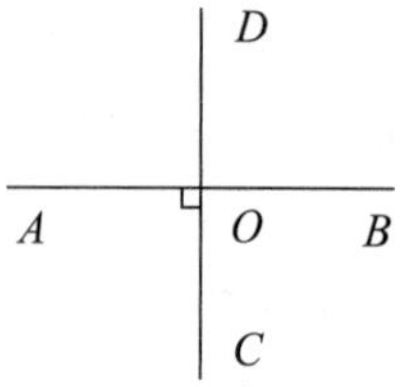

现代数学：若两条直线相交所构成的四个角中有一个是直角，则称这两条直线互相垂直，这时四个交角都是直角。交点称为垂足，亦称垂趾。垂直用“⊥”表示，读作“垂直于”（如右图）。若 AB 和 CD 相交于点 O，$\angle AOC=90°$，则 AB 和 CD 互相垂直，记为：$AB\perp CD$，读作 AB 垂直于 CD。交点是垂足。若两条直线互相垂直，则其中一条为另一条的垂线。（裘光明，2002）[122]

小学数学：小学阶段各版本教材对垂线所下的定义是相同的。即如果两条直线相交成直角，就说这两条直线互相垂直，其中一条直线叫作另一条直线的垂线。这两条直线的交点叫作垂足。

▶概念解读

垂线所研究的是平面几何中两条直线的一种位置关系，所以“在同一平面内”是研究垂线的前提条件。垂线的上位概念是两直线“相交”。有唯一公共点的两条直线称为相交直线。当两条直线相交后，必然会产生交角。当两条直线相交所构成的四个交角中有一个是直角。这两条直线就互相垂直，其中一条直线称为另一条直线的垂线。因此，两直线垂直属于两直线相交的范畴，垂线亦是相交线的一种特殊情况。

早在公元前3世纪，欧几里得在《几何原本》中就提出了垂线的定义：“当一条直线和另一条直线交成邻角彼此相等时，这些角中的每一个被叫作直角，而且称这一条直线垂直于另一条直线。”这里对于垂线定义的描述虽与现代数学定义在描述上稍有不同，但其实质是相同的。随着对垂线的深入研究，一些重要结论的出现，丰富了人们对垂线概念的认知。如“同一平面内过一点有且只有一条直线与已知直线垂直”、“点到直线间垂线段最短”，这些结论在小学数学教材中都有涉及，能够帮助学生加深对于平面内两直线垂直这种特殊位置关系的理解。

数学符号是数学抽象思维的产物，因此“⊥”符号的产生是源于垂线的特征，它来源于象形，实际上是缩小的图形。小学数学教材中是以在图中两直线相交处标示“¬”，来表示两直线互相垂直的。

▶教学建议

在小学阶段的平面几何中，垂线的概念非常重要。它是认识三角形、平行四边形、梯形等平面图形特征的基础。我们可以从以下几方面着手进行教学。

（1）小学阶段垂线概念的形成要经历两次抽象

垂线概念的形成要借助直观，使学生在活动中经历概念的形成过程，并要体现两次抽象：一是从“实物”抽象出“图形”；二是从“图形”抽象出“概念”。由于相交线是垂线的上位概念，两者联系密切，所以教学时两者不能分开。因此，垂线的教学可以通过生活中有关相交线（含垂线）的场景图引入，隐去非本质的内容，进而抽象出相交线的几何图形，使学生获得两条直线位置关系的生动表象，经历把生活问题抽象成数学问题的过程。然后通过观察、操作、分类等数学活动，用从一般到特殊的研究方法，将图形中的垂线从相交线中分离出来，再对垂线的本质属性进行研究，从而抽象出垂线的概念。

（2）在分类中辨析，建构垂线的几何模型

在学习垂线时，分类的数学思想起到了十分重要的作用。陈海霞老师在讲这一内容时，先引导学生在一张纸上画出两条直线不同位置关系的多种情况，并让学生进行分类。学生将其分成两类：相交和不相交。对于相交的情况，陈老师又引导学生进行再分类。学生又将相交线分成了相交成直角和相交不成直角两类。其中两条直线相交成直角的这种特殊情况，便是两直线垂直，其中一条直线叫作另一条直线的垂线。学生对垂线几何模型的建立，主要是在两次分类和辨析的过程中建立的。学生在分类辨析的过程中，更加明确了两条直线垂直与相交的关系，以及两直线垂直是两直线相交的一种特殊情况。

（3）沟通联系，培养学生的空间观念

由于生活中不存在直线，因此教学垂线时，教师要帮助学生沟通有限（线段）和无限（直线）之间的联系。这个沟通的过程，有的教师采用画线的方法，有的教师采用摆小棒的方法，引导学生进行无限长的想象。在此过程中，学生的空间想象力得到了发展。

在教学垂线时，还要注意沟通垂线和生活的联系。2011 版《课标》指出，“要结合生活情境了解两条直线的垂直关系”。又因为生活经验的回忆与再现是发展学生空间观念的有效途径之一，因此，教师要结合生活中一些需要用垂线解决问题的情境，使学生感受到在现实生活中有一些问题需要用到垂线的知识来解决。如“要在新建小区到公路间修一条小路，怎样修最近?”这个问题的解决，实际需要利用“点到直线的距离最短”的垂线的性质和垂线的画法。在解决问题的过程中，学生不但感受到了数学的应用价值，同时还培养了其空间观念。

▶推荐阅读

(1)《小学数学的基础理论》（钟善基、李家骏，北京师范大学出版社，1996）

该书的第六章主要对小学几何教学中所反映出的有关相交线和垂线的基本知识进行了介绍。

(2)《小学数学研究》（张奠宙等，高等教育出版社，2009）

该书的第七章第五节论述了垂直的相关知识。

（董翠娟）

垂直（perpendicular）

▶概念描述

关于垂直的概念可参照“垂线”条目，此处略。

▶概念解读

(1) 符号的产生

垂直符号“⊥”，最早出现在1634年厄里岗的著作中。经过了100多年，到了1763年，数学家埃默森的《几何入门》一书中，则大量使用记号“⊥”作为垂直符号，从此被广泛使用。到了17—18世纪，还有人创用了“山”的倒写等记号作为垂直符号，但是和“⊥”相比不太简洁，也便夭折了。因此，用“⊥”表示垂直符号，一直沿用至今。

两条直线的位置关系有相交、平行两种，2011版《课标》没有把两条直线重合作为第三种位置关系。

两条直线互相垂直，是两条直线相交的特殊位置关系。这里，不仅有特殊与一般的关系，而且还蕴含着数量变化与位置关系变化的内在联系——两直线相交所成角的大小成为特殊值（90°）时，两直线的位置关系就是特殊的相交（垂直）。

两条直线互相垂直是两条直线相交的特殊情况，它们所成的角为直角。线段与线段、线段与射线、射线与射线垂直时，均指它们所在的直线互相垂直。

（2）垂直的表示方法

垂直用符号“⊥”表示，读作“垂直于”。如下图，若 AB 和 CD 相交于点 O，$\angle AOC=90°$，则 AB 垂直于 CD。O 点是垂足。

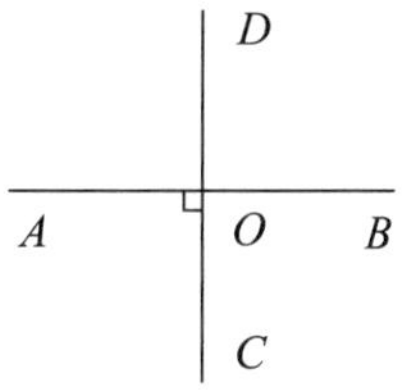

① 垂线的画法可以概括为：一靠、二过、三画。即过一点作已知直线的垂线，让三角板的一条直角边与已知直线重合，使其另一条直角边经过已知点，沿此直角边画直线，即为已知直线的垂线。运用此法可以过直线上一点或直线外一点画已知直线的垂线。

② 垂线的性质为：通过已知直线外或直线上一点都只能作已知直线的一条垂线。

由此可知：已知直线是给定的；要画的这条垂直于已知直线的直线必须要过一个点，不论这个点在直线上还是在直线外；这样的直线能画出一条，而且只能画出一条。

③ 点到直线的距离：过直线外一点作已知直线的垂线，这点与垂足之间的线段叫作垂线段，它的长度叫作这点到直线的距离。直线外一点与直线上各点连接的所有线段中，垂线段最短。

▶教学建议

（1）依托已有经验，学习新知

两条直线互相垂直，是两条直线相交的特殊位置关系。因此在认识“垂直”时，有的老师在研究两条直线的位置关系过程中，设计了二次分类的环节，让学生在相交的情况中再分类，使学生在观察、比较中发现两条直线的位置关系最特殊的一种情况。学生有直角的基础，往往能指出垂直的情况最特殊。因此，先前的学习对后继学习起到促进的作用。

(2) 抓住几何教学的核心，培养空间观念

空间观念绝不是靠操作就能培养出来的，还要让学生观察、想象、推理、表达，它们之间的结合有助于培养学生的空间观念。如王海燕老师在教学“垂直与平行”时，让学生想象“在你的面前有两条直线，它们会是什么样子的？比画出来，再用笔画出来。一张纸上画一种情况，比比看谁画得最多”。之后，让学生交流讨论图形特征。邓慧老师在教学“垂直与平行”时，让学生思考“两根小棒落地后可能会形成哪些图形？自己思考再画出来”。之后，邓老师展示学生画的图，让学生进行分类，认识图形的特征。

不管用什么方式引出新课，引发学生探究活动，教师都是让学生在观察、想象、推理、交流等活动中，把培养学生的空间观念落在实处。

(3) 加强直观，理解概念

“垂直”，在两条直线相交的情况中不仅有特殊与一般的关系，而且还蕴含着数量变化与位置关系变化的内在联系——两直线相交所成角的大小成为特殊值（90°）时，两直线的位置关系就是特殊的相交（垂直）。因此，唐彩斌老师从两条直线的位置关系入手，借助课件动态演示：在平面上的两条直线，一条不动，另一条不断变化，让学生感受直线与直线之间的关系变化——按“平行—相交—垂直”的顺序演变、发展，生成“垂直”。当两条直线相交成直角时，唐老师提问：“它有一个特殊的名字叫什么呢？”当学生说出“垂直”后，唐老师强调“两条直线相交成直角叫垂直”。接着，他继续将一条直线旋转，引导学生认识“不垂直”，进行正、反例的比较，进一步建立垂直的表象：在同一平面内的两条直线可能相交，也可能不相交，不相交的两条直线互相平行。相交成直角的两条直线互相垂直，垂直是特殊位置的相交。最后，唐老师引导学生归纳总结：当两条直线相交成直角时，我们就说这两条直线相互垂直，其中一条是另一条的垂线，它们的交点叫垂足。这一过程，通过观察、比较、辨析，帮助学生建立了清晰的“垂直”概念。

(4) 联系生活，体会价值

在新概念建立后，教师要注意巩固拓展，使数学本质和生活密切联系。在练习环节，许多教师都将垂直与长方形、正方体结合，找长方形中互相垂直的线段。这不仅深化了学生对垂直概念的理解，同时也强化了之前学习过的长方形的特征，丰富与深化了学生对长方形的认识。教

师还可以与中国的汉字结合，如从“垂”字中找垂线段；还可以与学生的生活经验结合，如开运动会时测量跳远距离的方法；与劳动相结合，如墙面、梯子、铁轨中间的枕木、护栏等。这些都可以使学生在深化对垂直概念理解的同时，感悟到数学与生活的密切联系。

▶推荐阅读

（1）《儿童学习心理与小学数学教学》（张兴华，江苏教育出版社，2011）

该书第一章《知识的形成与习得——建立表象》一文，结合两个教学实例，从心理学的角度分析了教学中建立表象和提取表象的问题。根据表象的特点和在认知活动中的作用，从三方面介绍了在小学数学教学中，如何帮助学生建立和获得表象。

（2）《数学符号史》（徐品方、张红，北京科学出版社，2007）

该书的第290页《几何中象形符号》一文，详细介绍了垂直符号的产生。

（马明燕）

角（angle）

▶概念描述

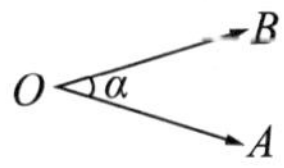

现代数学：在平面几何中，角被理解为从一点引出的两条射线所组成的几何图形。如右图，角 α 是从 O 点引出的两条射线 OA 与 OB 组成的几何图形。

角的静态定义：角是指具有公共端点的，以两条射线为界的平面部分。

角的动态定义：角是一条射线在平面内绕其端点的旋转量。并规定：射线的初始位置称为角的始边；射线的终止位置称为角的终边；射线的端点称为角的顶点。

角一般用符号“∠”表示，顶点为 O 的角可记为 $\angle O$，两边为射线 h，k 的角可记为 $\angle(h, k)$。当在两边上分别取一点 A 和 B 时，亦可用

A，B 和顶点 O 共同来表示角，记为 $\angle AOB$。(裘光明，2002)[186]

小学数学：2004 年人教版教材四年级上册的第 36 页指出：从一点引出的两条射线所组成的图形叫作角。

▶概念解读

图形是人类通过长期对客观物体的观察逐渐抽象出来的，抽象的核心是把物体的外部形象用线条描绘在二维平面上。图形的认识需要经历抽象的过程，有时这样的过程还是较为漫长的，因为学生往往难以一次性地真正完成这样的抽象。对于角的概念，虽然小学就有接触，但在第三学段探讨角的轴对称性时，有的学生会认为“角不是图形”或“角不是轴对称图形”，因为“角的两边好像不一样长”。这反映出这些学生对角的认识没有达到抽象的水平。

角是平面几何中最基本的概念之一。学习和掌握角的有关知识对学好后面有关的平面几何知识有着十分重要的意义。对于角的认识，不仅要从静态的角度去认识它，还要从动态的角度去丰富对它的认识。从小学数学教材对角的认识的构建过程中，我们也能够看到这种动与静结合的过程。

▶教学建议

(1) 动、静结合，引导学生从静态和动态两个不同的角度认识角

在角的认识过程中，几套不同的教材都是首先要求学生通过对静态的角进行观察（如红领巾的角、书本封面的角等），建立对角的初步认识，然后在此基础上进一步通过做一做、摆一摆等活动的安排，要求学生从动态的角度对角进行观察，从而进一步使学生增强了对角的感知。还可以让学生通过旋转角的制作和观察，初步体验到角的大小变化。例如，有教师从学生熟知的红领巾引入新课。教师指着贴在黑板上的红领巾，问学生：这条红领巾是什么形状的？谁能指一指红领巾的三个角？学生到黑板前指角的三个顶点位置。教师引入课题后，引导学生边说边指：数学书封面的角、黑板面的角、大屏幕的角、桌子面的角；等等。有学生提出质疑：桌子面的角是圆滑的，不是角。教师追问：你心目中的角是什么样的？学生说：尖尖的。这是让学生知道数学来源于生活，既是对角的直观辨认，同时也是一种静态感知。

在认识动态的角时，教师手拿折叠的纸扇说："刚才同学们指出了数学书封面的角。老师在书中也发现了一个角，注意观察（打开纸扇），你发现了吗？"教师让学生指一指这个角，然后打开角度大一点儿，再让学生指，并追问："这个角与刚才的角一样吗？哪里不一样？"学生都说：现在的角大，刚才的角小。接着，教师让学生举例：生活中还有这样在运动中产生的角吗？你能举个例子吗？学生举例并演示运动产生的角：剪刀张开、钟表指针等。在举例过程中，教师及时引导学生观察角的大小变化。

空间图形的认识需要直观辨认，同时也是一个从静态到动态的认识过程。从翻开硬皮书形成角，然后随着翻开角度的增大或减少，使一种动态的角展现在学生眼前，这是对"角的大小与边的长短没有关系"以及锐角、直角、钝角等知识的渗透，同时启发学生想到生活中开关铅笔盒、张开剪刀、转动钟表指针、打开笔记本电脑、拉开门等许多动态的角，开拓了学生的思维。这种从静态到动态的对角的认识，有利于学生建立有效的对空间图形的认识，把握图形的意义。利用图形的运动（变换）来认识图形，是一个将静态认识与动态认识相结合的途径。

（2）理解教材，把握"角的初步认识"在小学数学教学中的重要作用

从教材对"角的认识"编排来看，它一方面体现了从生活中抽象出图形再运用于生活的编排主线。图形的建立都是从学生较熟悉的生活实例中抽象出图形的表象，并通过对于图形的进一步研究，将对于图形元素、特征等基本要素的认识应用到生活现象的解释当中。这时角在学生的脑海里就不仅仅是一个形式定义，而是有着丰富内容的概念表征。

另一方面体现了从直观辨认到探索特征的主线。第一学段是初步认识，在整体感知阶段只是要求学生会直观地辨认，整体感知图形的外在特征。通过摆一摆、做一做等活动帮助学生建立对图形的初步感知。到了第二学段需要进一步认识角的特征。利用射线的概念给角下定义，复习角的各部分名称及角的表示方法和读法——教材先让学生认识射线和直线，再认识角。这样编排，有利于学生学习新的知识。认识射线是认识直线的基础，任何一条直线都可看作由同一点向相反方向引出的两条射线组成的；同样，认识射线又是认识角的基础，而角的认识又可看作射线的具体运用。在角的大小比较中，只有理解了角的大小与角的两条

边张开的程度有关，与边的长短无关，才能在后面为了方便角的度量延长角的边，使其与量角器的刻度重合。

▶推荐阅读

《小学数学教学策略》（张丹，北京师范大学出版社，2010）

该书在第三章第二节图形的认识的教学策略中，结合具体的案例对角的认识的教学提出了具体的教学建议。

（张胜荣）

直角（right angle）、锐角（acute angle）和钝角（obtuse angle）

▶概念描述

现代数学：直角是一种常用的角，指平角的一半。直角常用符号“Rt∠”表示。如右图，$\angle AOC$ 是平角，OB 是 $\angle AOC$ 的平分线，则 $\angle AOB$ 和 $\angle BOC$ 都是直角。角的顶点处的符号“┐”表示直角。

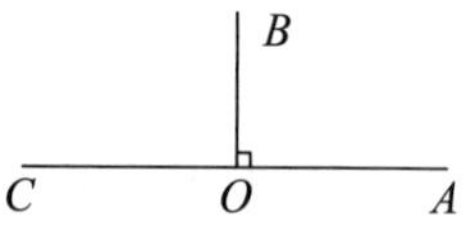

1 直角 $=\frac{1}{4}$周角 $=\frac{1}{2}$平角 $=90°$。小于直角的角称为锐角，大于直角而小于平角的角称为钝角。（裘光明，2002）[121]

小学数学：小学数学教材一般指出，90°的角叫作直角，小于90°的角叫作锐角，大于90°小于180°的角叫作钝角。

▶概念解读

几何学按照它的内容可分为欧几里得几何（即抛物几何）与非欧几里得几何。中小学阶段学习的几何属于欧氏几何。《几何原本》是欧几里得所著《原本》的中译名。1607年，徐光启与利玛窦合作翻译此书，中文名即译为《几何原本》。其中，“角”等名词术语的中文都是经过徐光启反复推敲而确定下来的。

直角相对于四分之一个圆周（即四分之一个圆形），而两个直角等于一个平角（180°）。角度比直角小的称为锐角，比直角大而比平角小的称为钝角。一个直角等于90°，大于0°小于90°的角叫作锐角。锐角一定比直角、钝角、平角、周角小。大于90°小于180°的角叫作钝角，钝角比直角、锐角大，但是小于平角和周角。

▶教学建议

（1）引导学生在第一学段构建直观模型的过程中，初步感知锐角、钝角和直角

学生在第一学段学习过程中，首先学会了如何辨认角和直角，知道角的大小与两条边张开的程度有关，并会用三角板来判断一个角是否是直角；在此基础上进一步认识锐角和钝角，学会用三角板判断一个角是直角、锐角还是钝角。教师在教学过程中可以为学生创设生动、具体的教学情境，使学生在愉快的情境中学习数学知识——这可以引导学生结合日常生活，找一找身边有哪些物品存在着锐角、钝角和直角。例如，数学书封面上有直角，红领巾上有锐角也有钝角，观览车上有锐角，滑梯上有钝角等。教师可以根据学生所列举的实物，适当选取一些生活物品的照片或图片，帮助学生建立直观模型。还可以把其中蕴含的角，通过计算机演示抽离出来，使学生清晰地看到所要观察的角，然后通过用三角板上的直角进行比较，看到锐角、钝角和直角的大小是不同的，最后抽象出一般的角，给出各种角的名称，并提供判断的标准。让学生在观察、比较、测量的过程中，自主建立锐角、钝角和直角的表象。从而使学生能够结合生活情境辨认锐角和钝角，能用简洁的语言完整、准确地描述锐角、钝角和直角的特征，并学会借助工具来验证锐角、钝角和直角。

学生在经历锐角、钝角和直角的形成过程中，不仅感受到数学与生活的联系，而且能够逐渐用更准确、具体的数学化语言描述生活中的数学现象。例如，在描述红领巾上的三个角时，学生从开始只能说出“有三个角、没有直角”到可以说出“有两个锐角和一个钝角”的结论。这些都为第二学段进一步学习角的度量奠定基础。

（2）引导学生在第二学段学习角的分类过程中，加深对锐角、钝角和直角的理解

学生在第一学段初步认识了角，感知了直角、锐角和钝角，知道小于直角的叫锐角，大于直角的叫钝角。第二学段“角的分类”这部分内容，就是在此基础上进行教学的。教师在教学过程中要注意找准知识的

生长点，让学生亲历“做数学”的过程，让学生在活动中感悟角的大小、在操作中发现角的分类方法，帮助学生建构概念。还可以通过引导学生观察、动手实践等活动，使学生进一步认识锐角、直角、钝角，学习平角和周角，根据角的度数区分锐角、直角、钝角、平角和周角，掌握它们之间的关系，恰当地概括出图形的特征，系统地学习角的概念、角的度量、角的分类、角的画法等。教学时，可以让学生在亲手转动活动角的过程中加以体会，发现锐角、直角、钝角、平角、周角的形成过程，从而感悟五种角之间的关系，进一步加深对锐角、钝角和直角的理解。

刘德武老师在“锐角和钝角”一课教学过程中，出示了一个自制的活动角教具，教师可通过它拉出不同角度的角，反复让学生猜。这一教具的使用，既激发了学生的学习兴趣，又让学生在观察中发现了锐角和钝角的特征，直观感受到不同角度的锐角和钝角，并且通过将活动角在圆内进行拉伸，帮助学生建立起锐角、钝角与平角和周角的联系，为以后圆的学习进行了一些铺垫。

▶推荐阅读

（1）《翻开数学的画卷——感受数学世界的人、文、情》（吴正宪，北京师范大学出版社，2010）

该书结合有关直角、锐角、钝角的相关内容，介绍了数学在现实生活中的广泛应用以及具体的教学建议。

（2）《小学数学新课程教学法》（陈清容、吕世虎，首都师范大学出版社，2010）

该书在第六章“空间与图形”的教学实施中结合具体的案例及其评析，对直角、锐角和钝角的教学提出了具体的教学策略。

（张胜荣）

平角（flat angle）

▶概念描述

现代数学：平角指两边组成一条直线的角。这时，角的内部和外部都是以这条直线为边界的半平面。(裘光明，2002)[121]

也可以说，一条射线绕着它的端点，按逆时针方向旋转，转到和原来的位置成为一条直线，这时所成的角叫平角。如右图，射线 OA 绕它的端点 O，按逆时针方向旋转，转到射线 OB 的位置（射线 OA 与射线 OB 构成一条直线），形成一个平角。(《小学教师实用数学辞典》编写组，1989)[373-374]

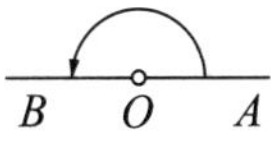

小学数学：小学数学教材通常没有给出明确定义，2004 年人教版教材四年级上册第 41 页是通过一把折叠扇子的实物图（静态）抽象出平角的直观图，让学生展开想象，你还在哪儿见过这样的角，如钟表上的 6 时，时针和分针形成了平角。

2006 年北师大版教材也没有给出明确的定义，其中四年级上册第 24 页主要通过活动角的一条边的旋转（动态）展现锐角、直角、钝角、平角的形成过程。这样不仅让学生认识了平角，也让学生清晰地看出了各种角的关系。

▶概念解读

平角有哪些性质？平角是一种特殊的角，凡是平角都相等，1 个平角 $=180^\circ=2$ 个直角。

平角是一条直线吗？任何“角”都是由两条有公共顶点的射线形成的，平角也不例外。一条射线绕它的端点旋转，当始边和终边在同一条直线上，方向相反时，所构成的角叫平角。平角不是一条直线，而是在一条直线上的两条射线。

▶教学建议

平角的认识是在学生感知了图形的旋转，以及对锐角、直角和钝角有了直观认识的基础上进行教学的。认识平角，主要是让学生知道平角概念以及平角与钝角、直角、锐角之间的大小关系，进一步发展空间观念。

引导学生认识平角并不难，但真正让学生抓住平角的本质特征，把握与其他各角的关系，发展空间观念并不易，因为平角比钝角、直角、锐角抽象。建议做好以下几个结合。

（1）联系生活，发现原型，将实物与图形结合，实现数学化

“图形与几何”的内容具有丰富的实际背景，要让学生经历从现实源泉中抽象出图形的过程，体验图形与现实世界的密切联系。虽然数学中的图形是抽象的，但学生的理解也是需要背景的，需要在现实生活中找到它们的“影子”。同时学生的认识仅仅停留在丰富的背景中也是不够的，要进行抽象和概括，得到数学中的图形。因此，认识平角要从生活原型出发，逐步抽象。（如下图）

（2）操作学具，媒体辅助，动静结合，实现真理解

教师可以引导学生利用活动角，依据角的定义，来操作演示创造不同的角，来理解特殊的角——平角。同时应用多媒体优势来展现平角的形成过程。由此，让学生在头脑中建立起平角的模型，达到真理解。

（3）动手操作，折画结合，理解关系

在应用活动角理解锐角、直角、钝角、平角的基础上，让学生利用圆片对折两次，可以得到四个直角、两个平角，从而也验证了一个平角等于两个直角。进而，再让学生在方格纸上画出锐角、直角、钝角、平角，来体会它们之间的关系，并讨论平角是否就是一条直线。

一系列的活动，留在学生头脑中的是各种角的表象，理解的是它们的大小关系，澄清的是直线与平角的区别。

▶推荐阅读

《小学数学教学策略》（张丹，北京师范大学出版社，2010）

该书的第153—164页的第三章《空间与图形的教学策略》，论述了图形认识的教学策略。

（吕志新）

周角（perigon）

▶概念描述

现代数学：周角是指两边重合且角的内部（包括边）是整个平面的角。(裘光明，2002)[121]

一条射线绕着它的端点，按逆时针方向旋转，转到这条射线回到它原来的位置时，所成的角叫作周角。如右图，射线 OA 绕它的端点 O，按逆时针方向旋转，转到这条射线又回到原来的位置，形成一个周角。一个周角 = 2 平角，一个周角 = 360°（《小学教师实用数学辞典》编写组，1989)[374]

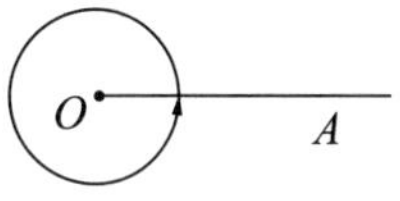

小学数学：小学数学教材通常对周角没有给出明确的定义，而是通过生活情境中的实物图形予以介绍。如 2004 年人教版教材四年级上册的第 41 页通过一把团扇的实物图（静态）抽象出周角的直观图，让学生展开想象：你还在哪儿见过这样的角？如钟表上的 12 时，时针和分针形成了周角。

2006 年北师大版教材四年级上册的第 24 页通过活动角的一条边的旋转（动态）展现锐角、直角、钝角、平角、周角的形成过程，这样不仅让学生认识了周角，也让学生清晰地看出了各种角的关系。

▶概念解读

周角有哪些性质？周角是一种特殊的角，凡是周角都相等，1 个周角 = 360° = 2 个平角 = 4 个直角。

周角的外部是空集。除周角外，另有一个两边重合的角，其内部是空集，而外部连同角边是整个平面，这样的角称为零角。因此，周角有内点而无外点，零角有外点而无内点。

周角是一条射线吗？任何“角”都是由两条有公共顶点的射线形成的，周角也不例外。一条射线绕它的端点旋转，当始边和终边完全重合时，所构成的角叫周角。周角不是一条射线，而是重合在一起的两条射线。高中阶段三角函数关于任意角的定义中说，角有四个要素：顶点、始边、终边、旋转方向。

▶教学建议

周角的认识是在学生感知了图形的旋转，以及对锐角、直角、钝角与平角的特点有了直观认识的基础上进行教学的。认识周角，主要是让学生知道周角概念以及周角与平角、钝角、直角、锐角之间的大小关系，进一步发展空间观念。

具体教学过程和方法建议，可参见本书“平角”的教学建议部分。

▶推荐阅读

《小学数学教学策略》(张丹，北京师范大学出版社，2010)

该书第153—164页的第三章《空间与图形的教学策略》论述了图形认识的教学策略。

(吕志新)

对顶角（vertical angles）

▶概念描述

现代数学：两角间的一种位置关系。若一个角的两边分别是另一个角的两边的反向延长线，则这两个角互为对顶角。(裘光明，2002)[122]

小学数学：小学数学教材中没有给出对顶角的明确的定义，而是通过度量“角”来说明的，通过度量发现“这样的角，度数相等”，也就是“对顶角相等”。

如2004年人教版教材四年级上册第40页“角的度量”单元就有这样的安排：量出下面各角的度数，你能发现什么？(如右图)

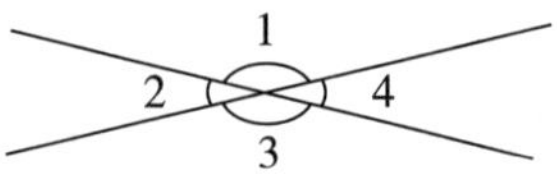

研究了角的分类，学习了平角、周角后，该教材又出现了对顶角的图（如右图），并要求根据一个角的度数，说出另外几个角的度数。

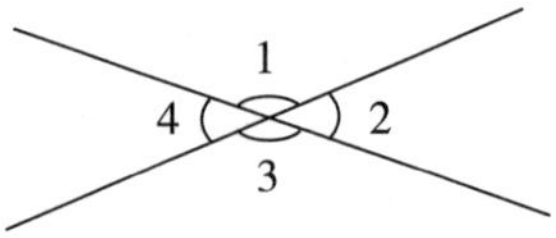

▶概念解读

对顶角有哪些特性？对顶角是具有特殊位置关系的两个角，对顶角相等反映的是两个角之间的大小关系。两条直线相交有一个公共点，没有公共边，这两条直线相交就形成了两对对顶角。

对顶角相等是怎样被发现和证明的？对顶角相等非常直观，容易理解，但它在平面几何证明中占有重要地位，是证明图形全等、相似的重要依据。

提到对顶角相等的发现与证明，一定会想到古希腊数学家泰勒斯，他被后人誉为人类历史上最早的科学家，有“科学之父”和“希腊数学的鼻祖”之称。他在数学方面划时代的贡献是把逻辑论证引入到数学，确保了数学命题的正确性，揭示了各定理之间的内在联系，使数学构成了一个严密的体系，他曾把诸如“直径平分圆周”、“三角形两等边对等角”、“两条直线相交时，对顶角相等”、“三角形两角及其夹边已知，此三角形完全确定”、“半圆所对的圆周角是直角”等平面几何学的知识整理成一般性的命题，论证了它们的严格性，并在实践中广泛应用，为毕达哥拉斯创立理性的数学奠定了基础。

“对顶角相等”在《几何原本》里被列入命题15，借助公理3（等量减等量，其差相等）给予证明。

光线是沿直线传播的，小孔成像的原理其实也能说明对顶角相等。大约两千四五百年以前，我国的墨子和他的学生，做了世界上第一个小孔成像的实验，解释了小孔成倒像的原因，指出了光的直线进行的性质。这是对光直线传播的第一次科学解释。（具体可参看《墨经》）

无论是光学还是几何学范畴，都揭示了这个看似简单却又非常重要的知识。

▶教学建议

对顶角在小学数学教材中被安排在了“角的度量”之后。虽然没有出现这个名词，但在角的度量过程中会发现：“这样的角”度数相等，即对顶角相等。因此教材编者的意图一个是巩固新知——进一步巩固角的度量和认识平角，另一个是直观感知，向学生渗透“这样的角”度数相等这一事实，为今后的几何学习做好铺垫。如何做好铺垫呢？

① 以角的度量为线索，测量不同状态的角，感知两直线相交，会形成两组度数分别相等的角。

② 借助平角和周角认识对顶角。比如量出其中一个角的度数，不去量，能否知道另外几个角的度数。

③ 寻找生活中的“对顶角”。如“+”、剪刀、伸缩式衣架、x 形储物柜、十字路口、铁丝网……

④ 查阅欧几里得《几何原本》中的命题“对顶角相等”、《墨经》中了解“小孔成像”实验，更深入地理解对顶角，提高数学文化品位。

▶推荐阅读

(1)《几何原本》（欧几里得，陕西科学技术出版社，2003）

该书第 14 页具体论证了对顶角相等。

(2)《数学史》（斯科特，广西师范大学出版社，2008）

该书第二章论述了古希腊数学的起源和发展，介绍了希腊数学史的三个时期以及泰勒斯的“两直线相交时，对顶角相等”等五个重要命题。

（吕志新）

三角形（triangle）

▶概念描述

现代数学：三角形是指平面上不共线的三点及其每两点连结的线段所组成的封闭图形（包括它的内部区域）。（裘光明，2002）[126]

另一种说法是三角形是由三条线段首尾顺次连接所组成的封闭图形。（黄惟明，1993）

小学数学：如 2005 年人教版教材四年级下册第 80 页这样说：由三条线段围成的图形（每相邻两条线段的端点相连）叫作三角形。

▶概念解读

三角形在日常生活中有着广泛的应用，瓦房的房顶、自行车支架、相机支架、斜拉桥、高压电线杆的支架等都是三角形的。人们在很早以前就对三角形的相关知识进行了研究。中国古算中，三角形田被称为圭田，因此也称三角形图形为圭田。如汉代《九章算术·方田》中提到“（圭田）术曰：半广以乘正从”，说的就是三角形面积的求法。

三角形有着怎样的特点呢？三角形是平面几何中最基本、最重要的图形之一。

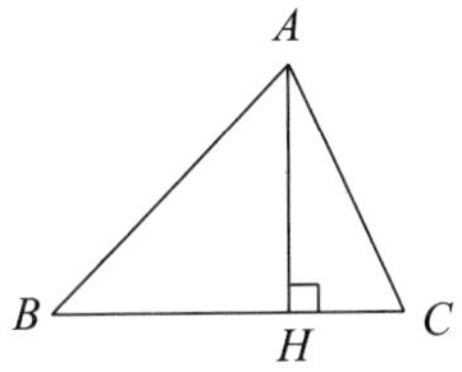

如右图三角形 ABC 有三个顶点、三条边和三个内角。三个顶点是指相邻两边的公共端点 A、B、C；三条边是指线段 AB、BC、AC；三个内角是指相邻两边的夹角 $\angle ABC$、$\angle ACB$、$\angle BAC$。顶点分别为 A、B、C 的三角形记作 $\triangle ABC$，读作三角形 ABC。

三角形 ABC 还有四心：垂心、重心、内心、外心。

垂心：从三角形的一个顶点向对边引的垂线段，叫作三角形的高。如过 A 点作 BC 边的垂线，点 A 到垂足 H 的距离叫作三角形 BC 边上的高。（如上图）一个三角形有三条高，三条高的交点称为三角形的垂心。

重心：连结三角形一个顶点和它对边中点的线段称为三角形的中线，一个三角形有三条中线。三条中线的交点称为三角形的重心。

内心：三角形每个内角的平分线叫三角形角平分线。一个三角形有三条角平分线。它们相交于一点，这一点称为三角形的内心。它是三角形内切圆的圆心，到三角形三边的距离相等。

外心：三角形三条边的垂直平分线的交点被称为三角形的外心。外心到三角形三个顶点的距离相等。

三角形可以怎样分类呢？三角形按边分可分为不等边三角形（三边两两不相等）或称一般三角形、等腰三角形和等边三角形；按角分可分为锐角三角形、直角三角形和钝角三角形。

三角形有哪些特性？① 具有稳定性；② 内角和是 180°；③ 任意两边之和大于第三边，任意两边之差小于第三边；④ 等腰三角形的顶角平分线、底边的中线、底边的高重合，即三线合一；⑤ 直角三角形的两条直角边的平方和等于斜边的平方——勾股定理，直角三角形斜边的中线等于斜边的一半；⑥ 三角形的外角（三角形内角的一边与其另一边的延长线所组成的角）等于与其不相邻的两个内角之和；⑦ 勾股定理逆定理：如果三角形的三边长 a，b，c 有下面的关系 —— $a^2+b^2=c^2$，那么这个三角形就一定是直角三角形；⑧ 全等三角形对应边相等，对应角相等。

▶教学建议

三角形作为平面几何中最基本的图形之一，其内涵非常丰富，知识点很多。2011 版《课标》的第 23 页中明确提出在第二学段要认识三角形，通过观察、操作，了解三角形两边之和大于第三边、三角形内角和是 180 度，认识等腰三角形、等边三角形、直角三角形、锐角三角形、钝角三角形，探索并掌握三角形的面积公式。所以，对于三角形的完整认识不是通过一节课就能解决的，要循序渐进、螺旋上升——既重视知识的掌握，又要重视思想方法的渗透，以及动手操作能力的提高。

（1）三角形的认识要将“联系”的观点贯穿教学的全过程

教师可以引导学生把握数学知识的内在联系，通过动手实践、探究发现、归纳概括，来促进学生把数学知识结构内化为自己的认知结构，提高学生对数学整体性的认识。如邹俊梅老师执教的“三角形内角和”一课，引导学生从一副三角板的内角度数入手，通过量、拼、折、转、变等方法，从不同侧面探索、验证了三角形内角和是 180°的这个规律，也沟通了知识间的联系。具体如下——

量：是不是所有的三角形内角和都是 180°呢？学生举例，用量角器测量验证，将量与算结合。

拼：如果没有测量工具，能不能证明？学生先撕再拼，与平角知识结合起来验证。

折：不撕，把三角形的三个内角对头折在一起，也正好形成一个平角。

转：通过长方形转化成两个直角三角形，或把两个完全一样的直角三角形拼成一个长方形；对一个钝角或锐角三角形作高，形成两个直角三角形，这些都能证明得出三角形内角和是 180°。

变：利用几何画板，让三角形动起来。拖动三角形的一个顶点，不管三角形的边如何变化，不管三角形的大小怎样变化，始终不变的是内角和的度数——180°。

(2) 经历真探究，渗透全面看问题的观点，培养动手操作能力

如孙贵和老师执教的“三角形三边关系”一课，自然流畅，环环相扣，让学生经历了真探究，自主发现了三角形三边关系的特点。“什么是三角形?”、“要围成一个三角形需要几条线段?”、“既然三角形必须由三条线段围成，究竟怎样关系的三条线段才能围成一个三角形?”在孙老师的引导下，学生操作、探究、验证，认识到“不是所有的三条线段都能围成三角形”进而再举例验证、记录数据，发现各边长短与是否能围成三角形的关系。数学是严谨的，从“两边之和大于第三边”的不严谨到“最短两边之和大于第三边”再到“用 a、b、c 三个字母表示三角形的三条边的长短”，这一系列的巧妙设计，让学生真正理解了三角形任意两边之和大于第三边的内涵。另外，练习设计更是精巧——3、3、6能围成三角形吗? 3.1、3、6 能围成吗? 2、3、8 能围成吗? x、3、8时，x 可以是多少? 这些都有效地激发了学生思维的火花，对全面看问题的观点实现了自然渗透。

▶推荐阅读

(1)《数学辞海·第一卷》(裘光明，山西教育出版社，2002)

该书的第 126—131 页论述了三角形的概念、性质和判定。

(2)《三角形三边关系》(孙贵和)

孙老师的这节课是2011 年5 月的全国评优课，对广大一线教师有很强的指导意义。

(吕志新)

长方形(rectangle)

▶概念描述

现代数学: 长方形也称矩形，是特殊的平行四边形之一。即有一个角是直角的平行四边形称为长方形。(裘光明，2002)[135]

小学数学: 小学数学教材没有明确的定义，一般是通过两个阶段来认识长方形：如 2003 年人教版教材第一阶段是在一年级上册第 34 页,

在认识长方体的基础上，感悟面在体上，把其中的某个面画在纸上，就形成了长方形，让学生能直观认识，学会辨认。第二阶段是在三年级上册第 34 页，通过量一量、折一折、比一比来发现长方形的边和角的特点：对边相等，四个角都是直角，让学生能依据特征，判断图形是不是长方形。

▶概念解读

长方形从哪儿起源呢？中国古算书中，将矩形田称为直田，也称矩形图形为直田。

长方形有哪些性质？

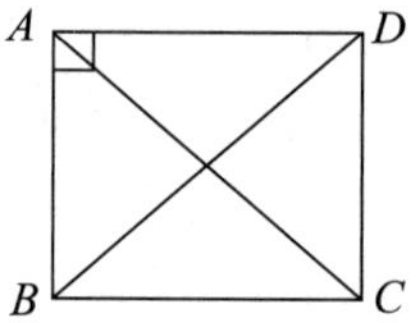

如右图，在平行四边形 $ABCD$ 中，若 $\angle A=\text{Rt}\angle$，则平行四边形 $ABCD$ 为长方形，记作▭$ABCD$，读作长方形 $ABCD$。长方形的两条邻边中，长边通常被称为长方形的长，短边通常被称为长方形的宽。

长方形是一种特殊的平行四边形，因此，它除具有平行四边形的性质外，还具有下列性质。

① 四个角相等，且都是直角。

② 两条对角线相等，即 $AC=BD$。

③ 每条对角线分长方形为两个全等的直角三角形。

④ 它是轴对称图形，有两条对称轴，这两条对称轴是过长方形的对称中心，而且与该长方形相邻两边分别平行的两条直线。

⑤ 有一个外接圆，长方形的两条对角线都是外接圆的直径。

长方形怎样来判断呢？判定长方形有几个充分条件，满足下列条件之一的四边形就是长方形。

① 有一个角是直角的平行四边形。

② 两条对角线相等的平行四边形。

③ 邻角相等的平行四边形。

④ 有三个角是直角的四边形。

⑤ 对角线互相平分且相等的四边形。

⑥ 四个角相等的四边形。

⑦ 关于过对角线交点，且分别与两邻边平行的两条直线成轴对称的四边形。

长方形是认识平面图形的开始，数学中平面图形是怎么来的呢？图形，是人类长期通过对客观物体的观察逐渐抽象出来的，抽象的核心是把物体的外部形象用线条描绘在二维平面上。例如，点是位置的抽象，在几何中用点来标记一个物体的位置（如地图上的城市就为点）；线是路径的抽象，我们把“从一个地方走到另一个地方”抽象为“线段，或直线段、曲线段”。

又如，观察一张书桌，它占据一定的空间，有长短、宽窄和高矮，这些反映到我们的脑子里就有了形状的概念，就被抽象成几何图形。我们继续观察，发现桌面上有四个相等的角，两两相等的对边，长和宽不相等。黑板、书本、门窗等，都具有这些相同的特征，于是就形成了“长方形”的概念。这样，“长方形”不再是某个具体的物体，而是抽象了的图形。（史宁中，2012）[180-181]

▶教学建议

小学阶段认识平面图形一般来说是这样一个流程：长方形、正方形—平行四边形—三角形—梯形—圆。认识长方形是人们认识其他平面图形的基础。认识长方形不仅要发现它的特征，还要学会研究平面图形的方法，更重要的是还要发展空间观念，逐步学会用数学的眼光看待丰富的图形世界，体会图形在现实生活中的广泛应用。如何实现这个目标呢？

（1）动手操作，探究发现

“找一找”：人们观察生活，大多情况下看到的是立体的实物。我们可以让学生找一找哪些物体上的面是长方形的，把它画在纸上，就形成了平面图形。

“数一数”：大大小小的长方形，我们可以让学生数一数，每个长方形都有几条边，有几个角。

“猜一猜”：长方形的四条边有什么特点？四个角呢？可能有的学生会猜测：上下两条边相等，左右两条边相等；四个角都是直角。

“量一量”或“折一折”：如何证明我们的猜测呢？学生可以动手量一量，上下两边的长度是否相等，左右两边的长度是否相等；也可以动手折一折，上下两边对折，左右两边对折，看是否能完全重合。如果长度相等、完全重合，就能说明这个长方形是上下两边相等、左右两边相等。是不是所有的长方形都是这样呢？学生可通过大大小小、不同方位的长方形加以验证。

“比一比”：如何证明长方形的四个角是直角呢？由于学生还没有学习角的度量，但学生认识三角板中的直角，可让学生用三角板中的直角与长方形的四个角比一比。如果完全重合，就说明这四个角是直角。

通过找、数、猜、量、折、比的体验活动，让学生经历的是发现平面图形特征的过程，印证的是长方形边和角的特征，为今后判断长方形提供了依据，也为今后研究其他平面图形奠定了基础。

（2）认识长方形、发现其特征是学习长方形的开始

在今后的学习中，长方形的周长、长方形的面积、长方体的表面积、长方体的体积，会让学生更深入地理解长方形。

▶推荐阅读

（1）《数学辞海》（裘光明，山西教育出版社，2002）

该书第135页论述了长方形的意义和性质、判定。

（2）《〈义务教育数学课程标准（2011年版）〉解读》（史宁中，北京师范大学出版社，2012）

该书第九章“图形与几何”部分的第180—181页论述了从实物到几何图形的抽象过程，提出了图形认识的基本途径。

（吕志新）

正方形（square）

▶概念描述

现代数学：正方形是特殊的平行四边形之一。即有一组邻边相等，并且有一个角是直角的平行四边形称为正方形。（裘光明，2002）[136]

小学数学：小学数学教材对正方形没有给出明确的定义，一般是通过两个阶段来认识正方形的。如2003年人教版教材第一阶段是在一年级上册第34页，在认识正方体的基础上，感悟面在体上，把其中的某个面画在纸上，就形成了正方形，让学生能直观认识，学会辨认。第二阶段是在三年级上册第34页，通过量一量、折一折、比一比来发现正

方形边和角的特点：四条边都相等，四个角都是直角，让学生能依据特征，判断图形是不是正方形。

▶概念解读

正方形在生活中的原型是什么？人们认识正方形最早是通过划分田地开始的，中国古算书中，正方形田称为方田，也称正方形图形为方田。现实生活中，人们在观察物体时，往往看到的是有长短、宽窄和高矮的体，再把体的某个面画在纸上或拍成照片抽象到头脑中，就形成了平面图形。例如餐桌的面、地砖面、玻璃面、魔方的面等往往都是正方形的。

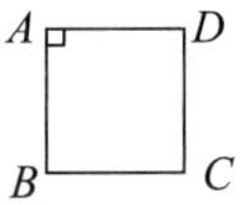

正方形有什么特征呢？如图：在平行四边形 $ABCD$ 中，若 $AB=BC$，且 $\angle A=\mathrm{Rt}\angle$，则平行四边形 $ABCD$ 为正方形，记作□$ABCD$，读作正方形 $ABCD$。正方形每条边的长称为正方形的边长。

正方形具有以下特征。

① 边：两组对边分别平行，四条边都相等，相邻边互相垂直。

② 内角：四个角都是 90°。

③ 对角线：对角线互相垂直，对角线相等且互相平分，每条对角线平分一组对角。

④ 对称性：既是中心对称图形，又是轴对称图形（有四条对称轴）。

⑤ 形状：正方形属于长方形的一种，也属于菱形的一种。

⑥ 正方形具有平行四边形、菱形、矩形的一切性质。

⑦ 特殊性质：正方形的一条对角线把正方形分成两个全等的等腰直角三角形，对角线与边的夹角是 45°；正方形的两条对角线把正方形分成四个全等的等腰直角三角形。

如何判定一个四边形是不是正方形呢？判定正方形有几个充分条件，满足下列条件之一的四边形是正方形：

① 四边相等且有一个角是直角的平行四边形是正方形。

② 对角线互相垂直平分且相等的四边形是正方形。

③ 有一个角是直角且一组邻边相等的平行四边形。

④ 有一组邻边相等的长方形。

⑤ 有一个角为直角的菱形。

正方形和其他平面图形的关系是什么？正方形是一种特殊的平行

边形，也是特殊的长方形和菱形。因此，它具有平行四边形、长方形、菱形的一切性质。在正方形里画一个最大的圆，该圆的面积约是正方形面积的78.5%；正方形外接圆面积大约是正方形面积的157%。

▶教学建议

长方形和正方形是一对孪生兄弟，人们在认识长方形之后，紧跟着就要认识正方形。有了认识长方形的经验，正方形的特征就很容易找到。

关于教学过程和方法建议可参见本书“长方形”概念教学建议部分。

▶推荐阅读

《数学辞海·第一卷》（裘光明，山西教育出版社，2002）

该书的第136页论述了正方形的意义和性质、判定。

（吕志新）

平行四边形（parallelogram）

▶概念描述

现代数学：在同一平面内有两组对边分别平行的四边形叫作平行四边形。（裘光明，2002）[134]

小学数学：2004年人教版教材四年级上册的第71页指出：两组对边分别平行的四边形叫作平行四边形。

▶概念解读

平行四边形是最基本、最重要的一种四边形，在生活中有着广泛的原型：小区的伸缩门、载重汽车的防护网、停车位、挂衣架等。

人们是从什么时候开始研究平行四边形的呢？早在《几何原本》第一章中就有记载，对角相等且对边相等、但边不全相等且角不是直角的四边形，叫作斜方形或长菱形。斜方形就是后来的平行四边形，但内涵窄一些，斜方形是边不全相等且角不是直角，所以正方形、矩形（长方形）属于平行四边形而不属于斜方形。

平行四边形有哪些性质呢？如右图，四边形 $ABCD$ 中，若 $AB /\!/ CD$，$AD /\!/ BC$，四边形 $ABCD$ 是平行四边形，记作 $\square ABCD$，读作平行四边形 $ABCD$。若把 BC 作为该平行四边形的底，则 BC 上的高为 AH。若把 CD 作为底，则 CD 上的高为 AK。

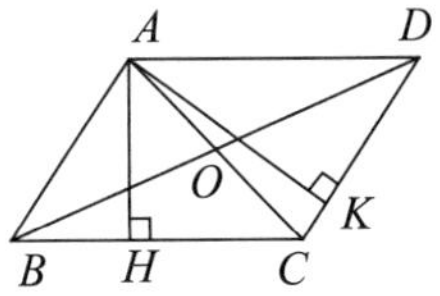

平行四边形的任一条边都可以作为平行四边形的底，这条边到对边的距离称为这个底上的高。（高是对于确定的底来说的）在平行四边形 $ABCD$ 中，AC 和 BD 是两条对角线。

平行四边形的性质主要有：① 两组对边分别相等；② 两组对角分别相等；③ 两条对角线互相平分；④ 相邻两角互补；⑤ 被一条对角线分为两个全等的三角形；⑥ 是中心对称图形，对称中心是两对角线的交点。

判定平行四边形有几个充分条件，满足下列条件之一的四边形就是平行四边形：

① 两组对边分别相等的四边形是平行四边形；

② 一组对边平行且相等的四边形是平行四边形；

③ 两组对边分别平行的四边形是平行四边形；

④ 两条对角线互相平分的四边形是平行四边形。

平行四边形的特性是不稳定性。因为平行四边形的形状、大小不能仅由平行四边形的四条边确定。如果把两两相等的四根木条用可活动的铰钉钉成平行四边形木框，推动木条可以得出形状、大小各不相同的平行四边形，由此说明平行四边形具有不稳定性。

平行四边形在小学数学学习中地位如何呢？

小学生认识平面图形的进程一般是长方形、正方形—平行四边形—三角形—梯形—圆。长方形、正方形、菱形是特殊的平行四边形，平行四边形又是研究三角形、梯形的基础。因此，平行四边形在平面图形认识上起着承上启下的重要作用，通过边和角的变化可以看出它们之间的联系与区别，尤其是在研究面积的过程中更能凸显它们之间的关系——平行四边形要转化成长方形，三角形、梯形、圆要转化成平行四边形。

▶教学建议

平行四边形是在学生认识了长方形、正方形的基础上继续学习的。

学生认识平行四边形的生活经验、知识基础是什么？学生能直观认识长方形、正方形、三角形、圆和平行四边形，能结合生活经验举出一些生活中的例子；知道两条直线之间的位置关系有相交、平行和垂直；研究过长方形、正方形的特征，积累了一定的研究经验，能有意识地从边和角两个维度对图形进行研究。

如何在学生的头脑中建立起平行四边形的几何模型，发现其本质属性呢？重要的是要实现两次飞跃：从实物中抽象出几何图形；从几何图形中抽象出几何概念。段晓炜老师的教学设计就突出了这一点，其主要过程如下。

（1）观察生活，由体到形

观察生活，找一找，生活中哪些物体的外形是平行四边形的？比如楼梯护板、停车位、伸缩门中的护栏、七巧板中的一块板子……把实物的外形画在纸上，就形成了平面图形—— 平行四边形。

（2）操作感悟，发现特征

大大小小、不同方位的平行四边形有着怎样的相同特征呢？段老师让学生做一做、想一想、议一议，利用多种学具在小组合作中操作完成。比如，用橡皮筋在钉子板上围出平行四边形，在方格纸上画出平四边形，用可拼插的小棒插出平行四边形，也可在白纸上直接画出平行四边形。

这个环节以直观为先导，让学生在做中感悟并以实验的方式来说明平行四边形的特征，在边做、边调整的过程中理解怎样“做”就能完成一个平行四边形，同时利用不同学具从不同角度来说明平行四边形的特征。

在众多的特征中，哪个是最本质的属性呢？用自己的话说一说，什么样的图形就是平行四边形？书上为什么说两组对边分别平行的四边形就是平行四边形？让学生在讨论验证中得到思维的飞跃。

（3）联系旧知，形成链条

在理解平行四边形特征的基础上，把两两相等的四根木条用可活动的铰钉钉成平行四边形木框，对角拉动木框，可直观感受平行四边形易变形的不稳定性。在拉动的过程中，也能感受它的特殊情况——当邻角是直角时，它就形成长方形，所以长方形是特殊的平行四边形，进而得出平行四边形、长方形、正方形的种属关系。这种关系可以用集合图表示，从而渗透了集合思想，使新知与旧知形成了知识链。

▶推荐阅读

(1)《数学辞海 · 第一卷》（裘光明，山西教育出版社，2002）

该书第 134 页论述了平行四边形的概念、性质和判定方法。

(2)《数学的源与流》（张顺燕，高等教育出版社，2008）

该书第六章《欧氏几何回顾》的第 173—179 页论述了欧氏几何的诞生、历史背景、内容、特点和地位。从中，我们可以看到关于平行四边形的最早的论述。

（吕志新）

梯形（trapezoid）

▶概念描述

现代数学：一组对边平行而另一组对边不平行的凸四边形称为梯形，它是特殊的四边形之一。（裘光明，2002）136-137

小学数学：2004 年人教版四年级上册教材第 71 页是这样定义的：只有一组对边平行的四边形叫作梯形。

▶概念解读

梯形是从哪里起源的呢？我国古算书中称梯形田为邪田，因此梯形图形也称邪田。

梯形在生活中的原型是什么？生活中的梯子、汽车的前挡风玻璃、水渠的横截面、跳箱的侧面等都是梯形的。

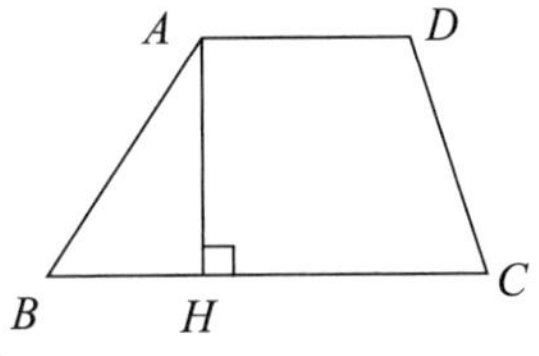

梯形有哪些特性呢？如右图，四边形 $ABCD$ 中，若 $AD /\!/ BC$，AB 与 CD 不平行，则四边形 $ABCD$ 是梯形。平行的两边 AD、BC 叫作梯形的底边，它们必不相等。其中长边 BC 叫下底，短边 AD 叫上底；也可以单纯地认为上面的一条叫上底，下面一条叫下底。不平行的两边 AB、CD 分别称为梯形的腰；上底与腰的夹角称为上底角，下底与腰的夹角称为下底角，并统称为梯形的底角。两底之间的距离称为梯形的高。梯形两腰中点的连线称为梯形的中位线，梯形的中位线平行于底边，并通过两对角线中点，且等于两底之和的一半。梯形两对角线的中点连线平行于底边，且等于两底之差的一半。

梯形的本质特征是只有一组对边平行的四边形，可分为一般梯形和特殊梯形。特殊梯形包括等腰梯形和直角梯形。其中，两腰相等的梯形叫等腰梯形；有一个角是直角的梯形叫直角梯形。

▶教学建议

认识梯形的基础和困难是什么？学生在学习梯形之前已经认识了长方形、正方形、平行四边形的特征，知道了平行、相交与垂直，还能动手在点子图或方格纸上画长方形、正方形和平行四边形，并且会画平行线和垂线。这些为学习梯形奠定了知识、技能基础。梯形虽然是学生初次接触，但在实际生活中，学生都接触过梯形原型，有一定的生活经验，只是很难准确地抽象出它的本质属性。另外，对于梯形的高的理解和作法上存在一定的难度。

怎样引导学生去认识梯形、发现它的特征呢？丁杭樱老师利用点子图研究图形的特征，收到了很好的效果。① 回忆已经认识了哪些四边形，并在点子图上画出几个不一样的四边形。点子图不仅便于学生比较准确地画图，还利于学生发现不同四边形的特点，因为它能把平面图形的点、线、面联系起来，促使学生快速发现边和角的特征。② 在分类比较中认识特殊的梯形。在学生画出的不同的四边形中找出梯形。如果学生作品中没有出现梯形，老师可以做一些适当补充，让学生去判断辨别，最终发现等腰梯形和直角梯形的特性。③ 分析量的变化（边的长短、角的大小）如何影响图形的变化。丁老师提出问题：四根长度相等的小棒能围成什么图形？（正方形或菱形）然后把四根小棒分成两组，每组两根长度相等、两组之间长度不等，问：这样的四根小棒能围成什么图形？（平行四边形、长方形）丁老师接着问：把其中一根换成短一点的，又可以围成什么图形呢？（等腰梯形、直角梯形）小棒的出现使图形的认识不再局限于单一的形，量的变化能引起形的变化，小棒把数与形紧密联系起来，利于学生多角度把握知识。④ 总结梳理串成线，形成网。丁老师进行总结性提问：任意四边形改变什么条件就能变成梯形？改变梯形的什么条件就能成为平行四边形？平行四边形又如何转变成长方形、正方形？在此基础上，丁老师引导学生梳理出关系图（如下图）。

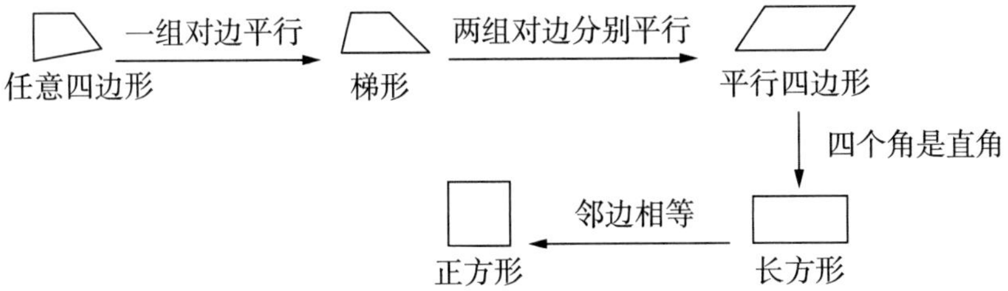

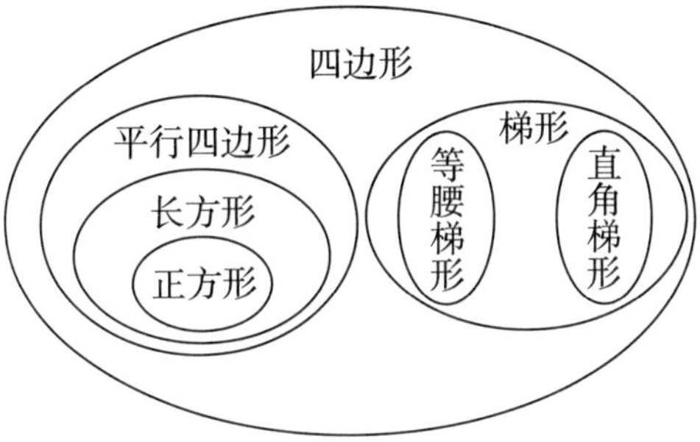

▶推荐阅读

(1)《数学辞海·第一卷》（裘光明，山西教育出版社，2002）

该书的第136—137页详细论述了梯形的意义和性质。

(2)《知识求多更要求联》（丁杭缨，《小学教学（数学版）》，2010年第1期）

该文巧妙运用点子图、小棒等学具帮助学生认识平行四边形和梯形等四边形的特征以及它们之间的关系，收到了好的教学效果，值得广大一线教师借鉴。

（吕志新）

圆（circle）

▶概念描述

现代数学：圆的定义一般有以下三种（裘光明，2002）[143]：

① 平面上到定点 O 的距离等于定长 r 的全体点组成的一条曲线称为以点 O 为圆心、以 r 为半径的圆周，简称圆，记为⊙O 或⊙O（r）。

② 到定点的距离等于定长的动点的轨迹称为圆。该定点称为圆心，定长称为圆的半径。

③ 给定一条线段，使其绕着它的一个固定的端点在平面内旋转一周，其另一个端点所经过的封闭曲线称为圆。线段的固定端点称为圆心，线段长称为圆的半径。

小学数学：关于圆的概念，小学数学教材中一般没有直接给出定义，而是举出一些生活中常见的圆形的物体，如钟面、硬币、车轮等来说明圆。到了初中，教材中才出现圆的定义，如 2009 年人教版教材九年级上册的第 79 页指出：圆是到定点的距离等于定长的点的集合。但也有的教材，用描述性的语言来说明什么是圆，如 2003 年浙教版教材六年级上册的第 54 页是这样描述的：圆是由一条曲线围成的封闭图形，这条曲线上的每一个点到中心点的距离相等。

▶概念解读

圆是数学中最基本的图形，圆的定义可以归结为两种：一种是圆的描述性定义，即线段 OA 绕它的固定的一个端点 O 旋转一周，另一个端点 A 所经过的封闭曲线叫作圆。实际上，这个圆是由无数条有公共端点的等长线段的另一端点所组成的图形。这种定义法直观形象，但是“无数条有公共端点”中的“无数条”既不具体，也不确切、明白，因此，又用集合引进了圆的定义，即到定点的距离等于定长的点的集合叫作圆。这种定义把圆看成满足某种条件的所有点的集合（全体），这就明确了：① 圆上的每一个点到圆心的距离都等于半径；②到圆心的距离等于半径的每一个点都在圆上。即圆上的“点”，既不“多”，也不“少”，从理论上对圆给予了严格的定义。（周继光等，2002）

人们很早就开始对圆进行研究。我国春秋战国时期的数学家墨翟在

2400 多年以前，就对圆进行了科学的描述。墨翟在他所著的《墨子》一书中写道："圆，一中同长也。"说的是："圆，有且只有一个中心，圆上各点到圆心的距离都相等。"

从数学的角度看，圆具有很多特性。古希腊的毕达哥拉斯学派认为，在平面图形中，圆是最美的图形。这是因为圆是由一条曲线首尾相接构成的。古希腊人认为曲线是最美的，这可能是由于曲线的变化比较平缓柔和，因而让人感觉优雅而恬静。此外，圆还有很多特性，如圆具有各点均匀性，从圆上任意一点到圆心的距离都相等，圆周上各处的弯曲程度相同；圆还具有广泛的对称性，圆既是轴对称图形，又是中心对称图形，任意一条直径所在的直线都是它的对称轴，绕圆心旋转任意大小的角度都能与原图形重合；在固定周长的所有图形中，圆的面积最大……此外，圆中还蕴含着"化曲为直"、"以直代曲"、"极限"的数学思想方法。

圆在日常生活中随处可见，如车轮、井盖、钟面、花池、纽扣以及水面上的圆形波纹等都是圆形的，真是数不胜数。此外，人们还经常将圆运用到图案设计和建筑造型中，如奥运会上的五环旗和草原上的蒙古包等。可以说，圆不仅使我们的生活变得方便舒适，还将我们周围的世界变得五彩斑斓。

圆还是人们的精神寄托——圆具有均匀、对称、圆顺和不偏不倚、公正、公平、客观的品质，因此，中国历来崇尚圆的文化。此外，圆中蕴含了许多哲理和规范，没有规矩、不成方圆，天圆地方等都是中国的传统思想。(孔令兵，2006)

综上所述，虽然圆是一个基本的几何图形，但其内涵却是相当丰富的。

▶教学建议

(1) 充分经历圆的动态生成过程，探究圆的本质特征

圆是学生认识的第一个曲边图形，具有丰富的教育内涵，因而在教学上会出现很多不同的方法和途径。但不论怎样演绎，有一点是达成共识的，那就是要紧紧抓住圆的本质特征，让学生充分经历圆的动态生成过程，探究"圆之所以为圆的本质所在"。在这一点上，有几位老师演绎得非常出色。如华应龙老师的"大成若缺认识圆"。他在一上课时就抛出一个问题：宝物距离你左脚 3 米，宝物可能在什么地方？学生由开

始只想到一个点，到最后发现宝物所在的点形成了一个圆。然后华老师通过追问“为什么宝物所在的位置是个圆?”，引导学生围绕墨子“圆，一中同长也”探索圆与其他正多边形的联系与区别，深刻地感悟圆的特征。紧接着，华老师让学生用圆规画圆。学生发现画圆的方法后，华老师又进一步追问“为什么这样做就能画出一个圆”，使学生发现只有这样做才能符合圆的特点。最后大家用圆的特征解释生活中的现象，解决生活中的问题。整节课自始至终紧紧抓住概念本质，带领学生不断进行深入探究，并在此过程中自然地进行知识点的讲解和数学思想方法的渗透，显得水到渠成。

（2）数学文化的渗透应突出数学本质

由于圆在中国文化中有着特殊的地位，因此很多老师在教学“圆的认识”中都努力地挖掘数学文化，其中不乏成功的案例。除了上面提到的华应龙老师的“大成若缺认识圆”，丁杭樱老师也做得很出色。丁老师教学“圆的认识”时，在出示“圆出于方，方出于矩”后引导学生思考：从正方形如何变成一个圆呢？然后丁老师拿一张正方形纸环绕中心点对折三次，剪割，打开得到正八边形；合起来再对折一次，剪割，打开得到正十六边形……并且利用课件演示正方形切割成圆的过程，从有限过渡到无限，将古老的数学文化与朴素的数学极限思想完美地结合在一起。

▶推荐阅读

（1）《小学数学课堂的有效教学》（刘加霞，北京师范大学出版社，2008）

该书收录了一些“圆的认识”教学的经典案例，并做了精彩的点评。

（2）《从“走近圆的世界”到“圆的认识”—— 关于小学数学教学有效性的几点思考》（俞敏惠，《中小学数学（小学版）》，2010年第7—8期）

该文结合“圆的认识”的一些相关教学片段，提出了自己对于数学教学有效性的思考，给予很多中肯的建议。

（张秀林）

扇形（sector）

▶概念描述

现代数学：扇形亦称圆扇形。它是圆上的一种特殊图形，指由一条圆弧和过这条弧的端点的两条半径所组成的图形。扇形的两条半径所夹的角称为扇形角。劣弧与过其端点的半径所组成的扇形称为劣扇形（如图 1）；优弧与过其端点的半径所组成的扇形称为优扇形（如图 2）；扇形角为直角的扇形称为直角扇形（如图 3）。（裘光明，2002）[145]

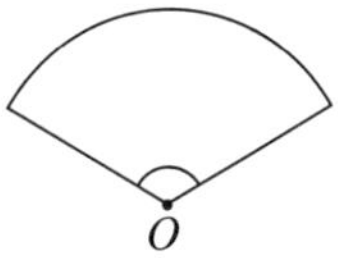

图 1

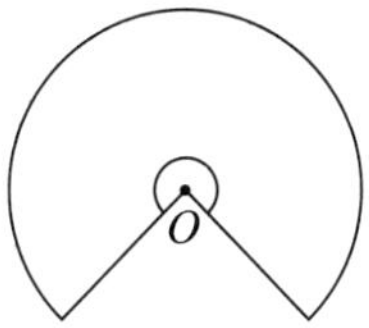

图 2

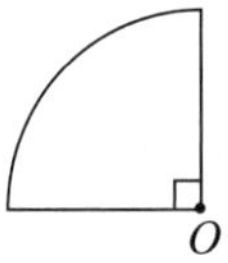

图 3

小学数学：实验稿《课标》在第一、第二学段中没有认识扇形的要求，但在第二学段“统计与概率”部分却明确提出了通过实例认识扇形统计图的内容标准，因此有的教材出于对知识的系统性、逻辑性和连贯性的考虑，安排了初步认识扇形（如冀教版教材）。还有 2011 年人教版教材六年级上册的第 72 页，通过“你知道吗？”（如图 4）向学生介绍弧、扇形、圆心角等概念，以便学有余力的学生在课外自主学习扇形面积的计算方法。

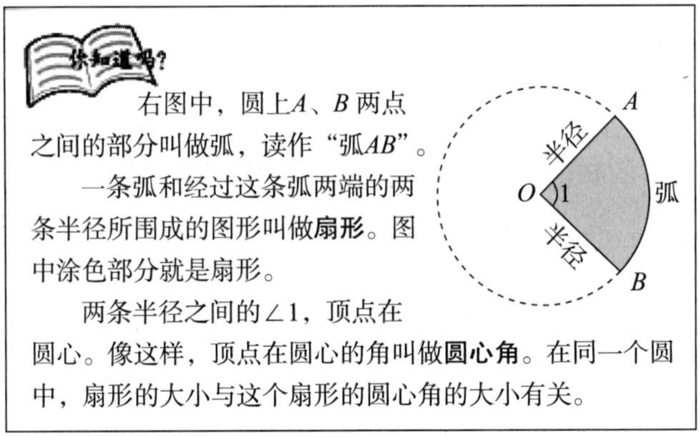
你知道吗？

右图中，圆上 A、B 两点之间的部分叫做弧，读作“弧 AB”。

一条弧和经过这条弧两端的两条半径所围成的图形叫做**扇形**。图中涂色部分就是扇形。

两条半径之间的∠1，顶点在圆心。像这样，顶点在圆心的角叫做**圆心角**。在同一个圆中，扇形的大小与这个扇形的圆心角的大小有关。

图 4

由上面的定义可知，扇形是由三部分组成，弧、两条半径和圆心角。

2011 版《课标》在第二学段“图形与几何”内容中增加了对扇形的认识，具体表述如下：“通过观察、操作，认识平行四边形、梯形和圆，知道扇形，会用圆规画圆。”从目标的表述上可以看出，对扇形的认识也只停留在了解和初步认识层面。

▶概念解读

扇形是与圆有关的一种重要图形，它是圆的一部分。由于圆具有轴对称性、中心对称性以及旋转不变的对称性，因此在圆中存在一种显而易见的对应关系，那就是 360 度的圆心角既对应 360 份的弧长、360 份的扇形面积，即 1 度的圆心角对应 1 度的弧长，1 度的圆心角对应 1 度的扇形面积。若 R 为半径，圆心角为 n 度的扇形的弧长就等于 $\frac{n^\circ}{360^\circ}\times 2\pi R$，圆心角为 n 度的扇形面积等于 $\frac{n^\circ}{360^\circ}\times\pi R^2$。由此可见，扇形面积与圆心角（顶角）、圆半径相关，而且扇形面积与圆面积之间还存在着一定的比例关系。

小学阶段与扇形有关的知识是扇形统计图。扇形统计图正是应用了扇形面积与圆面积之间的比例关系制成的。扇形统计图用整个圆表示总数（单位“1”），用圆内各个扇形的大小表示各部分量占总数量的百分之几，扇形统计图中各部分的百分比之和等于“1”。通过扇形统计图可以很清楚地表示出各部分数量同总数之间的关系。

▶教学建议

对于扇形这部分知识，虽然属于选学部分，但有的老师考虑到这一知识与“圆”的知识密切相关，所以在学习完圆的认识之后，适时地引出扇形的概念。这样一是拓宽了学生的知识面，二是可以为初中进一步认识圆做些铺垫。在教学时，教师可以让学生通过观察，发现“扇形”就像一把打开的扇子，从而建立图形的表象。在此基础上，再引导学生从数学角度观察，看看扇形有什么特征；并通过交流引导，使学生认识扇形的特征，知道扇形的组成部分：一个角（顶点在圆心）、两条半径和一段弧。

有关扇形面积的计算出现在第三学段，但也有教师考虑到扇形统计图正是利用了扇形面积与圆面积之间的比例关系制成的，因此，教师在讲完圆的面积后也可稍作延伸，为后续知识的学习稍作渗透。如任卫兵老师不仅让学生初步认识了扇形，而且还带着学生研究出了扇形的面积计算公式。任老师凭借多年的教学经验，认为学生已经有了圆的面积以及角的大小关系的知识基础，而且也具备了一定的探究数学问题的能力，空间观念也有了一定的发展，因此完全可以在第二学段就教学扇形的面积。下面是任老师的一段课堂教学实录（任卫兵，2007）：

在学生初步认识了扇形之后，教师拿出一把折扇，并演示把它打开到不同的角度。

师：大家注意到没有，同样一把折扇，打开的角度越大，扇出来的风就越怎样？打开的角度越小呢？

生：打开的角度越大，扇面与空气接触的面就越大，扇出来的风就越大；打开的角度越小，扇面与空气接触的面就越小，扇出来的风就越小。

师：这位同学很有生活经验，而且还掌握了一定的科学知识。由此可见，扇形的面积与什么因素有关？

生：扇形的面积与它的圆心角的大小有关。

师：扇形的面积除了与圆心角的大小有关外，它还取决于什么呢？

师：（又拿出另一把小一些的折扇，并演示把两把折扇打开到相同的角度，而且放到一起比较）大家再注意看，这两张扇面，哪一张面积比较大？哪一张面积比较小？因此扇形的面积还与什么因素有关？

生：扇形的面积还与它的半径的长短有关。

生：扇形的面积取决于它的半径的长度以及圆心角的度数。

……

任老师在课上仅仅利用了两把折扇，再加上学生的生活经验，就把决定扇形面积大小的两个因素找了出来，后面再推导扇形的面积也就水到渠成了。

但是对于这部分教学，教师还是要根据学生的实际情况而定。如果学生的基础较好，教师可以适当延伸。如果学生的基础较差，教师也不必强求，以免加重学生的负担。

▶推荐阅读

(1)《"折扇"诱发的生动》（任卫兵，《江苏教育》，2007 年第 12 期）

该文记录了任老师用两把信手拈来的"折扇"进行了扇形面积教学的过程，非常生动精彩。

(2)《一道判断题引发的争议》（秦治国，《中小学数学（小学版）》，2008 年第 1—2 期）

该文对一道判断题"半圆是扇形"展开了深入的探讨，对教师进行概念教学很有启发。

（张秀林）

半径（radius of a circle）和直径（diameter）

▶概念描述

现代数学：关于半径，《数学辞海》是这样定义的：圆的半径见圆。关于《数学辞海》中对于圆的定义，请具体参阅本书第 278 页，此处不再重复。

关于直径，《数学辞海》中是这样定义的：直径见"弦"。我们先来看看弦的定义。弦（chord），圆周上的一种特殊线段，指连接圆周上任意两点的线段。过圆心的弦称为直径，直径是半径的二倍，它是最长的弦。（裘光明，2002）[144]

从以上定义中我们可知，半径和直径都是线段。半径的两个端点一个在圆心，一个在圆上。直径要过圆心，并且两个端点都在圆上。

小学数学：小学数学教材中大多是这样定义半径和直径的：连接圆心和圆上任意一点的线段叫作半径，一般用字母 r 表示。通过圆心并且两端都在圆上的线段叫作直径，一般用字母 d 表示。这样的定义通俗易懂，比较符合小学生的年龄特点和认知规律。

▶概念解读

半径与直径的概念是两个非常重要的概念。对这两个概念形成正确清晰的认识，将会深化对圆的属性的理解。如同一圆中半径都相等，这实际上可以看作圆的本质属性（圆是定点等于定长的点的集合）。任意一条直径所在的直线都是圆的对称轴，圆是一个任意旋转对称图形。半径与直径决定了圆的大小。在面积与周长的计算中也要经常用到半径和直径。此外，这两个概念在解决实际问题或几何推理证明中也被广泛地使用。如果学生把半径与直径搞混，或是对二者的关系没有清晰的认识，将会直接导致学生在解决与圆有关的问题时出现错误。

▶ 教学建议

（1）抓住学生的认知起点，在动手操作中动态认识半径与直径

由于半径与直径的重要性，教材都十分重视通过画一画、折一折、量一量等活动将“静态”的概念“动态”化，使学生在动手操作中学习有关半径与直径的知识。

很多老师在圆的认识中，为了让学生感悟、理解半径和直径的特征及它们之间的关系，花费了大量心血，奉献出了很多精彩纷呈的案例。其中贲友林老师有关“半径、直径”的一段教学，非常富有特色。他依据学生的认知起点和规律，在学生已有经验的基础上，引导学生建构对于“半径、直径”的认识。

贲老师在课上先组织学生将圆规两脚之间的距离确定为 3 厘米，并在纸上画下这个圆，从而认识了圆心。学生还知道要想了解这个圆有多大，可以量它的直径。紧接着，贲老师提出了一个问题：“那什么叫直径呢?”学生凭借前面的学习活动，用自己的话说出了对直径的理解。有的认为直径是“从一个点向中心引一条直线”。有的认为直径是“从一个边缘画到它的对面”。还有的认为直径是“把圆对折形成的一条线”。这时，贲老师发现学生虽然心里明白，但是用语言表述却有困难。于是，他让大家尝试着用笔在圆里画出一条直径。在展示自己画的直径时，学生自然地提到“从圆的一端到另一端，而且通过圆心”。在此基础上，贲老师顺势引导学生发现直径是一条通过圆心的、两个端点在圆上的线段。（贲友林，2006）

对于半径与直径的学习，学生并不都是一张白纸，他们对所学知识有着一些模糊的、似是而非的认识，贲老师正是抓住了孩子们的这一认知起点，在学生无法用语言表述清楚时，适时的让学生动手画出自己心中的半径和直径，并在此基础上进行展示交流，引导学生逐步打磨提升

自己的经验，澄清错误认识，从而建立起正确清晰的数学概念。这样的学习就像呼吸一样自然。

（2）围绕圆的本质属性教学半径与直径

半径与直径是“圆的认识”中的两个重要概念。围绕这两个概念有这样一些知识点，比如，同一圆中所有的半径都相等，所有的直径也都相等；圆有无数条半径和直径；同一圆中直径是半径的两倍；半径决定圆的大小；直径是圆内最长的线段。这么多知识点，如果不能围绕圆的本质属性，单纯地一个一个地教，恐怕整堂课就会犹如一盘散沙。比如，在教学圆有无数条半径、直径时，老师们一般都会让学生画一画或者折一折，看看在规定的时间内谁画的多或折的多；然后再让学生思考，如果没有时间限制，你会画出或折出多少条半径和直径；进而引导学生得出圆有无数条半径和直径的结论。如果就此止步，那么老师实际上只是把半径和直径单纯地当作两个知识点进行教学，而没有深化对圆的本质属性的认识。有的老师在引导学生得出这一结论后，马上引发学生思考“为什么圆会有无数条半径?”，从而使学生明白正是由于围成圆的曲线上是由无数个点组成的，所以连接圆心与圆上任意一点的线段（半径）才有无数条。再比如，教师可以结合学生画圆的过程，让学生体会到同圆中所有的半径都相等。

▶推荐阅读

（1）《变与不变——我的“圆的认识”教学再实践》（翁逸蓉，《小学教学（数学版）》，2011 年第 10 期）

该文列举分析了以往有关“圆的认识”的一些做法，并思考如何删繁就简，根据学生已经知道的和应该知道的以及难以理解的地方，来重新设计这节课。

（2）《如何提高小学数学课堂的有效性——“圆的认识”教学实录与评析》（张抗、陈家梅，《小学教学参考（数学）》，2011 年第 1 期）

该文提供了一节颇具实效性的“圆的认识”的教学实录，并结合此课提出了一些提高小学数学课堂有效性的做法。

（张秀林）

圆周率（ratio of the circumference of a circle to its diameter）

▶概念描述

现代数学：圆周率是数学中的重要常数之一。在欧氏平面上，圆的周长和直径的比称为圆周率，记为“π”。数 π 的常用值取为 3.1416，它在天文、数学、物理、工程等学科中有着广泛的应用。（裘光明，2002）[155] π 是一个无理数。

小学数学：小学数学教材中一般都给出了明确的定义，如 2011 年人教版教材六年级上册第 63 页指出：任意一个圆的周长与它的直径的比是一个固定的数，我们把它叫作圆周率……它是一个无限不循环小数。再如 2012 年北师大版教材六年级上册第 12 页指出：圆的周长除以直径的商是一个固定的数，我们把它叫作圆周率……计算时通常取 3.14。

▶概念解读

研究圆周率最早的文献记载是古埃及的莱茵德纸草书（约公元前 1650 年），取 $\pi=\left(\frac{4}{3}\right)^4\approx3.1605$。《旧约全书》列王记中也有使用圆周率为 3 的记载（公元前 9 世纪前后）。在印度，公元前六世纪，曾取 $\pi=\sqrt{10}\approx3.162$。

早期人们是通过实验对 π 值进行估算的，是基于对一个圆的周长和直径的实际测量而得出的。

公元前 2 世纪，希腊学者阿基米德利用圆外切与圆内接正 96 边形逼近求得圆周率介于 $3\frac{10}{71}$ 与 $3\frac{1}{7}$ 之间。这是第一次在科学中提供了误差的估计以及所得结果精确度的确定，开创了圆周率计算的几何方法。（梁宗巨，1980）

在我国，远在上古时期就有“径一周三”的古率（《周髀算经》中有述）。东、西汉之交，新朝王莽令刘歆做铜斛时，算出 3.154 之值，后世称为“歆率”。

魏朝的刘徽应用极限思想证明了求圆面积的公式和给出了计算圆周率的方法，即著名的割圆术。“割之弥细，所失弥少。割之又割，以至不可割，则与圆合体，而无所失矣”，得出 π=3.14，通常称为“徽率”。割圆术仅用内接正多边形就确定了圆周率的上、下界，比阿基米德用内接同时又用外切正多边形简捷得多。他提出的计算圆周率的科学方法奠定了此后千余年中国圆周率计算在世界上的领先地位。(张顺燕，2003)

南北朝时，祖冲之进一步推算出圆周率，3.1415926＜正数＜3.1415927，密率$\frac{355}{113}$，约率$\frac{22}{7}$。后人曾推算若要单纯地通过计算圆内接多边形边长的话，需要算到圆内接正12288边形，才能得到这样精确度的值。

在欧洲，德国人奥托于1573年得到了和祖冲之相似的结论，但已经晚了1100多年。

用几何方法求圆周率的值，计算量很大。荷兰人鲁道夫用了毕生精力才将圆周率算至小数点后35位。1593年，韦达给出π的分析表达式$\frac{2}{\pi}=\frac{\sqrt{2}}{2}\cdot\frac{\sqrt{2+\sqrt{2}}}{2}\cdot\frac{\sqrt{2+\sqrt{2+\sqrt{2}}}}{2}\cdot\cdots$，后来又出现了多种表达式，π的位数也迅速增长。1947年英国人D. F. 弗格森和伦奇两人共同发表了有808位正确小数的π，这是人工计算π值的最高纪录。

除了以上这些方法，法国人蒲丰还提出用概率方法求出π的值（吴振奎，2000）。找一根粗细均匀、长度为d的细针，并在一张白纸上画上一组间距为l的平行线（方便起见，常取$l=\frac{d}{2}$），然后随机地将小针投掷在白纸上，这样反复地投多次，算算针与直线相交的概率就可得到π的近似值。这是数学历史上第一个用几何形式表达概率问题的例子，他首次使用随机实验来处理确定性数学问题。

1949年美国首次用计算机计算π值，从此，随着电子计算机运算速度不断加快和计算方法的屡屡改进，圆周率计算的纪录不断被刷新。现在，人们对圆周率的计算已经达到了上亿位。

▶教学建议

圆的度量在几何学中占有极为重要的地位，是人类对形的研究由“直”跨入“曲”的关键一步，也是数学思想从“有限”到“无限”的一次飞跃。因此，现行的小学数学教材不仅十分重视圆周率的教学，而且还都补充了关于圆周率推算的史料，目的是充分发挥其教育价值。教师在教学中应该注意以下两点：

（1）明确测量活动的目的

在学习“圆的周长”之前，不少学生已经对圆周率有所了解，也知道圆周长的计算公式，在这种情况下再让学生去探究、发现结论，或者去验证圆周率，似乎都没有什么意义。但是学生现有的知识水平，却只有实际度量这样一种方法。如何处理这一问题呢？孙雪林老师在“圆的周长”一课中为我们提供了很好的案例。他认为测量活动的目的绝不仅仅在于实验的结果，还应该包括科学严谨、实事求是的态度和对数据的反思意识等。孙老师在让学生动手测量之后，对数据进行了深入的分析，引导学生发现用测量的方法，无论怎样减少误差，得到的永远是长度的近似值。进而让学生思考：圆的周长与直径之间存在的这个三倍多一些的关系是变化的，还是确定不变的？我们该如何研究呢？从而使学生感悟到解决数学问题有时不能单纯依靠实际度量，还必须依靠深入的理论研究与分析，并在此基础上介绍割圆术，渗透“化曲为直”、“极限”等数学思想。

（2）充分发挥数学史的教育价值

一提到圆周率，很多人自然就联想到祖冲之。确实，祖冲之对圆周率的推算做出了巨大贡献，但古今中外有多少数学家为了精确计算圆周率孜孜以求，甚至付出了一生的心血。可以说圆周率不能专属于某个人或某个群体，它应该是人类共有的精神财富。在刚刚提到的孙老师的案例中，他对圆周率的介绍就非常全面、客观、公正，不仅使学生了解了人类探索圆周率的过程，培养了民族自豪感，同时体会到了人类对真理的追求永无止境。

▶推荐阅读

（1）《圆面积公式与圆周率究竟是怎样推求的》（傅海伦，《数学教育学报》，2001 年第 2 期）

该文对圆面积公式及圆周率近似值的科学推算史实进行了澄清，使我们重新认识了作为数学家的刘徽——他的无穷小分割思想、极限思想、机械化的方法，他做出的贡献及其深远的历史影响。

（2）《从圆周率史的发展看圆周率学习的指导》（荆俊华，《上海中学数学》，2011 年第 4 期）

该文在综述圆周率发展史的基础上，考察部分数学家对圆周率的探究和计算，并就怎样利用圆周率的发展史有效地指导这一内容的学习提出了一些看法。

（张秀林）

长方体（cuboid）

▶概念描述

现代数学：上、下底面为矩形的直平行六面体称为长方体或矩体（裘光明，2002）[243]。

长方体的上位概念是平行六面体、直平行六面体。对此，《数学辞海·第一卷》给出的定义是：平行六面体，一种简单的棱柱体，指底面是平行四边形的棱柱。侧棱与底面垂直的平行六面体称为直平行六面体。（如右图）。

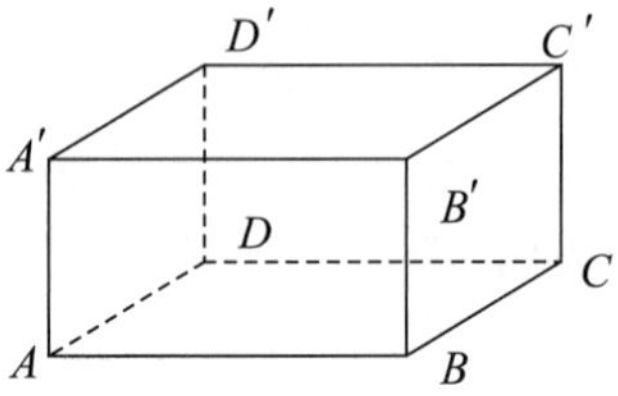

小学数学：小学数学教材没有给出长方体的定义，而是从“面”、“棱”和“顶点”三个方面的特征去把握长方体。

▶概念解读

（1）长方体的面（plane）

围成封闭几何体的平面多边形称为多面体的面（裘光明，2002）[217]。长方体有 6 个面，其中每个面都是长方形（有可能有 2 个相对的面是正方形），有 3 对相对的面，相对的面形状相同、面积相等。

（2）长方体的棱（edge）

多面体上两个面的公共边称为多面体的棱（裘光明，2002）[233]。长方体有 12 条棱，其中有 3 组相对的棱，每组相对的 4 条棱互相平行、长度相等（有可能有 8 条棱长度相等）。

（3）长方体的顶点（point）

长方体有 8 个顶点，相交于一个顶点的三条棱分别叫作长方体的长（length）、宽（width）、高（height）。一般情况下，把底面中较长的一条棱叫作长，较短的一条棱叫作宽，垂直于底面的棱叫作高。

（4）长方体的表面积（surface area）

长方体六个面面积的和，叫作长方体的表面积。

（5）长方体的体积（volume of a cuboid）

长方体的体积是对长方体的一种度量，长方体的体积等于长、宽、高之积。如果长方体的长、宽、高分别为 a、b、h，则长方体的体积 $V=abh$。（裘光明，2002）[266]

（6）长方体的容积（volume）

物体所能容纳物体的体积叫作它们的容积。容积和体积的计算方法相同，但测量所需数据的方法却不同。计量容积一般用体积单位，但计量液体时常用的单位是升和毫升。

▶教学建议

（1）长方体的教学线索

长方体的教学可以从以下四条主线和七个维度来组织教学。

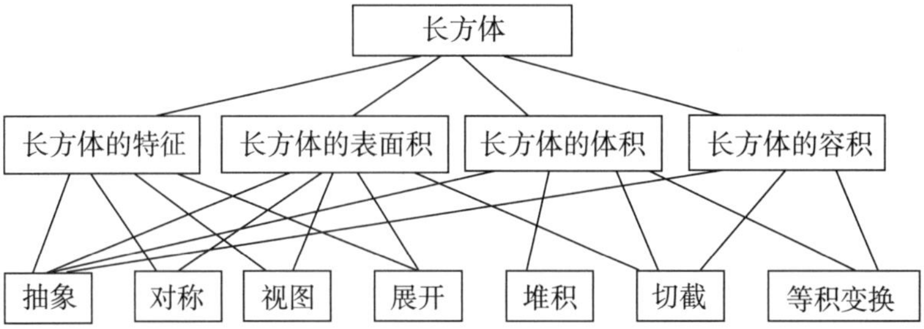

（2）长方体的认识

长方体是最基本的立体图形。通过学习长方体，使学生获得从三维角度分析周围空间的基本活动经验，为后继学习其他立体图形奠定基础，是形成初步的空间观念的重要节点。

华应龙（2009）老师在教学这一内容时突出："活学"而不是"死记"长方体的特征，循序渐进地培养学生的空间想象力。华老师首先从"叠纸成书"动态地引入由面到体的过程："一张纸片可以看作一个长方形吗？""50、100、1000 张同样的纸片叠加起来呢？"让学生通过想象与观察，认识面与体的联系、区别。然后是"切果成形"："切一刀得面、切两刀得棱、切三刀得顶点、再切三刀得长方体"的实操过程，"渐次展现长方体的三个要素"。通过触摸积木、观察长方体直观图使学生的"感官活动不断丰富"，并逐步把握面、棱、顶点的内涵和外延。接着是利用模型观察讨论"每个面有 4 条边，长方体有 6 个面，为什么是 12 条棱，而不是 24 条棱？"，"深入地探究长方体的本质特征"。最后由"为什么直观图只有 3 个面，有些面像平行四边形？"引出投影成像的演示，解决学生的难点问题，发展学生的空间想象力。

（3）长方体的表面积

在长方体表面积的教学中，突出三视图、展开图与立体图或模型的对应关系，既是解决长方体表面积的基础，也是发展学生空间观念的重要途径。学生在两种图形之间能准确地找到面与面、边与棱的对应关系，才能正确计算长方体的各面面积，进而计算长方体的表面积。学生头脑中对这些对应关系清晰了，二维与三维的相互转换才能顺利实现。长方体表面积的计算不宜固化计算方法，结合实际才能解决学生“丢面”或“多面”的问题，才能让学生形成具体问题具体分析的意识。如在活页夹、纸箱等用料问题的解决中，学生会发现要计算的面不一定是6个，计算方法也不唯一，有繁有简，正确计算的关键是找准对应关系。

（4）长方体的体积

长方体体积的教学一般采用不完全归纳法。如2006年北京版教材第10册第16页安排学生先用16个小正方体摆出两个以上的长方体模型，再根据表格要求观察、填表，然后讨论摆出的长方体的体积与它的长、宽、高的关系，最后归纳长方体体积的计算方法。然而，2007年苏教版教材六年级（上册）第25页采用的是猜想与验证的教学思路。即由第一次用体积单位摆长方体得到体积计算方法的猜想，第二次根据猜想确定体积，再摆一摆验证，从而确立计算公式。在这样的过程中，学生对数学建模过程的经历更为充分。

▶推荐阅读

（1）《几何原本》（欧几里得，陕西科学技术出版社，2003）

该书第552—555页从解析几何的角度，以多个命题形式论证了长方体具有的特性。

（2）《“长方体的认识”教学》（韩海军，《小学教学设计》，2011年第2期）

该文巧妙地从面到体构建起联系，通过学生动手搭建长方体实物模型，观察感知并用课件演示长方体长、宽、高的局部变化引起整体变化的动态过程，通过认识长方体直观图及其画法拓展了学生的知识，培养了学生多角度、多层次观察事物的能力。

（孙　建）

正方体（cube）

▶概念描述

现代数学：正方体亦称立方体。它是一种正多面体。即棱长相等的长方体，因此亦称正六面体，如右图。(裘光明，2002)[239]

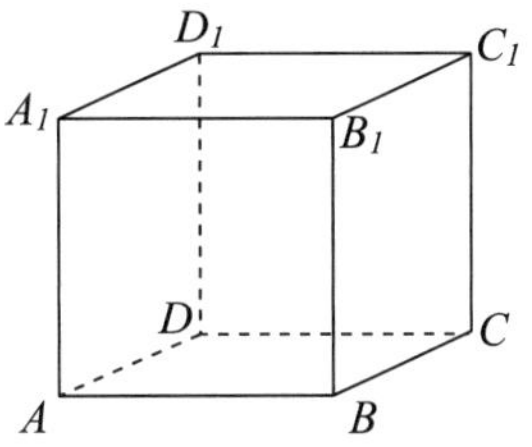

小学数学：2007 年北京版教材第 10 册的第 3 页指出：长、宽、高都相等的长方体叫作正方体(也叫作立方体)。

▶概念解读

(1) 正方体的认识过程

正方体是正多面体的一种。正多面体或称柏拉图立体（裘光明，2002)[238]，指各面都是全等的正多边形且每一个顶点所接的面数都是一样的凸多面体。柏拉图（Plato）在《蒂迈欧篇》中对毕达哥拉斯学派发现的正四面体、正六面体、正八面体和泰特托斯（Theaetus）发现的正十二面体、正二十面体进行了描述，因此得名。

(2) 正方体的特征

正方体除具有长方体的所有特征外，还有自己的独特之处：6 个面是全等的正方形；12 条棱长度相等；对角线如上图 AC′的长是一条棱长的$\sqrt{3}$倍，对角线交于正方体的中心且互相平分等。

▶教学建议

(1) 教学线索

正方体的教学适宜在长方体的基础上，通过直观比较与适当推理相互配合的过程组织教学。具体结构如下：

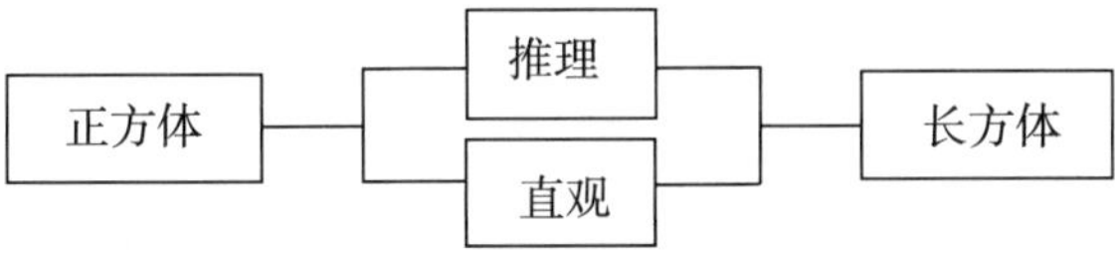

例如，由一组对面是正方形的长方体产生问题：比它更特殊的长方体会是怎样的形状？会不会有两组对面都是正方形的长方体，为什么？

如果六个面都是正方形，这样的长方体的棱长有什么关系？为什么？在这样的问题分析中，适当给予直观支撑来组织教学，使学生的推理、想象能力均得到发展。

（2）在展开图教学中发展学生的想象力

正方体的展开图有以下 11 种：

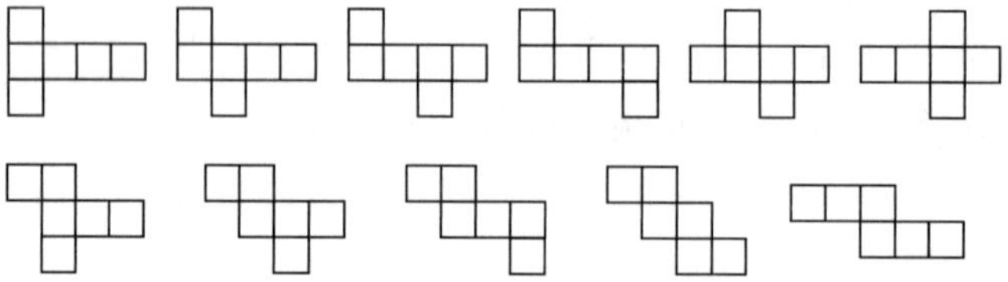

在教学正方体展开图时不一定要穷举所有情况。可以先组织学生动手剪开正方体纸盒，并对学生得到的展开图进行比较，通过平移、旋转剔除重复的情况。然后对学生得到的某几种（如上图中前六种情况是将侧面展开成长方形）进行比较，引导学生“想一想，将侧面展开成长方形时，上、下面还可以在哪些位置？为什么？并用下面的纸片试一试”。

从另外五种情况中选择学生没有得到的一两种，引导学生先在居中的面上标“底”作为底面，然后从邻面起先想一想，再标上“左、右、前、后、上”，最后折一折。这样先想后试的过程，重在培养学生的想象力。

（3）在切割中研究表面积的变化，培养学生的创新意识，发展空间观念

适度研究正方体切割中的表面积问题，既可以提高学生的兴趣，又可以培养学生的创新意识、发展空间观念。例如，教师可以提出：从棱长为 2 的正方体上截去一个或两个棱长为 1 的正方体（如下图），其中左图表面积与原正方体的表面积相等，右图减少两个面积为 1 的正方形。对它们的表面积你能提出哪些问题？和同学一起交流、解决这些问题。

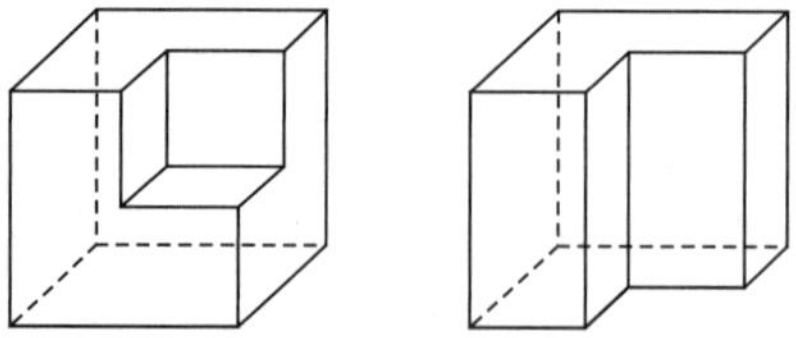

（4）在“堆积”中建立正方体的体积，发展空间观念

因为长方体体积 $V=a\times b\times h$，而正方体的棱长都相等（$a=b=h$），所以正方体的体积 $V=a\times a\times a=a^3$。这是表现形式上的简单推理，在这样的过程中，学生对 $V=a^3$ 的本质缺少感知。这时教师可以组织学生用体积单位分别堆积棱长为2、3、5的正方体，并计算它们体积。这样，学生不仅能自主生成正方体体积计算方法，还能进一步感悟体积单位的累积，而且对“a^3”这个新的表达形式建立清晰的认识。

▶推荐阅读

《几何原本》（欧几里得，陕西人民出版社，2010）

该书第13卷收录了正多面体的作法。命题13描述正四面体的作法，命题14是正八面体，命题15是正方体，命题16是正二十面体，命题17是正十二面体。

（孙　建）

圆柱（cylinder）

▶概念描述

现代数学：由一个矩形绕其一边旋转一周而成的几何体称为直圆柱或正圆柱，简称圆柱。如右图，OO'叫作圆柱的旋转轴（简称轴）；矩形中垂直于轴的边 OA 和 $O'A'$旋转而成的圆面称为圆柱的底面；两个底面间的距离是圆柱的高；矩形中平行于轴的边 AA'旋转而成的圆柱面称为圆柱的侧面；侧面上平行于 AA'的线段都叫作圆柱的母线。（裘光明，2002）[247]

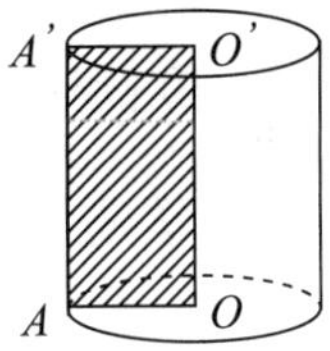

小学数学：小学数学教材没有直接定义圆柱，主要是通过几何图形建立圆柱的表象，从圆柱的特征把握圆柱。

▶概念解读

（1）圆柱的认识历程

人类在圆柱的研究历程中主要有以下三个重要的标志：

① 古希腊时期，阿基米德在《球和圆柱》中阐述了他对圆柱侧面积的研究结果：任何直圆柱曲面的面积，等于一个圆的面积，这个圆的半径是圆柱的高和底面直径之间的比例中项（斯科特，2008）[37]，即 $r^2=hd$。

② 公元500年左右，祖暅（祖冲之之子）在《缀术》中这样记载"幂势既同，则积不容异"，被后人称之为"祖暅原理"。（盛文林，2011）[88] 这也就是"等积原理"，意思是：夹在两个平行平面间的两个几何体，被平行于这两个平行平面的平面所截，如果截得的两个截面的面积总相等，那么这两个几何体的体积相等。

③ 16世纪下半叶，德国科学家开普勒（Kepler）在《酒桶的新立体几何》中将酒桶看成由无数的圆薄片累计而成，进而求其体积，这是积分学的萌芽。（盛文林，2011）[115]

（2）圆柱的主要特征

圆柱主要有以下特征。

① 圆柱的两个底面是相等的圆，它们所在的平面平行。

② 圆柱的母线互相平行，且都等于圆柱的高，都垂直于圆柱的两个底面。

③ 圆柱的轴过两底面的圆心，并且垂直于两底面，它的长等于圆柱的高。

④ 圆柱的轴截面是一个矩形，它的一组对边是圆柱的两条母线，另一组对边是圆柱底面圆的直径。

⑤ 平行于底面的截面是与底面相等的圆。

⑥ 圆柱的侧面可以展开在一个平面上。

▶教学建议

（1）圆柱的教学线索

圆柱的教学可以从以下三条主线和七个维度来组织教学。

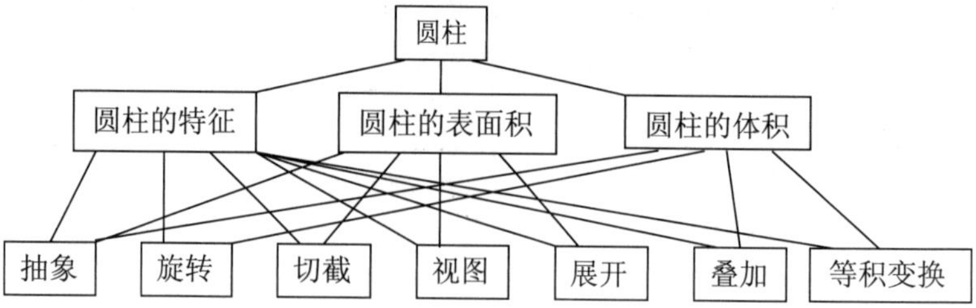

（2）圆柱的教学建议

① 动静结合，充分认识圆柱特征。

认识圆柱的教学重点是通过圆柱的特征把握圆柱。教学中可以先通过观看旋转门的运动、触摸茶叶桶的各面、测量吸管的长度和直径等活动，丰富学生的感性经验；并在此基础上，由实物抽象出几何图形，建立圆柱的表象，认识圆柱各部分的名称、利用牙签与牙签盒支撑学生建立“高有无数条”的认识。再引导学生“选择合适的学具，思考用什么方法可以得到圆柱”来构造圆柱。然后对比分析“选择图形的长、宽或底、高与圆柱有什么关系？”，从而在巩固圆柱特征的同时沟通知识间的联系，积累“面动成体”的活动经验。最后通过切截、展开、粘贴等活动，从三维到二维再到三维的相互转换，提高学生对圆柱的特征理解，发展学生的空间想象力。

② 化曲面为平面，寻找对应关系。

在对圆柱表面积的学习中，从把纸质圆柱展开的过程中，学生经历了把曲面展开使其在同一平面的事实，这是学生今后学习旋转曲面的宝贵经验。展开图形后让学生做什么尤为重要，如组织学生对比、分析、说明展开的三个平面图形之间的对应关系、三个平面图形与圆柱的对应关系。这是发展学生空间想象力的基础，是解决圆柱表面积问题的基础。将圆柱展开后出现的三个平面图形摆一摆、试一试（如下图），再做一个同样的圆柱，需要的长方形纸张的长和宽最小是多少？这样就完成了从三维到二维，再回到三维的一次有趣有味的过程。

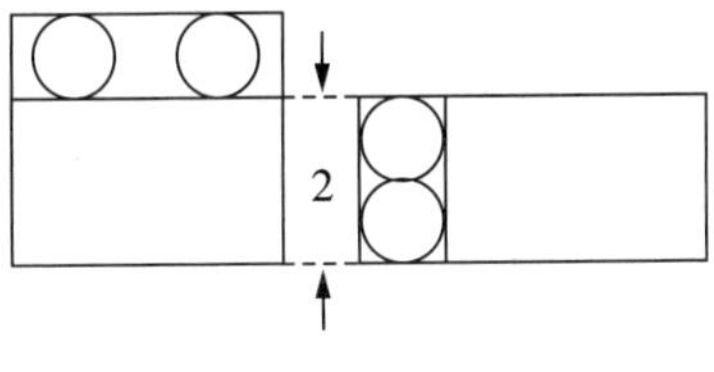

③ 拉长圆柱体积的探索过程，给学生创新的机遇。

通过分割把圆柱的体积转化成学过图形的体积，是教学圆柱体积的主要学习路径。在这个过程中，学生已有活动经验：圆面积的探索过程中的转化、棱柱的体积，以及生活经验——纸袋里的薯条（圆柱与棱柱）、切黄瓜等，都有可能引发学生创造性地解决问题。因此，教师应给予学生适当时间和充分的学具准备，舍得拉长教学过程，让师生的智慧碰撞出火花。

▶推荐阅读

(1)《国际视野下的小学数学教育》(郑毓信，人民教育出版社，2004)

该书第93—97页介绍了荷兰数学教育家范·希尔夫妇提出的学生几何思维发展的五个水平和在教师的引导下通过五个阶段达到的各个新的水平。

(2)《小学数学》(吴正宪、张丹，华东师范大学出版社，2008)

该书第50、第51页强调教师应鼓励学生把静态与动态结合起来，在运动变化中认识图形。第60页则指出探索面积、体积的公式和应用的多层面价值。

(孙　建)

圆锥(circular cone)

▶概念描述

现代数学：使直角三角形的一个直角边保持固定，把这个三角形旋转一周并回到其初始运动的位置，这样描述出的形状就是圆锥体。(斯科特，2008)[31]

小学数学：小学数学教材没有明确地定义圆锥，主要是通过由实物抽象出几何图形以建立圆锥的表象。教材主要通过操作切截、展开、旋转、粘贴、制作等手段让学生认识圆锥的特征，刻画圆锥，重点是让学生通过测量与计算掌握圆锥的高和体积。

▶概念解读

(1) 圆锥的认识历程

在圆锥的研究历程中主要有以下三个重要的标志。

① 古希腊时期，阿基米德在《球和圆柱》中阐述了：圆锥曲面的面积，等于一个圆的面积，这个圆的半径是圆锥母线和底面半径之间的比例中项(斯科特，2008)[37]。即$R^2=lr$，其中R为圆半径，l为母线，r为圆锥底面半径。

小学数学虽不涉及圆锥侧面积，但着眼于学生探索意识的培养，教师也可适当组织学生进行研究。对把侧面展开后得到的扇形，可以利用圆面积获得的经验，将扇形分割成若干三角形（如右图），其中三角形底的和（即底面圆周长）相当于长方形的长，三角形的高（母线长）相当于长方形的宽，三角形面积的和等于长方形面积的一半，即 $S=\pi lr$。

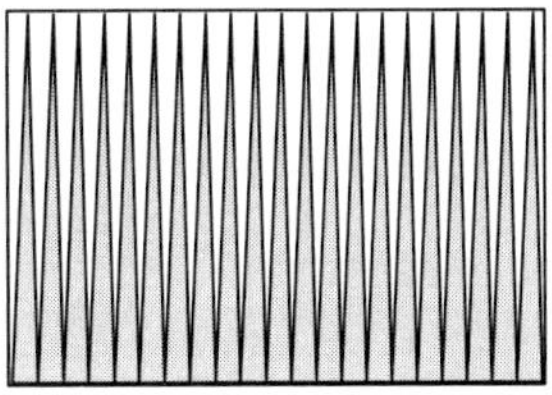

② 公元前300年左右，欧几里得在《几何原本》第十二卷中使用穷竭法证明了：圆锥的体积是外接圆柱体体积的三分之一。（斯科特，2008）[32]

③ 我国对圆锥的研究，最早的文字记载是《九章算术》，在其“商功”章中有圆锥体积的计算方法：下周自乘，以高乘之，三十六而一，也就是 $V=\frac{1}{36}c^2h$。（胡作玄 等，2002）[45]

上下两三千年间，人类逐步健全了对圆锥的认识，丰富了对圆锥的刻画。

（2）圆锥的主要特征

圆锥主要有以下特征。

① 圆锥的轴截面是一个等腰三角形，它的两腰是圆锥的两条母线，底边是圆锥底面圆的直径。

② 圆锥的母线都相等，它们与轴的夹角也都相等。

③ 平行于圆锥的底面，但不过顶点的截面是一个圆，截面面积和底面面积的比等于从顶点到截面和从顶点到底面距离的平方的比。所截得的小圆锥和原圆锥的体积之比等于对应高的立方之比。

④ 圆锥的顶点、底面圆中心、内切球中心与外接球中心共线。

▶教学建议

（1）圆锥的教学线索

圆锥的教学可以从以下两条主线（侧面积不作为教学内容）和六个维度来组织教学：

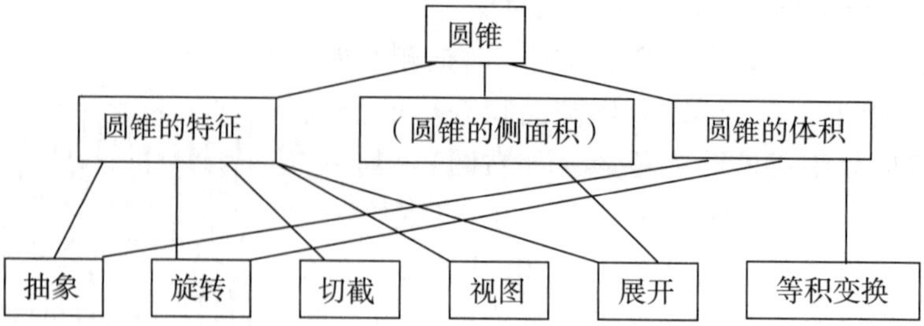

（2）圆锥的教学建议

① 从实物到几何图形、从图形到概念逐步抽象，认识圆锥的特征。

圆锥是小学数学中不定义的概念。结合观察实物，通过摸一摸、看一看、想一想，从实物中抽象出圆锥的几何图形，在头脑中初步建立表象，是教学的重要环节。

认识圆锥的高是教学难点，可通过圆锥与其外接圆柱之间的联系，利用学生对圆柱高的认识建立圆锥的高。圆锥的顶点在圆柱的上底面的圆心，从而促使学生理解圆锥的高只有一条，是顶点到底面圆心的距离。

② 在二维与三维的转换活动中，进一步认识圆锥的特征，发展学生的想象力。

圆锥是特殊的立体图形。通过二维的平面图形，利用学生已有知识和经验，认识三维的立体图形，是有效的学习途径。在切截圆锥实物的过程中，使学生在面与体的转化中丰富对圆锥的几何直觉；在将冰激凌包装纸剪开的活动中，使学生感受实物与相应平面几何图形之间的联系，初步认识圆锥的侧面展开图；在制作圆锥模型的活动中，体会扇形半径相等时，圆心角越大，围出的圆锥底面就越大、高度反而越矮；在旋转三角形卡片的过程中，进一步发展学生的空间想象力。

③ 在由猜想到验证的过程中，建立圆锥体积的计算方法。

在探究圆锥体积计算方法的教学过程中，引导学生经历猜想与验证的过程，对于培养学生提出问题、解决问题的探索意识是十分有益的。验证过程主要有两条途径：

一条是“容积测量”的途径。如学生分组实验，一组用等底等高的圆柱和圆锥；二组的圆柱和圆锥都等底，圆锥高是圆柱高的三倍；三组的圆柱和圆锥都等高，圆锥底面积是圆柱底面的三倍；四组用不等底不等高的圆柱和圆锥分别实验，最后归纳结论。

另一条是用“等积变形”的途径。如组织学生用相同质量的橡皮泥（或石膏）分别制作圆柱及与其等底等高的圆锥，然后从个数关系推导出体积关系。

无论哪种途径，都应给予学生充分的活动时间，让学生真正去体验，使学生认识到圆柱与圆锥等底等高的充分条件和三分之一的关系，并得到自我认可的结论。

▶推荐阅读

（1）《用真开放激活学生的真思考》（余爱军，《小学数学教师》，2010 年第 12 期）

该文主要分析圆锥体积的知识逻辑、教材呈现方式和学生学习过程中的缺失：自主建构。通过二次教学，突出对“等底等高”这个充分条件的多角度感悟和对三分之一的体积关系的直观鉴证。

（2）《“圆锥的认识”教学设计与思考》（赵东，《小学教学》，2010 年第 11 期）

该文通篇精致，尤其对圆锥高的认识，从借助圆柱已有经验说高，到纵切圆锥直观看高，再到动手操作量高，直至依据扇形猜高等一系列活动对圆锥认识的难点问题给出高效的教学方法。

（孙　建）

[图形的测量]

角的度量（measure of an angle）

▶概念描述

现代数学：角的度量亦称角的测量，是平面三角的基本概念之一，指测度（或比较）角（旋转量）的大小的过程。它包含两个方面：① 测量的方式、方法（包括测量单位、进位制）；② 测量的结果（量数）。（裘光明，2002）[122]

由于历史发展和地区文化、经济的差异的原因，角的度量产生了不同的量角制度。常用的角的度量制度有角度制、弧度制、密位制、百分制四种。但无论哪一种度量制度，都必须符合度量公理的要求。

小学数学：小学数学教材对此没有明确的定义。其中，2005 年北京版教材的第 7 册是这样描述的：测量角的大小，可以用量角器。

▶概念解读

我们小学数学教材中度量角的大小采用的是“角度制”（system of degree measure）。角度制是度量角与弧的常用制度之一，这是一种六十进制，即把圆周的$\frac{1}{360}$的弧称为含有 1 度的弧。而 1 度的弧所对的圆心角称为 1 度的角，1 度角记为 1°；1°的$\frac{1}{60}$称为 1 分，记为 1′；1′的$\frac{1}{60}$称为 1 秒，记为 1″。这样，用“度”为单位来度量弧与角的制度称为角度制。

把圆周分为 360 等份的角度制始于古代巴比伦人诺伊格鲍尔（Neugebauer）根据发掘的黏土书版中刻写的巴比伦楔形文字的考证，著有《数学楔形文字诠释》。他认为，在苏美尔文化初期，曾经使用过一种较大的距离单位——巴比伦里（1 巴比伦里约等于 7 英里）。由于巴比伦里用于测量较长的距离，它也称为一种时间单位，即走完 1 巴比伦里所需的时间。由于发现一整天约等于走完 12 个巴比伦里所需的时间，并且一整天等于天空转一周，所以一个完整的圆周被分为 12 等份。又为了使用方便，把巴比伦里分为 30 等份。于是，他们便把一个完全的圆周分为 12×30＝360 等份。

为了便于引出半圆形量角器，以北京版教材第 7 册为例，小学数学教材一般是这样描述的：角的计量单位是“度”，可以用符号“°”表示。把半圆平均分成 180 份，每一份所对的角的大小是 1 度，记作 1°。

▶教学建议

（1）引导学生在自主探究量角方法的过程中理解度量的本质，形成度量意识

用量角器量角，是学生在度量知识方面的一次拓展，对于学生来说有一定的难度。那么，在“角的度量”教学过程中如何突破这一难点，名师们各有各的高招，值得我们借鉴。比如吴正宪老师的“小角量大角”教学片段：吴老师从一个有趣的游戏引出“怎么才能量出这两个角谁大谁小”这一问题，引导学生利用学具袋中的小角测量大角，使学生

初步感知量角的过程。当学生遇到“不能正好摆满”的麻烦时，吴老师“神秘地把角对折了一下”，学生豁然开朗；接着，吴老师又提出新的问题：“如果用它量又碰到不能正好摆满的麻烦该怎么办呢?”学生此时顿开茅塞，想到用“小小的角”量；此时“1 度的角应需而生”，也就引出角的度量单位；接着由“小角量大角太麻烦”使得“量角器应需而生”。

再如华应龙老师的“在量角器上画角”教学片段：华老师由“滑梯”引出“怎样量角的大小”的问题。为了使学生理解“量角就是用量角器上的已知角去重合被量的角”的道理，华老师引导学生找量角器上的已知角，然后让学生在“纸制量角器”上画不同度数的“角”。如果在量角器上清晰地找到角了，量角就没问题了。

两种不同的教学设计，都为学生搭建了自主学习的平台，让学生真正成为学习主体；都为学生认识量角器的构造、理解量角的本质、掌握量角的方法奠定了基础；都是引导学生在一系列的动手操作活动中经历学习的过程，学生从粗略的测量到精准的测量，逐步探究出科学的度量方法。学生在掌握量角这一技能的过程中，感悟了测量工具的形成过程，理解了度量的本质，获得了主动探究的经历和学习成功的体验。

（2）关注已有经验在新知学习中的影响，根据学生的需求因势利导

教师的教学设计必须建立在学生已有的生活和知识经验的基础上。学生在学习角的度量之前掌握的测量基本是用长度单位进行的。测量长度的经验虽然为测量角度奠定了基础，但是由于度量对象的特征不同，学生测量长度的经验反而可能会给测量角度带来负面影响——思维定式使学生习惯于“从头开始”、“从左边开始”——学生最初使用量角器尝试量角时，往往从量角器左边量，用量角器的一端顶住角的顶点（如右图）。因为量长度就是从左边开始量的，0 刻度线在左边。

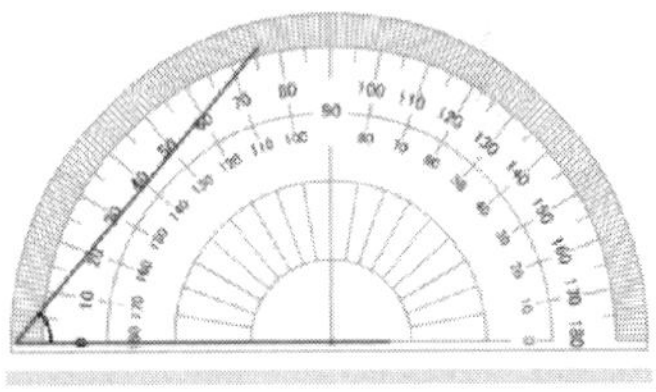

为了解决这一问题，曹培英老师在《技能教学的方式可以多样化》一文中谈道：“既然学生已经习惯于‘一端对齐’，为什么我们非要和他们‘过不去’，从一开始就试图彻底扭转呢？能不能突破我们自己的思维定式因势利导呢?”曹老师提出了一个很好的建议：可以先出示只有一圈刻度的“半个”量角器，让学生用它来量锐角、直角。这样做“既顺应了学生‘一端对齐’的习惯，又暂时回避了分辨外圈刻度、内圈刻

度的麻烦”。然后再根据学生的需求进行调整——要想能够直接量出钝角的度数，就需要整个量角器；要想使开口向左、向右的角都方便度量，就需要有两圈刻度的整个量角器。不管量角器经过怎样的变换，其本质与现行的量角器都是一样的。教师可以根据本班学生的实际情况，选择相应的教学方法。

▶推荐阅读

（1）《吴正宪：人文教育思想探究》（鱼霞、夏仕武，教育科学出版社，2009）

该书第 119—129 页在“双师同堂，现场会诊”中详细介绍了吴老师及她的研修团队对于“角的度量”这节课的研修过程和精彩片段。

（2）《我这样教数学——华应龙课堂实录》（华应龙，华东师范大学出版社，2009）

该书第 1—39 页详细介绍了华老师课前、课后的思考以及专家们对于“角的度量”这节课的评析。

（张胜荣）

周长（circumference）

▶概念描述

现代数学：常见的周长定义有：① 可求长曲线所围平面区域的周长是这个区域的边界的全长。（《数学百科全书》编译委员会，1999）② 一个平面图形周围长度的和，叫作这个图形的周长。（《小学教师实用数学辞典》编写组，1989）[387]

小学数学：2003 年人教版教材三年级上册的第 41 页提出：封闭图形一周的长度，是它的周长。其他版本的教材都是结合实例的具体描述。如 2005 年苏教版教材三年级上册的第 61 页提出：游泳池池口黑色边线的长就是池口的周长。2005 年北京版教材第 5 册的第 95 页提出：黑板、五星红旗、画框四条边的总长分别是它们的周长。

▶概念解读

什么是周长？顾名思义，指一周的长度，即围成物体表面或平面图形一周边线的长短。它不是一个新的数学概念，它和线段、曲线的长度有关，一条曲线、几条线段或几条曲线加几条线段都可构成周长。（如下图）

一片树叶的周长

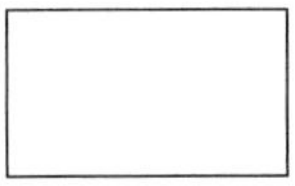

长方形的周长

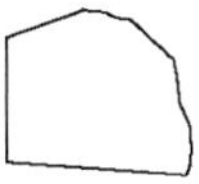

不规则图形的周长

物体的某个面或封闭的平面图形（规则或不规则）都有周长，而不封闭图形没有周长。

研究周长有什么用？周长在生产生活中有着广泛的应用。研究跑马场的周长可以帮助我们预算用多长的围栏；研究舞台的周长可以帮助我们测算装多少盏彩灯；研究相框的周长可以帮助我们计划用多长的木条，量出腰的周长可以帮我们选裤子……

如何得出周长呢？可以用直尺、软尺直接量出或量出各部分后再相加；也可以借助线绳先围再量；还可以根据图形特征，先量再算。如根据长方形对边相等的特征得出：

长方形的周长＝（长+宽）×2，即 $c=2(a+b)$（c 为周长，a 为长，b 为宽）

根据正方形四条边都相等的特征得出：

正方形的周长＝边长×4，即 $c=4a$（c 为周长，a 为边长）

根据圆的周长与直径的关系得出：

圆的周长＝直径×圆周率（π），即 $c=\pi d=2\pi r$（c 为周长，d 为直径，r 为半径）

▶教学建议

周长的概念不难理解，关键是要结合实例全面地理解它、应用它。周长只能用于二维图形（平面、曲面）上，柱体、锥体、球体等都不能以周界表示其边界大小。周长是二维平面一周（起点即终点）边线的长度。教学过程中要让学生在操作中体验、感悟一周、边线的意思并测量长度、计算周长，从而真正理解概念，学会灵活应用。一般来说，可以分为以下三个层次。

(1) 体验、感悟周长的含义

“看一看，描一描”活动：教师可以出示一片树叶的图片，然后引导学生：“小蚂蚁沿着树叶的边线跑了一圈，想一想它是怎样跑的？把它跑过的路线描出来。”这条路线的长就是这片树叶的周长。通过这样的实例，让学生感知周长的含义。

“摸一摸，指一指”活动：树叶有周长，我们用的课桌面有周长吗？请你指一指，摸一摸。此时要注意观察学生对一圈、边线的理解。

理解了实物表面的周长，还可以拓展到平面图形，包括规则图形和不规则图形，让学生在丰富的素材中，通过看、描、摸、指的体验活动再次感悟周长的意义，理解只有封闭的平面图形才有周长，会辨析下面图形的周长指的是哪里（如下图）。

(2) 探究周长的测量与计算方法

测量物体的某个面或平面图形的周长可以用直尺或软尺直接测得，也可以分段量出数据后再相加。对于不规则图形或多边形也可以用绳绕法，即借助线绳把曲线或多条线段转化为一条线段。对于圆形还可以用滚动法，即把圆形在直尺上滚动，得出长度。其中的转化思想、化曲为直思想以及在测量过程中表现出来的实事求是态度和亲身经历测量的过程，对学生来说都是宝贵的数学活动经验，对今后的学习都是大有益处的。

在测与算的过程中，还要灵活思维。比如在量等边三角形周长时，只量一条边即可；在量等腰三角形周长时，只量两条边即可；在量一般三角形周长时，要量三条边……也就是量时要考虑图形特点，思考怎样简化；算时要考虑图形特点，实现算法优化。

(3) 结合生活实际，理解周长，解决问题

结合周长含义，可以让学生了解自己学校校园的周长、所在省市的边界线、中国边界线、赤道周长等，以拓宽学生的知识面。

如刘永宽老师在讲“周长”一课时，处处以学生为本，环节细腻到位，重视学生的感悟与理解。整节课围绕“什么是周长？”、“有什么办法可以知道这些图形的周长？”为线索展开研究：先研究长方形、正方形、三角形、圆形、月牙形、梯形、五角星形、不规则多边形 8 个图形

的周长，再研究生活中的物体表面——树叶、黑板、本子的周长，让学生在不断感知中初步完善对周长的认识。其中以圆为重点，层层设疑，启发学生归纳绳绕法、滚动法、软尺法等测量方法，为学生打开了思维的大门，也为后面学习做了很好的铺垫，更重要的是渗透了转化法、化曲为直的思想。

▶推荐阅读

《新课程名师精彩课堂实录（小学数学卷）》（周成平，中国科学技术出版社，2005）

该书第39—47页展示了刘永宽老师的课堂实录。

（吕志新）

面积（area）

▶概念描述

现代数学：面积是指用以度量平面或曲面上一块区域大小的一个正数。（谷超豪，1992）

小学数学：2003年人教版三年级下册第71页、2005年北师大版教材三年级下册第39页都指出：物体的表面或封闭图形的大小，就是它们的面积。

▶概念解读

人类是什么时候开始关注面积的呢？在距今五六千年前，古埃及人较早地学会了农业生产，尼罗河两岸是他们的种植基地，而尼罗河每年7月定期泛滥，11月洪水逐渐减退，洪水过后留下的淤泥形成肥沃的土壤，同时也带来土地要重新测量的需求。当时按古埃及的农业制度，是国王分配同样大小的正方形或长方形土地给每一个人，耕种的人每年提取收获的一部分交租。如果洪水冲垮了他们所耕种的土地，他们可以报告国王，国王就派人前来调查并将损失的那一部分测量出来，这样，他们可以相应地少交一些租。这种对于土地的测量，最终产生了几何学。

实际上，几何学本来就是“土地测量”的意思。土地测量的需要使图形成为数学的研究对象。土地的多少，图形的大小就是我们数学中所说的面积。

人类是怎样计算面积的呢？在土地测量的过程中，人们创造出一套有效的土地面积测量方法以及面积计算的公式。从计算最简单的长方形面积，到精确计算任意形状的图形面积，经历了漫长的历史发展过程。从现有的资料看，许多文明古国都有用长乘宽计算长方形面积的记载，这是最原始的面积定理。而其他多边形的面积都是通过长方形面积推导出来的，如埃及人用公式：$\frac{a+c}{2}\times\frac{b+d}{2}$来近似计算四边顺次为 a、b、c、d 的四边形的面积，并对此公式做了推论——让四边形的一边为零，而得到三角形面积公式$\frac{c}{2}\times\frac{a+b}{2}$。现在看来这些计算公式并不精确，但在古代能有这样的公式，也算是很有价值的成果。由此我们可以知道：人们是从长和宽两个维度来认识面积的，是从长方形面积开始推导其他图形面积计算方法的。(裘光明，2002)[182]

度量一个图形或物体表面的面积，总是约定一个边长为单位长（如 1 厘米、1 分米、1 米）的正方形作为面积单位，以面积单位去度量，所得的量数，就是这个图形或物体表面的面积。当面积单位选定后，表示一个图形或物体表面的面积数就完全确定了。

研究面积离不开度量，度量的性质有：① 运动不变性；② 叠合性；③ 有限可加（减）性。多边形（诸如长方形、平行四边形、三角形、梯形等）面积公式的导出，需把图形分割、拼补，就是以不变性和可加性为基础的。

▶教学建议

面积的学习要紧密联系生产、生活，小学生对于面和面积的认识有一定的生活经验。比如说他们能知道桌面、墙面、地面，知道面积是大小，知道“我家买的楼房面积是 120 平方米，他们还会比较“黑板面比课桌面大”。但学生的认识是零散的、模糊的、感性的，缺乏全面、体验、抽象的过程。如何让学生在已有的知识、生活经验基础上，深入理解“面积”这个抽象的数学概念，形成一个面积表象，建构一个模型呢？我们可以在以下方面努力。

（1）在多重体验活动中建构面积模型，理解面积意义

多重体验活动可以从看、摸、涂、比、拼入手——

“看一看”：比如说，联系生活情境，出示雪地上两对脚印的图片，让学生分辨哪个是小明的脚印，哪个是爸爸的脚印，并说出依据是什么。通过观察，学生可以发现，脚印有大有小，从而对面的大小有一个直观感受。

“摸一摸”：组织学生在身边找一找哪些物体上有面、都有哪些面等，并亲自动手摸一摸。再任选两个物体的表面进行比较，使学生感受到物体表面有大有小，感受面离不开体。

“涂一涂”：由实物中抽象出平面图形，再次体会体与面的关系，并给它们各自的面积涂色，体会面积是一块区域的大小。

“比一比”：通过规则图形间以及不规则图形间的大小比较，渗透直接观察法、重叠法、数方格法，进而比较封闭与不封闭图形的面积，使学生意识到只有封闭图形才有确定的面积。

“拼一拼”：拼摆七巧板，如用七块板子可以拼成一个正方形，让学生感悟七块板子可以刻画一个正方形的面积；继而让学生去想象，用其中的一块板子是否能刻画正方形的大小。由此在感悟想象中让学生理解面的大小，形成单位意识。

通过看、摸、涂、比、拼等一系列活动，多重体验，逐步感悟，使学生建立面积就是一块区域大小的表象，并渗透多种比较面积的方法，渗透度量思想，在让学生深入理解面积意义的同时也发展空间观念。当然这几种体验活动可以有不同的顺序。

（2）面积认识和应用是循序渐进、不断提高的

面积是几何学的一个重要的基础概念，同时也是小学几何学习的一条主干线。在三至六年级的几何学习中，学生对平面、曲面、表面的大小的认识是逐步加深的。教材安排一般是：长方形、正方形的面积（三年级）—平行四边形面积—梯形面积—三角形面积—长方体、正方体表面积（五年级）—圆的面积—圆柱的侧面积、表面积（六年级）。所以对于“面积”的学习，需要在不断探究、不断体验、不断实践中感悟理解和应用。

▶推荐阅读

（1）《数学辞海·第一卷》（裘光明，山西教育出版社，2002）

该书第 182 页论述了面积的历史发展和面积的初级计算。

(2)《数学史》（斯科特，广西师范大学出版社，2008）

该书第 5—7 页论述了埃及人如何划分土地，如何计算面积；第 19 页谈到了半月形面积、圆面积的探索过程。

（吕志新）

截面（section）

▶概念描述

现代数学：截面有很多种，其定义主要如下。

几何体的截面定义：截面是与几何体有关的一种平面图形，即一个平面与一个几何体相交所得到的平面图形。(裘光明，2002)[218]

中截面定义：一种特殊的截面，指在有两平行底面（其中一面或者两面可以退化为点或线段）而其余面夹在两平行底面之间的有限几何体中，平行于底面且与两底面等距的截面。(裘光明，2002)[218]

截面定义：物体切断后呈现出来的表面。如球体的剖面是个圆形，也叫截面。(中国社会科学院语言研究所词典编辑室，2002)[986]

柱的直截面定义：一种与柱体有关的截面。用垂直于柱体母线的平面去截柱体，如果截面与柱体的所有母线（或侧棱）都相交，那么截线所围成的平面图形，称为柱的直截面。(裘光明，2002)[242]

正棱柱的轴向截面定义：一种与正棱柱有关的截面。通过正棱柱的轴的截面，称为此正棱柱的轴向截面或者轴截面，正棱柱的轴截面都是矩形。(裘光明，2002)[243]

小学数学：截面在现行的小学数学教材中没有明确的定义。究竟什么是横截面，截面的形状与什么有关，教材中没有说明，教学参考书中也没有提到。只是在学习梯形面积时提到过横截面，长方体和正方体、圆柱、圆锥的课后练习中有相关习题。例如“把圆柱、圆锥切成两个部分，截面分别是什么形状?”，对截面的相关知识稍有接触。具体如 2007 年北京版教材第 12 册的第 3、第 7 页（分别如下图）：

3. 如图，将下面的圆柱切成两部分，切开后的截面各是什么形状？请连一连。

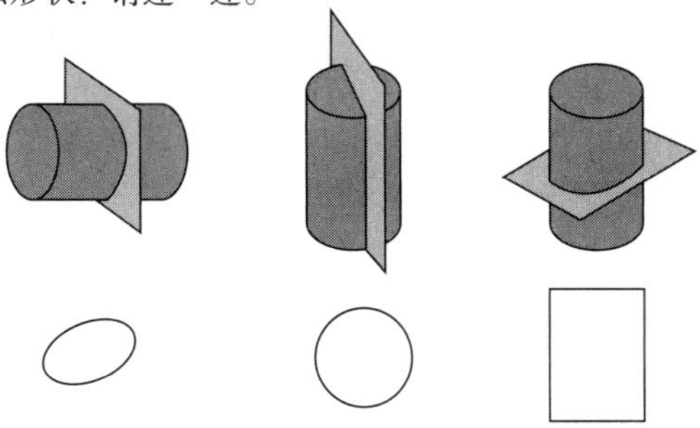

2. 如图，将下面的圆锥切成两部分，切开后的截面各是什么形状？请连一连。

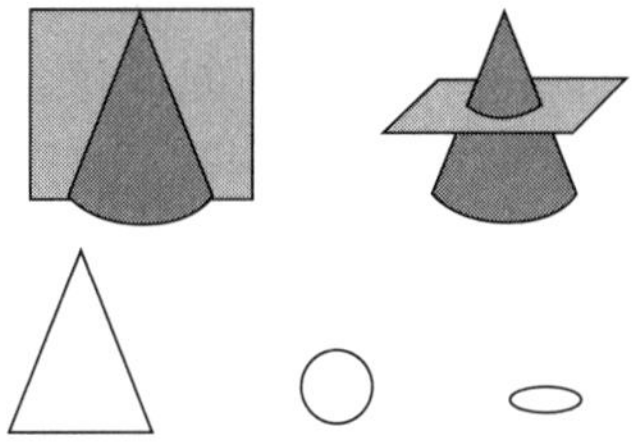

▶概念解读

对立体图形的截面，各个版本小学教材均没有安排具体的课时。截面在小学阶段一般是指去切割一个几何体，得到的平面图形叫截面。这个截面可能是圆、椭圆，也可能是三角形、四边形、六边形或其他图形等。

首先，截面包括横截面、竖截面、平截面、直截面、斜截面。横截面是截面的一种。小学阶段提到最多的是横截面，一般是指平行于底面去截。例如圆柱、圆锥的横截面，一般是圆形的。再如长方体的横截面一般是矩形。实际问题中，江河、水库的堤坝的横截面一般可以看成是梯形。其次，同一个几何体被截后的截面形状与所截角度有关。若角度不同，截面形状也会随之变化。

▶教学建议

学生在学习本课前，已经掌握了长方体、正方体、圆柱、圆锥和球等常见的几何体特征，掌握了点、线、面、体四者之间的动态与静态的关系。教师可设计一系列的数学活动，引领学生在活动中深入思考，经历和体会到截面的深刻含义。

（1）数学活动1：切实物，引出截面

教师引导学生：可以把一个苹果、一个长方体面包、一根圆柱体的萝卜切一刀，这个刚出现的面就叫截面；同时将截面覆盖在纸上描画出截面的平面图形。学生在切的过程中可以直观地看到截面有可能是圆形、正方形、长方形或是其他图形，同时可以直观地发现切一刀增加两个完全一样的截面。

（2）数学活动2：切正方体，体会同一个几何体不同截法（横切、纵切和斜切）形成的不同截面

给以小组为单位学生发切好的正方体土豆块，每组若干个。然后提问：如果任意截这个正方体，切开后截面的形状会是怎样的呢？先想象一下截面的形状，再动手切实物，验证猜想，并比一比看哪个组得到的截面形状多。

截一个正方体，截面可能是三角形、正方形、长方形、梯形、五边形、六边形（如下图），不能截出七边形，因为正方体只有六个面。整个活动过程中，教师要参与其中，适时进行点拨与指导，及时给予鼓励。

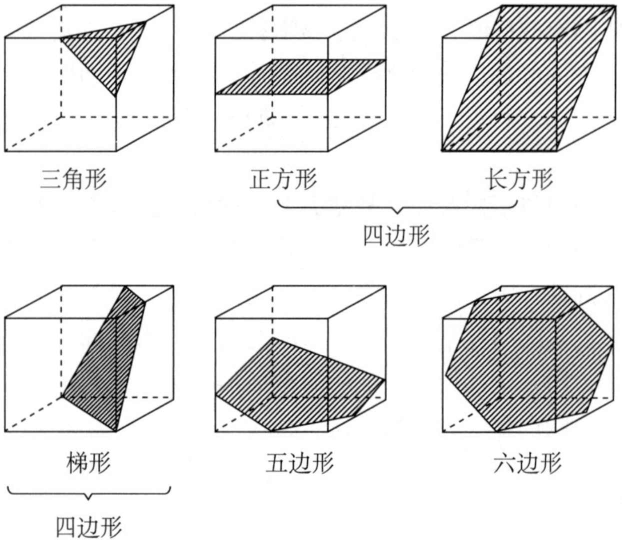

（3）数学活动3：理解截同一个几何体所截角度不同，截面形状也会随之变化

教师提问：我们都是在切割同一个正方体，为什么切割后得到的截面图形的形状不一样呢？教师借助动态课件有序地演示不同的切法，引导学生发现：从不同的角度切一个正方体，得到的截面可以是不同形状的平面图形，平面图形的边数由截面经过的正方体表面的面数决定。如三边形的截面就是因为截面经过了正方体的三个表面形成的，四边形、五边形、六边形截面的获得同理。由此得出结论：正方体的截面可以是三边形到六边形不等。五边形、六边形截面的形成在想象和操作上都有困难，此时动态课件的演示有利于学生表象的积累和空间想象能力的发展。通过学生的亲自操作、教师动态课件的演示、数学的思考和分析，学生就会发现：从正方体不同表面下刀去切，可以得到不同形状的截面。

（4）数学活动4：截一个学过的几何体

该活动旨在引导学生深入理解截同一个几何体所截角度不同，截面形状会不同。对不同的几何体，即使截法相同，也会得到不同的图形。

具体操作中，教师可提问：我们还学习过很多立体图形呢。想一想，如果从不同的部位或不同的方向切圆柱、圆锥、棱柱、球，截面分别是什么形状的呢？请同学们展开想象，把想象出来的截面图形画在纸上，并与同伴交流，看你们的想法一样吗？教师演示动态课件，借助于运动的画面，形象直观地使学生进一步体会到几何体在切截过程中的变化情况。(如下图)

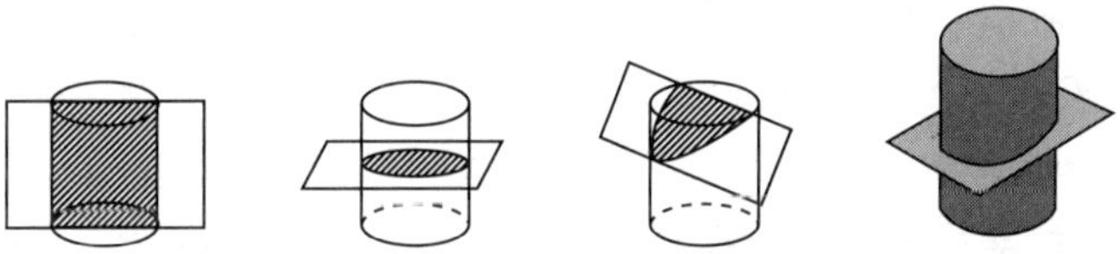

圆柱体

圆锥体

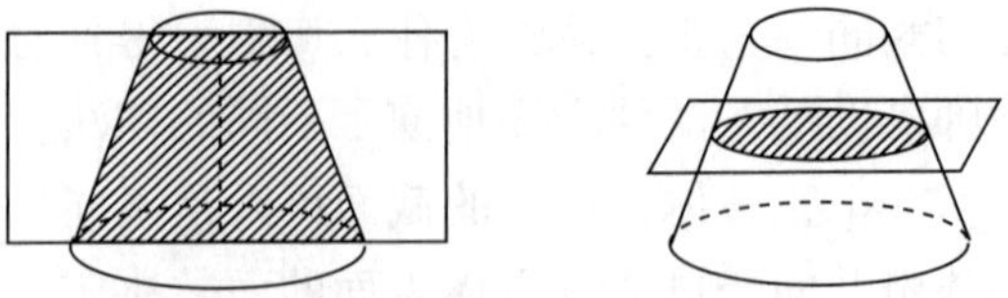

圆台

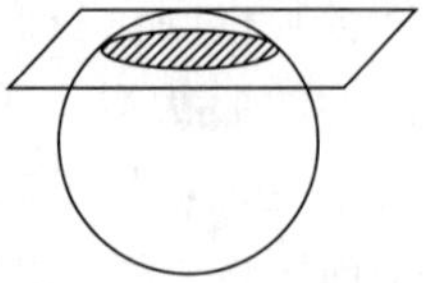

球

最后教师可以用下表进行小结：

几何体	截面形状
正方体	三角形、四边形（正方形、长方形、梯形）、五边形、六边形
圆柱	圆、正方形、长方形、椭圆、弓形
圆锥	圆、三角形、椭圆、弓形
圆台	圆、梯形、椭圆、弓形
球	圆

教师还可进行课外延伸，提出截一个几何体的知识在实际生活当中作用很大。

课件演示：播放医学上发明 CT 的视频文件，让学生体会数学知识在现实生活当中的应用。

▶推荐阅读

（1）《数学·七年级上册》（马复，北京师范大学出版社，2012）

该书第一章《丰富的图形世界》第三节《截一个几何体》的教学安排，能帮助教师在动态的教学中引导学生深刻理解截面。

（2）《数学辞海·第一卷》（裘光明，山西教育出版社，2002）

该书第一卷第 217—259 页的立体几何部分，对可以怎样截一个几何体及棱柱、圆柱、圆锥、圆台、球的截法和截面形状均有详细的描述。

（李义杰）

表面积（surface area）

▶概念描述

现代数学：在《数学辞海·第一卷》一书中没有表面积的明确定义，但是有“全面积”一说，即刻画表面积大小的数量及其计算公式。

在本书中具体为我们阐述了以下几种几何形体的全面积（裘光明，2002）[266]：

棱柱、棱锥、棱台的全面积都是指：刻画其表面积大小的一个数量及其计算方法。它们全面积的计算方法就是其侧面积与底面积的和。

圆柱的全面积是刻画圆柱表面积大小的一个数量及其计算公式。直圆柱的侧面积与底面积的和为它的全面积。如果直圆柱的底面半径为 r，高为 h，那么它的全面积为 $S_{圆柱全}=2\pi r(h+r)$。斜圆柱的侧面积和它的两底椭圆面积的和是它的全面积。设母线长为 l，直截面圆周长为 C，底面椭圆的长短半轴为 a、b，斜圆柱全面积为 $S_{圆柱斜}=Cl+2\pi ab$。

圆锥的全面积是刻画圆锥表面积大小的一个数量及其计算公式。圆锥的全面积等于它的侧面积与底面积的和，其计算公式为 $S_{圆锥全}=\pi r(l+r)$。

圆台的全面积是刻画圆台表面积大小的一个数量及其计算公式。圆台的全面积等于它的侧面积与两底面积的和，所以 $S_{圆台全}=\pi(rl+r'l+r^2+r'^2)$。其中，$l$ 是圆台母线的长，r' 和 r 分别是圆台上、下底面圆的半径。

小学数学：所有立体图形所能触摸到的面的面积之和，是这个图形的表面积。在小学阶段，我们学习的长方体和正方体的表面积，就是指它们 6 个面的面积之和。圆柱的表面积就是指它的侧面积和两个底面积之和。圆锥的表面积小学不做研究。

▶概念解读

小学阶段所涉及的长方体、正方体、圆柱的表面积其实都是它们的底面积和侧面积之和。当我们沿着高将长方体、正方体、圆柱的侧面展开，就会发现它们的侧面展开后都是一个长方形，因此，表面积就是学生已经学习过的长方形、正方形、圆形等几个平面图形面积的组合。

要说明的是，我们在这里所提到的表面积，是指在理想状态下，可以触摸到立体图形的每一个面，求出各个面的面积之和。

而2005年北师大版教材五年级下册第20页中出现的“露在外面的面”这个教学内容，所求的不是表面积，而是学生在学习了长方体和正方体的表面积之后，对其的拓展应用。具体有以下几种情况。

第一种情况：一个或者几个立体图形与所在环境相融合，求出我们所能看到的面的面积之和。（如下图2005年北师大版教材）

第二种情况：几个立体图形组拼在一起，求露出的所有面的面积之和。（如下图2005年北师大版、2006年北京版和2006年人教版教材）

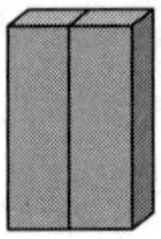

北师大版教材五年级下册第22页

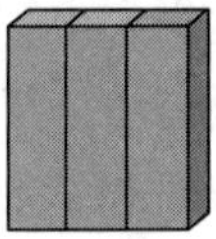

北京版教材第12册第31页

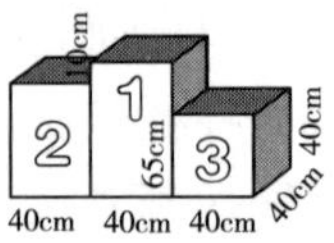

人教版教材五年级下册第37页

第三种情况：将一个立体图形进行切割，求增加的面的面积之和，或求切割后所有立体图形的面积总和。（如下图2005年北师大版、2006年北京版、2006年人教版教材）

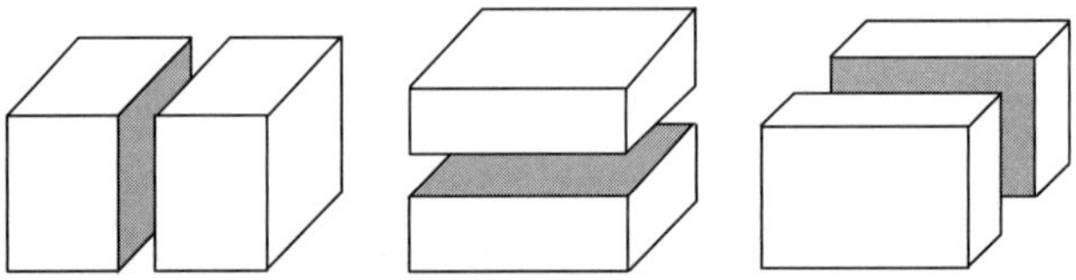

在小学教材中，还有一些内容，如磁带盒（或者是火柴盒、香皂盒）的包装问题、纸箱问题等。这些问题都不是在求一个立体图形真正的表面积，而是对表面积的拓展应用。

例如，有 4 盒完全相同的长方体录音带，用哪种方式包装最省料？（如下图）

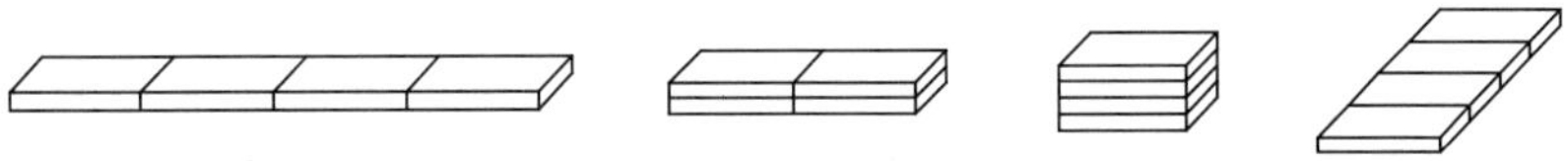

又如纸箱问题：把长 50 厘米、宽 30 厘米、高 20 厘米的水果箱（如下图中的左图）的上、下盖打开后是个长方体纸筒（如下图中的右图），做这个水果箱至少需要多少纸板？

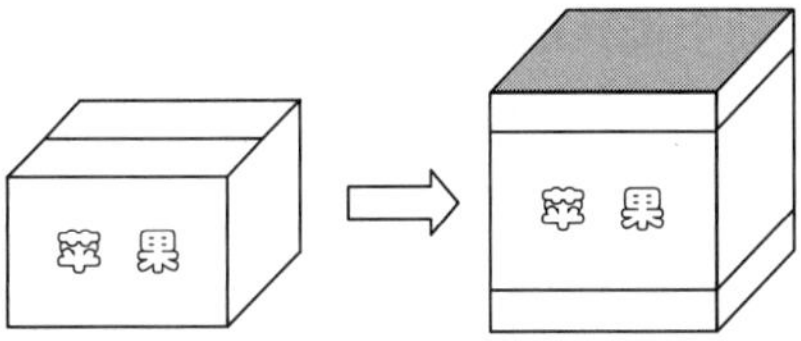

▶教学建议

在对表面积的研究中，产生了许多优秀的教学案例。关于长方体、正方体以及圆柱的表面积可以采取相同的教学思路，下面以长正方体表面积为例提供以下几种教学设计作为参考：

（1）“包装式”的教学设计

首先，教师要引导学生思考为立体图形穿上鲜艳的外衣（可以是涂色，也可以是贴彩纸），这件外衣怎么穿？在这个过程中，学生会主动说明要想穿上鲜艳的外衣，需要把立体图形的哪几个面进行包装。教师再引导学生观察、发现：它们刚好在立体图形的表面，是这几个面围成了这个立体图形，从而使学生认识到，这几个面就是立体图形的表面，它们的大小就是这个立体图形的表面积。

（2）“化立体为平面”的教学设计

人教版、北师大版、北京版等各种版本的教材中，都增加了“立体图形的展开图”这个教学内容。立体图形的平面展开图有利于学生空间观念的发展，能够帮助学生在三维与二维的相互转化中理解立体图形表面积。课前，教师可以让学生准备好所需的立体图形；课中，引导学生沿着立体图形的棱剪开，将立体图形转化为平面图形。引导学生观察平面展开图，学生就会发现：是这些展开后的平面图形围成了立体图形。这些平面图形都是已经学过的几何图形，计算这些平面图形的面积之和就可以得到立体图形的表面积。

(3)"化平面为立体"的教学设计

除了以上提到的两种设计，教师还可以采取做模型的方式进行教学。教师可为学生提供一些纸板，然后提出一起来做个长方体（正方体或圆柱）模型。在做的过程中，学生会通过自己的实践操作发现，做一个长方体，只要准备好数据合适的6个长方形就可以了，再把这6个长方形按一定的方式用透明胶带围成一个长方体。学生在思考数据、动手剪长方形、利用胶带围长方体的这个过程中，对立体图形的表面已经有了充分的认识。学生在自己动手操作的过程中，非常清晰地认识到长方体表面的每一个面都是长（正）方形，在计算所需纸板的总面积时只需计算这几个长（正）方形的面积总和就可以了，也就是这个长方体的表面积。

▶推荐阅读

《数学辞海·第一卷》（裘光明，山西教育出版社，2002）

该书第266页对"体积与表面积"的相关概念有详细的解读。

（李义杰）

侧面积（lateral square）

▶概念描述

现代数学：认识侧面积前我们要先认识侧面：两底之间的柱面部分称为侧面。（裘光明，2002）[242]

侧面积的定义则为：

① 立体图形的侧面展开图的面积（以区别于底面积）；

② 物体的侧表面或围成的图形表面的大小，叫作它们的侧面积。

涉及侧面积的几何图形包括直柱体和棱柱。

其中，直柱体是一种立体几何图形，指的是柱体上、下两个端面平行，且柱体素线垂直这两个端面。比如圆柱、正棱柱体。计算直柱体侧面积的通用公式为：$S_{直柱体侧}=C_{底}\ h$。（裘光明，2002）[242]

棱柱是特殊的多面体，分为直棱柱和斜棱柱。直棱柱的侧面积定义为：刻画直棱柱侧面大小的一个数量及其计算公式，直棱柱各侧面面积之和称为直棱柱的侧面积。直棱柱侧面展开图的面积就是它的侧面积。如果直棱柱的底面周长是 C，高是 h，那么它的侧面积是：$S_{直棱柱侧}=Ch$。

侧棱不垂直于底面的棱柱叫作斜棱柱，斜棱柱的侧面积等于它的直截面的周长与侧棱长的乘积。

小学数学：关于侧面积，小学数学各版本的教材都没有明确的定义，主要是通过研究直棱柱的表面积时认识其侧面展开图并研究其侧面积。研究侧面积一般要结合具体立体图形才有意义，小学中常见于长方体、正方体和圆柱。

长方体和正方体的侧面积，要依据长方体、正方体的摆放而定，通常把长方体、正方体前、后、左、右四个面的总面积叫作它们的侧面积。长方体的四个侧面一般都是长方形，也可能有两个相对的面是正方形；正方体的四个侧面都是正方形。沿长方体或正方体的一条侧棱将它的侧面剪开并展开，把各侧面平放在一个平面上，就得到它的侧面展开图。其侧面展开图是一个长方形，长方形的长、宽分别是长方体或正方体的底面周长和高。圆柱的侧面积，就是圆柱曲面的面积，也就是将圆柱去掉上、下两个底后，剩下的圆筒展开的图形面积叫圆柱的侧面积。把直圆柱的侧面沿它的一条高剪开后展开放在平面上，就得到它的侧面展开图。这是一个矩形。矩形的两边长分别是圆柱的底面周长和高。

▶概念解读

小学阶段重点研究了长方形、正方形、平行四边形、三角形、梯形、圆这六个平面图形的面积，它们是研究侧面积的基础。单纯侧面积在数学中解读的意义并不大，只是在研究直棱柱的表面积时，会研究侧面积以及底面积。其实，长方体、正方体的侧面积就是四个平面图形面积的和；圆柱的侧面积可以利用矩形面积公式计算；对于圆锥，将其沿着母线剪开，得到圆锥的侧面展开图——扇形，可利用扇形面积公式计算。

中学阶段会陆续研究圆锥侧面积以及圆台、棱台的侧面积等，还有一些不规则几何体的侧面。由于用途较少，这里不再赘述。

▶教学建议

（1）侧面积教学的分析

关于侧面积的教学，小学只涉及了直柱体的侧面积，并未涉及圆锥及棱锥的侧面积，且不同学段有不同的要求。2011 版《课标》要求学生第一学段“能通过实物和模型辨认长方体、正方体、圆柱等几何体”。这里只停留在“辨认”、“感知”阶段，很多老师通过让学生看侧面、触摸侧面等方法，充分感知、辨认侧面。第二学段学生将重点研究长方体、正方体和圆柱的侧面积。到了第三学段，则要求学生“了解其中一些几何体的侧面展开图”。直柱体的认识是发展学生空间观念的重要组成部分，对侧面积的深刻理解有助于学生建构知识，发展空间观念。关于侧面积的教学，也是仁者见仁、智者见智，但大多还是让学生在观察、交流、操作等活动中，采取“体验式”教学，经历直柱体侧面展开图的过程。

（2）侧面积教学的建议

多数老师是这样进行侧面积教学的：课前让每组准备长方体、正方体、圆柱体、三棱柱、四棱柱、六棱柱等几种不同的直柱体实物模型，学生每人准备一个手工制作的空心直柱体。整节课分为三个层次：

① 认识直柱体，感知什么是侧面。

上课时，教师可以先让学生仔细观察这些立体图形，进行认真比较，然后按要求做：首先，指出这几个立体图形的底面，并涂上颜色；之后，说一说上、下两个底面有什么共同特征？（这些立体图形上、下两个底面完全一样）最后，让学生认识每个立体图形除了上、下两个底面之外，其余的面都是侧面，并用手摸一摸侧面，发现这些侧面的共同特点。从学生的讨论、交流中，教师要及时捕捉信息，引导学生感知、认识侧面，从而知道“直柱体上、下两底面相等，从上到下一样‘粗’”。

② 了解直柱体的侧面展开图。

教师可以先让学生猜一猜，用剪刀沿任意一个直柱体的高将侧面剪开，会得到什么图形？学生纷纷进行猜测，有的说“长方形”，有的说“正方形”，有的说“平行四边形”。之后，让学生操作验证，得出“沿任意一个直柱体的高将侧面剪开，都会得到一个长方形”。

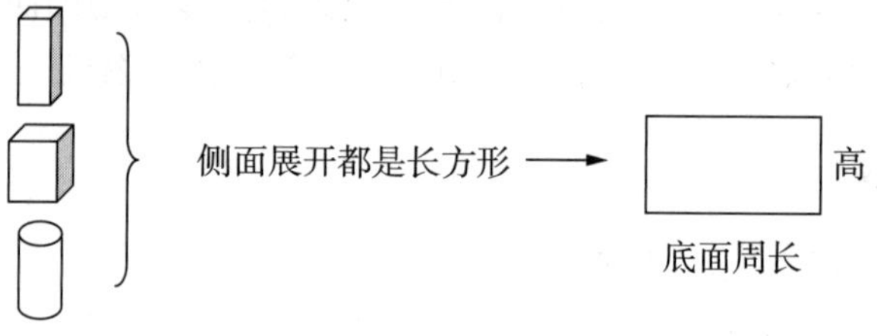

③ 认识直柱体的侧面积。

教师可以让学生先在组内交流“直柱体的侧面和这个长方形之间有什么联系”，从而得到：长方形的长就是直柱体的底面周长，宽就是直柱体的高，因为长方形的面积=长×宽，所以这些直柱体的侧面积都可以用“底面周长×高”计算。

以上教学设计，给学生提供了充分的实践机会。学生通过动手操作，在“化曲为直”的变化中，发现直柱体侧面和平面图形之间的联系，理解侧面积的计算方法。

▶推荐阅读

(1)《初中数学当用辞书》（鲁安，沈阳出版社，1998）

该书第二部分介绍了立体图形侧面积的含义。

(2)《中学几何词典》（陈家骏、何刚、林而立，中国人民公安大学出版社，1998）

该书第一章基本概念中介绍了侧面积的定义。

（李义杰）

底面积（base area）

▶概念描述

现代数学：认识底面积之前，我们要先了解底面的概念。在一个多面体中，如果有两个面互相平行而其余每相邻的两个面的交线互相平行，则这样的多面体称为棱柱。依底面为三角形、四边形直至 n 边形，而将棱柱分别称为三棱柱、四棱柱直至 n 棱柱。棱柱中互相平行的两个面称为棱柱的底面，其余各面称为棱柱的侧面。（叶其效 等，2006）底面的面积即底面积。

小学数学：小学数学教材是这样定义的——

① 2006 年人教版教材五年级下册的第 43 页指出：长方体或正方体底面的面积，叫作底面积。

② 2006 年北京版教材第 10 册的第 17 页指出：长乘宽的积就是长方

体的底面积。

③ 2005 年北师大版教材五年级下册的第 47 页以直观形式呈现：给出了长方体和正方体的透视图，用阴影标出底面，并指出阴影部分的面积是长方体和正方体各图形底面的面积，称为底面积。

▶概念解读

底面是棱柱中互相平行的两个面，也就是在棱柱中有上、下两个底面。

在小学阶段主要认识长方体、正方体、圆柱、圆锥这四个立体图形。在长方体中相对的面互相平行，共有三组，且习惯上把下面称为底面，底面的形状是长方形或正方形。底面的大小最多有三种情况（长乘宽、长乘高、高乘宽），有两个相对面是正方形的长方体，底面的大小就有两种情况。长方体摆放的方法不同，底面和侧面也会随之变化，因此长方体的底面和侧面是相对而言的。

圆柱的两个底面是圆形，圆锥只有一个圆形的底面，它的另一个底面可以想象成这个底面缩成一个点。

小学阶段常见的棱柱的底面有长方形、正方形、三角形、梯形、圆以及正 n 边形，计算底面积也就是计算这些平面图形的面积。

《数学辞海·第一卷》第 182 页指出：几何学的起源几乎直接联系着面积的计算，从计算最简单的矩形面积到精确计算任意形状的图形面积，经历了漫长的历史发展过程。从现有资料看，许多文明古国都有用长乘宽计算矩形面积的记载，这是最原始的面积定理，而其他多边形的面积都是通过矩形面积推导出来的，如古埃及人用公式$\frac{a+c}{2}\cdot\frac{b+d}{2}$来近似计算四边形顺次为 a，b，c，d 的四边形的面积，并对此公式做了推论，让四边形的一边为零，而得三角形面积的近似公式：$\frac{c}{2}\cdot\frac{a+b}{2}$。

公元前 5 世纪，希俄斯的希波克拉底（Hippocrates）就提出月形定理，他把两个月形面积转化为一个直角三角形的面积。1 世纪，海伦（Heron）在几何学面积方面已有许多研究成果，他以几何形式推算出求三角形面积的海伦公式：

$$S=\sqrt{s(s-a)(s-b)(s-c)}$$

其中 S 为三角形面积，a，b，c 是三角形的边长，s 是三角形的周长之半。6 世纪前后，婆罗摩笈多（Brahmagupta）在他的著作中给出了与海伦公式形式类似的圆内接四边形的面积公式：

$$A=\sqrt{(s-a)(s-b)(s-c)(s-d)}$$

其中 A 为圆内接四边形的面积，a，b，c，d 是四边形的边长，s 是四边形周长的一半。刘徽用割补数计算出三角形面积、梯形面积的精确公式，蔡久韶独立发现了与海伦公式等价的三角形面积公式——三斜求积公式：

$$S=\sqrt{\frac{1}{4}\left[a^2c^2-\left(\frac{c^2+a^2-b^2}{2}\right)^2\right]}$$

其中 S 为三角形的面积，三边 a，b，c 分别成为大斜、中斜、小斜（$a>b>c>0$）。

在计算图形面积的历史发展过程中，极限思想早已孕育和萌发。公元前 3 世纪，阿基米德就运用穷竭法求出了抛物弓形面积及直线与螺线围成的区域面积，这是数学史上最早的极限思想的体现。公元前 3 世纪刘徽用割圆术求圆面积的方法、12 世纪印度人用“印度圆”求圆面积的方法、开普勒（Kepler，J.）用无限个微小三角形求圆面积的方法等，都是极限方法的雏形，为 17 世纪微积分的创立打下了基础。至 17 世纪后，才确立了用特定数学结构的和式极限——定积分计算图形的面积。

▶教学建议

（1）从动态的角度丰富学生对底面积的认识

小学阶段是结合长方体、正方体等实物模型，让学生直观认识底面积。棱柱的认识是培养学生空间观念的重要组成部分，对底面积的深刻理解有助于学生建构知识，发展空间观念。教学时，教师可以从动态的角度丰富学生对底面积的认识。这主要有以下几种角度。

① 直截：用垂直于柱的母线的平面去截柱体，所得的截面面积与底面积相等。

② 射影：把长方形、三角形、正多边形、圆等平面图形进行正射影，所形成的射影面是直棱柱的底面，两个底面之间的距离是棱柱的高。

③ 平移：把长方形垂直于平面并沿平面位移，由起点到终点这条边所扫过的部分就是这个棱柱的底面。

④ 旋转：一个长方形绕其一边旋转一周而成为直圆柱，长方形中垂直于轴的边旋转而成的圆面成为圆柱的底面。直角三角形绕其一直角边旋转一周而成为圆锥，垂直于轴的边旋转而成的面是圆锥的底面。

（2）以底面积为纽带，沟通知识间的联系，掌握计算棱柱体积的方法，形成知识体系

① 找共同点，沟通联系。

在学完长方体的体积 $V=abh$ 和正方体的体积 $V=a^3$ 之后，引导学生观察思考：长方体体积中“长×宽”计算的是哪个面的面积？正方体体积中“棱长×棱长”计算的是哪个面的面积？这两个公式可以概括成一个公式吗？学生讨论后用课件演示：这两个公式分别求的是长方体的底面积和正方体的底面积。它们都是用“底面积×高”。因此长方体和正方体的体积可以用 $V=sh$ 来概括。

② 迁移知识，建构体系。

教学圆柱体积时，教师可以首先引导学生回顾长方体、正方体的体积是“底面积×高”，然后引导学生探索圆柱体积计算方法。学生在老师的启发下，借助圆形面积公式推导的活动经验和转化方法，将圆柱的底面等分后再沿着高切开，把圆柱拼成近似的长方体，得出圆柱体积等于“底面积×高”。这一探索过程沟通了长方体与圆柱的关系，计算它们的体积都可以用“底面积×高”。在此基础上，还可以根据 $V=sh$ 拓展提升，如让学生求出底面为三角形、梯形、正六边形的直棱柱体积，并拓展延伸，以底面积为主线帮助学生建构知识。

▶推荐阅读

（1）《实用数学手册》（叶其效、沈永欢，科学出版社，2006）

该书第 26 页从棱柱的角度介绍了底面，揭示了底面和棱柱的关系，还介绍了侧面、侧棱和高。

（2）《数学大辞典》（王元，科学出版社，2010）

该辞典不仅从棱柱的角度介绍底面和侧面，还从旋转的角度介绍了圆柱的形成过程，从而介绍底面。

（李义杰）

体积（volume）

▶概念描述

现代数学：体积是刻画立体大小的量，具体有两种定义（裘光明，2002）[266]：

① 几何体所占空间部分的大小称为几何体的体积，它用单位正方体度量。几何体的体积是一个正的实数，具有下面两个基本性质：运动不变性，全等的两个几何体的体积相等；可加性，把几何体分成若干部分，则该几何体的体积等于各部分体积的和。

② 几何体体积是几何空间的测度。

小学数学：2006 年人教版教材五年级下册的第 38 页明确指出：物体所占空间的大小，叫作物体的体积。

体积是计量中的基本概念之一。空间在三个不共面的方向上同时延展的可能性在人脑中的反映，形成了体积的概念。图形占有空间范围的大小，是在两个空间立体图形的比较中产生的。通常选定一个立方体，并规定该立方体的体积为 1，作为比较的标准，称为单位立方体，一个空间图形与单位立方体相比较后所得的量数，就是该空间图形的体积。

张奠宙教授指出，物体所占空间的大小，叫作物体的体积。这不是严格的定义，只是一种解释。体积是对物体大小的量度，物体运动后体积不变，不重叠的两物体之并的体积是原来两物体的体积之和，它们是度量物体体积的基本依据。

▶概念解读

几何学起源于图形大小的度量，长度、面积、体积就是刻画图形大小的度量。根据图形的维数，把度量一维图形大小的数称为长度，将二维图形的大小用面积来表示，体积则是标志三维图形大小的数。

人具有主观能动性，早在远古时期，人就逐渐形成了关于事物大小的度量观念。所以，人在幼儿阶段不用知道“大小”的严格定义，凭直觉就能分辨出水果的大小。体积是对“物体”大小的度量。教师通过体积教学，让学生明白：物体运动后体积不变，不重叠的两物体之并的体积是原来两物体的体积之和，A 包含 B 则 A 的体积比 B 大等体积的特征。它们是度量物体体积的基本依据。

度量物体的体积，要用体积单位来表示。通常以边长为单位长（如1厘米、1分米、1米）的正方体的体积为体积单位，常用的体积单位有立方厘米、立方分米、立方米。其中：1立方分米=1000立方厘米，1立方米=1000立方分米。

由此，对于边长为 a 的正方体，按照边长的单位将正方体的长、宽、高三边分别分割成 a 个基本单位；从而，整个正方体被分割成 $a \cdot a \cdot a$ 个单位立方体；进而，得出正方体的体积公式，即正方体的体积=棱长×棱长×棱长，亦即 $V=a \cdot a \cdot a$。

一般体积的方程式

形状	方程式	变量		
正方体	$V=a^3$	a：正方体的边长		
长方体	$V=abh$	a：长	b：宽	h：高
直棱柱	$V=Sh$	S：底面积		h：高
圆柱体	$V=\pi r^2 h$	r：底圆的半径		h：高
圆锥体	$V=\frac{1}{3}\pi r^2 h$	r：底圆的半径		h：高

▶教学建议

瑞士心理学家皮亚杰的研究表明，儿童体积概念的发展通常先实现内体积守恒，然后才发展到外体积守恒，是一个相当复杂的过程。儿童达到体积守恒的年龄是11—12岁，与受教育程度无关。因此，我们的教学是在学生已经积累了相应的活动经验，具备了达到守恒条件的基础上，通过教学使学生理解体积概念的内涵，并运用“体积”叙述实验结果或比较结果。所以，有的教材在一节课中学了体积和体积单位，或者既讲体积又讲容积，都是可行的。

（1）在实验中理解体积概念

从面积到体积是学生空间观念上的一次飞跃。学生在理解和应用这一新概念时会有一定难度。“体积”概念通常采用概念形成的方式。

A. 通过实验，体会物体是占有空间的。

实验一，把小石块放入盛有水的烧杯中，学生发现水面升高了，水面升高是因为小石块占据了水的一部分空间，将水挤上去了。学生借助水面的变化理解到小石块是占有空间的。

B. 通过实验，体会物体所占的空间是有大小的。

实验二，把大小不同的两个石块分别放入盛有同样多的水且完全一样的两个烧杯中。学生在比较两个烧杯水面变化的过程中发现：大石块占有的空间比小石块占有的空间大。

C. 进一步直观判断，验证物体所占空间的大小。

出示火柴盒、铅笔盒、鞋盒等学生熟悉的物品，比较哪个盒子占的空间大，把学生对物品大小的经验与所占空间的大小联系在一起，帮助他们理解“物体占空间大小”的含义。

D. 揭示体积的意义，找找身边的物体，说说它的体积。

（2）在体验中理解体积概念

也有教师由“乌鸦喝水”的故事或贴近生活的“给妈妈洗脚”的活动引入，然后让学生做实验二。此外，还可以让学生伸手摸课桌内的空间，然后放入一个书包，但第二个书包就放不进去了，却还能放进铅笔盒，以此体验空间的大小。应该说，这些活动都是有意义的。但也有教师认为，课桌内的空间是指容积，教学体积时应当回避，以免与容积概念混淆。其实大可不必。因为把石块放入烧杯和把书包塞进课桌，都是以特定容器的容积为参照比较物体体积的。

有必要指出的是，学生真正掌握和运用体积概念，不是靠一节课来完成的。事实上，体积与容积的区别与联系，等到学生学了体积计算之后，在实际应用时，他们才能深入理解。

体积单位的教学，可以由比较体积大小的实际需要和相应面积单位引入，然后帮助学生形成常用体积单位实际大小的观念。在此基础上，再将体积单位的模型与相应长度、面积单位的模型进行比较，帮助学生沟通三种计量单位间的联系与区别：长短是长度单位的累加；面的大小是面积单位的密铺；体积的大小是体积单位的堆积。

▶推荐阅读

（1）《小学数学研究》（张奠宙等，高等教育出版社，2009）

该书第八章以度量几何学为研究对象，从数学上居高临下地进行分析、拓宽和提高，可以帮助老师加深对这一教学内容的理解。

（2）《小学数学》（吴正宪、张丹，华东师范大学出版社，2008）

该书第二章研讨新课程理念下空间与图形的教学，能让教师从整体结构上思考，如何在这部分教学中，发展学生的空间观念。

（李义杰）

图形变换（graphic transformation）

▶概念描述

现代数学：一般地说，变换是指某个集合中符合一定要求的一种对应规律。就图形的变换来讲，因为几何图形都是点的集合，所以图形变换可以通过点的变换来实现。如果一个平面图形的每一个点，都对应于该平面内某个新图形的一个点，并且新图形中的每一个点只对应于原图形中的一个点，这样的对应就叫图形变换。几何变换中最重要的是全等变换与相似变换。(张丹，2010)

小学数学：在小学数学教材中没有对图形变换给出明确的定义。但对图形变换中最重要的两种变换形式——全等变换和相似变换都有所涉及。如小学阶段的全等变换主要学习了平移变换、旋转变换和轴对称变换；在六年级学习比例尺后，学习图形的放大和缩小，实际上就是一种相似变换。

▶概念解读

几何图形都是点的集合，所以图形变换可以通过点的变化来实现。图形在变换过程中，平面图形上的每一个点，与同一平面内某个新图形的每个点都对应，并且新图形中的每个点只对应于原图形中的一个点。

图形在变换过程中有两种形式，一种是图形变换前后图形的形状和大小不变，仅仅是位置变化，这种变换称为全等变换。在全等变换中，原图形任何两点之间的距离，都等于新图形中两对应点之间的距离，所以全等变换又称为保距变换。

全等变换有几种变化方式。我们可以直观地想象一下，形状、大小一样的两个图形，其中的一个图形可以通过怎样的“运动”与另一个图形重合。

下面我们以两个全等的三角形为例——把其中的一个三角形平移到另一个三角形，当两个三角形其中的一个顶点能够重合时，会出现几种情况呢？

第一种：这两个三角形完全重合了。(如下图)

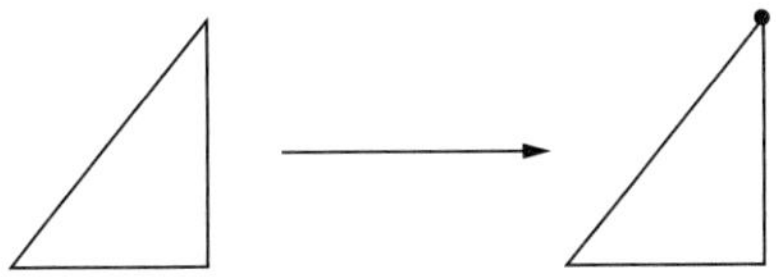

第二种：两个三角形没能完全重合，但通过绕这个顶点旋转一定的角度就能完全重合。(如下图)

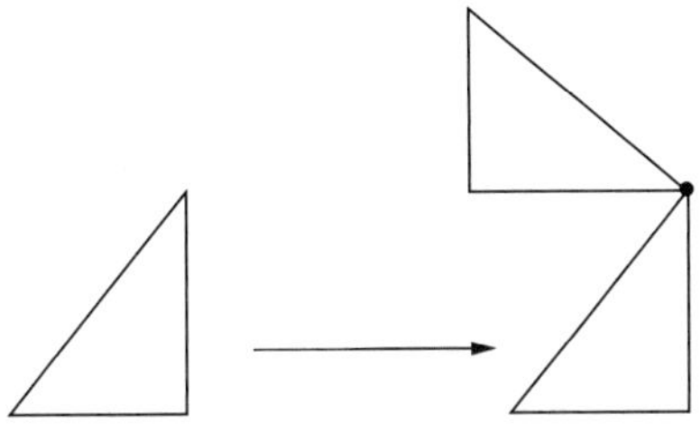

第三种：两个三角形没能完全重合，通过绕这个顶点旋转一定的角度还不能完全重合，此时还需要经过图形的翻转才能使两个三角形完全重合。(如下图)

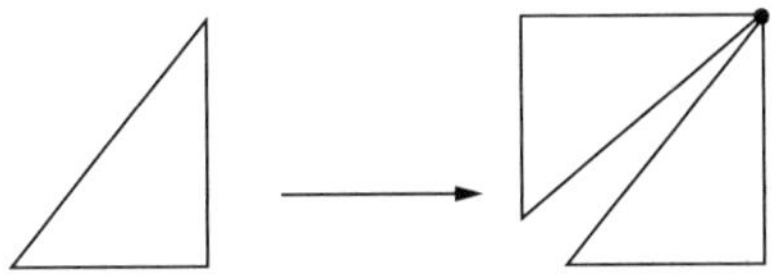

从上面的例子不难看出，这三种情况其实就是三种基本的全等变换，即平移变换、旋转变换、轴对称变换（反射变换）。

图形变换的另一种形式，就是形状不变但大小发生了变化，这种变换称为相似变换。相似变换能够保持图形的形状不变，而只改变图形的大小。在相似变换中，原图形中所有角的大小都保持不变，所以相似变换又称为保角变换。

▶教学建议

在小学数学教学中，对于图形变换主要学习了三种基本的全等变换，也就是平移变换、旋转变换和轴对称变换。相似变换只是在第二学段中有所渗透，如学习比例尺时两个图形按比例放大或缩小，实际上就是一种相似变换。因此，教学中教师要认识到这些变换的相同与不同，准确把握小学阶段的具体要求。

（1）教学时要在具体情境中引导学生认识变换现象

学生很早就有了物体或图形运动的经验，他们通过折纸、玩风车、照镜子等生活经验，早已获得了诸如平移、旋转、反射等体验。因此，教学中教师要善于调动学生的这些生活经验，为学生提供大量的丰富的运动现象，给学生充分的想象时间和空间，鼓励学生对这些素材加以分析，从而直观认识变换现象。

（2）教学中要通过观察、操作、分类等活动体会变换的特征

学生在直观认识变换现象后，教师还需要引导学生通过观察、操作、分类等一系列的活动，从整体感受变换现象到初步感受变换特征进而初步刻画变换特征的过程。

例如，在学生对平移变换有了初步认识后，一般在小学三年级，教材都会安排学生尝试在方格纸上画出一个图形经过变换后的图形，如下图。

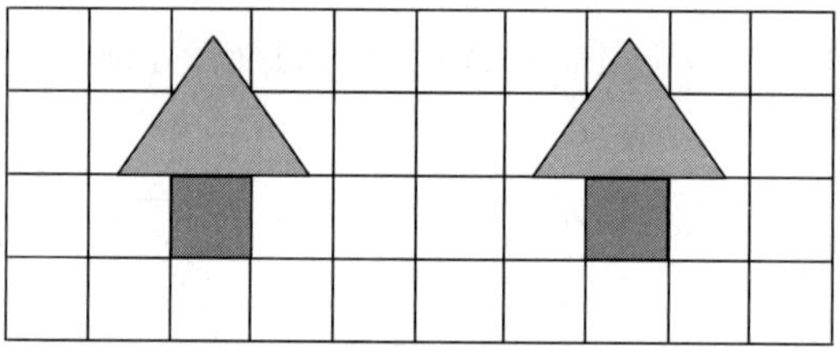

学生在解决这一问题时，是存在一些问题的，如有的学生在找平移格数时认为两棵小树中间空的格子就是平移的格数，此时，教师可以借助动画演示，引导学生观察发现，平移前后对应点的距离是相等的，进而感受到可以借助点的距离来确定平移的距离。实际上，这样的活动正是让学生在整体感受变换现象的基础上，尝试如何刻画平移，当然这个过程是借助方格纸并通过操作实现的。

又如，在小学六年级学生学习完比例尺后，研究两个图形按比例放大或缩小这一内容时，教师可以尝试这样设计教学：① 从生活中的放大、缩小引入，让学生感受到生活中存在许多放大与缩小的现象，进而引出研究问题——“图形的放大与缩小”。② 为学生提供必要的学具（方格纸、直尺），组织学生探索交流放大或缩小后的图形与原图比较有什么发现？

在交流中使学生初步感受到把一个图形的各边按一定的比例可以进行放大或缩小，从而得到该图形放大或缩小后的图形。在探索中，学生

会发现放大或缩小后的图形长和宽的比与原来图形的长和宽的比是完全一样的。但教师要认识到，此时对于“放大或缩小”的学习不是相似变换的学习，主要是直观感知，即放大或缩小后的图形与原图形形状相同、大小不同。这样的探索过程为学生今后研究相似变换奠定了基础。

▶推荐阅读

《小学数学教学策略》（张丹，北京师范大学出版社，2010）

该书第170—179页针对图形与变换的教学提出了一些具体的教学策略。文章还有很多案例分析，对于案例的分析解读也很精彩。

（丁育慧）

平移（translation）

▶概念描述

现代数学： 对于平移的定义在不同的书中有不同的体现，一般有以下几种。

① 在欧式平面上（欧式空间中），把每一个点 P 按照已知向量 $\overrightarrow{AA'}$ 的方向移到 P'，使 $\overrightarrow{PP'}=\overrightarrow{AA'}$，如此产生的变换称为平面上（空间中）沿向量 $\overrightarrow{AA'}$ 的平移变换，简称平移或直移。（裘光明，2002）[463]

② 在平面内，将一个图形沿某个方向移动一定的距离，这样的图形运动称为平移。（马复，2010）[69]

③ 一种图案或者图形可以向任何方向滑动。如果它的大小和方向没有改变，那么这种运动叫作平移。（Martin，2004）

小学数学： 小学阶段并没有对平移给出明确的定义，而是结合具体实例直观认识平移现象，并通过在方格纸上作已知图形经平移变换后的图形来获取运动体验，感受到平移就是物体在直线方向上的移动，本身没有发生方向上的改变。

▶概念解读

平移是图形运动的一种形式，是图形变换的一种。它与旋转同属于图形变换中的全等变换。

① 平移是现实生活中广泛存在的现象，平移前后遵循着这样的特征"经过平移，对应点所连的线段平行且相等，对应线段平行且相等，对应角相等"。从下面左图中我们可以看到新图形中的每一点，都是由原图形中的某一点移动后得到的，这两个点是对应点。原图形中任意一个点到新图形中相对应点的连线，方向相同，长度相等，这样的全等变换就是我们所说的平移变换。

从下面右图中，教师还应认识到平移的方向不一定是水平的。

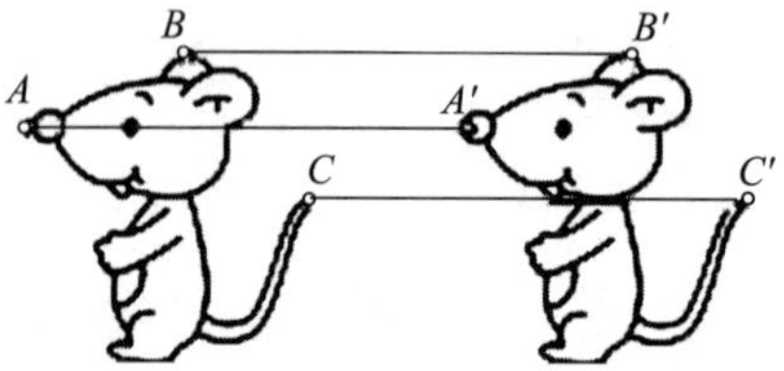

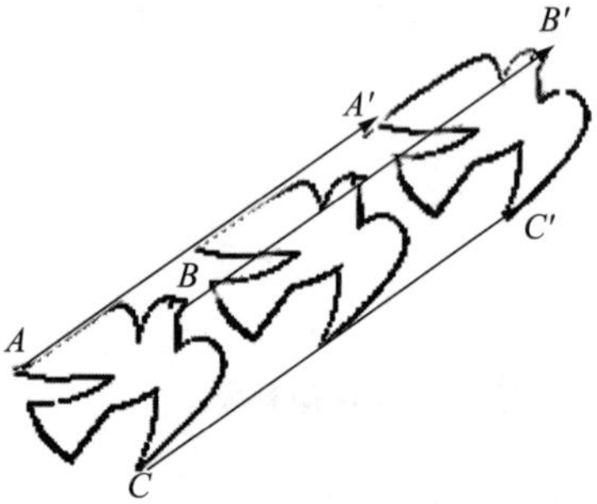

② 确定平移的两个基本要素：一是平移的方向，二是平移的距离。这两个要素是判断图形平移的依据。

③ 图形在平移前后有许多美妙的特征，最重要的是图形在平移前后有三个不变：

A. 图形平移后的形状和大小没有发生变化，只是位置发生了变化。

B. 图形平移后，对应点连成的线段平行且相等，对应角相等。

C. 图形平移后，在原图形上的点或图形也作了相同的平移。

④ 高等几何中提到平移变换是欧式几何中的一种重要变换。平移是第一种正交变换。例如在平面直角坐标系中，若$\overrightarrow{AA'}=\{a, b\}$，点 $P(x, y)$ 沿$\overrightarrow{AA'}$平移到点 $P'(x', y')$，则这个平移变换的代数表达式为：

$$X'=x+a$$

$$Y'=y+a$$

平移变换的逆变换也是平移变换。两个平移变换的乘积仍是平移变换。所以平移变换的全体构成一个群，称为平移群。平移变换的概念可

以推广到 n 维欧氏空间[①]，其代数表达式为：$x'i=xi+ai$（$i=1, 2, \cdots, n$；ai 为常数），或用矩阵表示为：$(x'i) = (xi) + (ai)$。其中 $(x'i)$，(xi)，(ai) 均为 $n\times1$ 矩阵。

▶教学建议

在现实生活中，学生对平移应该已经有了切实的感受，只是不知道这个专门的术语。在小学阶段，课程标准也只要求让学生从生活实际出发，有一个初步的感觉就可以了。小学阶段对于平移的学习分为两个阶段——第一阶段：直观认识平移现象，感受特征。第二阶段：借助方格纸作已知图形经平移变换后的图形，运用图形的平移运动进行图形的设计与欣赏。因此，教师在教学中必须要准确把握住每个阶段的具体目标。

第一阶段：直观认识平移现象，感受特征。

建议1：充分利用学生已有的生活经验，从学生的生活经验入手，引导学生直观认识平移现象，通过动手操作活动，整体感受平移的特征。如吴正宪老师执教的“平移与旋转”一课就从学生熟悉的游乐场入手，让学生观看游乐场的活动场面，并鼓励学生按它们不同的运动方式分类，同时借助手势、动作进一步体会平移与旋转的特点。

建议2：通过图形的运动变化去认识平移，有助于学生运用数学的眼光看待现实世界。如在学生学习完平移之后，我们可以让学生从变换的角度欣赏图案。

建议3：联系生活实际，体会价值。如在学习完平移之后，学生都会提出这样的问题“平移有什么用?”。吴正宪老师在课堂上把上海音乐厅平移66.4米的新闻录像放给学生，使学生体会到数学的神奇力量，进而感受到平移的价值。

第二阶段：借助方格纸作已知图形经平移变换后的图形，运用图形的平移运动进行图形的设计与欣赏。

学生在这一阶段的学习中，不仅要从整体上感受变换现象，并且要开始探索如何刻画平移。在教学时，教师一般会采取这样的教学策略引导学生进一步认识平移。从整体感知到关注局部（点或线），当然这个

---

① 即欧几里得空间（Euclidean Space），在数学中是对欧几里得所研究的二维和三维空间的一般化。这个一般化把欧几里得对于距离以及相关的概念长度和角度，转换成任意数维的坐标系。

过程是在学生具体操作中获得的。同时，让学生在图形欣赏中加深对平移的理解，从而获得图形运动的体验，感受图形变换带来的美。

如这一内容的学习，有位教师设计了如下的教学：两只小蚂蚁一起搬相框，一个在前，一个在后，可相框搬完了，两只小蚂蚁为了谁走得远争吵起来。随后请同学们想办法比较到底谁走得远，分别走几格？在交流讨论中，学生发现相框向左平移了5个格，那么相框上的每个点都应该向左平移5个格。看来无论我们创设什么样的情境，关键是要引导学生在操作的过程中感受平移前后对应点间的格数相等。(如下图)

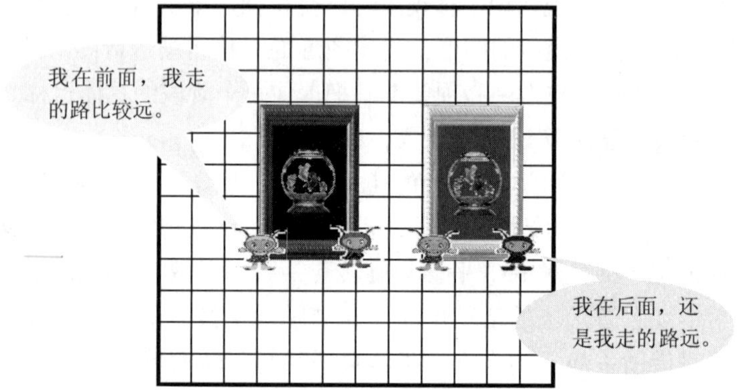

▶推荐阅读

(1)《小学数学课堂教学设计》(刘加霞，同心出版社，2007)

该书第93—104页以专题的形式就什么是平移，什么是旋转？平移与旋转究竟让学生掌握到什么程度？怎样来深化学生对平移与旋转的认识？进行了探讨。

(2)《新课程名师精彩课堂实录·小学数学卷》(周成平，中国科学技术出版社，2005)

该书第1—6页和第100—108页收录了两位特级教师有关平移与旋转的教学设计，同时还有精彩的课后评析。

(丁育慧)

旋转（rotation）

▶概念描述

现代数学：旋转变换简称旋转。欧氏几何中的一种重要变换。在欧氏平面上（欧氏空间中），让每一点 P 绕一固定点（固定轴线）旋转一个定角，变成另一点 P'，如此产生的变换称为平面上（空间中）的旋转变换。此固定点（固定直线）称为旋转中心（旋转轴），该定角称为旋转角。（裘光明，2002）[557]

初中数学对于旋转没有给出严格的定义，只是借助图形直观表述。如2009年人教版教材九年级上册第56页先出示下图，然后说：像这样，把一个平面图形绕着平面内某一点 O 转动一个角度，就叫作图形的旋转，点 O 叫作旋转中心，转动的角叫作旋转角。

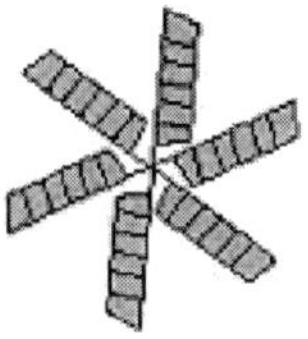

小学数学：小学阶段是结合具体实例直观认识旋转现象，通过在方格纸上作已知图形经旋转变换后的图形来获取运动体验。小学教材没有对旋转给出明确的定义。

▶概念解读

旋转是图形运动的一种形式，是图形变换的一种。它与平移同属于图形变换中的全等变换。从“旋转”这个词的发音来看，我们可以从字面意思把旋转理解为“围绕着中心转”。

① 旋转是现实生活中广泛存在的现象，生活中有很多物体在做着旋转运动。比如风扇、车轮、旋转门、秋千、跷跷板等，但生活中的旋转现象并不是绝对意义上的数学中的旋转。要研究数学中的旋转变换，教师要引导学生借助相关的生活经验，关注旋转前后图形的大小和形状有没有发生改变、对应点到旋转中心的距离是否相等、对应点与旋转中心所连线段的夹角是否等于旋转角等，要抓住旋转的三要素（旋转中心、方向和角度）来辨别旋转运动。

假如我们把右图钟面上的指针看作平面图形，那么表盘的中心就是旋转中心，两根表针转动时形成的角就是旋转角。

在这里，教师要认识到摆动也是日常生活中常见的旋转现象。

比如：

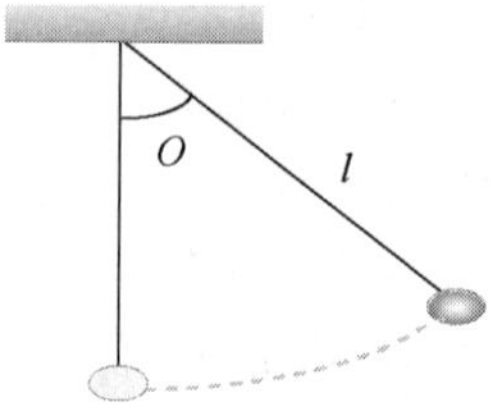

② 在数学中要想确定一个物体是否在做旋转运动，下面三个要素是判断图形旋转的依据：a. 旋转中心；b. 旋转方向；c. 旋转角度。

教师一定要注意：三要素中只要任意改变一个，图形就会不一样。例如，若我们把一个图案进行旋转，就能设计出美丽的图案。但要注意如果我们选择的旋转中心、旋转角度不同，就会出现不同的效果。

如改变旋转的角度，但旋转中心不变，图示如下。

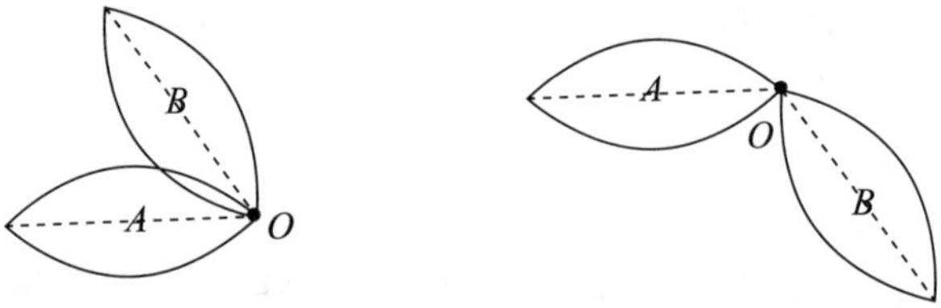

再如，改变旋转的方向，但旋转角不变，图示如下。

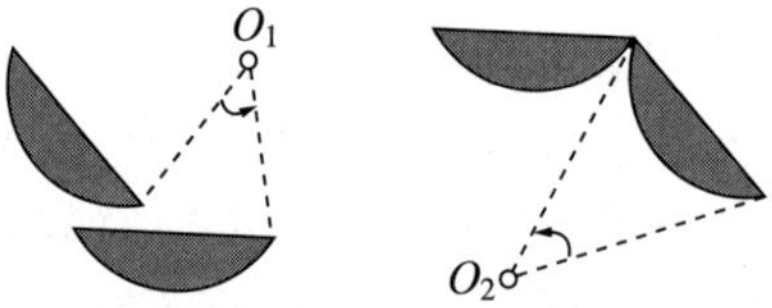

我们通过不同的旋转方式，就能设计出美丽的图案。当然也可以结合两种不同的旋转方式进行设计。

③ 图形的旋转是图形上的每一点在平面上绕某个固定点旋转固定角度的位置移动。其中，对应点到旋转中心的距离相等；旋转前后图形的大小和形状没有改变；两组对应点分别与旋转中心的连线所成的角相等，都等于旋转角；旋转中心是唯一不动的点。

▶教学建议

小学阶段对于旋转的学习，大部分教材都把它与平移安排在一起学习，特别是在第一学段。这样的安排有利于学生在比较中加深对旋转的认识。旋转内容在编排上和平移大致一样，分别在两个学段进行了学习，每个学段的要求不同，教师要准确把握。

第一学段要求：学生借助日常生活中对图形运动现象的观察与直观感受了解旋转。

第二学段要求：按要求在方格纸上画出一个图形经过旋转后所得的图形，运用图形的旋转运动进行图形的设计与欣赏。

第一学段教学中，教师首先要为学生提供大量丰富的运动现象，给学生充分的观察、想象时间和空间，让学生运用自己日常生活中积累的相关经验，感受旋转运动的特点。

如吴正宪老师执教的“平移与旋转”一课，就从学生熟悉的游乐场入手；也有的教师从早上学生来到教室所做的事情导入，如开窗户、削铅笔、开电风扇等。其实无论教师选择什么现实场景引入，都要注意一定是学生熟悉的，最好借助多媒体课件动态演示。

其次，教学要从学生的生活经验入手，引导学生观察事物的运动变化，让学生用手势比画运动的变化，通过对物体运动的命名与分类，在比较中体会平移和旋转的不同特点。

如吴正宪老师执教的“平移与旋转”一课就是从学生熟悉的游乐场入手，在学生观看有关录像后，鼓励学生按它们不同的运动方式分类，从而进一步体会平移与旋转的特点。（详见《小学数学课堂教学设计》第 100 页）

第二学段教学中，首先，教师要明确本学段的具体要求——2011 版《课标》要求学生在方格纸上画出一个图形经过旋转后所得的图形，只要求学生会在方格纸上将简单图形旋转 90°，不要求图形绕着一个点旋转任意角度。

其次，在教学中要重视图案欣赏与设计一课。在欣赏或设计一个图案时，教师要鼓励学生说出自己的感受和解释，允许学生发表自己的看法。在交流中只要是合理的教师都应予以肯定，但要让学生用自己的语言清楚地表达图案中的运动关系。

比如在教学中，我们可以为学生提供一些简单图形经旋转后得到的美丽图案，在欣赏的过程中，感受数学的美和数学的价值，同时也激发学生的设计灵感。下面的图案就是分别旋转正方形和直线得到的图案，教师可以在教学中让学生们欣赏。

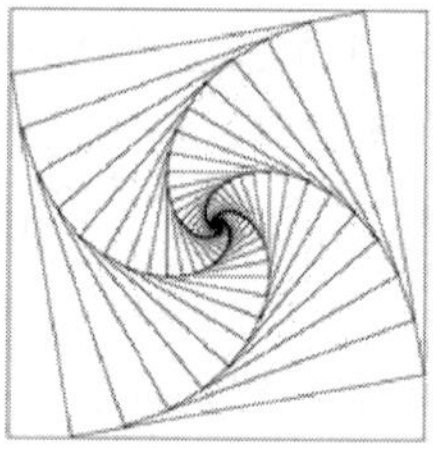

▶推荐阅读

（1）《小学数学课堂教学设计》（刘加霞，同心出版社，2007）

该书第93—104页从“平移与旋转”教学设计展开讨论，书中谈到什么是平移和旋转，平移和旋转究竟让学生掌握到什么程度，怎样来深化学生对平移与旋转的认识等内容。

（2）《小学数学》（吴正宪、张丹，华东师范大学出版社，2008）

该书第50、第51页强调教师应鼓励学生把静态与动态结合起来，在运动变化中认识图形。

（丁育慧）

对称（symmetry）

▶概念描述

现代数学：对称是指图形或物体对某一点、某条直线或某个平面的反射运动，在形状、大小、长短和排列等方面都相等或相当，具有一一对应的关系。（张奠宙 等，2009）[189]

小学数学：在小学教材中没有对对称给出明确的定义，但小学阶段要求学生能结合具体实例认识对称，其中重点认识轴对称图形。

学生通过动手操作，知道一个图形通过对折，左右两边完全重合的图形是轴对称图形。(如下图)

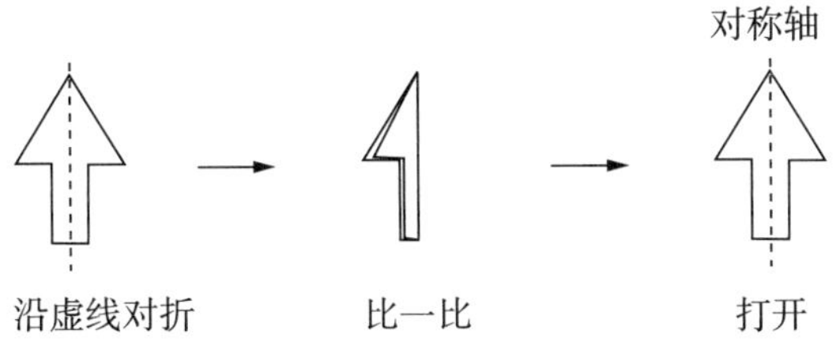

▶概念解读

数学上是先定义一个点对一条直线（对称轴）的对称点，再定义一个图形对一条直线（对称轴）的对称图形，最后才透过如果一个图形对直线 L（对称轴）的对称图形是自己本身的特殊情况，引入对称图形及对称轴的意义。

我们可以把对称理解为：图形或物体对某一点、直线或平面而言，在大小、形状和排列上具有一一对应的关系。

对称图形可以分成很多类，比如中心对称图形、轴对称图形和旋转对称图形。平行四边形是中心对称图形；圆是一个最具"对称性"的图形，它既是轴对称图形，同时也是中心对称图形和旋转对称图形。教师还要认识到所有的中心对称图形，都是旋转对称图形。

对称的狭义定义为：一个物体包含若干等同部分，对应部分相等。不改变物体内部任何两点间的距离而使物体复原的操作，称为对称性操作，物理学中也称反演操作。对称性操作主要有：旋转、反映、反演、象转、反转。旋转和反映是基本对称操作。完成对称性操作的几何元素称为对称元素，包括：旋转轴、镜面、对称中心、映轴、反轴。对称轴和对称面是基本的对称元素。

说到对称性大家就会想到守恒性，也就会想到德国数学家艾米·诺特（Noether，A.）。他提出了著名的诺特定理（Noether theorem）——作用量的每一种对称性都对应一个守恒定律，有一个守恒量，从而将对称性和守恒性这两个概念紧密地联系在一起的。诺特定理告诉我们，一个没有对称性的世界，物理定律也变动不定。因此，物理学家们形成了一种思维定式：只要发现了一种新的对称性，就要去寻找相应的守恒定律；反之，只要发现了一条守恒定律，也总要把相应的对称性找出来。

在日常生活中和在艺术作品中，“对称”有更多的含义，它常代表着某种平衡、比例和谐之意，而这又与优美、庄重联系在一起。对于科学，对称性决定了各种可能的守恒定律，因而具有更加根本性的意义。

▶教学建议

对称是现实生活中比较普遍的现象。在学生的生活中，随处可见对称的物体，如图片、建筑物、动植物、艺术品等，学生对于对称现象有一定的认知基础。

小学阶段对于对称的学习重点放在轴对称图形的认识上。具体教学建议教师可以参考轴对称教学建议。此外，在小学教材中还会涉及中心对称图形，教学中虽然不做重点研究，但教师要关注轴对称图形与中心对称图形的区别。

（1）要清楚轴对称图形与中心对称图形的区别

区分这两个概念要注意：轴对称图形要沿某直线折叠后直线两旁的部分一定会互相重合。对此关键要抓两点：一是沿某直线折叠，二是两部分互相重合。中心对称图形是图形绕某一点旋转180°后与原来的图形重合。其关键也是要抓两点：一是绕某一点旋转，二是与原图形重合。

（2）要清楚小学课本中常见图形的归类

学生在小学阶段学习了一些基本图形，这些图形分别属于哪种对称图形，作为教师要做到心中有数。

比如既是轴对称图形又是中心对称图形的有：长方形、正方形、圆、菱形等。

只是轴对称图形的有：角、等腰三角形、等边三角形、等腰梯形等。

只是中心对称图形的有：平行四边形。

既不是轴对称图形又不是中心对称图形的有：不等边三角形、非等腰梯形等。

（3）要借助对称从变换的角度认识图形

从变换的角度认识图形，能够使学生感受到图形运动与图形认识的联系，有助于学生更好地认识图形。比如在认识图形的教学中，可以通过对折等活动认识图形的轴对称性；可以通过讨论图形对称轴条数的不同，从而认识到圆有无数条对称轴，感受到圆是一个最具“对称性”的图形；还可以通过对称来探索或验证图形的性质——比如，学生在认识正方形时，习惯把正方形这样对折来证明正方形的四条边相等（如下图）。

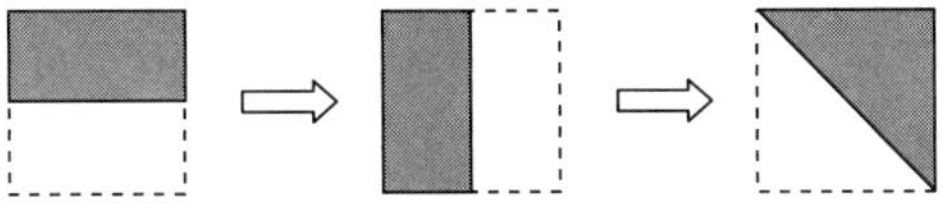

▶推荐阅读

（1）《小学数学教学策略》（张丹，北京师范大学出版社，2010）

该书第 175—177 页提出从变换的角度认识图形，并针对为什么学生执着于“平行四边形是轴对称图形”进行了细致的分析。

（2）《小学数学研究》（张奠宙等，高等教育出版社，2009）

该书第 189—194 页从“什么是对称”、“对称的价值”两个角度进行了细致的解读。

（丁育慧）

轴对称（axial symmetry）

▶概念描述

现代数学：轴反射变换简称轴反射（轴对称），它是欧氏几何中的一种重要变换。在欧氏平面上或欧氏空间中，把任一点 A 映成关于给定直线 S 对称的点 A' 的变换称为关于直线 S 的轴反射变换，直线 S 称为反射轴。（裘光明，2002）[464]

初中数学对于轴对称也没有给出严格的定义，如 2009 年人教八年级上册的第 29 页借助图形直观这样表述：像窗花一样，如果一个图形沿一条直线折叠，直线两旁的部分能够互相重合，这个图形就叫作轴对称图形（symmetric figure）。这条直线就是它们的对称轴（axis of symmetry）。这时，我们说这个图形关于这条直线（成轴）对称。

小学数学：小学阶段是借助日常生活中对图形运动现象的观察和直观感受来认识轴对称，并通过在方格纸上补全一个轴对称图形来体会轴对称图形的特征。小学教材并没有对轴对称给出明确的定义。

▶概念解读

轴对称与轴对称图形是两个既有联系又易混淆的概念。轴对称的意义是两个图形关于一条直线（一个点）对称，它揭示的是两个图形所具有的一种特殊位置关系，而轴对称图形揭示的是一个图形自身具有的特殊性质。下面我们结合具体的例子来理解。

以小树图片为例，如右图，我们可以看到，如果我们把它沿一条直线折叠，直线两旁的部分能够互相重合，此时我们就说这个图形是轴对称图形。

还是这张小树图片，我们把它沿某一条直线折叠，如果它能够与另一图形重合，那么我们就说这两个图形关于这条直线对称。(如下图)

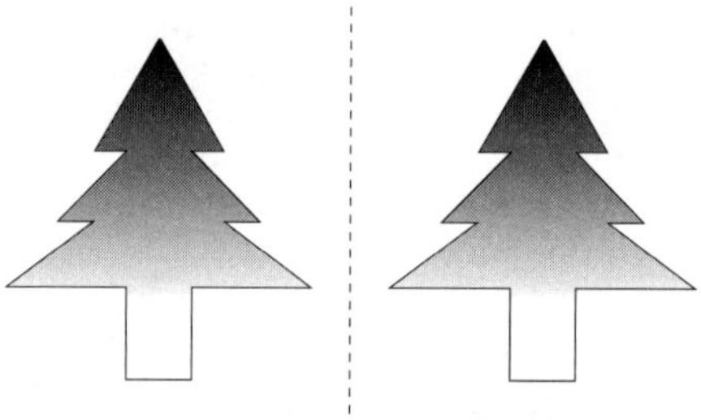

我们可以这样理解：轴对称和轴对称图形都是关于某条直线对称，前者是指对称图形（如下面左图），后者是指对称图形的两部分（如下面右图）。

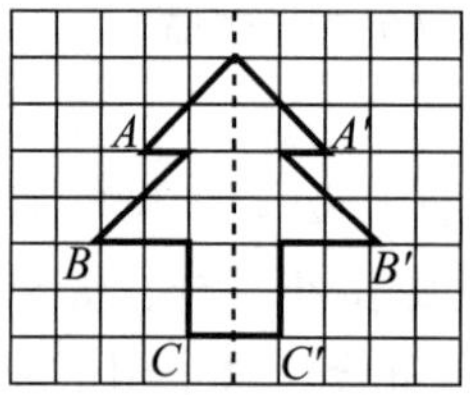

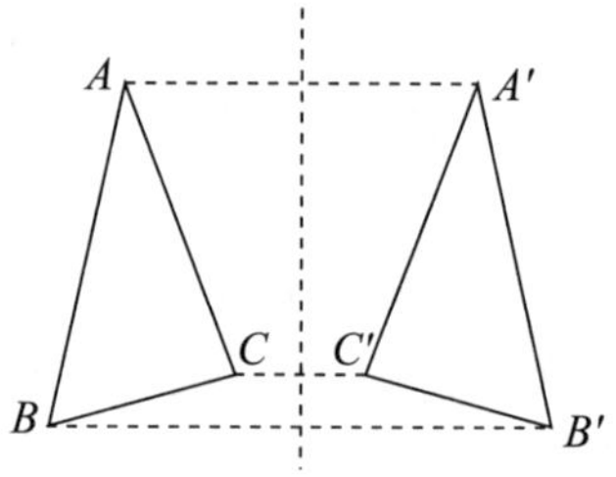

从图上我们可以直观地发现，轴对称和轴对称图形在本质上是一致的。即对应点连线与对称轴垂直且被对称轴平分，对应点到对称轴的距离都是相等的。

我们可以根据轴对称图形的特征，由一个图形得到与它成轴对称的另一个图形，重复这个过程，可以得到美丽的图案。在这个过程中，要注意当对称轴的方向或位置发生变化时，得到的图形方向和位置也会发生相应的变化。(如下图)

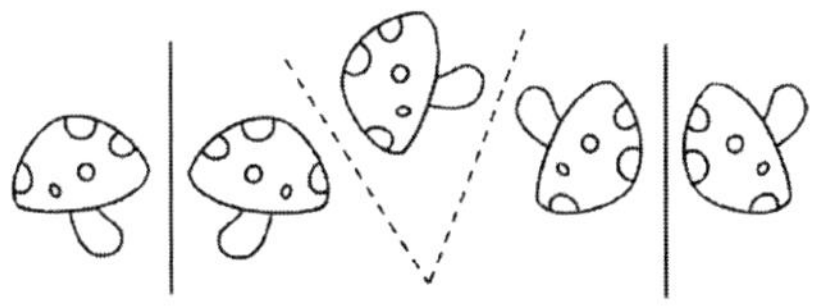

在小学阶段，我们可以通过寻找图形的对称轴巩固学生对轴对称图形的认识，同时从运动的角度加深学生对图形的认识。

▶教学建议

小学阶段对于轴对称图形的学习在两个学段都有安排，但每个学段的具体要求和目标不同，教师要准确把握。

在第一学段，一般鼓励学生通过观察生活中大量的轴对称现象，进行比较概括，发现这些图形之间的共同特点，并且运用自己的语言加以描述。可以说，这一阶段是学生整体感知轴对称图形的阶段。

在第二学段，教材安排在方格纸上补全一个轴对称图形和进行图形设计与欣赏等活动，来体会轴对称图形的特征，鼓励学生关注对应点之间的关系。

具体教学建议如下。

(1) 教学中可以通过折叠等活动认识轴对称图形，发现它们的轴对称性

例如在教学时，我们可以从生活中学生熟悉的对称现象引入，唤起学生已有的生活经验，通过观察找到它们的共同点，从感性上认识怎样的图形是轴对称图形。接着可以让学生动手折一折、比一比，通过对折比较，发现对折后左右两边完全重合，发现图形的轴对称性，体会轴对称图形的特征，并认识对称轴。

(2) 教学中，要通过课件演示，把具体的实物抽象成平面图形的过程，引导学生感悟其数学意义

例如在教学中，多数教师都会从学生熟悉的实物展开教学。教师可借助课件的演示，沿着实物的轮廓把实物画下来，让学生看到将实物抽象成平面图形的过程，如下面的蝴蝶图。

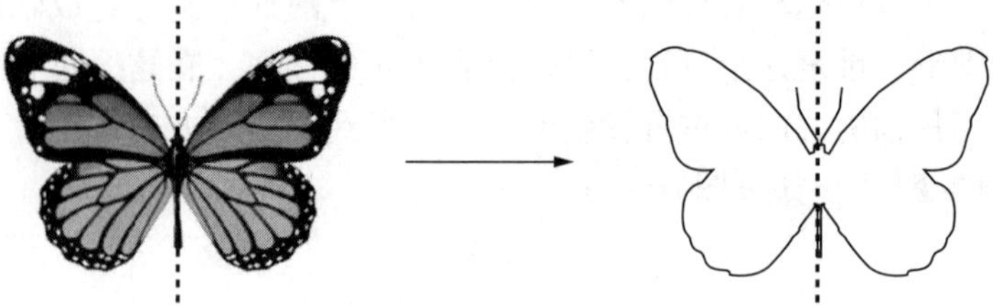

这样的演示过程，有利于让学生从直观上认识什么是轴对称图形，并由具体的实物过渡到平面图形，再到抽象的几何图形，进一步认识轴对称图形的特征。

（3）在从一组平面图形或图案中选择轴对称图形时，要经常让学生对自己的选择做出解释或验证

生活中有些图形看上去像轴对称图形，其实它不是；有些看上去不是，可它偏偏是。因此，教学中要留给学生想象的空间，为学生设计一些练习，在具体的解决问题活动中，鼓励学生对自己的判断做出解释和验证。

如把一张长方形的纸对折，在折好的一侧沿折痕画图，用剪刀把图形剪下来，展开后能得到下面图形的是（　　），并说说你的理由。

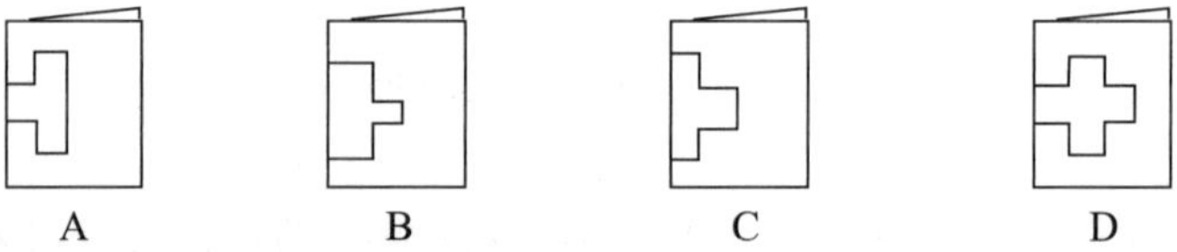

▶推荐阅读

（1）《小学数学教学策略》（张丹，北京师范大学出版社，2010）

该书第 170—179 页针对图形与变换的教学提出了一些具体的教学策略。文章还有很多案例分析，对于案例的分析解读也很精彩。

（2）《小学数学》（吴正宪、张丹，华东师范大学出版社，2008）

该书第 50、第 51 页强调教师应鼓励学生把静态与动态结合起来，在运动变化中认识图形。

（丁育慧）

对称轴（symmetric axis）

▶概念描述

现代数学：一般地，若两个图形上的点全都关于同一条直线对称，则称这两个图形关于这条直线对称。这种关于直线的对称称为轴对称，这条直线称为互相对称的图形的对称轴。（裘光明，2002）[130]

2008 年人教版教材八年级上册第 29 页更为细致地定义了对称轴：如果一个平面图形沿一条直线折叠，直线两旁的部分能够互相重合，这个图形就叫作轴对称图形，这条直线就是它的对称轴。把一个图形沿着某一条直线折叠，如果它能够与另一个图形重合，那么就说这两个图形关于这条直线（成轴）对称，这条直线叫作对称轴。

也就是说，轴对称图形和成轴对称的两个图形都有对称轴。如果把轴对称图形沿对称轴分成两部分，那么这两个图形就是关于这条直线对称；如果把成轴对称的两个图形看成一个整体，那么它就是一个轴对称图形。

小学数学：小学数学教材中一般不出现对称轴的确切定义。而是通过生活实际引导学生初步认识对称图形，引出“对称”概念，然后让学生动手操作剪出对称图形，理解纸的折痕就是对称轴。（如下图）

小学阶段对于轴对称图形的学习并不是一蹴而就的，需要经过两个阶段。在第一学段中，主要是结合实例，感受轴对称现象，初步认识轴对称图形。在第二学段中，主要是进一步认识轴对称图形及其对称轴，通过探索轴对称图形和成轴对称的两个图形的各对应点与对称轴之间的关系，引导学生发现轴对称图形的基本性质。并能根据这一性质在方格纸上画出轴对称图形的对称轴，能在方格纸上补全一个简单的轴对称图形。

▶概念解读

无论是轴对称图形还是成轴对称的两个图形，它们的对称轴都有着相同的性质，都是任何一对对应点所连线段的垂直平分线。在小学阶段，关于对称轴应该认识以下几点。

① 对称轴是一条直线，而不是线段或射线。

② 找到对称轴是确定轴对称的关键。因为轴对称的基本特征是，“连接任意一组对应点的线段都被对称轴垂直平分”（曹培英，2006），所以很显然，确定轴对称变换的关键在于找到对称轴。

③ 对应点到对称轴的距离相等。对称轴垂直且平分连结两对称点的线段，学生在方格纸上可以通过看一看、数一数的活动，发现对应点与对称轴之间的这种关系。

④ 对称轴不一定只有一条，还可以是两条、三条或无数条。如长方形有两条对称轴，正方形有四条对称轴，圆有无数条对称轴。

▶教学建议

（1）在动手操作中认识对称轴

学生在学习轴对称图形之前并不是一张白纸，他们在生活中有着丰富的折纸和剪纸的经验。教师应充分利用学生的经验，为学生提供折一折、剪一剪的实践活动，让学生自己创造出数学中的轴对称图形。对于那些剪出轴对称图形的学生，可以请他们谈谈自己的经验；对于那些没有剪出来的学生，可以帮助他们分析一下失败的原因，从而使学生认识到对折的重要性。只有对折之后再剪，才能保证两边完全重合，加深学生对于轴对称图形的认识。然后，教师可以通过对折之后的折痕帮助学生认识对称轴，并探究几种常见图形的对称轴各有几条。

（2）利用对称轴，澄清学生的错误认识

学生对于“完全相等”和“完全重合”在理解上存在着误区，如长方形沿对角线对折后的两个三角形，无论是形状还是大小都完全一样。但由于对折后二者不互相重合，因此就不能将这对角线叫作长方形的对称轴。也就是说在判断某线是否是该图形的对称轴时，只能用“完全重合”而不可用“完全相等”。

张齐华老师在教学“轴对称图形”一课时，学生对于平行四边形是不是轴对称图形产生了分歧。有的学生认为虽然对折后两边的图形大小、形状都一样，但并没有完全重合，所以认为平行四边形不是轴对称图形。而有的学生认为虽然对折后两边没有完全重合，但只要沿着折痕剪开，换一个方向后两边就能完全重合了，所以它是一个轴对称图形。张老师紧紧抓住了这个生成资源，引导学生展开辩论，使学生领悟到只有沿着对称轴对折后两边完全重合，才算是轴对称图形，从而澄清了学生的错误认识。

▶推荐阅读

（1）《走向“生成型”的数学课堂——轴对称图形教学片段》（张齐华，《小学青年教师（数学版）》，2006 年第 1 期）

在这一教学片段中，张老师不仅为学生创设了自由宽松的学习氛围，并且对教学中的生成资源处理得恰到好处，使学生对轴对称图形的认识逐渐走向深刻。

（2）《图形与变换的备课与教学》（曹培英，《人民教育》，2006 年第 13—14 期）

该文从数学本身和数学教育的历史视角讨论了引入图形与变换的必要性，对小学阶段图形与变换内容中涉及的平移、旋转、轴对称作了详尽的解读，并针对图形与变换教学中的问题给出了具体的教学策略的指导。

（张秀林）

中心对称（central symmetry）

▶概念描述

现代数学：中心对称即中心反射变换，简称中心反射。它是欧氏几何中的一种重要变换。在欧氏平面上或欧氏空间中，把任一点映成关于给定点 S 对称的点 A' 的变换称为关于点 S 的中心反射变换。点 S 称为反射中心或对称中心。（裘光明，2002）[464]

初中数学对于中心对称没有给出严格的定义，只是借助图形直观这样表述。如 2009 年人教版九年级上册第 62 页先出示下图，再总结：像这样，把一个图形绕着某一点旋转 180°，如果它能够与另一个图形重合，那么就说这两个图形关于这个点对称或中心对称。这两个图形中的对应点叫作关于中心的对称点。

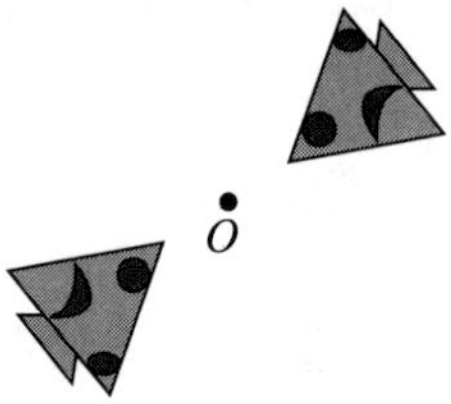

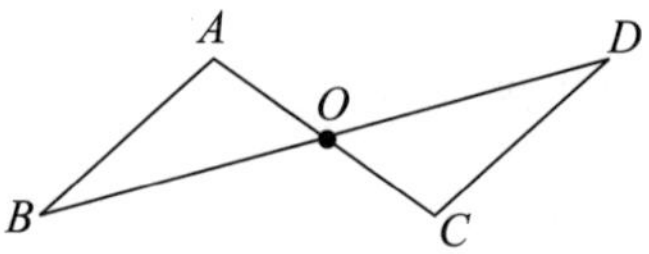

小学数学：小学阶段只研究轴对称图形，对中心对称没有涉及。但研究图形的过程中，出现了中心对称图形，如平行四边形。在小学教材中没有对中心对称的学习，也没有对此给出明确的定义。

▶概念解读

中心对称和中心对称图形是两个不同而又紧密联系的概念。它们的区别是：中心对称是指两个全等图形之间的相互位置关系，这两个图形关于一点对称，这个点是对称中心，两个图形关于点的对称也叫作中心对称。成中心对称的两个图形中，其中一个图形上所有点关于对称中心的对称点都在另一个图形上；反之，另一个图形上所有点的对称点，又都在这个图形上。而中心对称图形是指一个图形本身成中心对称。中心对称图形上所有点关于对称中心的对称点都在这个图形本身上。如果将中心对称的两个图形看成一个整体（一个图形），那么这个图形就是中心对称图形；一个中心对称图形，如果把对称的部分看成是两个图形，那么它们又是关于中心对称。

我们可以这样理解——

中心对称图形：如果把一个图形绕着某一点旋转180度后能与自身重合，那么我们就说，这个图形是中心对称图形。

中心对称：如果把一个图形绕着某一点旋转180度后能与另一个图形重合，那么我们就说，这两个图形成中心对称。

关于中心对称教师应认识到，识别一个图形是否是中心对称图形就看是否存在一点，使图形绕它旋转180°后能与原图形重合。

▶教学建议

小学阶段对于中心对称没有安排学习，到第三学段才开始。但由于小学阶段在研究轴对称图形时，学生经常会遇到一些困惑，要想读懂学生的想法、解决学生的问题，教师必须对中心对称有清楚的认识。

（1）正确认识轴对称图形与中心对称图形的区别

教师在区分这两个概念时，要注意：轴对称图形一定要沿某直线折叠后直线两旁的部分互相重合。这关键是要抓住两点：一是沿某直线折叠，二是两部分互相重合。中心对称图形是图形绕某一点旋转 180°后与原来的图形重合，关键也是要抓住两点：一是绕某一点旋转，二是与原图形重合。换句话说，轴对称图形是要像折纸一样折叠后能重合的；中心对称图形则只需把图形倒置，观察有无变化，没变化的便是中心对称图形。

（2）清楚小学课本中常见的图形属于哪种对称

小学阶段学生认识了很多平面图形。对于这些图形，教师要先清楚它们分别属于哪种对称，并清楚其中的道理。这样，当学生进行图形判断时，教师才能自如地面对学生，适时给予引导。比如，平行四边形不是轴对称图形，而是中心对称图形。

（3）图形判断过程中要读懂学生的困惑，避免简单的对错判断

教学中，我们经常鼓励学生根据对称性质判断哪些图形是对称图形，哪些不是。在这样的活动中，教师要让学生讲出自己的道理，切不可只是做出一个简单的对错判断。教师要注意倾听学生的发言，找到学生的困惑点，有针对性地加以引导。例如，平行四边形为什么不是轴对称？这一直是学生理解的一个难点，也是教师教学中的一个困惑点。为什么在教师反复强调“对折”以后能够完全重合的图形是轴对称图形后，还有学生认为一般的平行四边形是轴对称图形呢？学生为什么会有这样的认识？我们一起来听听学生的想法：“我这样斜着折（沿对角线折）虽然没有完全重合，但我从这里剪开之后把一半转一下就能和另一半重合了，所以我觉得这也是轴对称图形。”显然这个学生关注到了对称，但这样的对称不是轴对称图形，而是中心对称。相信如果教师对中心对称有一个清楚的认识，一定会对学生的发言有一个正确的引导，而不是简单地给予对与错的判断。

▶推荐阅读

《小学数学教学策略》（张丹，北京师范大学出版社，2010）

该书第 176、第 177 页对平行四边形为什么不是轴对称图形而是中心对称图形，以案例的形式进行了分析。

（丁育慧）

［**图形与位置**］

直角坐标系（cartesian coordinate system）

▶概念描述

现代数学：平面直角坐标是一种常用的坐标，它是创立解析几何的基础。在平面上过一定点 O 作两条互相垂直的轴 x 和 y，在每条轴上取相同的长度单位，这样就在平面上建立了一个直角坐标系，记为 xOy。点 O 称为坐标系的原点。水平的轴 x 称为横轴或 x 轴，轴 y 称为纵轴或 y 轴，合称坐标轴。平面上任一点 M 的位置便可以这样来确定：由 M 分别作 x 轴、y 轴的垂线，垂足分别是 M_1、M_2，设 M_1 在 x 轴上的坐标为 x，M_2 在 y 轴上的坐标为 y，则 M 相对于坐标系的位置就可以用有序实数对（x，y）来确定。（x，y）称为点 M 的平面直角坐标，x 和 y 分别称为点 M 的横坐标和纵坐标。（如下图）（裘光明，2002）[292]

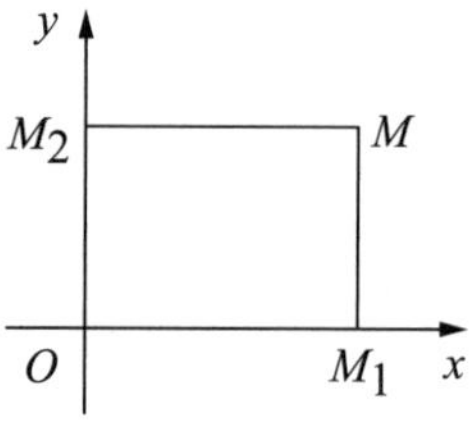

小学数学：小学数学教材中没有出现直角坐标系的概念，而是在学习统计图、正比例图像和用数对表示位置等内容时渗透有关平面直角坐标系的知识，初步了解平面直角坐标系的组成、识图方法和用途。

▶概念解读

平面直角坐标系架起了代数和几何的桥梁。在平面直角坐标系产生之前，人们一直思考如何把图形与代数结合起来？这个问题困扰了很多人。关于平面直角坐标系有一个有趣的故事：某日笛卡儿看见屋顶角上的一只蜘蛛，拉着丝垂了下来，一会儿工夫，蜘蛛又顺着丝爬了上去，上下左右拉丝。蜘蛛的“表演”使笛卡儿的思路豁然开朗。他想，可以把蜘蛛看作一个点，它在屋子里可以上、下、左、右运动，能不能把它所到的每个位置用一组数确定下来呢？他又想，屋子里相邻的两面墙与地面交出了三条线，如果把地面上的墙角作为起点，把交出来的三条线作为三根数轴，那么空间中任意一点的位置就可以用这三根数轴上找到有顺序的三个数表示。反过来，任意给一组有顺序的三个数也可以在空间中找出一点 P 与之对应。同样道理，用一组数（x、y）可以表示平面上的一个点，平面上的一个点也可以有用一组有顺序的两个数来表示，这就是坐标系的雏形。

直角坐标系的创建，在代数和几何上架起了一座桥梁，它使几何概念可以用数来表示，几何图形也可以用代数形式来表示。由此，笛卡儿在创立直角坐标系的基础上，创造了用代数的方法来研究几何图形的数学分支——解析几何。他大胆设想：如果把几何图形看成是动点的运动轨迹，就可以把几何图形看成是由具有某种共同特征的点组成的。例如，我们可以把圆看作动点到定点距离相等的点的轨迹。就这样，如果我们再把点看作组成几何图形的基本元素，把数看作组成方程的解，代数和几何就合为一家人了。

▶教学建议

平面直角坐标系在小学阶段并不作为知识点进行学习，而是作为学习其他知识的载体。因此，在教学中要注意把握教学重点，不能顾此失彼。

（1）教学中呈现丰富的生活情境，渗透平面直角坐标系知识

在小学，有关平面直角坐标系的内容主要在统计、正比例图像以及用数对表示位置时作为一种工具使用。在学习这些内容的时候，虽然重点不在此，但是可以借助丰富的生活情境，并利用有关平面直角坐标系的知识。比如在学习条形统计图的时候，教材中主要呈现的是纵向条形统计图，为了进一步培养学生的识图能力，明确横、纵轴表示的意义，很多老师会搜集生活中各种纵向条形统计图、横向条形图和柱状图等，在看图、分析的过程中加深对平面直角坐标系的认识。再比如在学习用数对表示位置时，教材本身就呈现了丰富的生活情境。例如，联系国际象棋的棋盘，让学生确定棋子的位置；通过呈现地图册中的某一页，让学生了解如何在平面中确定一个地点所在的位置。这样，使学生在熟悉的生活情境中，进一步加深对平面直角坐标系的认识。

（2）借助平面直角坐标系渗透数形结合思想

平面直角坐标系作为代数和几何的纽带，自然承载着渗透数形结合

思想的重任。例如，在学习条形统计图、折线统计图的过程中，学生认识到除了用数据表示多少和变化的过程外，还可以在平面直角坐标系中用直条的高矮、折线的变化来表示多少和事物增减变化的趋势。这可以丰富学生对于用形的方式表达信息的手段，从而进一步渗透数形结合的思想。再比如在学习正比例图像的时候，借助图可以使学生明确平面上的点和横轴、纵轴之间的一一对应关系，感受到一个量的变化引起另一个量变化的过程。这样借助图像感受变化比单根据数据感受变化更加形象直观。

应该说在小学阶段借助平面直角坐标系渗透数形结合思想的典型内容应该是数对的学习。数对学习过程本身体现的就是用两种非常典型的方式进行位置表达：一种是用代数的方式，即数对；另一种就是借助平面直角坐标系。用数来刻画形，用形来直观地表示数，本身就是数形结合思想的本质体现。教材中的例题也针对此点进行了精心的设计，很多老师为了突出平面直角坐标系也进行了一些尝试。如北京第二实验小学的王春伟老师为了让学生经历由一维到二维平面直角坐标系的过渡，设计了学生排队的情境。即首先排一队，让学生说出某个同学的位置；然后队数增多，再让学生说出某个同学的位置。在这个过程中，学生体会到最开始只用一个数表示就可以，但是后来需要用两个数来表示。这个过程渗透了在平面确定位置需要考虑横、纵两个方面的思想方法，而这就是平面直角坐标系的雏形。

▶推荐阅读

《笛卡儿和平面直角坐标系》（李光江，《中学生数理化》，2009年第2期）

该文详细介绍了平面直角坐标系的产生及相关数学知识。

（刘克臣）

04

统计与概率

“统计与概率”的内容在新课程中，成为和“数与代数”、“图形与几何”、“综合与实践”并列的四部分内容。相对于概率的学习，统计成为小学阶段这一部分内容的重点。对此，2011 版《课标》指出：了解在现实生活中有许多问题应当先做调查研究，收集数据，通过分析做出判断，体会数据中蕴含着信息；了解对于同样的数据可以有多种分析的方法，需要根据问题的背景选择合适的方法；通过数据分析体验随机性，一方面对于同样的事情每次收集到的数据可能不同，另一方面只要有足够的数据就可能从中发现规律。数据分析是统计的核心。

▶统计

统计学是关于收集和分析数据的科学和艺术。在小学阶段，关于统计学习的内容可以概括为三条主线：数据分析过程，数据分析方法和数据的随机性。让学生树立数据分析的观念，有效的方法是使他们投入到数据分析的全过程中去。在这个过程中，学生将不仅仅学习一些必要的知识和方法，同时将体会数据中蕴含的信息，提高自己运用数据分析问题、解决问题的能力。

① 数据分析过程。2011 版《课标》在小学两个学段都提出了相应的要求。在第一学段中提出“经历简单的数据收集和整理过程”；在第二学段中，提出“经历简单的收集、整理、描述和分析数据的过程（可使用计算器）”。由此看到数据分析的过程可以概括为：收集数据、整理数据、描述数据和分析数据。另外可以看到，随着学段要求的逐步深入，随着年龄的增长，学生将逐步经历更加完整的数据分析过程。在教学要求上 2011 版《课标》对第一学段、第二学段都提出了经历“简单的”过程，从第二学段提出开始使用计算器来处理数据。

② 数据分析方法。小学阶段常用的收集数据的方法包括调查、试验、测量、查阅资料等。2011 版《课标》在第一学段提出“了解调查、测量等收集数据的简单方法”；在第二学段提出“会根据实际问题设计简单的调查表，能选择适当的方法收集数据”和“能从报纸杂志、电视等媒体中，有意识地获得一些数据信息”。当人们收集了一堆数据以后，这些数据往往看起来比较杂乱，这就需要来整理数据，然后把整理后的数据运用统计图表等直观地表示出来，并加以适当的分析，为人们做出决策和推断提供依据。整理、描述、分析数据的方法主要包括分类和排序、图形表示、平均数等。教学中应鼓励学生运用不同方法，尽可能多

地从数据中提取有用的数据，并且能够根据问题的背景选择合适的方法。

③ 数据的随机。推断性数据分析的目的是要通过数据来推测产生这些数据的背景，称这个背景为总体。假定总体是未知的，目的是通过样本来推断总体。那么在调查或者实验之前，不可能知道数据的具体取值。也就是说，数据可以取不同的值，并且取不同值的概率可以是不一样的，这就是数据随机性的由来。数据的随机性主要有两层含义：一方面对于同样的事情每次收集到的数据可能会是不同的；另一方面只要有足够的数据就可能从中发现规律。

▶概率

概率是从数量研究随机现象的科学，它从偶然因素和影响中寻求必然的数量规律，并用数量刻画和分析。2011 版《课标》中，学生在第一学段中将不再学习概率，因为在小学阶段统计的重要性大于概率学习。从第二学段开始，2011 版《课标》安排了概率的学习，并且根据学生年龄特点将其称为“随机现象发生的可能性”。在小学阶段，所涉及的随机现象都基于简单随机事件：所有可能发生的结果是有限的，每个结果发生的可能性是相同的。在第二学段，要求学生“了解简单的随机现象的实例，能列出简单的随机现象中所有可能发生的结果”，并“能对一些简单的随机现象发生的可能性大小作出定性描述”。

▶统计和概率的联系

统计和概率之间存在一定的联系。统计与概率都是研究随机现象的学科。统计侧重于从数据来刻画随机，概率侧重于建立理论模型来刻画随机，同时概率为统计提供了理论基础，特别是统计在收集数据和运用数据做出推断等方面吸收了概率的成果和方法。基于以上分析，本部分可以建构如下框架图：

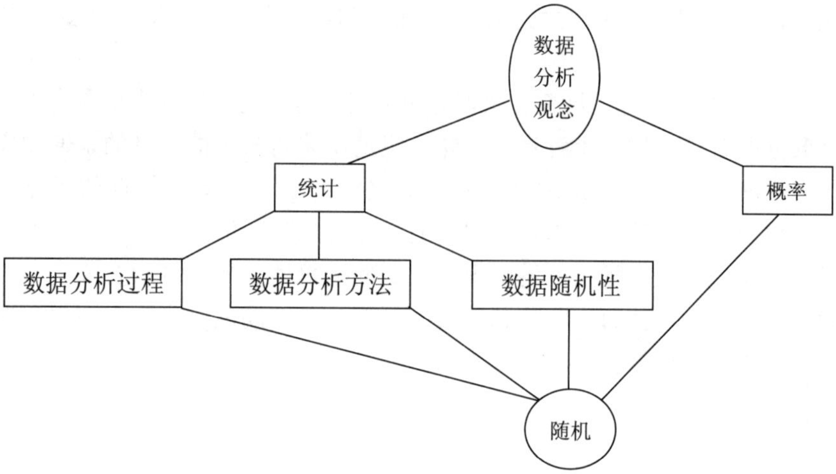

本部分将围绕在小学阶段“统计与概率”部分的主要概念做一些分析和讨论。

本章目录

[统计]

数据（datum）

▶概念描述

现代数学： 数据是随机变量（事物）的观测值，是用来描述对客观事物观察测量结果的数值。直接获得的观测值称为原始数据或观测数据。依据不同的统计方法，数据可以分为不同的类型（张奠宙 等，2009）[214-215]：

（1）点计数据和度量数据

按观测方法的来源可以分为点计数据和度量数据。点计数据是计算个数的数据，它具有独立的分类单位。度量数据是指借助一定的工具或一定的测量标准所获得的数据。

（2）间断数据和连续数据

按数据是否具有连续性可以分为间断数据和连续数据。间断数据也可称为离散数据或不连续数据。这类数据与点计数据相当，单位独立，两个单位间不能再分细小单位。连续数据指取值个数无限（不可数），任意两个数据点之间都可以细分出无限多个大小不同的数值。

（3）称名数据、等级数据、等距数据和等比数据

按数据反映的测量水平，可把数据分为称名数据、等级数据、等距数据和等比数据。称名数据指说明某一事物与其他事物在属性上的不同或类别上的差异，它具有独立的分类单位，其数值一般都取整数形式，只计算个数，不说明事物之间的差异大小。等级数据也称顺序数据，它是指既无相等单位、又无绝对零点的数据，能表示某事物某种属性的名词或等级、多少或大小。等距数据具有相同单位，没有绝对零点，一次可以进行加减运算，但不能进行乘除运算。等距数据不仅可以区分大小高低，而且可以比较大小。等比数据也称比率数据，它既表明数据的大小，也有相等的单位，同时还具有绝对的零点。等比数据不仅可以比较，还可以做加减乘除运算。

小学数学： 小学数学教材对于各类数据并没有给出明确的概念。但是在学生学习统计和概率以及其他领域的知识时，会接触到大量的数据，并且会尝试收集数据、分析数据和运用数据解决问题，因此学生对于数据这个概念并不陌生。在统计图表的学习中，学生接触的数据大多

是点计数据或称名数据和等级数据。

▶概念解读

对于数据概念的理解要抓住不同的统计方法有适宜的不同数据这一前提，在此基础上厘清各类数据的内涵和外延。下面通过举例进一步解读以上概念。

点计数据一般都取整数形式，如学校数、班级数、男女生人数等一类的数据属于点计数据。像身高、体重、考试成绩等需要借助工具得到的数据属于度量数据。

像三好学生人数、数学成绩优秀的人数、某学科按照优劣程度排出的名次、计分的等级（如 1、2、3、4、5 等）这样的数据属于间断数据。而像年龄、长度、质量、完成某项工作的时间等属于连续数据。

像性别、颜色类别、商品数、对某一事物的态度（如赞成、不赞成）等属于称名数据。在称名数据中，有的看上去像数字，但其实“有名无实”，没有数量上的意义——例如身份证、学号、电话号码、邮编等彼此没有大小区分，起的是名称作用。因此，从数学角度看称名数据不能进行数学运算，是“低级”的数据。像学生的等级评定、喜爱程度这些数据只能排出一个顺序，不能指出相互间差别的大小的数据，属于等级数据。像温度、智商、各种能力分数等都是等距数据。像身高、体重、学习时间等都是属于等比数据。

▶教学建议

（1）培养学生收集数据、分析数据的能力和意识

小学阶段，关于数据学习的核心是培养学生收集数据和分析数据的能力和意识，依据对数据的分析合理的做出决策。吴正宪老师在教学“平均数”一课时做了很有价值的实践。吴老师首先将全班学生分成两个组来比赛拍球，看哪个小组获胜。这自然引发学生收集数据的需要——学生自觉地将两个小组每个人拍球数记录下来。这一过程就是统计中非常重要的收集数据的过程。紧接着，利用这些数据进行分析。在分析的过程中，学生开始时习惯性地比每个小组拍球的总数，但是在比较的过程发现两个小组人数不同没法比总数，进而激发学生寻找新的解决问题的途径，于是平均数被自然引入。在整个过程中，学生经历了比较完整的收集数据、分析数据的过程。这也是在小学阶段统计教学中的核心内容。

（2）适当渗透数据之间的差异

教学时，不必提出有关数据的名词，因为这会给学生造成负担，但是应适当渗透它们之间的差异。如在学习条形统计图和折线统计图时，很多学生甚至老师经常会提出这样的问题：到底什么情况适合用折线统计图表示？什么情况适合用条形统计图表示？除了统计本身的需要之外，有没有数学上的理解？我们用下面这个例子来说明：下面这幅条形统计图能不能用折线统计图表示？

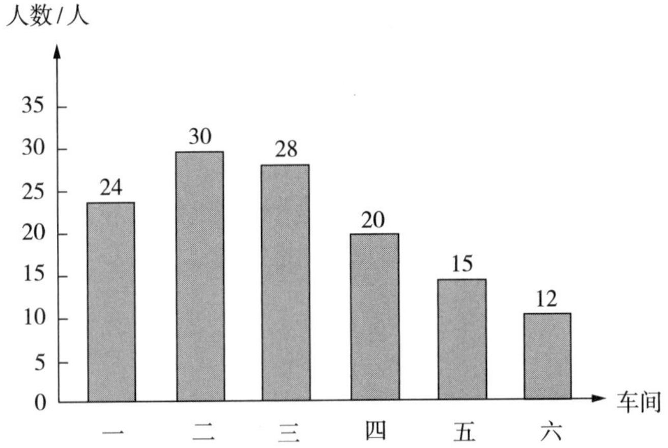

某厂六个车间人数统计图

通过分析，使学生明确此图中六个车间的人数属于间断数据，而折线统计图表示的数据都是连续数据，从而渗透数据的不同点。但是，需要明确的是渗透数据的区别和联系不是教学的重点，而是应作为教学的附属品对待。

▶推荐阅读

（1）《小学数学研究》（张奠宙等，高等教育出版社，2009）

该书第214—216页论述了数据的概念和分类，并对不同的数据具体说明。

（2）《吴正宪的儿童数学教育》（周玉仁、杨文荣，北京师范大学出版社，2010）

上面论述主要引用了该书中的一些案例，该书中的案例都是来自一线，这些案例体现了生动、鲜活、客观的特点，推荐老师们读一读。

（刘克臣）

统计学（statistics）

▶概念描述

现代数学：统计学主要分为描述统计学、推断统计学和数理统计学。给定一组数据，统计学可以简要并且描述这份数据，这个用法被称作描述统计学；观察者以数据的形态建立出一个用以解释其随机性和不确定性的数学模型，以之来推论研究中的步骤及母体，这种用法被称做推断统计学。这两种用法都可以被称做应用统计学。用数学解释和证明推断统计的原理、方法的学问，称为数理统计学，数理统计学是专门用来讨论这门科目背后的理论基础。（裘光明，2002）[715]

小学数学：小学数学教材中没有出现统计学的概念，而是将“统计与概率”作为一个重要的学习领域。在这个领域的学习中主要以描述统计学为主，还要初步学习运用概率观念的推断统计学。

▶概念解读

（1）统计学的发展历程简介

统计学是一门很古老的科学，一般认为其学理研究始于古希腊的亚里士多德时代，迄今已有2300多年的历史。它起源于研究社会经济问题，在2000多年的发展过程中，统计学至少经历了“城邦政情”、“政治算术”和“统计分析科学”三个发展阶段。所谓“数理统计”并非独立于统计学的新学科，确切地说它是统计学在第三个发展阶段所形成的所有收集和分析数据的新方法的一个综合性名词。概率论是数理统计方法的理论基础，但是它不属于统计学的范畴，而属于数学的范畴。

（2）描述统计学和推断统计学

在管理中需要对数据进行分析和研究，为了直观人们发明各种报表以及直方图、扇形图等，并通过图表方式对所收集的数据进行加工处理，借以描述客观现象所呈现的规律性数量特征，而这种传统意义的统计学属于描述统计学。

这样的统计学没有和随机性现象联系起来。大约在14世纪以后，人们开始关注数据的来源。如对全国小学生近视情况统计，是要统计全国所有的小学生，还是抽一部分学生情况推断出来呢？如果依据部分学生推断出来，就涉及“由部分推断整体”的问题。由于部分的资料不完备，推断的答案就是不确定的。这样一来，统计学就成为一种“不确定”的随机现象了。这样由样本数据去推断总体数量特征就是推断统计学。

▶教学建议

在小学阶段统计学习中，重要的目的是培养学生的数据分析观念。依照2011版《课标》对数据分析观念的要求，在教学中应该关注以下几个方面。

（1）注重经历数据分析的全过程

数据分析的过程可以概括为：收集数据、整理数据、描述数据和分析数据。使学生树立数据分析观念的最有效的方法是，使他们投入到数据分析的全过程中去。在此过程中，学生将不仅学习一些必要的知识和方法，同时将体会数据中蕴含着信息，提高自己运用数据分析问题、解决问题的能力。例如，安华老师为了让学生经历简单的数据处理过程，创设了看哪部动画片的问题情境。全班学生对此意见不统一，从而激发了学生进行全班调查的欲望。在调查的过程中出现了数据不准确的情况，安老师鼓励学生积极思考找出问题所在，而这正是统计中应有的科学严谨的态度。同时，安老师鼓励学生讨论有没有更好的收集数据的方法，使学生对于多种方法有所体验。最后，安老师调动学生运用多种方式（文字、图画、表格等）呈现整理数据的结果，并进一步鼓励学生分析数据、做出决策，从而解决开始的问题。学生在教师的带领下经历了一个完整的数据处理过程。

（2）掌握必要的收集数据、整理数据、描述数据和分析数据的方法

在收集数据方面，所涉及的数据可能是全体的数据（总体数据），也可能是通过抽样获得的数据。在第一、第二学段中，学生收集的基本都是总体数据。数据的来源有两种：一种是现成的数据，一种是需要自己收集的数据。在义务教育阶段，这两种来源都应该让学生有所体验，特别是自己收集的数据。常用的收集数据方法包括调查、试验、测量、查阅资料等，学生应该对此都有比较丰富的体验。

当收集了大量数据以后，这些数据往往看起来比较杂乱，就需要来进行整理，然后把整理后的数据运用统计图表等直观地表示出来，并加以适当的分析，为人们做出决策和推断提供依据。常用的方法有分类和排序、图形表示和平均数等。

▶推荐阅读

(1)《小学数学教学策略》(张丹，北京师范大学出版社，2010)

该书的第四章对小学数学统计知识进行了比较系统的介绍。

(2)《小学数学研究》(张奠宙等，高等教育出版社，2009)

该书的第211—213页论述了描述统计学、推断统计学和数理统计学的相关知识。

(刘克臣)

统计表(statistical table)

▶概念描述

现代数学：把数字资料按照一定的规则，在表格上表现出来的表格就是统计表。从广义上来看，任何用来反映统计资料的表格都是统计表。(姚忠云，2005)[40]

小学数学：小学数学教材没有对统计表给出明确的定义。但在统计教学中，要认识统计表，在第一学段要会根据统计表提出一些问题；在第二学段还要学习绘制简单的统计表。

▶概念解读

统计表是用规范的表格来表现统计资料的一种常见形式。统计表能将大量统计数字资料加以综合组织安排，使资料更加系统化、标准化，更加紧凑、简明、醒目和有条理。用统计表来显示统计资料，便于人们阅读、对照比较，说明问题更清楚，从而更加容易发现现象之间的规律性。统计表还便于资料的汇总和审查，便于进行计算和分析。因此，统计表是统计分析的重要工具。

统计表的形式繁简不一，通常按项目的多少，可分为单式统计表和复式统计表两种。只对某一个项目的数据进行统计的表格，叫作单式统计表，也叫作简单统计表；统计项目在两个或两个以上的表格，叫作复式统计表。有时人们也会把统计表按照不同的分类标准得到不同的统计表。如按作用的不同，统计表可以分为统计调查表、统计汇总表和统计分析表；按分组情况的不同，统计表又可分为简单表、简单分组表和复合分组表。

统计表一般都包括总标题、横标题、纵标题、数字资料、单位和制表日期。总标题是指统计表的名称，它要用概括性的文字简单明了地说明统计资料的时间、基本内容和范围。一般写在表的上部中端；横标题是指每一横行内数据的意义，写在表的左方；纵标题是统计指标的名称，说明纵栏所列各项资料的内容，写在表内右上方；数字资料是指各空格内按要求填写的数字，它是统计表的具体内容；单位是指表格里数据的计量单位。数据单位相同时，一般把单位放在表格的左上角；如果各项目的数据单位不同时，可放在表格里注明。制表日期放在表的右上角，表明制表的时间。各种统计表都应有“备注”或“附注”栏，以便必要时填入不属于表内各项的事实或说明。(如下图)

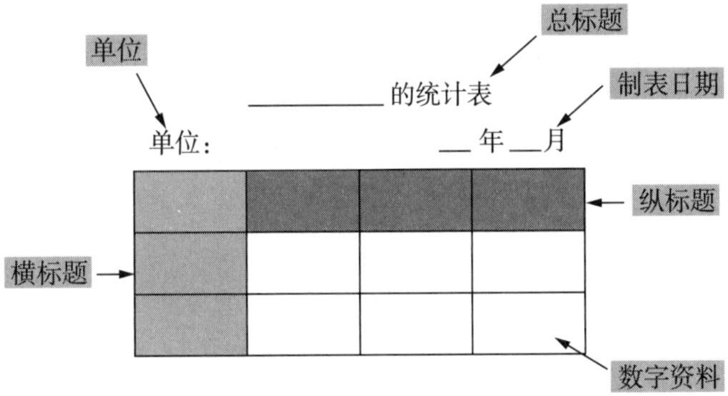

▶教学建议

人们在收集数据的过程中，开始收集上来的数据往往看起来比较杂乱，这就需要来整理数据，而统计表可以帮助人们把看起来杂乱无章的数据直观地表示出来。在实际教学中，教师要放慢脚步，让学生经历数据收集整理的过程，在交流中体会统计表的作用。具体来看，教师要注意以下几点。

(1) 不急于学习常规的统计表，要鼓励学生用自己的方式来描述数据

在小学阶段，2011 版《课标》指出，在第一学段要能用自己的方式（文字、图画、表格等）呈现数据的结果，而不是学习统计图表。这

一点与以往不同，而且也是非常重要的。教师要鼓励学生用自己的方式呈现整理数据的结果，在此基础上“通过对数据的简单分析，体会运用数据进行表达与交流的作用，感受数据蕴涵信息”。第二学段开始学习简单的统计图表，并能用它们直观有效地表示数据。

（2）让学生体会到学习统计表的必要性

学生在经历了用自己的方式呈现数据结果后，教师要引导学生思考：怎样能把收集上来的数据表示得更清楚？通过一段时间的学习，让学生逐步体会到学习统计表的必要性。

（3）让学生在描述数据的过程中，逐步体会统计表的优势

统计表与统计图在呈现数据结果的过程中各有各的优势，教师要在具体的问题情境中，在数据描述的过程中，使学生感受到统计表的优势，初步体会到在呈现怎样的数据时用统计表呈现结果比较好。

例如，杨静老师在学生把数据收集整理到统计表与统计图后，提出了这样的问题：看着我们整理好的统计表和统计图，大家能提出什么问题？当有学生提出：“最喜欢看什么书的人最多？”其他同学说：“最喜欢看故事书的人数最多。”杨老师及时追问：“你是怎么知道的？”大家回答看统计图知道的。接着杨老师问：“那谁能告诉大家，最喜欢看故事书的有多少人？这次你又是怎么知道的？”大家这次说是看着统计表知道的。学生思考、说理的过程不正是对统计表和统计图各自优势的初步感受吗？

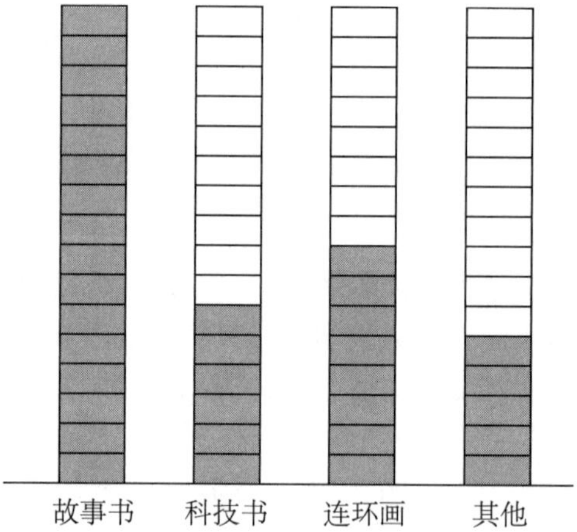

“最喜欢看的书”统计图

“最喜欢看的书”统计表

单位：人

故事书	科技书	连环画	其　他
16	6	8	5

（4）教师要清楚统计表的制作规则

比较严格的情况下，统计表一般为长方形，上、下两端封闭且为反线（粗线），左、右两端要开口。统计表的总标题应简明扼要，符合表的内容。总标题的右下角要写清楚制表日期。数字资料要注明计量单位。当全表只有一种计量单位时，一般把它写在表的左上方或总标题下方。如果表中需要分别注明不同的单位，横行的计量单位可以专设“计量单位”一栏；纵栏的计量单位可以与纵标题写在一起，用小字标明。某些需要说明的特殊资料，应在备注栏中加以说明。

▶推荐阅读

《统计学原理》（姚忠云、陈世文，华南理工大学出版社，2005）

该书第40—44页，对统计表的意义、结构、种类，以及统计表宾词指标的分组配置和统计表的编制规则进行了细致的阐述。

（丁育慧）

统计图（statistical graph）

▶概念描述

现代数学：统计图是指利用各种图形来表现统计资料的形式，它是以点、线、面积、体积和角度等说明、表现数据的统计手法。（曾五一，2012）[34]

小学数学：小学数学教材对此没有明确的定义，主要是通过情境图，在学生解决问题的过程中，激发统计需求，然后予以出示，并让学生制作。

▶概念解读

统计图是根据统计数字，用几何图形、事物形象和地图等绘制的各种图形。它具有直观、形象、生动、具体等特点。统计图可以使复杂的统计数字简单化、通俗化、形象化，使人一目了然，便于理解和比较。统计图直观形象，有以下作用：① 可以帮助我们从数据中提取信息；② 将信息传递给别人；③ 发现数据中的模式。因此，统计图在统计资料整理与分析中占有重要地位，并得到广泛应用。

在统计学中把利用统计图形表现统计资料的方法叫作统计图示法。根据不同的标准，统计图有不同的分类。我们倾向于按照数据类型对统计图进行分类。对于分类数据，通常有条形统计图和扇形统计图；对于一组定量数据，通常有点线图、茎叶图、直方图、箱线图等；对于两组定量数据，通常有散点图、折线图；也可按照图的形式划分为几何图、象形图和统计图等。

埃维森等著、吴喜之等译的《统计学（基本概念和方法）》一书中提到，Tufte 是数据的视觉展示专家，他用“图优性”来描述一个“好”图。图优性是指图能够：在最短的时间内，用最少的笔墨，在最小的空间里给观众最多的思想，即复杂的思想能够在图中清楚、精确、有效地被表达出来。这给我们指出了统计图的重要作用，也为我们描绘了绘图的基本原则。

▶教学建议

数据统计的全过程有收集数据、整理数据、绘制图表、分析数据、得出结论五个环节。而其中，建立数据分析观念是统计教学中最重要的。建立数据分析观念最好的办法是让学生经历统计的全过程。即让学生经历完整的收集、整理、描述、分析的统计全过程，其中绘制统计图表也是重要的一环。数据整理后选择什么样的方式呈现，就需要学生通过观察、比较、讨论等活动对各种统计图表的特点有一个明确的认识，从而选择合适的统计图表。比如，我们想清楚地知道每一类占总体的比例，就可以选择扇形统计图。这样，经过形象化处理得到的统计图表后，能从大量的“图”中获取有用的信息，做出独立的分析。

需要特别指出的是：教学中，应结合实际选择合适的统计图表，让学生经历统计图的形成过程。同时也要理智地对待新闻媒介、广告等公布的数据，对数据的来源、收集方法、呈现方式和由此得出的结论进行合理的质疑，要关注数据的真实性，这样才能在图中获取真实的信息，从而培养学生用数据说话的科学严谨的态度。

如李雪辉老师在教学时，设计了如下活动：学校要组织我们去参观博物馆，你最想去哪儿？全班同学去玩，一般只能去一个地方，但大家的意见不一样，那到底去哪儿呢？——做个统计，看想去哪个场馆的人数最多就去哪儿。学生想到一类一类举手投票、分类站队和投票等不同的收集数据的方法，如果好操作的，就由学生现场组织收集数据。然后李老师追问：进行分类整理数据后，为了更清楚地表示数据，我们可以怎么办？学生想到填写统计表，还有的学生会想到制成统计图等方式。于是，李老师让学生在空白纸和画有网格图的作业纸上自己创作图表，并没有过早地给学生规范的统计图表，而是鼓励学生用自己的方式表示数据。待学生完成后，李老师对典型的作品一一展示（如下图）。因为学生的作品多是不严格的，所以可以通过比较交流让学生来不断完善自己的作品，并学习简单的条形图。最后，还让学生说说从图中看出了什么—— 数据主要分析关注三个层次：① 数据本身的读取：如喜欢去B 馆的人数最少。② 数据之间的读取：如喜欢去 A 馆的人数是 B 馆的 4 倍。③ 超越数据的读取：如喜欢去 A 馆的人数最多，建议老师带同学去 A 馆。

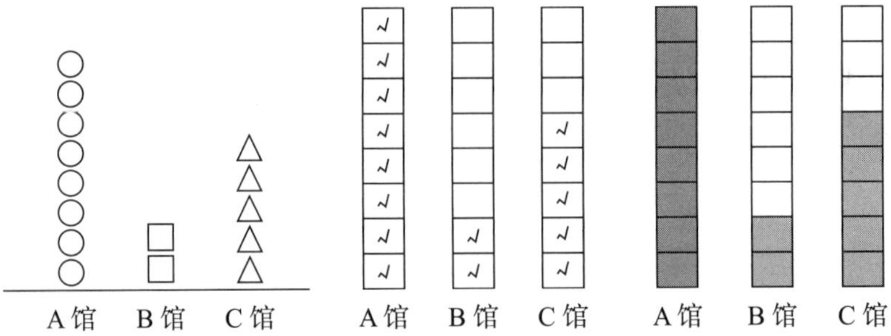

▶推荐阅读

(1)《小学数学教学策略》（张丹，北京师范大学出版社，2010）

该书的第 185—215 页详细介绍了统计与概率，以及如何培养学生的数据分析观念。

（2）**《小学数学知识全手册》**（张犁，中国传媒大学出版社，2007）

该书的第 101 页给出了小学统计的初步知识内容：统计表、条形统计图、折线统计图、扇形统计图的特点和制作方法。

（马明燕）

条形图（bar chart）

▶概念描述

现代数学：条形图也称为柱状图，是用宽度相同的条形的高度或长度来表示统计数据的大小或多少的一种图形。当类别放在纵轴时，称为条形图；当类别放在横轴时，称为柱状图。（阮红伟，2009）[72]

小学数学：小学数学教材一般直接出现条形统计图的概念，但并不具体定义。

▶概念解读

条形图是条形统计图的简称。条形统计图一般以长方形作为图中的条形，当使用棱柱或圆柱作为条形时称其为柱状图更贴切。

条形统计图是用条形的长短来代表数量的多少，因此便于直观比较。条形统计图又分为单式条形统计图和复式条形统计图。单式条形统计图只表示 1 个项目的数据，复式条形统计图可以同时表示多个项目的数据，用不同的颜色区分。

现代意义上的条形统计图，是 Playfair 发明的。下面图 1 描述了 1780—

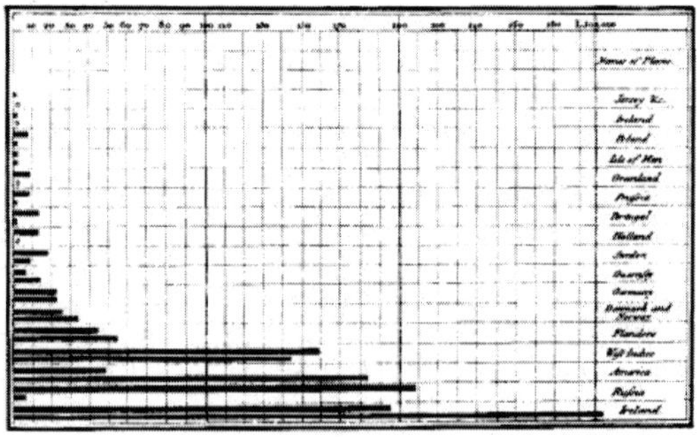

图 1

1781 年圣诞节这一整年的时间里，苏格兰对不同国家和地区的进出口情况。这张图出现于 Playfair1787 年出版的《商业和政治图集（第二版）》中。

▶教学建议

（1）由象形图演变出条形图

由象形图到条形图的演变是一次抽象，在这次演变的教学过程中应放慢节奏，使学生真切感知条形图的“细部特征”。例如，把一个个苹果图片翻过来变成长方形卡片，把一个个桃子图片翻过来也变成长方形卡片，提出如何区分的问题，从而引出标注类别的必要性。再提出：苹果和桃子的个数原来可以看出来，现在怎么办？怎样仍然容易看出苹果、桃子的数量和它们相差多少？从而引出确定单位长、标注数据、计量单位……再由统计表呈现大数目的条形统计图（如图 2、图 3），使学生认识到条形统计图直观和简洁的特点。

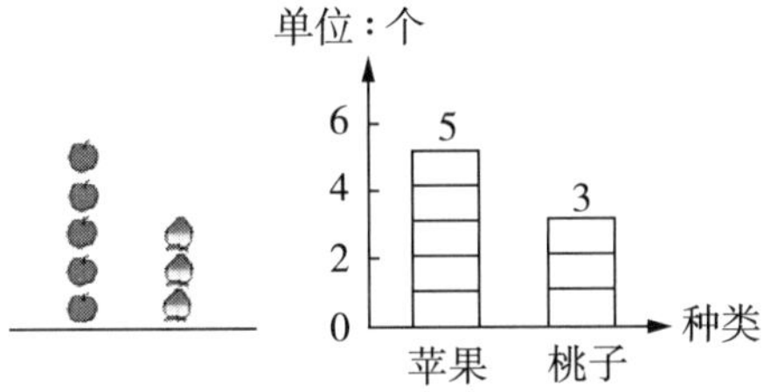

图 2

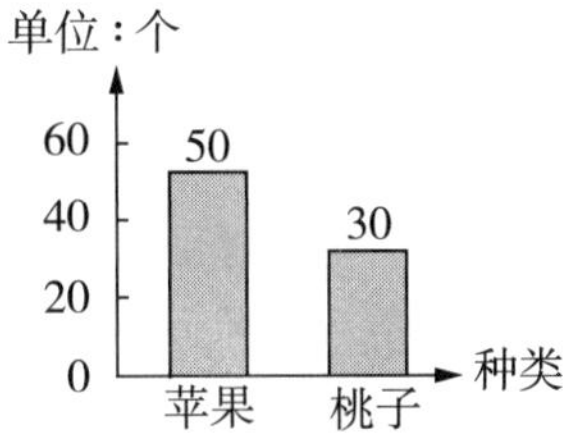

图 3

（2）由单式条形图到复式条形图

在复式条形图的教学中使学生体会制作复式条形统计图的必要和价值。教学过程中可以通过两个相关类别的单式条形图的比较，促使学生产生把两个单式图放在一起的需要，然后鼓励学生动手粘贴制作，尝试错误，在经历中形成经验。

例如，欣村小学一年级组织了“感恩父母活动”，活动后对一至六年级学生知道自己生日的人数进行了一次调查，结果如图 4 所示，同时对知道母亲生日的人数也做了调查，如图 5 所示。

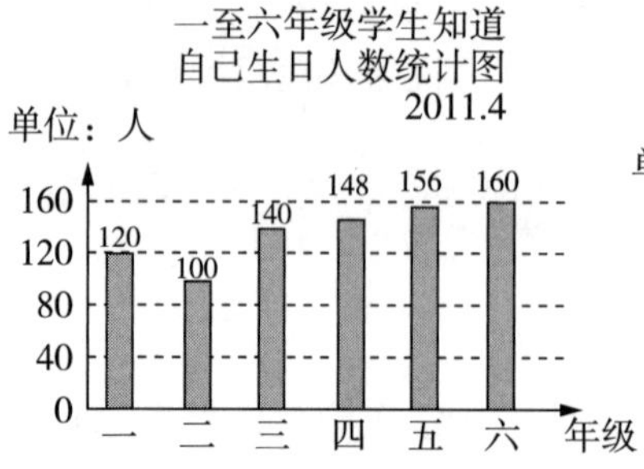

图 4

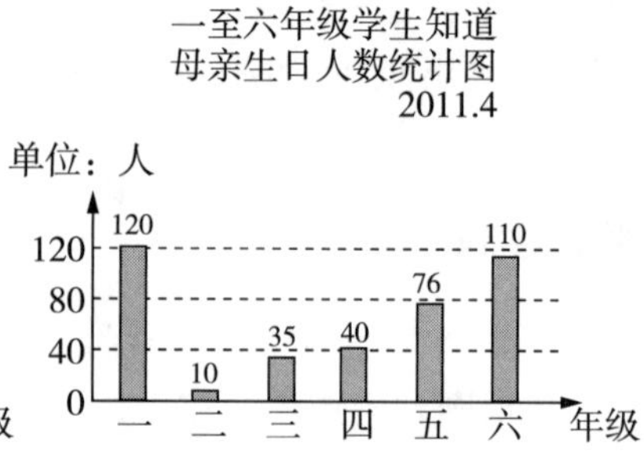

图 5

在比较各年级母亲与孩子间相互了解的情况时，学生一会儿看左一会儿看右，自觉“麻烦”，产生整合条形图的需要。这时，教师可以给学生提供粘贴条，各组内讨论制作新图：有将上面右图中的六个长条接在上面左图的六个长条上的“堆积图”、有将上面右图中的六个长条“翻转”接在上面左图的六个长条下的“双向条形图”、有将上面右图中六个长条靠在上面左图的六个长条旁边的“简易复式图”等。在此基础上，教师稍加指导，复式条形图就可应运而生。

这时再进行比较，学生不仅能便捷地读取直接信息，还能轻松地读取间接信息，而且能超越数据获得信息。“一至六年级学生知道母亲生日的人数是怎样变化的?”、“一年级学生为什么比其他年级知道母亲生日的人数多?”等问题就可以进一步分析。若再将母亲知道孩子生日的人数数据融入复式条形图，复式条形图的价值就会进一步得到体现。更重要的是，在这样的过程中，学生获得了成功的经验。

▶推荐阅读

(1)《统计学原理》(第 2 版)（胡世强等，西南财经大学出版社，2010）

该书第一章对统计的内涵、发展脉络进行了较详细的介绍；在第三章第四节对条形统计图的内涵、制图要求进行了介绍。

(2)《爱上统计学》(第 2 版)（萨尔金德，重庆大学出版社，2011）

该书第 33、第 34 页指出了好图表的十个标准；第 43—47 页介绍了条形图及用计算机建立条形图的步骤。

（孙 建）

折线图（broken line graph）

▶概念描述

现代数学：折线图又称曲线图（curvilinear chart），是利用曲线的升降变化来表示统计指标数值变化的一种图形。（阮红伟，2009）[73]

小学数学：小学数学各版本教材均未定义折线图，而是采用直观识图的方式让学生认识用一个单位长度表示一定的数量，根据数量的多少描出各点，然后把各点用线段顺次连接起来，就成为一幅折线统计图。

▶概念解读

（1）单式折线图

单式折线图是对一个项目进行的连续统计，以折线的上升或下降来表示统计数量的增减变化，清楚地反映数量变化的趋势，有利于预测未来的趋势。

（2）复式折线图

复式折线图是用不同颜色或线型区别表示两个或多个项目的数量及变化趋势。复式折线图用于对同类数量或相关数量进行比较，有利于对事物的发展变化趋势进行更准确的把握。

例如，二战前期德国每天不定期地对英国狂轰滥炸，英国为了提高飞机的防护能力，统计学家便将每架中弹之后仍然安全返航的飞机的中弹部位描绘在一张图上，然后将所有中弹飞机的图都叠放在一起，这样就形成了浓密不同的弹孔分布。然后统计学家很肯定地说，没有弹孔的地方就是应该增加护甲的地方，因为这个部位中弹的飞机都没能幸免于难。

▶教学建议

（1）在现实情境中体验和理解折线图产生的过程，感受折线图的作用

周卫东老师在执教“折线统计图”一课时，先播放护士量体温的情境，然后出示小明体温测量情况的统计表，让学生观察讨论：你能从统计表中知道什么？稍后周老师提问：从几时到几时小明的体温增加得最快？这时学生的答案不统一，还有的学生开始动笔……当学生忙于计算

时，周老师又提出一个挑战性的问题：我们能不能不计算就可以直观地解决这个问题？这一问题激发了学生的兴趣，激活了学生的思维。学生经过思考，争先恐后地回答可以画统计图……教师适时出示小明体温记录的折线图，引导学生由图中线段“爬坡”或“下坡”判断数量的增加或减少；由坡度的大与小判断数量变化的快与慢，让学生感悟折线图的优越性。这样，学生对函数在具体区间内的单调性、斜率等基本性质得到适当感受。

（2）在比较中体会复式折线图的便捷

复式折线图利于对同类数量的直观比较，这一特点需要教师由单式折线图渐进地引导学生在具体情境中体会。蔡小刚老师在课中提出“哪里的春雨贵如油？”这一问题。由此，学生先看无锡的降雨量图，再看北京的降雨量图，之后要求两幅图一起看。当蔡老师把两幅图分列左右呈现时，有的学生按捺不住说：把两幅图重合在一起更好。复式折线图应运而生（如图1），数据对比的优势一览无余。

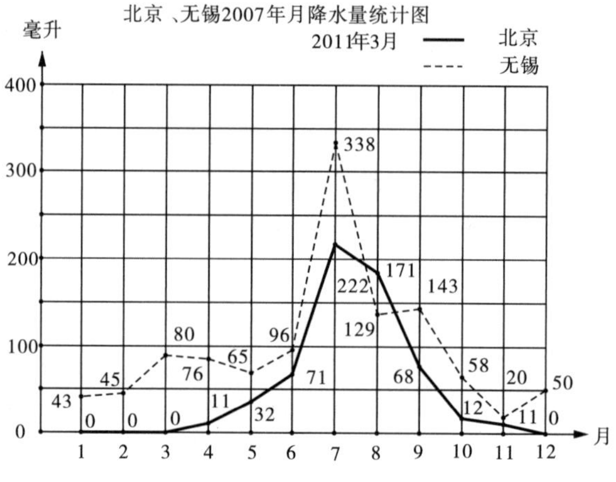

图1

（3）提供参照，科学预测

在条形图教学中，对统计项目的发展趋势进行预测是必然环节。而预测环节中为学生提供参照，避免盲目猜测，培养学生科学的态度是必要的。

如课中先让学生根据自己入学至今的身高折线图预测12岁时的身高，再参考图2重新预测，分析两次预测的差异。然后根据图2预测自己 18 岁时的身高，再参考图 3 重新预测。之后让学生思考：两轮预测给你什么启发？

我国6—12岁小学男、女生平均身高统计图

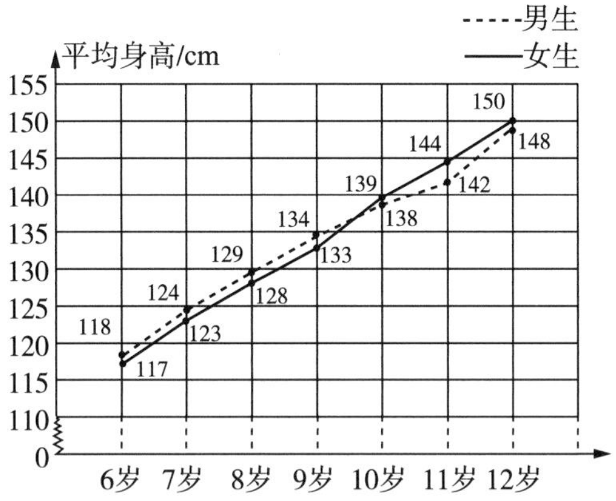

图 2

我国12—18岁男、女生平均身高统计图

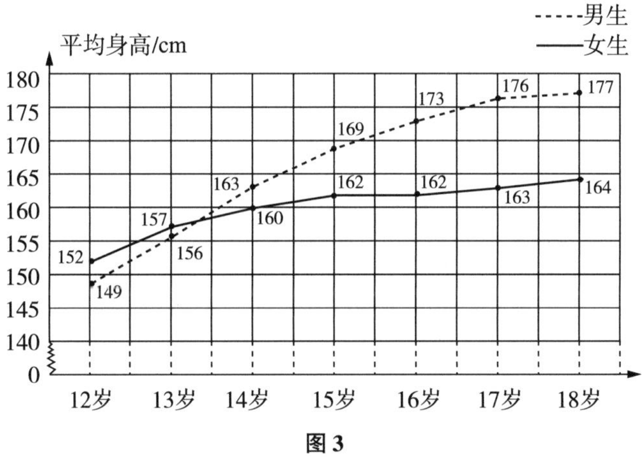

图 3

▶推荐阅读

（1）《简单统计图智慧催生源——“折线统计图”》（周卫东，《小学数学教师》，2009 年第 1—2 期）

该文详细介绍了折线图教学实录与评析及其研究过程。

(2)《“折线统计图”教学实录与评析》（范丽平，《小学数学教育》，2010 年第 1—2 期）

该文从条形图过渡到折线图促进迁移，突出折线图的对变化趋势的反映，文末引导学生观察生活中丰富的折线图。

（孙　建）

圆形图（circle chart）

▶概念描述

现代数学：圆形图又称饼图，是用圆形和圆内扇形的面积大小来表示统计指标数值大小的一种图形。它用于表示总体中各组成部分所占的比例，揭示现象的内部结构及其变化。（阮红伟，2009）[73]

小学数学：2009 年北京版教材第 11 册的第 104 页对扇形统计图进行了定义：扇形统计图是用整个圆的面积表示总数量，用圆内各扇形面积表示各部分数量占总数量的百分数。

▶概念解读

（1）名称不同，本质相同

扇形统计图、圆形图和饼图，名称虽然不同，但本质相同——都是用圆的面积表示总数量，用圆内扇形的面积表示各部分数量占总数量的百分比，从而直观地刻画现象的内部结构。扇形统计图、圆形图是平面图形，饼图常有厚度。本文以下统称扇形统计图。

（2）扇形统计图发展过程

最早的扇形统计图是威廉·普莱菲（Playfair，W）于 1801 年在他的《统计学摘要》（*Statistical Breviary*）中所作。他在书中用扇形统计图（如图 1）描述了 1789 年以前土耳其帝国在亚洲、欧洲及非洲中所占的比例。

查尔斯·约瑟夫·米纳尔德（Minard，C）于 1858 年使用统计（扇形统计图）地图（如图 2），表示从法国周边运送到巴黎销售的牛的数量。

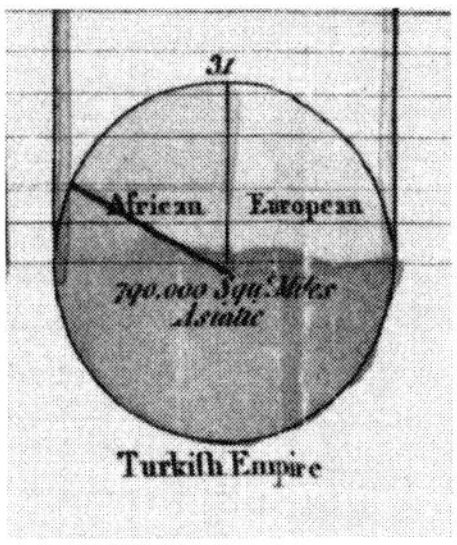

图 1

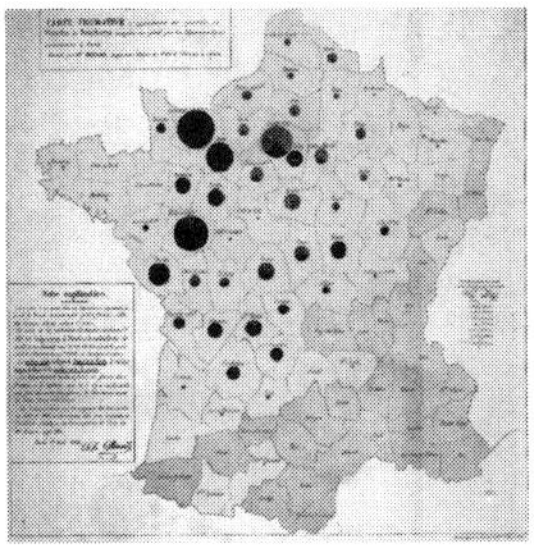

图 2

▶教学建议

（1）重视扇形统计图与其他统计图之间的区别

小学数学教材将扇形统计图安排在折线统计图、条形统计图之后，因此教学扇形统计图中应对三种统计图进行对比，使学生认识到用统计图来表达收集的数据时，应根据不同的需要，选择适当的统计图。比较数量间的差距，通常选择条形统计图。反映数量变化的趋势，通常选择折线统计图。反映各部分数量与整体的关系，选用扇形统计图则更清晰。进而，教师可引导学生根据需要选择恰当的统计图，发挥它的特点，体会引入扇形统计图表达数据关系的必要性和独特性。

（2）分析条形统计图，生成扇形统计图

条形统计图与扇形统计图是“近亲”，它们都是用面积大小刻画数据多少。教学中可以通过分析条形统计图，逐步生成扇形统计图。如图3，中国队共获奖牌多少枚？在图中是怎样表示的？怎样用一个图形的面积表示出奖牌总数？如图4，怎样把这个“矮胖”图改造得美观些？图5、图6就对此做出了回答。

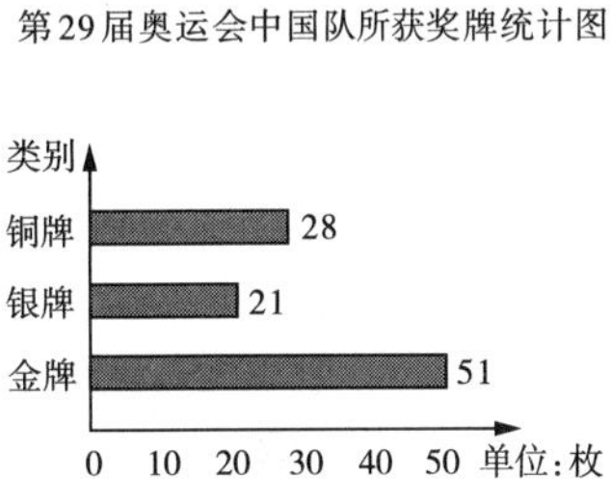

图 3

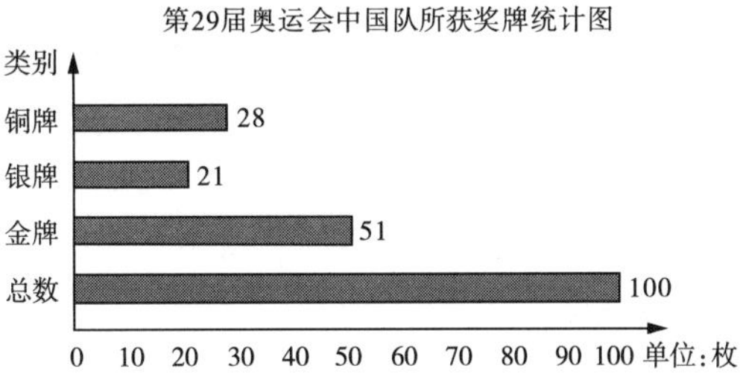

图 4

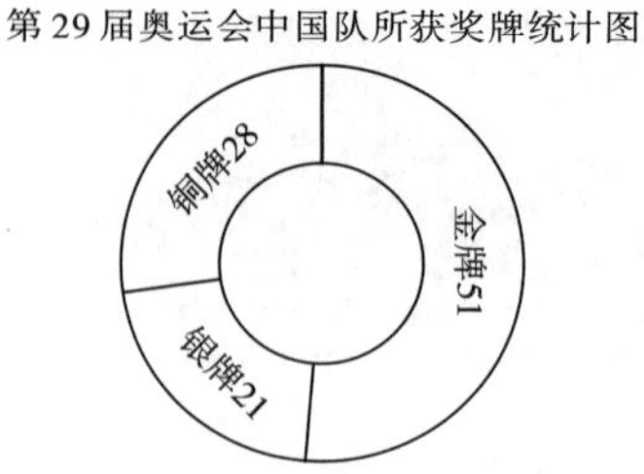

图 5

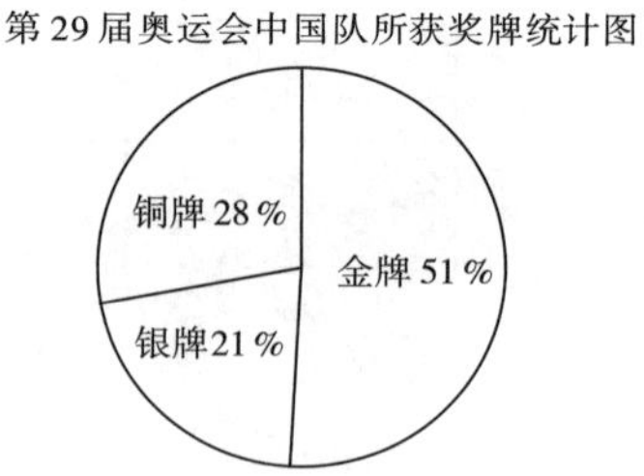

图 6

（3）读出图中的“千言万语”

扇形统计图教学中，应让学生多见图，多读图。从与学生生活联系紧密的扇形统计图到反映社会事物的统计图，丰富学生的见识。还要引导学生读图，说出从图中直接看到的、间接得到的信息，以及由统计图信息得到的判断和推理。

▶推荐阅读

（1）《教与学的新方法 · 数学》（下册）（Martin，北京师范大学出版社，2004）

该书第 28 章在活动课部分（第 400 页）的活动 28–9 中结合扇形统计图引导学生讨论三个问题，从而让学生自主体会扇形统计图的优缺点。该文还介绍了执教者创造性使用教材的过程，让学生可以体会到：扇形统计图的教学同样能够紧密结合本地学生生活实际，提高学生学统计、用统计的意识。

（2）《“扇形统计图”教学实录与评析》（董丽萍、张春霞，《小学数学教育》，2010 年第 1—2 期）

该文介绍了执教者创造性使用教材的过程：初次设计时，从“建三江各种农作物种植面积统计图”引出“建三江各种农作物占耕地的百分比”，突出了本地特色；然后再以教材情境“我国居民平衡膳食宝塔”中的统计表、条形统计图、扇形统计图作为对比练习。二次设计时，不再刻意使用教材，而是完全以建三江地区的土地、人口、天气、绿化等统计情况为载体，让学生当“解说员”。最后，执教者在反思中说明“如果再次执教此课，我会让学生课前搜集生活中扇形统计图……”在这样的过程中，学生可以体会到：扇形统计图的教学同样能够紧密结合本地学生生活实际，从而提高学统计、用统计的意识。

（孙　建）

平均数（average）

▶概念描述

现代数学：平均数分为算术平均数、加权平均数、几何平均数、调和平均数、指数平均数和平方平均数等。在小学数学中常用的平均数主要是算术平均数和加权平均数，它们都是统计学的基本概念，因常用于计算样本的集中趋势，所以也分别叫作样本算术平均数（值）和样本加权算术平均数（值）。

一组数据（ξ_1，ξ_2，…，ξ_n），则统计量：

$$\xi=\frac{1}{n}\sum_{i=1}^{n}\xi_i$$

称为算术平均数。

一组数据（ξ_1，ξ_2，…，ξ_n），其中ξ_i出现频数f_i，$i=1$，2，3，…，n，则：

$$W=\frac{f_1\xi_1+f_2\xi_2+\cdots+f_n\xi_n}{f_1+f_2+\cdots+f_n}$$

称为加权平均数。其中，f_i称为ξ_i（$i=1$，2，3，…，n）的权数。（裘光明，2002）[715-717]

小学数学：小学数学教材中没有明确给出平均数的定义，主要通过“总数除以总份数所得的结果就是平均数”进行过程性定义，重点在于让学生掌握计算平均数的方法，并能结合实际问题进行分析，感受平均数的价值。

▶概念解读

（1）平均数与中位数和众数

平均数在数据分析的过程中发挥着重要的作用，与中位数和众数有着密切的联系。在日常学习和生活中处理的数据大部分是对称的数据，数据符合或者近似符合正态分布，这时平均数、中位数和众数是一样的。如果数据偏态分布，三者才会有所区别。

平均数易受极端数据的影响，但是与中位数和众数相比，平均数能更多地利用所有数据的信息。另外，还有一个原因：假设x和y的平均数为a，利用中学的知识可以证明a是与x、y这两个数据差的平方和达到最小的实数，即对任意的实数有 $(x-a)^2+(y-a)^2 \leqslant (x-b)^2+(y-b)^2$ $(a \neq b)$。这说明平均数使平方和达到最小，也就是说用平均数代表数据，可以使二次损失最小。而利用中位数和众数，可以使一次损失（误差绝对值的和）最小。

（2）算术平均数与加权平均数

过去小学数学把算术平均数叫作“简单平均数”，把加权平均数叫作“较复杂的平均数”。在小学阶段，权重主要指数据出现的频率。如果一组数据中每个数据都只出现一次，也就是每个数据的重要性相同，则计算的结果为算术平均数。所谓加权平均数，是指各个数据的“分量”不同，有的重要些，有的轻些，将它们的重要性用权重表示，即一组数据中每个数据出现的次数不止一次，则计算出的平均数就是加权平均数。例如：

① 每千克奶糖15元，每千克水果糖10元，每千克巧克力糖20元，三种糖各1千克混合在一起，平均每千克多少元钱？

$$(15+10+20) \div 3 = 15\text{（元）}$$

由于每种糖都是1千克，所以只需要简单求和然后除以总质量，所得结果就是算术平均数。

② 每千克奶糖15元，每千克水果糖10元，每千克巧克力糖20元，将2千克奶糖、3千克水果糖和5千克巧克力糖混合在一起，平均每千克多少元钱？

$$(15\times2+10\times3+20\times5) \div (2+3+5) = 16\text{（元）}$$

由于每种糖所占的比重不相同，在计算平均数时就要加以考虑，所以按这种方法计算的结果就是加权平均数。

▶教学建议

平均数是小学数学中的教学内容，新课程改革明确“平均数”不再是单纯的应用题的类型之一，而是“作为一种统计量”。因此，在传统教学强调平均数计算意义的基础上，教师应进一步突出概念意义和统计意义。

（1）经历平均数产生的过程，感受平均数的作用

平均数作为一种重要的统计量，如何让学生体会到它在统计中的作用呢？吴正宪老师在执教“平均数”一课时，巧妙地运用拍球比赛这一学生喜闻乐见的游戏形式，调动了游戏规则的生活经验，学生一个“不

公平！”，否定了人数不同比拍球总个数定输赢的方法。“这可怎么办呢？”随着吴老师的追问，一个胖胖的小男孩站起来伸开双臂，结结巴巴地说：“把这几个数匀乎匀乎，看看得几，就能比较出来了。”吴老师对这个小男孩儿赞赏不已。是呀，一个“匀乎匀乎”就使平均数应运而生了。

(2) 通过具体数据分析，加深对平均数概念意义的理解

平均数本身是不能孤立存在的，因此要加强原始数据和平均数的沟通，通过建立联系让学生感受平均数的特点，加深对概念意义的理解。下面这个经典案例同样出现在吴正宪老师的课堂上：

“前三次小红和小亮分别平均每人打几环？可以怎么算呢？”（如下图）很多学生用打中总环数除以射击次数，有个别学生想出了移多补少的方法。吴老师评价：“这样的方法真好，一下子就让我们看到了平均数真的能代表这些数据的水平！”吴老师继续提问：“小红第 4 枪打了 7 环，小强第 4 枪打了 10 环，打了第 4 枪后，会不会影响前三次的平均数？”经过一系列的思考，学生感受到加入一个数据以后，会对原平均数产生影响，感受到平均数和一组数据中每个数据有关的特点。

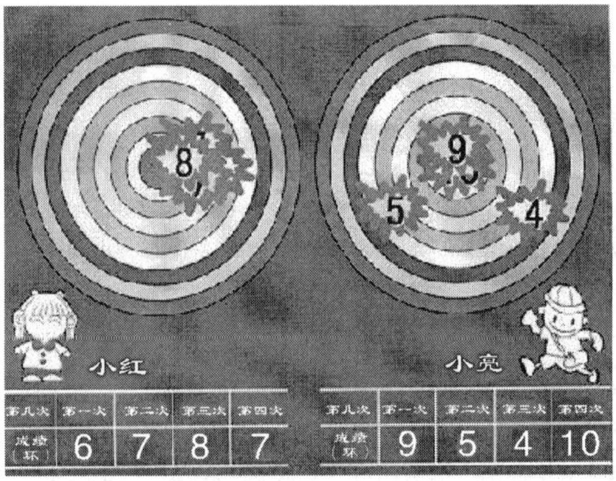

(3) 结合具体问题情境，客观理解平均数的统计意义

统计和生活紧密相关，在利用平均数分析问题时要和生活紧密联系，以凸显平均数的统计意义。王杰老师在执教“平均数”一课时，设计了这样一个问题：周一至周五高峰时，平均每小时通过 1 号桥的车辆为 1756 辆，通过 2 号桥的车辆为 965 辆（两个桥的跨度等条件差不多），那么驾车走哪条路会比较通畅？为什么？学生对此意见不同，展

开争论。最后王老师总结：平均数可以作为参考，但是它反映的只是一般情况，并不能反映出某种特殊情况。在这个过程中，学生既可以体会到平均数的意义，又可以体会到数据的随机性。

▶推荐阅读

(1)《小学数学研究》（张奠宙等，高等教育出版社，2009）

该书第220—222页论述了加权平均数的作用和价值，以及与算术平均数的联系和区别。

(2)《吴正宪的儿童数学教育》（周玉仁、杨文荣，北京师范大学出版社，2010）

该书中的一些案例生动、具体，本词条引用的案例主要来自该书。

(3)《回归平均数的统计意义》（曹培英，《小学数学教师》，2011年第7—8期）

该文从平均数历史回顾、练习的审视、新设计关注点等几个角度详细进行了介绍，对广大一线教师有一定的指导意义。

（刘克臣）

中位数（median）和众数（mode）

▶概念描述

现代数学：中位数和众数都是统计学名词。中位数也称中数，统计学中反映样本集中趋势的统计量。众数是指是一组数据中出现次数最多的数据。（裘光明，2002）[719]

小学数学：小学数学教材对于中位数的概念通常是采取描述式的方式进行的，形如“3.5是这组数据的中位数”。并且教材会明确中位数的优点是不受偏大或偏小数据的影响，因此有时用它代表全体数据的一般水平更合适。

对于众数的概念和中位数的描述方式相同，即形如“1.52在这组数据中出现的次数最多，是这组数据的众数”。同时，教材会指明：众数能反映一组数据的集中情况。

▶概念解读

（1）中位数和众数的特点

中位数反映了一组数的一般情况。从中位数的定义可知，所研究的数据中有一半小于中位数，一半大于中位数。中位数和众数不同，中位数不一定在这组数据中。它的作用与算术平均数相近，也是作为所研究数据的代表值。在一个等差数列或一个正态分布数列中，中位数就等于算术平均数。在数列中出现了极端变量值的情况下，用中位数作为代表值要比用算术平均数更好，因为中位数不受极端变量值的影响；如果研究目的就是为了反映中间水平，当然也应该用中位数。在对统计数据进行处理和分析时，可结合中位数的使用。概括地说，中位数特别适合以下情形：一组数据中有特大或特小的极端数据；一组数据中有个别数据不确切；资料属于等级性质。当然中位数也有一定的局限性，如有些离散型变量的单项式数列，当次数分布偏态时，中位数的代表性会受到影响。另外，由于中位数只是数列中的一个局部，因此缺乏敏感性。

众数相对于平均数和中位数这两个集中量是最差的一个。但是在以下情况下，它的使用具有一定的优势：当需要快速而粗略地找出一组数据的代表值时；当需要利用算术平均数、中位数和众数三者之间的关系来粗略判断频数分布的形态时；当需要帮助分析解释一组频数分布是否确实具有两个频数最多的集中点时。

（2）中位数和众数的计算方法

中位数的计算方法可以概括为：当变量值的项数 N 为奇数时，处于中间位置的变量值即为中位数；当 N 为偶数时，中位数则为处于中间位置的 2 个变量值的平均数。需要注意的是，在计算中位数前要将数列进行从小到大或者从大到小的重新排列，而不是随意乱排。

众数是一组数据中最多的，众数可以不存在或存在多个。

▶教学建议

（1）在现实情境中感受中位数、众数的价值

教材将平均数、中位数和众数单独编排，但是分析教材的编写意图可以看到，对于中位数和众数的教学是建立在整体把握的基础上，没有单方面强调某个统计量的优劣。因此，关于中位数和中位数的教学，要

通过解决具体问题并在和平均数对比的基础上展开教学。我们首先看一个案例：

小冬的爸爸要到两家公司应聘，哪家的待遇比较高呢？老师呈现了两家公司的信息：

表1　甲公司职工月工资报表

职工	经理	员工1	员工2	员工3	员工4	员工5	员工6	平均工资
工资/元	1650	1600	1450	1550	1300	1500	1450	1500

表2　乙公司职工月工资报表

职工	经理	员工1	员工2	员工3	员工4	员工5	员工6	平均工资
工资/元	4500	1200	1250	1100	1250	1000	900	1600

看了这两份工资报表后，你对小冬的爸爸去哪个公司应聘有什么建议？为什么？

在讨论的过程中，学生一开始都认为去乙公司，理由是乙公司的人均工资高。但是随着讨论的深入，学生们开始注意到这些数据的特点。乙公司平均工资高的原因是因为经理的工资远远高于员工的工资，而甲公司虽然整体平均工资低，但是无论是经理还是员工的工资都比较接近。由此，学生逐步认识到平均数在这里不能作为数据的代表了，引出中位数和众数的概念也就成为必然。这样的情境不仅使学生认识了中位数和众数，更重要的是让学生客观认识到它们的价值以及如何应用。

（2）将平均数、中位数和众数的统计意义作为重点

平均数、中位数和众数是在统计与概率领域的重要内容，教学时要充分发挥其在统计分析中的作用。有的老师在教学时将如何计算平均数和中位数、众数作为重点，让学生进行机械的练习。面对枯燥的数据，学生盲目地计算，并不知道计算的意义是什么，这些知识有什么价值。因此，建议教学这些内容时一定加强学生的交流和分析，重在让他们理解统计的意义。另外，由于教材编排的原因，平均数、中位数和众数教学分散，因此我们经常会看到有的课堂学习平均数时教师单一强调平均数的意义，而在学习中位数和众数时又抛开平均数，造成学生对于这些知识理解不够全面，从而使学生往往会孤立地看待这几个概念。因此，对于平均数、中位数和众数意义的理解要建立在整体把握的基础上，同时在解决实际问题中深化理解。

▶推荐阅读

(1)《小学数学研究》(张奠宙等，高等教育出版社，2009)

该书第 229—231 页论述了平均数、中位数和众数的计算方法，以及它们之间的联系和区别。

(2)《在比较与应用中感悟统计学内涵》(朱德江，《新课程(小学)》，2008 年第 8 期)

该文以案例分析的方式强调在中位数、众数的教学中要加强与平均数的对比，并且一定要在具体情境中感悟三个统计量的特点和应用价值。

(刘克臣)

[概率]

概率(probability)

▶概念描述

现代数学：概率，亦称或然率、几率、机率，是概率论的基本概念之一。随机事件发生可能性的大小的数字度量，称为随机事件的概率。在 n 次重复试验中，当重复试验的次数 n 越大时，事件 A 发生的频率 $\frac{m}{n}$ 总在某个常数 p 附近摆动，而频率与 p 有显著差异的情况是罕见的，就称数 p 为事件 A 的概率，记为 $P(A)$。

小学数学：小学数学教材中没有出现概率的定义，而是用可能性来初步学习概率的知识。(裘光明，2002)[702]

▶概念解读

(1) 概率的发展历程简介

概率起源于对赌博的研究。早在 16 世纪，意大利学者卡丹和塔塔里亚就从数学的角度研究过赌博问题。概率概念的要旨是在 17 世纪中叶，法国数学家费马和帕斯卡对合理分配赌注问题的讨论中得以明确。虽然他们没有明确定义概念，但是他们计算出赢得情况数与所有情况数的比，这实际上就是概率，所以认为概率的发展是从费马和帕斯卡开始的。在概率问题的早期研究中，逐步建立了事件、概率和随机变量等重要概念和基本性质。关于概率的第一本专著是1713年由雅各·贝努利的《推测术》。19世纪法国数学家拉普拉斯首先给出概率的古典定义。为概率确定严密理论基础的是数学家柯尔莫哥洛夫，他于1933年发表了著名的《概率论的基本概念》，被誉为概率史上的里程碑。20世纪以来，概率论飞速发展，应用范围不断扩大。

（2）概率的多重认识

小学数学研究的主要是古典概率。古典概率是人们最早讨论随机事件的概率，它建立在“等可能性”的基础上。例如我们十分熟悉的抛硬币，由于硬币比较规整，所以两种情形发生的可能性理论上认为相同，于是确定它们发生的概率各为二分之一。几何概率是理论概率的另一种情况，大小与面积大小有关，即事件发生的概率等于此事件所有可能结果所组成的图形面积除以所有可能结果组成的图形的面积。比如把一个圆形转盘划分成面积不同的扇形，那么指针落在该扇形的概率就和该扇形的面积占整个圆的面积比例有关了。

然而，在现实生活中许多现象并不能用理论概率解释，如我们通常所说的“本校小学生戴眼镜的概率是七分之一”是根据调查得来的数据所做的结论，并不是等可能性问题，由此就出现依据了概率的统计定义。运用大数定律可以将古典概率和统计概率结合起来。至于概率的公理化定义由于小学并不涉及，所以不再赘述。

▶教学建议

小学阶段概率学习的重要的目的是帮助学生了解随机现象，所涉及的随机现象也都基于简单随机事件：所有可能发生的结果是有限的、每个结果发生的可能性是相同的。在教学中应该关注以下几个方面。

（1）教学中结合具体情境，体会随机现象

2011版《课标》明确指出关于概率的教学重点是让学生感受随机性。即在具体情境中，让学生感受其在相同条件下重复同样的实验，其实验结果不确定，以至于在实验之前无法预料哪一个结果会出现。下面我们看一个二年级的课堂教学片段。教师说：盒子里有3个黄球、3个白球。每次摸出1个，摸之前先猜猜你会摸到什么颜色的球？每次你都猜对了么？活动结束时，很少学生两次都猜对。这个活动的目的就是使学生体会不确定性，即事先无法确定实验的结果，从而让学生体会随机。

（2）理性处理试验、游戏等活动和理论分析的关系

在实际教学中，由于对概率缺乏深刻的认识，教师容易出现一些误

区，其中最主要的是试验和理论分析的矛盾。对此，张奠宙教授的建议是：可能性的大小要靠理论分析为主，试验为辅。他认为用试验的方法，每人做 10 次、20 次，小组不过百次，全班不过千次。这样的试验，根据大数定律，试验次数的多少不一定能说明问题。企图通过区区若干次试验，证实理论判断，反而会把学生弄糊涂。当然这并不是否定试验的做法，关键是要发挥试验的价值。华应龙老师教学中创设了父亲和儿子用啤酒瓶盖决定谁去看奥运会男篮决赛的情境。学生围绕用啤酒瓶盖到底公平还是不公平产生了争议。这时通过做试验，运用频率去估计概率的大小，对正面朝上和反面朝上的可能性进行比较，不仅使试验变得很有必要，并且能够帮助学生澄清一些误解。张丹老师也对教师组织学生进行游戏、试验提出一些建议：第一，试验保证随机性；第二，试验之前要猜测；第三，重视对原始数据的记录。

▶推荐阅读

(1)《小学数学教学策略》（张丹，北京师范大学出版社，2012）

该书的第四章主要从统计与概率的角度论述了小学数学关于概率教学的建议。

(2)《小学数学研究》（张奠宙等，高等教育出版社，2009）

该书第 203—211 页介绍了概率的定义。

(3)《运用“体会数据随机”的想法看“摸球实验”》（张丹，《小学数学教师》，2011 年第 5 期）

该文论述了小学数学课堂教学中常见的几种试验、游戏活动的特点和存在的问题，对于一线老师具有很强的实践指导意义。

（刘克臣）

频率（frequency）

▶概念描述

现代数学：设随机事件 A 在 n 次试验中发生了 n_A 次，则称 n_A 是 A 在 n 次试验中发生的频数，称比值 $\frac{n_A}{n}$ 为在这 n 次试验中发生的频率，记

作 $f(A)=\frac{n_A}{n}$。

当重复试验的次数 n 逐渐增大时，频率呈现出稳定性，逐渐稳定于某个常数，这个常数就是事件 A 的概率。

小学数学：小学数学教材中没有出现频率的概念，但是在可能性的学习中通过一些试验让学生感受数据的随机性并初步感受当试验次数趋于无穷大时，频率将趋于一个稳定的值，这个稳定的值就是概率。

▶概念解读

频率和概率之间有着密切的联系，但又是不完全相同的两个概念，通过大量重复试验可以用频率估计概率。在小学关于概率的学习主要是通过可能性的知识展开，并且从定性和定量两个角度刻画概率。虽然课程标准和教材没有将频率作为必须学习的内容，然而却有一些实践性的操作活动渗透着频率的知识。例如，课堂上老师经常让学生做抛硬币的试验，下面以两个掷硬币的例子说明这一点。

掷两枚均匀的硬币，两枚硬币国徽面都朝上的可能性是 $\frac{1}{4}=0.25$。如果让每人都掷 10 次，从实际情况看会出现各种情况，如果单看每个同学的情况很难检测出概率是 0.25，但是如果将全班汇总起来可以看到规律会越来越清晰，即接近 0.25。

另外很多数学家也做过投掷硬币，用频率检测概率的试验。例如，抛一枚硬币从理论上可以认定国徽朝上或者朝下的概率各为 $\frac{1}{2}$。下面是一些曾经实际进行过的试验数据：

数学家	投掷次数	正面出现次数	频率
摩根	2049	1061	0.5191
浦丰	4040	2049	0.5069
皮尔逊（第一轮）	12000	6019	0.516
皮尔逊（第二轮）	24000	12012	0.5005

从上面的试验结果可以看出，当投掷硬币次数逐渐增大时，频率确实总在 0.5 左右摆动，而且逐渐稳定于 0.5。这些试验表明，利用频率刻画概率是合适的。

▶教学建议

（1）通过具体实验初步感受频率

在小学阶段，关于对频率的认识主要是在有关可能性的学习中通过一些试验初步感受的。特别是在学习过程中，很多老师都会让学生做试验来体会概率，其实做试验的主要目的不是通过试验得到概率而是利用频率检测概率。华应龙老师曾经做过很好的尝试。在课堂中创设了如下的情境：父亲和儿子决定谁去看奥运会男篮决赛。但是，与过去教学不同，使用决定是否去的工具并不是硬币，而是啤酒瓶盖。老师让学生讨论用啤酒瓶盖解决这个问题是否公平？有的学生认为是靠命运决定的，因为儿子的机遇是$\frac{1}{2}$，爸爸的机遇也是$\frac{1}{2}$，所以公平。也有的学生持反对意见认为瓶子盖的反面那一圈是折起来的，这一面的重量会比正面的重量大，所以反面朝上的可能性比较大。然后教师提出：经过刚才的讨论，用抛啤酒瓶盖的办法来决定谁去看比赛，究竟公平不公平呢？答案不一致。怎么办呢？学生立刻提出做个试验试试吧。此时，学生对于试验验证有了充分的渴求，试验也就变得更加有意义了。

（2）合理选取操作工具

很多老师在课堂上习惯用硬币作为试验操作的学具，因为硬币在日常生活中十分常见。而华应龙老师的课堂教学中却是让学生做“抛瓶盖”的试验。那么，“抛瓶盖”和“抛硬币”有什么不同呢？我们知道，如果运用的是硬币，由于掷一枚均匀硬币，硬币落下时有两种可能：正面朝上和反面朝上，并且两种结果是等可能的，所以这是一个古典概率的问题。对古典概率的问题，我们可以用公式计算出某种结果发生的概率，虽然小学不正式学这个公式，但通过经验并加以分析，学生容易得到正面朝上和反面朝上的可能性是相等的。此时再让学生做实验，学生不仅产生不了愿望，并且往往会由于频率与概率的不一致而产生困惑。瓶盖虽然落下时也有两种可能，但二者不是等可能的，不符合古典概率的要求，这时我们可以通过做实验，运用频率去估计概率的大小，从而对正面朝上和反面朝上的可能性进行比较。这不仅使试验变得很有必要，并且能够帮助学生澄清一些误解。学生亲自经历了实验的过程，收集实验数据，分析实验结果，并将所得结果与自己的猜测进行比较，修正了自己的猜测。进一步，华老师又利用了形象的比喻“踢毽子”帮助学生分析为什么“反面”朝上的可能性大。至此，华老师引导学生们完整经历了：首先猜测结果发生的可能性大小；然后亲自动手进行实验，收集实验数据，分析实验结果，并将所得结果与自己的猜测进行比较；最后进行理性分析，并与实验结果联系起来。

▶推荐阅读

(1)《小学数学教学策略》(张丹，北京师范大学出版社，2010)

该书的第四章对小学数学统计知识进行了比较系统的介绍。

(2)《小学数学研究》(张奠宙等，高等教育出版社，2009)

该书第235—236页论述了频率与概率之间存在的联系和区别；第209—211页论述了概率的统计定义，其本质是利用频率验证概率的科学性问题。

(刘克臣)

必然现象（certain phenomenon）

▶概念描述

现代数学：现代数学对于必然现象没有直接定义，但是对其同义概念“决定性现象”下了定义。决定性现象是概率论的基本概念之一，是人类社会和自然界经常遇到的现象。其特点是在一定条件下必然出现(或必定不出现)。例如，在一个标准大气压下，纯水加热到100摄氏度一定沸腾；同性电荷一定互斥；在恒力作用下的质点做等加速运动等。因此，必然现象也是在一定条件下确定出现的现象。(徐利治，2002)[301]

小学数学：小学数学教材中没有明确给出必然现象的定义，主要是通过具体情境使学生感受事件发生的确定性，并学会判断一个事件是否是必然现象，能用“一定”或“不可能”等词语描述一些简单事件发生的必然结果。

▶概念解读

由于必然现象具有确定性，因此必然现象是一种事前可预言的现象，即在准确地重复某些条件下，它的结果总是肯定的。如质量守恒定律就是这类现象。在化学反应中，参加反应前各物质的质量总和一定等于反应后生成各物质的质量总和。

必然现象可以借助必然事件来说明。即在相同条件下每次试验都必然发生的事件。例如掷一枚骰子，由于其点数是1—6，所以每次掷出的点数一定小于7。如果此事件是必然事件，则试验 n 次就出现 n 次。所以必然事件的频率总为1，从而必然事件的概率等于1。

必然现象与随机现象是一对对立的现象。必然现象的结果具有确定性和唯一性，与之相对的随机现象的结果具有不确定性和不唯一性。两者除区别之外，还存在着密切的联系，可以理解为必然现象是随机现象的特殊情况之一。

在小学教材中出现的必然现象都是简单的事件，所达到的教学目标是要学生会判断一个事件是否是必然现象，并能用“一定”或“不可能”等确定性的词语进行结果的描述。例如，盒子里有3个白球，如果任意摸出1个球，一定是白色的球，不可能摸出其他颜色的球，是一种必然现象。因此，必然现象包括事件一定发生和一定不发生两种情况。

▶教学建议

（1）在具体的情境中感受简单事件的必然现象

概念本身有时是抽象而难于理解的，但如果把它放到学生熟悉的生活情境中去，就会变得亲切而自然。吕琳老师在引导学生认识必然现象时，把学生带进了摸球的情境。吕老师出示了三个盒子（如下图）：①号盒子装6个红球，②号盒子装3个红球和3个黄球，③号盒子装3个黄球和3个绿球。她引导学生思考：“老师特别想摸到1个红球，你们推荐老师到几号盒子去摸？”学生说①号盒子，原因是①号盒子里都是红球，摸出的一定是红球。吕老师接着又问：“为什么不到③号盒子中去摸？”学生回答③号盒子中一个红球也没有，不可能摸出红球。数学来源于生活，学生有体验、有感受，才愿意去走进概念。学生在这个具体的情境中，充分地感受到了事件发生的必然现象。

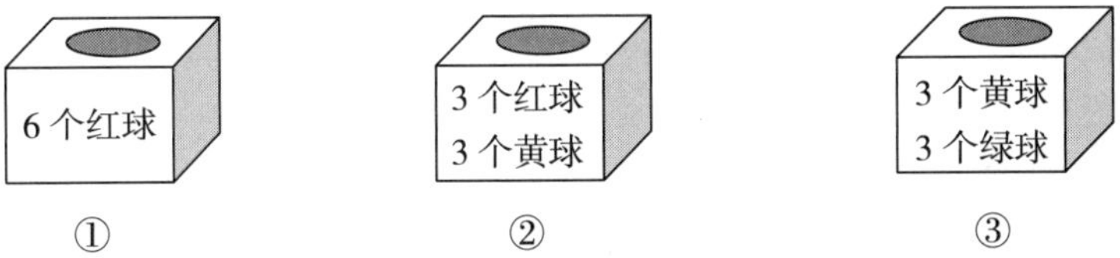

（2）能用确定性词语描述必然现象的结果

数学概念的形成需要一个过程，因此在学生认识了必然现象之后，教师要引导学生会判断一个事件是否是必然现象，并能用确定性词语描述必然现象的结果。如判断一些自然现象："月球绕着地球转"，这是必然现象，学生要会用"一定"来描述结果；"太阳从西边升起"，这是必然不会出现的现象，学生要会用"不可能"来描述结果。语言是思维的外壳，学生能够准确地表达出必然事件的结果，既发展了思维，又加深了学生对其概念的理解。

（3）在随机现象中寻找必然现象，培养学生的概率思想

"随机现象"和"必然现象"不是孤立存在的，它们是有联系的，可以相互转化。李华老师是这样引导学生认识随机现象和必然现象的转化关系的。李老师将一个正方体的6个面分别标上1、2、3、4、5、6（如右图），引发学生思考：1的对面可能是几？在学生通过观察后思考有困难时，李老师用课件演示转动正方体，学生发现1的对面不可能是4和6，从而分析出一定是5。这种通过寻找信息排除所有不可能情况的分析方法，使"可能"变为了"一定"。这一过程把学生对必然现象的理解引向了深入，建立了知识间的联系，使学生的思维的水平得到了升华，把深刻的概率思想浅显易懂地教给了学生。

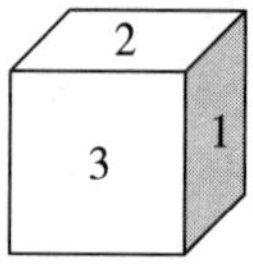

▶推荐阅读

《基本概念与运算法则——小学数学教学中的核心问题》（史宁中，高等教育出版社，2013）

该书的第四部分从概率的取值范围的角度论述了必然现象。

（董翠娟）

随机现象（random phenomenon）

▶概念描述

现代数学：随机现象是概率论的基本概念之一，是指在一次试验或

观测中，其结果有多种可能，事先无法精确判定究竟发生哪一种结果的现象。随机现象的本质特点是通过大量的试验和多次的观测以后，就其整体来看，将出现严格的非偶然的规律性。概率论的目的就是从数量方面去研究这种规律性。例如，观测某城市近郊公路上汽车的流量，在不同日期的相同单位时间内，通过的汽车辆数是预先不能确定的，这种现象就是随机现象。但经过多次的观测，该城市近郊公路上在单位时间内汽车的流量总是在某一个常数附近摆动的。随机现象可有数量性的表现（如学生的身高、体重），也可有非数量性的表现（如学生的智力及思想品德情况）。后者必须经过量化（如智力用智商表示，思想品德可按某些标准评分）才适合用概率统计的方法去研究。（裘光明，2002）[700]

小学数学：小学数学教材并没有明确给出随机现象的定义，而是一方面通过一些具体情境，让学生感受简单的随机现象，并能列出简单的随机现象中所有可能发生的结果；另一方面通过试验、游戏等活动，让学生感受随机现象结果发生的可能性有大小，并能对一些简单的随机现象发生的可能性大小用数据做出定性描述。

▶概念解读

随机现象最早起源于赌博问题。在 16 世纪时，欧洲许多国家贵族之间盛行赌博之风。掷骰子是他们常用的一种赌博方式。骰子的形状为小正方体，当它被掷到桌面上时，1—6 点中任何一个点数面朝上的可能性都有，事先无法判定会出现哪种结果。这种随机现象引发了很多数学家对赌博问题的研究，从而逐渐产生了概率论。随着科学的发展，人们注意到很多社会现象都与赌博这种机会游戏相似，因此概率论被应用到多个领域中，同时也大大推动了概率论本身的发展。

随机现象是概率论的一个基本概念，即人们常说的偶然现象——在一定条件下，并不总是出现相同结果的现象。因此，随机现象的结果至少有 2 个；至于哪一个出现，事先并不知道。例如，投掷一枚硬币，可能正面朝上，也可能反面朝上；从含有 5 件次品的一批产品中任意取出 3 件，取到次品的件数可能是 0、1、2 或 3。

但是，随机现象从数据方面去研究也有其规律性。人们通常通过随机实验来研究随机现象。试验可以在相同条件下重复进行。对于同样的事情每次收集到的数据可能会是不同的，但只要有足够的数据就可能从中发现规律。如一名学生记录了自己一周内每天上学途中所用的时间，精确到分后，发现每天所用的时间是不一样的，从而体会到了数据的随机性。同时，这名学生感悟到虽然数据是随机的，但较多时大概所需的时间具有稳定性。

▶教学建议

（1）在数学活动中认识和理解随机现象

教学时，无论是认识随机现象，还是感受随机现象结果发生的可能性大小，都不能脱离具体情境，学生要想真正走进概念，就必须经历过程。因此，教学要让学生在数学活动中亲身经历、感受随机现象，不断加深对其的认识和理解。李华老师在讲“可能性”一课时，创设了两个学生进行飞碟射击赛的情境，射 1 次有可能射中，也有可能射不中，从而让学生体会随机现象的发生。在学生感受随机现象结果发生的可能性大小时，很多老师采用摸球、翻扑克牌等游戏。学生们通过具体数学活动的参与，充分动手、动口、动脑，加深对随机现象的理解。

（2）恰当把握小学阶段学习随机事件的教学要求

在概率的学习中，帮助学生了解随机现象是非常重要的。2011 版《课标》指出，小学阶段所涉及的随机现象都是简单随机事件，所有可能发生的结果是有限的，每个结果发生的可能性是相同的，要求学生能够列出简单随机事件所有可能发生的结果。因此，在教学时教师要恰当把握此教学要求，不能要求过高。如有四张不同的卡片（如下图），从中任意选取一张卡片，这张卡片可能是什么？因为是任意选取，所以每张卡片都可能被选取，但事先无法确定哪张卡片一定会被选取（是随机的），每张卡片被选取的可能性一样大（简单事件）。

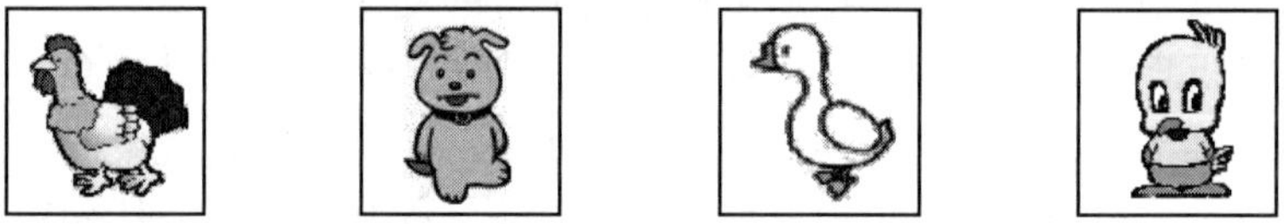

（3）利用数据分析随机现象是教学的核心

任何一个随机事件的发生都有其偶然性，但是也包含着一定的必然性。这种必然性表现为大量重复的试验或观察中呈现出的固有的规律，这就是随机现象的统计规律。数据分析是统计学的核心。因此，研究随机事件的概率也要运用数据分析来体会随机性。刘晶老师在引导学生感受可能性大小时，采用的是摸球实验。刘老师首先在盒子中放 5 个红球、1 个白球，学生们每人摸三次（每次只摸 1 个球），并在组内记录。全班交流后发现，摸到红球的次数明显大于摸到白球的次数。由此，学生们感受到了摸到不同颜色球的可能性的大小与数据有关。接着，刘老师又在盒子中加上一种不同颜色的球，再让学生进行多次试验，并通过数据来验证上面得到的结论：哪种颜色的球的数量多，摸到它的可能性就大；哪种颜色的球的数量少，摸到它的可能性就小。就这样，学生获得了直观的感受。随机事件发生的可能性有大小，在这里，数据起到了决定性的作用。

▶推荐阅读

《概率论》（苏淳，科学出版社，2010）
该书第一章对随机现象和随机事件进行了非常详细的介绍。

（董翠娟）

等可能现象（equally probable phenomenon）

▶概念描述

现代数学：现代数学对于等可能现象没有直接定义，但是对其同义概念“等可能的”下了定义。等可能的是指对样本空间中的每个样本点（基本事件）的假设条件。在随机试验时，若一些随机事件发生的可能性是完全相同的，或者说它们出现的机会是均等的，则称这些事件为等可能的。例如，随意掷一颗骰子，如果骰子是完善的，出现 1—6 点中的任何一个点数的可能性是相同的，则称这六个事件是等可能的。（裘光明，2002）[702]

小学数学：小学数学教材中没有明确给出等可能现象的定义，主要是感受简单事件的随机现象在可能发生的有限个结果中，每个结果发生的可能性是相同的，并通过数据分析对一些简单随机事件的等可能性做出定性描述。

▶概念解读

任何现象都要通过相应的事件来说明，等可能现象也可以从等可能事件的角度去认识和理解。如果一次试验由 n 个基本事件组成，而且所有结果出现的可能性都是相等的，那么每一个基本事件互为等可能事件。等可能事件发生的概率 P=发生的结果数/所有等可能的结果数。如把一个圆盘等分成7块，指针绕着中心旋转，那么指针落在每一块区域内的可能性是完全一样的，在这个等可能事件中，指针落在任意一块内的概率 $P=\frac{1}{7}$。再有无论实验的所有可能产生结果是有限个还是无限个，只有具备以下特征的试验结果才具有等可能性：① 在试验中发生的事件都是随机事件；② 在每一次试验中有且只有一个结果出现；③ 每个结果出现的机会均等。

古典概型是概率论中最直观和最简单的模型，也是等可能现象的一种体现。在这个模型下，随机实验所有可能的结果是有限的，并且每个基本结果发生的概率是相同的，因此也叫等可能概型。在小学阶段的教材中，我们一般研究的等可能现象就是古典概型，具有有限性和等可能性。

掷硬币实验是常见却又非常有名的一个概率实验。它是一种把硬币弹到空中，通过落下来后所显示的结果（落下来后是正面向上，还是反面向上）来解决事情的一种方法。掷硬币的实验可以让人们感受到随机事件的发生，形成可能性的概率观念。多次进行掷硬币实验，其概率无限接近50%。因此，也可以说明出现正、反面的结果具有等可能性。

▶教学建议

（1）在具体的情境中感受简单事件的随机现象可能发生的有限个结果是等可能的

2011版《课标》指出：在小学阶段所涉及的随机现象都是简单随机事件，所有可能发生的结果是有限的，每个结果发生的可能性是相同的，要求学生能够列出简单随机事件所有可能发生的结果。学生要想认识随机事件中的等可能现象，一定要结合具体情境。教学中很多教师采用掷硬币、掷骰子等情境，帮助学生认识等可能现象。刘娟老师教学中创设的是摸扑克牌的情境，并引发学生思考：五张不同的扑克牌，从中任意摸取一张，这张扑克牌可能是什么？因为是任意选取一张，所以每张扑克牌都可能被选取，但事先无法确定哪张扑克牌一定会被选取，所以每张扑克牌被选取的可能性一样大。由此，学生经历了简单事件随机现象的发生，并从中体会到了有限个结果的发生是等可能的。

（2）利用数据分析感受等可能现象，培养学生的概率思想

数据分析是统计的核心。使学生树立数据分析的观念，最有效的方法就是让他们投入到数据分析的全过程中去。对于随机事件的等可能性，也要通过数据分析才能使学生真正理解。毕明芳老师是通过用分数表示简单事件发生的可能性，来让学生感受等可能现象的。毕老师首先通过让学生随意转动一块宣传板，使学生体会正、反面出现的可能性结果相等，都是$\frac{1}{2}$。接着，毕老师把参加体育活动的学生分成每6个人一组，并继续引发学生思考：每个小组任意抽取一名学生，被抽取的可能性有多大？学生通过掷骰子或转动6等分的转盘等活动，得出每个人被抽取的可能性相等，是$\frac{1}{6}$。由此，学生们用数据对于简单事件的随机现象可能发生的等可能性进行了定性描述。同时，教学过程中也渗透了概率思想。

▶推荐阅读

《小学数学教学策略》（张丹，北京师范大学出版社，2010）

该书第四章主要从培养数据分析观念的教学策略谈了可能性的教学。

（董翠娟）

05

综合与实践

2011版《课标》指出："综合与实践"是一类以问题为载体、以学生自主参与为主的学习活动。在学习活动中，学生将综合运用"数与代数"、"图形与几何"、"统计与概率"等知识和方法解决问题。

"综合与实践"是数学课程中一个较新的领域，它提供了一种学生进行实践性、探索性和研究性学习的课程。"综合与实践"不是在其他数学知识领域之外增加新知识，而是强调数学知识的整体性、现实性和应用性。它沟通了生活中的数学与课堂上数学的联系，使得"数与代数"、"图形与几何"、"统计与概率"的知识以综合的形式出现，从而让学生加深对这些内容的理解，体会各部分内容之间的联系，帮助学生全面地认识数学、了解数学。

"综合与实践"是让学生积累数学活动经验和培养学生的应用意识、创新意识及模型思想的有效载体。它可以让学生在学习的过程中接触到一些有研究和探索价值的内容，在探索问题的活动中，初步了解研究问题的方法，学会与同伴合作交流，学会独立思考，并从中积累丰富的数学活动经验。在解决问题的过程中，学生能够综合运用所学的数学知识去解决现实生活中的问题，充分感受数学与现实生活的密切联系，感受数学应用的广泛性，树立应用意识。当学生尝试运用数学的眼光观察身边的事物时，他们会自己发现问题、提出问题，这是创新的基础。学生在寻找解决问题的方法时，他们的聪明才智会得以充分地展现，思维才能得以碰撞与交流，促使学生出现不同的方法，这是创新的核心。在实践的过程中，让学生经历"从现实生活或具体情境中抽象出数学问题，用数学符号建立方程、不等式、函数等表示数学问题中的数量关系和变化规律，求出结果并讨论结果的意义"的过程，从而培养学生的模型思想，当然，在小学阶段只是初步的。

"综合与实践"的教学，一是要重实践，二是要重综合。要让学生自主参与、全过程参与实践活动，要给学生提供充足的探究问题的时间和空间，让学生通过观察、实验、猜测、计算、推理、验证等活动，综合运用已有的知识和经验去解决问题，体验获得成功的乐趣，锻炼克服困难的意志，培养学生学习数学的兴趣，增强学生学习数学的自信心。教学中要特别关注四个环节：选一选、问一问（选题），想一想、议一议、说一说（开题），试一试、做一做（做题），讲一讲、评一评（结题）。教师应该根据不同学段学生的年龄特征和认知水平，根据学段目标，做好问题的选择、问题的展开过程、学生参与的方式、学生的合作交流、活动过程、结果的展示与评价等要素的设计，并把它有效地落实到实施过程中。

“综合与实践”的内容要突出挑战性、开放性、综合性和趣味性，注重数学与生活实际、数学与其他学科、数学内部知识的联系和综合应用。活动的内容可以选自教材，也可以由教师、学生自主开发。学生的实践活动可以在课上完成，也可以在课下完成。活动的地点可以选择在教室，也可以因活动的需要，选择在校园内、家庭、社区……

在活动中，教师应注重数学思想方法的渗透，注重让学生展现思考的过程，关注学生的发展，激发学生创造的潜能，培养学生科学的研究态度和方法，形成一种生动活泼、和谐愉悦的活动氛围。

因“综合与实践”领域内容的特殊性，本部分以课例形式呈现。所呈现的八个课例在各年级综合实践活动课中均具有一定的代表性，供老师们参考。

本章目录

一年级课例：摆一摆　想一想

▶教学目标

① 使学生通过动手操作，复习100以内数的相关知识，感悟数位及计数单位的重要性。

② 通过摆小磁扣的活动，培养学生有序思考能力及主动探究的意识。

③ 加深学生对数的情感体验。

▶教学过程

一、动手操作明确数位的作用

1. 引出课题

师：百以内数的认识这个单元大家已经学完了，说说你都学会什么了？

师：无论是比较数的大小，还是进行数与数之间的加减法计算，都离不开你对一百以内这些数的认识。比如说16，它的个位是（　），表示6个（　）；十位上是（　），表示1个（　）。你看你还认识数位呢，我们把它们请到黑板上吧——从右边数的第一位是（　），第二位是（　）。（学生根据教师所说填空）

师：今天我们就请数位朋友和小磁扣一起玩一个摆一摆游戏，要一边摆一边想。（板书课题：摆一摆　想一想）。

2. 用1个小磁扣在数位表上摆出一个数

师：你摆的是多少？在黑板上摆一摆——这是1个一。谁和她摆得不一样，在黑板上摆一摆？（请另一学生摆）这表示的是1个十。

师：（追问）我们都用了1个小磁扣，怎么摆出了两个不一样的数呢？

师：看来这个小磁扣在不同的位置上，它表示出来的数也就不同。这一个小磁扣在个位上表示1个一，在十位上表示1个十。

师：（小结，板书）刚才我们用1个小磁扣，摆出了1和10两个数。

3. 用 2 个小磁扣摆数

师：老师先来摆一个数，看看谁认识。（摆出 11）谁能帮小磁扣搬搬家，让它表示一个比 11 大的数？20 里面有 2 个（　），11 怎么就变成 20 了呢？

师：再帮小磁扣搬搬家，让它表示一个比 11 小的数。这是多少呀？2 里面有 2 个（　），11 怎么就变成 2 了呢？（请学生填空）

师：你们给小磁扣搬搬家，它们就一会儿变大，一会儿变小，真是个小魔术师。

师：你们想过吗？2 个小磁扣放在哪儿表示的数最大？放在哪儿表示的数最小呢？

师：（总结）说说我们用 2 个磁扣摆出了……

4. 用 3 个小磁扣摆数

师：这次我们要比一比，看看谁最爱动脑筋，怎样利用 3 个小磁扣摆一个最大的数。（板书）再用 3 个小磁扣摆一个最小的数。（板书）用 3 个小磁扣还能摆出哪些数呢？（板书）

师：为什么这个数最大、这个数最小呢？（　）分别指数（　）我们在数位表上摆一摆、看一看。（请学生上来摆）

师：谁看清了，她是怎么做的，个位上就由几变成几了，十位上就由几变成几了？就是这样一个不起眼的小磁扣，它的移动却引起了数的大小变化。你们看看相差几呢？

师：（总结性提问）我们用 3 个小磁扣摆出了几个数？

二、在游戏中思考位值的价值

1. 用 4 个小磁扣摆数

师：下面我们该利用几个磁扣摆了？4 个小磁扣来摆。摆之前，老师想先请你来猜一猜，你觉得 4 个小磁扣可以摆出几个数？

师：怎么摆能让这些数一个不落地呈现呢？自己摆一摆、试一试。

师：（学生汇报后）我们来做一个游戏演示一下。请 4 位同学来当小磁扣进行表演。表演前请 4 位同学先商量一下，看怎样给大家表演。

师：把他们表演的过程在自己的数位表中展示一下吧？大声地说出每一个出现的数。

师：大声地说一说用 4 个磁扣摆出的最小的数是——，接着是（请学生回答）……

师：（小结）你们的表演，你们的操作，你们的表达，都把这种有顺序地移动的过程清晰地展示了出来。这说明大家已经能够有顺序地思考问题了。

2. 用更多的小磁扣摆数

师：下面我们该用几个磁扣来摆了？（5 个）猜能摆出几个数？哪 6 个数？（板书：5、14、23、32、41、50）在数位表中有顺序地摆一摆，看看你说得对不对。

三、操作探索数列的规律（6—9 个小磁扣）

师：刚才我们用小磁扣摆数，"数"朋友说了，我们也想出来和大家做游戏。你看，它们出来了。（出示一组数）猜猜，它们是用几个小磁扣摆成的？你们是怎么猜到的？

8　17　26　35　44　53　62　71　80

师：（出示一组数）有一个数没告诉大家，你能猜出来吗？

9　18　27　36　45　54　（63）　72　81　90

这组数用了几个小磁扣呢？

师：老师只给一个数 16，你能猜出它是用几个小磁扣摆出来的吗？说说和它成为好朋友的一组数吧。

师：这回老师一个数也不给你，只给你一些小方框。每一个方框代表一个数，你猜猜它是由几个小磁扣摆成的。（出示：□□□□□□）

师：（小结）同学们你们看，现在屏幕上的这些数就是用 1—9 个小磁扣摆出来的数。我们简单地回忆一下：起初我们利用小磁扣一个一个地摆，在摆的过程中我们逐步掌握了方法，学会了方法之后我们就不用摆，直接说出数就行了。把这些数排列起来后，我们还发现了一些规律。这小磁扣的功劳可真不小。

同时我们还知道 1 个小磁扣能摆出 2 个数，2 个小磁扣能摆出 3 个数。你们猜一猜，10 个小磁扣能摆出几个数？11 个磁扣呢？你们是想告诉我磁扣越多，摆出的数也就越多，真的是这样吗？还是实践一下吧！我们试一试用 18 个小磁扣能摆出哪些数。

师：（全课小结）今天这节课的题目叫"摆一摆　想一想"，我们在动手摆的过程中也在不断思考一些看似简单的问题，没想到却发现了不简单的现象。希望我们大家在生活和学习中也能这样，在简单的问题面前多问自己几个为什么，收获会更大。

（李　昕）

二年级课例：轴对称图形

▶教学目标

① 结合剪纸活动，初步认识轴对称现象，认识轴对称图形，并能找到轴对称图形的对称轴。

② 在观察、操作、欣赏、分类、想象、创作的活动过程中，逐步发展学生的空间观念。

③ 感受对称的美，体验到数学就在身边、数学有乐趣。

▶教学过程

一、情境创设，导入新课

学生们都喜欢玩游戏。数学中也有很多好玩的游戏。通过游戏激发学生学习的情趣，在玩的过程中不仅要玩出健康和情趣，更要玩出奇思妙想。

教师首先通过剪纸游戏来激发学生动手操作的兴趣。教师出示一张小树的图片（如右图），让学生不动笔用剪刀直接剪一棵小树。学生的积极性很高，纷纷模仿小树的形状，创作出自己的作品，但结果是“奇形怪状”。

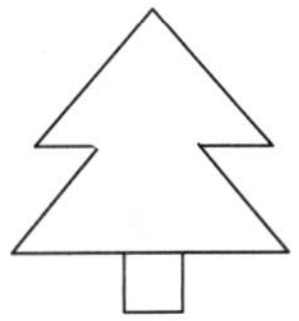

二、探索发现，认识轴对称图形

1. 动手操作，感受对称

学生在操作的过程中，发现对折之后再剪一剪，小树就很容易剪出来了，从而让学生感受到在游戏中也有解决问题的好方法。接下来，教师并不急于让学生去剪一个轴对称图形，而是让学生了解民间剪纸艺术作品（如下图。如果是教师自己动手剪出的作品在课堂上展示，那效果会更好）也是利用了先对折再剪一剪的方法，从而感受生活中的对称。

学生欣赏完剪纸作品之后，让学生再拿出一张纸，用先对折再剪一剪的方法创作一个自己喜欢的图形。学生剪出了小树、心、笑脸、蝴蝶……

2. 观察思考，认识对称

这些图形有什么共同的特点？学生会说：这些图形都被分成了两部分，两部分完全相同。

经过讨论，学生们认识了轴对称图形：像这样，沿着一条直线对折，两部分能完全重合的图形，数学中就叫轴对称图形。

再让同桌两人拿着手中的轴对称图形说一说，什么叫轴对称图形。然后，让学生静静地在脑子里把手中的轴对称图形折一折，让两部分完全重合，然后再打开，进而培养学生的空间观念。最后让学生知道折痕所在的这条直线叫对称轴。

三、利用概念，判断图形

1. 判断图形是否对称，并画出对称轴

教师出示课件图片（如下图），并让学生判断上面（同时已在课前给每个学生发了一张画有相同图形的小卷子）的图形是否是轴对称图形，然后画出对称轴。对此，可以让学生先独立思考，在脑子里将图形折一折，然后在小卷子上画出对称轴。学生在汇报时，对“音符”是不是轴对称图形产生了争论——有的学生认为是，有的学生认为不是。对此，教师不急于揭晓答案，而是让学生在充分展开想象的过程中去探索发现。最后，教师拿出一个纸“音符”，让学生折一折，学生发现对折之后的图形不能完全重合，所以，“音符”不是轴对称图形。判断完之后，教师再让学生想一想如何将“音符”改变一下形状，就可以把它变成一个轴对称图形了。于是，学生想象的积极性更强了。

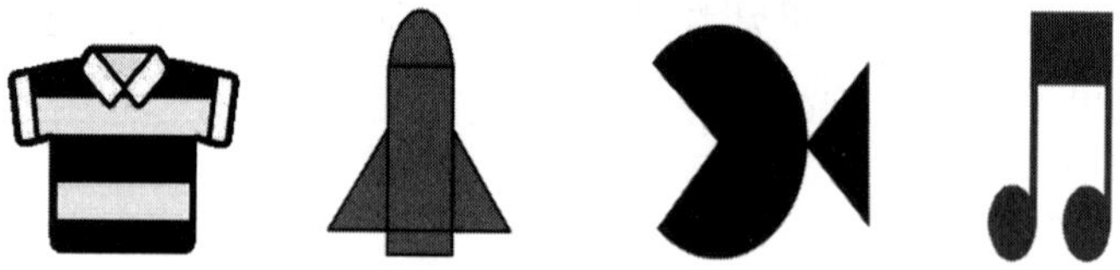

2. 通过观察，直观判断图形是否对称

教师出示课件图片（如下图），让学生通过比眼力的游戏直观感受轴对称图形，并判断其是否对称。再让学生进一步感受轴对称图形特征之后，说一说判断一个图形是不是轴对称图形的方法。

3. 探索图形，深入研究

教师出示课件图片：

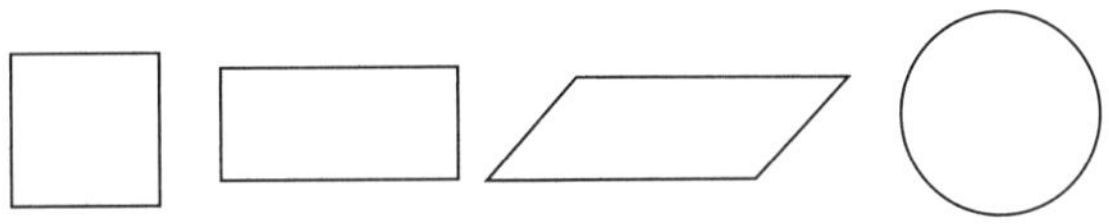

然后教师问：以上图形是不是轴对称图形？如果是，它们有几条对称轴？教师让学生在小组内看着幻灯片上的图形在脑子里折一折、想一想。如果实在想不清楚，可以去老师那儿拿学具折一折。这样的设计是为了极大限度地提升学生的空间想象能力。

在活动过程中，学生争论道：长方形是轴对称图形，是有 2 条对称轴还是 4 条对称轴呢？斜着的这条直线为什么不是对称轴呢？通过验证，大家发现按斜着的直线对折后图形不能完全重合，所以斜着的两条直线不是对称轴。这同时也验证了平行四边形不是轴对称图形，虽然它的左右两边相同，但对折之后并不能完全重合。

为了进一步认识平行四边形为什么不是轴对称图形，还可以让学生将平行四边形沿对角线撕开，将撕下来的一部分经过翻转与另一部分对折，就会发现它们可以完全重合。然后让学生把对折的图形打开，看看是什么样子——它已经不是平行四边形了。看来两部分一样的图形不一定是轴对称图形，但对折之后完全重合一定是轴对称图形。

不过，教师也可以提醒学生：平行四边形不是轴对称图形，但它也是一种对称，今后会学到。

四、巩固知识，提升空间观念

教师可以通过让学生玩有思维含量的游戏，挑战学生的想象力。如教师可以提问：下面的图形是轴对称图形的一半和对称轴，想一想，它们是什么图形？

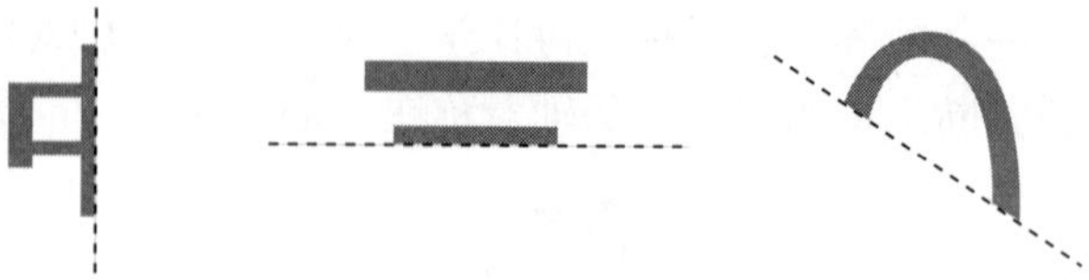

学生可能猜第一幅图的答案是个“中”字，第二幅图是个“三”字，最后一个图形是“0”，也可能是“”。学生在猜测的过程中，思维产生碰撞，想象的积极性得到激发。在学生争论之后，教师利用实物验证答案，在实物的帮助下，学生的空间观念得到提升。

教师进一步提升空间想象的难度：下图是轴对称图形的一半，猜一猜它是什么样的图形？

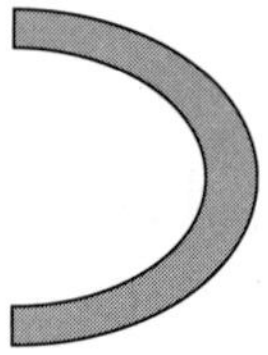

学生想象的空间被打开，他们体会到对称轴位置不同，图形形状就不一样。在想象的空间里一切皆有可能，以下是学生的答案。

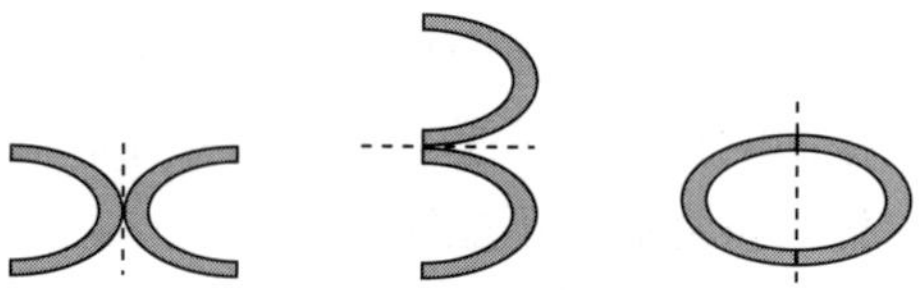

五、生活中的对称，欣赏对称的美

教师可以指出在生活中也有很多轴对称现象，然后让学生通过“精彩 2 分钟”（每天课上给学生留 2 分钟来展示自己查找的数学知识）向同学展示生活中的对称——

生活中有很多轴对称现象，比如动物、建筑物、植物、生活用品等中就有很多对称，让人们的生活变得丰富多彩。（如下图）需要指出的是，教师要在让学生感受对称美的同时，也要感受到它的应用价值。

六、总结

教师最后可以让学生说一说通过今天的学习有什么收获。学生可能体会到了轴对称图形给我们的生活带来了快乐，而只要我们有一双数学的眼睛，就可以发现生活中有很多轴对称现象，也可以创作出很多自己的轴对称图形。

继而在本节课的最后，教师可以利用 iPad 的画画功能给学生展示画出来的轴对称图形——画出图形的一部分，另一部分就画出来了。（如下图）这就是我们学习的轴对称图形。教师提问：这个游戏到到底有什么奥秘呢？请大家回去想一想，下节课画轴对称图形时我们再研究。

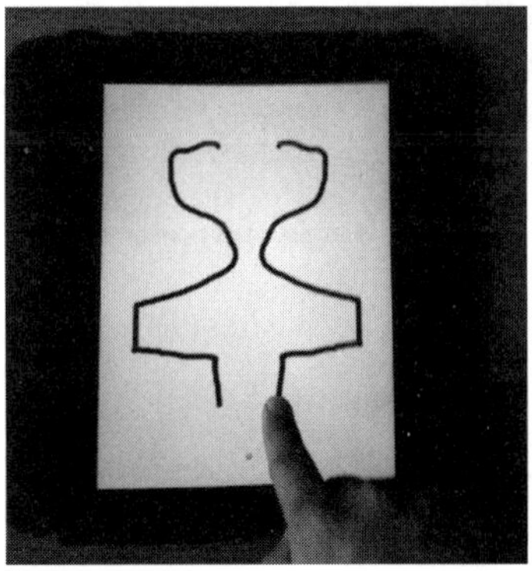

七、作业

在纸上设计一个轴对称图形。

（赵　伟）

三年级课例：制作年历

▶教学目标

① 巩固学生关于“年、月、日”的认识，使其掌握年、月、日的内在关系。

② 在制作年历的过程中，培养学生收集、整理、分析信息的能力和相互交流、合作的意识。

③ 引导学生在探索年历制作方法的同时，体验年历在现实生活中的作用，激发学生学数学、用数学的兴趣。

▶教学过程

一、展示收集的年历

师：同学们在课前都收集了一些年历，想不想展示并介绍一下你收集的年历？

学生代表向大家介绍（如下图）。

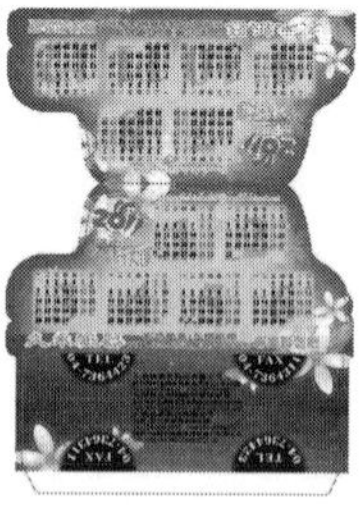

师：同学们收集的年历真不少！有的是单张的，有的是整本的；有的可以挂在墙上，有的可以放在桌子上。

师：先仔细观察，然后小组内互相说一说它们是怎样制作的。

学生回答：

① 每年有 12 个月，每个月按顺序排列出来。

② 每个星期是 7 天，所以每行要写 7 个日期，一般是按照星期日、星期一、星期二、星期三、星期四、星期五、星期六的顺序排列。

③ 要确定 1 月 1 日是星期几，然后依次往下排。另外可以把休息日用另一种颜色标出来。

二、准备制作年历

师：大家收集的年历这么漂亮，想不想自己动手制作一个？

师生商量后决定制作明年的日历。

师：在制作之前，你认为有什么困难呢？提出来，我们共同解决。或者你认为我们应该知道哪些必要的信息呢？

学生提出问题：

① 不知道明年 1 月 1 日是星期几。不知道每个月的第一天是星期几。

② 不知道明年 2 月有几天。

③ 应该从哪天开始制作呢？

教师出示今年的年历，查找最后一天是星期几，以确定新的一年的 1 月 1 日是星期几。要想知道 2 月 1 日是星期几，就要先知道 1 月 31 日是星期几；要想知道 3 月 1 日是星期几，就要先知道 2 月最后一天是星期几。依此类推，就能知道每个月的 1 日是星期几。

由于 2 月的天数有时是 28 天，有时是 29 天，学生讨论：2013 年 2 月有多少天？

三、分组制作年历

1. 激发制作兴趣

师：刚才，我们共同解决了制作年历可能遇到的困难，想不想大显身手，自己制作出年历？请大家分组制作。制作前，组内成员先进行合理的分工，比一比哪个组最团结、最有序。

2. 小组开始制作

教师巡视指导，了解制作情况，单独指导。

有的小组是分月做的，每人负责制作 3 个月，然后 4 个人把 12 个月合在一起；有的小组是大家一起商量一起制作的；还有的小组是有人负责画格，有人负责写日子，有人负责做装饰。

四、召开班级展示会

师：同学们，大家好！2013 年年历展示会现在开始！哪个小组愿意展示本组的年历？注意：由于本次展示会的参展作品众多，请着重介绍本组制作的年历的特色之处。

学生代表展示——

组 1：我们小组的年历是按月来制作的，每个月一张；

组 2：我们小组的年历是一大张上有 12 个月，这样看起来方便。

组 3：我们小组制作的年历，还配了好多漂亮的插图，这样看起来很美观。

五、总结年历的作用

师：大家制作的年历如此精彩，那么，我们可以用它来做什么呢？

生 1：可以挂在班里查日期。

生 2：可以根据年历制订每天的学习计划。

生 3：还可以把每个同学的生日标出来，统计出每月出生的人数。

六、奇特的年历欣赏

1. 真人日历

真人日历是一种特殊的日历，日历上每一天都出现一位独特人物的肖像，通过不同的人物肖像表现不同的日期。相比于传统日历，真人日历本身所蕴含的乐活精神及大家一同创造的特点更能够吸引年轻人的关注。日期的图片可以使用自身的表情、动作，或是与特殊的道具合照来进行诠释，如对世界爱牙日使用一张正在刷牙的自拍照片来诠释，对儿童节则选用打扮成儿童的模样后拍摄的照片。

2. 使用两本日历的国家

基里巴斯是一个跨四个半球的国家，国土由 300 多个小岛组成，横、纵跨东、西、南、北四个半球。又由于国际日期变更线通过该国，所以它又是世界上唯一使用两本日历的国家。

3. 14 个月的年历

有的年历为了人们生活的方便，还将上一年的最后一个月和下一年的第一个月与本年的 12 个月制作在一起，这样就成了 14 个月的年历。

4. 其他日历

为了人们生活方便和更强的实用性，也可以将年历的制作和生活中的一些事情联系起来，如制作环保年历、运动年历、学习年历等。

七、活动总结

师：看来，年历的作用还真不小！通过这节课的制作、交流、欣赏，你一定有许多收获。假如你又有了新的制作思路，还可以利用课余时间来实现它。相信自己，一定行！

（张 炜）

四年级课例：认识更大的数

▶教学目标

① 通过数数等数学活动，使学生认识计数单位、数位等概念。知道千亿以内数位的排列顺序和相邻两个计数单位之间的进率及十进制计数法。

② 在认识数的过程中，通过联系、比较的方法培养学生的数感。

③ 结合具体情境，使学生体会到数学与实际生活的密切联系。

▶教学过程

一、复习旧知，建立联系

1. 通过9999，复习相关的旧知识，揭示数位、计数单位

学生自己先说一个数，教师提要求：最大的四位数是多少？教师板书9999，提问：同样都是9，每个9表示的意思都一样吗？

小结：我们到现在学习了这么多的数位和计数单位。最小的计数单位是哪一个？在我们的世界上还有很多很多的数，有些数用这些计数单位就可以表示了，可是还有一些数，就装不下了，需要更多的单位来表示。

2. 学生根据自己的学习经验排列计数单位

教师展示一些计数单位，并组织学生进行排列。

教师提问：你们为什么一定要把“万”排在“千”的后面？“千”和“万”之间有什么重要的规律吗？

3. 感受 10000 的大小

教师出示图片：

教师提问：这是 10000 元人民币，如果把这 10000 元都换成 1 元一张的，有多少张？10000 张 1 元的纸币摞起来有多高呢？

教师再出示 1000 张人民币摞起来有 10 厘米高，让学生推算一下 10000 张纸币有多高。最后，教师板书：10000 张　1 米。

二、认识数位顺序表，建立数感

1. 认识十万

（1）利用百元人民币认识 10 万

假设学生随老师一起到银行认识数，并帮工作人员数钱。然后课件出示：1 沓人民币是 1 万元。谁能在计数器上表示出 1 万元？学生集体操作。

（2）理解 10 万的大小

教师提问：10 万这个数有多大呢？你能借助钱的张数说明吗？10 万张钱摞起来有多厚？说说你是怎么想的。你觉得 10 万这个数怎么样呢？（引导学生感受 10 万这个数很大，10 万张纸摞起来相当于三层楼那么高）

课件出示图片数据（如下图）：

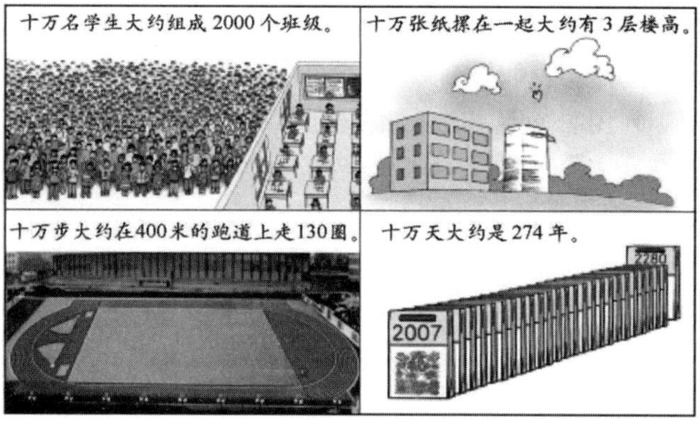

学生读数据，互相交流自己的感受，然后向全班汇报。教师引导学生体验数的大小。

2. 认识百万

教师引出“百万”：10 万这个数确实很大，老师再给你们介绍一条信息，一个成年人大约有 10 万根头发。如果每人按 10 万根头发计算，咱们和老师一起来数数：一个人，就是 1 个 10 万；两个人，20 万……（一直到 1 百万）我们又认识了百万这个计数单位。（板书：百万）那 1 百万里有多少个 10 万？1 百万里有多少个 1 万？（学生回答略）

根据板书，10 万张人民币摞起来就有 10 米那么高，接近三层楼高了，那 1 百万张人民币有多高？你闭眼想象一下，有什么感受？（学生回答略）

3. 认识千万

教师引出“千万”：我们 1 万 1 万地数认识了 10 万，10 万 10 万地数认识了白万，如果百万百万地数又能得到什么计数单位呢？说说你的想法。（学生回答略，教师根据学生回答板书：千万）

我们用自己的手指一起来数一下：1 百万、2 百万……1 千万——人类的计数最早就是从手指开始数起。那 1 千万张人民币有多厚呢？（学生回答略）

1 千万里有多少个 100 万？1 千万里有多少个 1 万？（介绍新闻）全国人大代表、山东华泰集团董事长李建华在全国政协会议上提出：利用废纸再生造纸节约又环保。一个年产 80 万吨新闻纸的企业按照 1 吨废纸生产 0.8 吨新闻纸的标准，可造出 64 万吨好的新闻纸。这样如果 1 吨纸节约 17 棵 20 年树龄的马尾松，就总共相当于少砍 1300 多万棵大树。

4. 认识亿

教师引出“亿”：如果1年少砍1300万棵大树，那么5年要少砍多少棵？9年呢？10年呢？（教师指着数位顺序表，并板书：亿）1亿里有几个1千万？几个1千万是1亿？1亿这个数有多大？(引导学生感受1亿张人民币摞起来有10000米高，而世界最高峰珠穆朗玛峰海拔才8844.43米，这个高度比珠穆朗玛峰还高呀！那对1亿这个数，你们有什么感受呀？(学生回答略)

如果我们1秒钟点1个点，猜猜看要点多长时间？(出示下图：1亿个儿童手拉手的长度。)

5. 拓展

教师拓展：1亿已经很大了，如果继续1亿1亿地数下去，还会有哪些计数单位呢？你们可以大胆地推想一下。

6. 总结数位顺序表

教师总结：通过前面的教学，学生已经清楚地知道了计数单位，此时出示的数位顺序表其实也只是一个表格而已，老师只是对其简单地进行了介绍，并帮助同学们建立起联系。

7. 给数位顺序表分级

教师总结：按照我们中国人的传统计数习惯，为了方便读数、写数，对这些数位按四位分为一级（板书)：个级、万级、亿级。后边还有吗？(学生回答略)

三、根据数位顺序表读数、写数

教师出示孙悟空翻跟斗和恐龙6300万年前灭绝的图片，并让学生用计数器表示十万八千里、六千三百万两个数。

然后，教师让学生用计数器练习读数、写数。

（张　永）

四年级课例：北京一日游

▶教学目标

① 会利用已有的知识，依据实际情况从给定的信息中设计合理的旅游方案，培养学生的数学应用意识。

② 提高学生分析问题和解决问题的能力，让学生感受数学与生活的联系。

③ 培养学生在日常生活中自觉养成有计划做事情的好习惯。

▶教学过程

一、创设情境，激发兴趣

师：同学们，你们知道吗，在我国西部地区还有很多生活在贫困环境的孩子，拥有一个新书包、买一件新衣服对他们来说都是奢望，更别说走出大山了。为此，中国青少年发展基金会在这个寒假将开展一次爱心活动，下面我们来看爱心通告。（PPT 出示贫困地区学校照片和征集通告）

征集爱心家庭

国家“希望工程”委员会将在寒假期间组织“手拉手——西部学生走进北京家庭”活动，现征集北京市的爱心家庭，每个爱心家庭可接待 1—3 名孩子，负责他们在北京七天的食宿、参观和学习等内容。有意愿的家庭可致电“希望工程”北京办公室。

中国青少年发展基金会

2012 年 12 月 10 日

你愿意你家成为这样的爱心家庭吗？如果你家成了爱心家庭，你最想带“手拉手”的小朋友去哪儿旅游呢？为什么？

学生可能的回答：

生 1：天安门广场，因为那是伟大祖国首都的象征。

生 2：去长城，不到长城非好汉。

生 3：我想带他们去天文馆和科技馆，感受现代科学技术。

……

师：同学们对北京的旅游景点了解得很多，相信如果你来当一名小导游，一定会非常称职。

二、主动探究，综合运用

1. 小组合作：设计"北京一日游"线路

师：要出门旅游，除了确定要去哪儿以外，还需要确定什么事情？

学生说，教师板书：设计路线，准备物品，带多少钱等。

师：(继续追问) 要完成这项任务，事先还需要了解哪些信息呢？

师：要想做一名合格的导游，我们还要了解各个景点的门票信息，租车费用和用餐费用等。在课前，老师布置了一项调查任务，让大家从网上查询目前北京著名景点的信息。这里，老师把同学们查询的资料进行了整理。下面由各小组来设计"北京一日游"的行程，提供给大家的信息都装在信封里了。设计要求：① 时间、行程安排合理；② 费用应本着实用、经济的原则；③ 是否需要租车，根据家庭的实际情况来定；④ 景点选择要有一定的意义，为你设计的"北京一日游"活动取一个名字，如 ×× 之旅。

教师深入各组，了解学生设计情况。(活动表格设计如下)

__________之旅活动方案

活动成员共______人，其中大人______人，儿童______人。

餐费：

早	中	晚	合计

租车费用（不租此项不填）：

车型	数量	费用合计

活动路线：

活动项目				
时间安排				
所需费用（列式计算）				
费用合计				

注：如果表格所给的四列不够可以再增加。

2. 反馈交流

学生汇报各自小组设计的方案，同时介绍这么安排的想法。每个小组汇报后，大家要共同对该方案进行评价，有不合理的可以提出自己的合理化建议。

3. 归纳总结设计线路时要注意的问题，并谈谈自己的体会

师：今天我们小组同学合作设计了你心目中“北京一日游”线路。通过刚才的参与设计活动，你对设计“北京一日游”旅游线路有什么样的想法或者说经验要与大家交流？

相信有了大家的爱心之举，会让很多和我们一样的孩子开拓了眼界，也一定会让他们树立远大的理想，长大成为对社会有用的人才！

三、拓展延伸

师：大家已经会设计“北京一日游”的行程了，我们也知道，现在北京是一个国际化的城市，每天都会有很多来自世界各地的朋友到北京参观旅游，下面是北京某旅行社推出的“北京一日游”的方案。对于这个路线的设计及服务标准，你有什么看法吗？有没有什么修改建议？

北京××旅行社“北京一日游”线路

时　间	路线行程	备　注
07:00—09:00	前门集合出发，前往八达岭长城，途中观赏天安门广场和居庸关长城外景	无早餐，提供矿泉水
09:00—12:00	游览八达岭长城（滑道自理）	自由活动，12:00集合
12:00—13:00	指定旅游餐厅用餐，简单休息调整，参观长城旅游纪念品商店	
13:00—14:30	前往明十三陵，途中观赏古神道、石牌坊，远眺十三陵水库外景。参观玉器加工车间，亲身体会玉器的加工过程	销售玉制品
14:30—15:30	参观皇家四合院，品尝北京土特产果脯、烤鸭，参观游览明皇蜡像宫（自理）	销售北京特产
15:30—16:30	游览十三陵—长陵	时间短，要按时集合
17:00—19:00	乘车返回	

北京××旅行社“北京一日游”服务标准

项　目	内　容
费用	全程人民币 600 元/人
导游服务	中文专业持证导游全程讲解
景点门票	参团景点首道门票
旅游用车	豪华空调旅游巴士
团队餐标	午餐（十菜一汤、十人一桌、不含酒水）
参团保险	旅行社责任险
费用不包括	游客参团途中自行消费，旅游人身意外伤害保险

师：（全课小结）通过今天的学习你有什么收获或者感受？（略）

（李兰瑛　尚国兴）

五年级课例：平面图形的密铺

▶教学目标

① 通过实践活动认识一些可以密铺的平面图形，能尝试用数学知识分析和判断所给平面图形能否密铺，进一步理解密铺的特点，培养学生的空间观念。

② 通过欣赏美丽的密铺作品，让学生感受到生活中处处存在数学知识，用数学知识不仅可以解决实际问题，还可以美化生活，提高学生的审美能力。

③ 通过数学欣赏活动，使学生感受到用数学的思想方法解决问题的优越性，激发学生学习数学的兴趣，调动学生学习数学的主动性。

▶教学过程

一、情境创设，导入新课

教师展示生活中的各种图案：

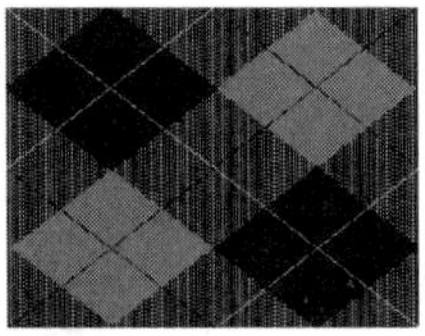

通过观察，学生发现图形之间是一个个排列在一起，彼此之间没有空隙也不重叠。

师：这种在现实生活中经常遇到的图形之间的组合情况，我们称作平面图形的密铺（出示课题）。

学生经过讨论，大致说出密铺的含义。随之大屏幕给出定义：用形状、大小完全相同的一种或几种平面图形进行拼接，彼此之间不留空隙、不重叠地铺成一片，这就是平面图形的密铺，又称做平面图形的镶嵌。

二、动手实践，探究新知

1. 观察举例

师：密铺的现象你从哪里见过呢？

学生举例：小路上的地砖、教室的墙面和地板、游戏“俄罗斯方块”等。

2. 推测验证

师：下面我们就来具体研究一下密铺现象。

师：（屏幕出示平行四边形）请你猜一猜平行四边形可不可以密铺？

有的学生认为可以，也有学生认为不可以。进而用课件进行验证，发现平行四边形可以密铺（如右图）。

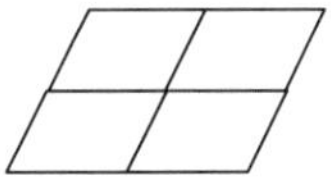

师：如果密铺平面时只用一种图形，那么下面图形中哪个可以密铺？

教师课件出示：

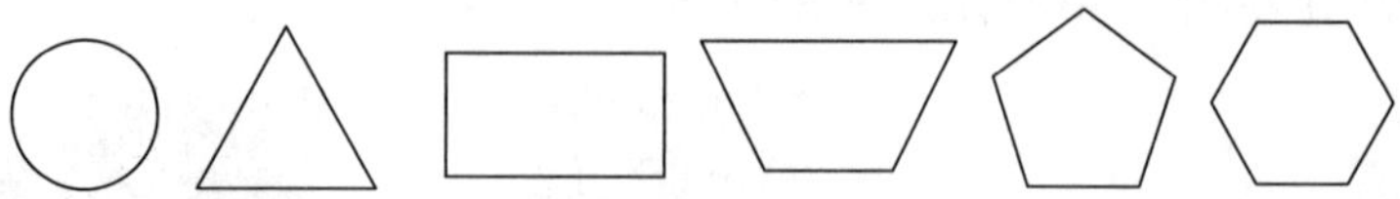

学生根据想象和分析进行初步判断，意见不太统一。

师：刚才我们都做出了自己的判断，有些理由说得也很充分。那怎样做就能验证我们刚才的判断是正确的呢？

每位学生通过动手操作验证两种图形。然后在实物投影上展示自己的验证结果：

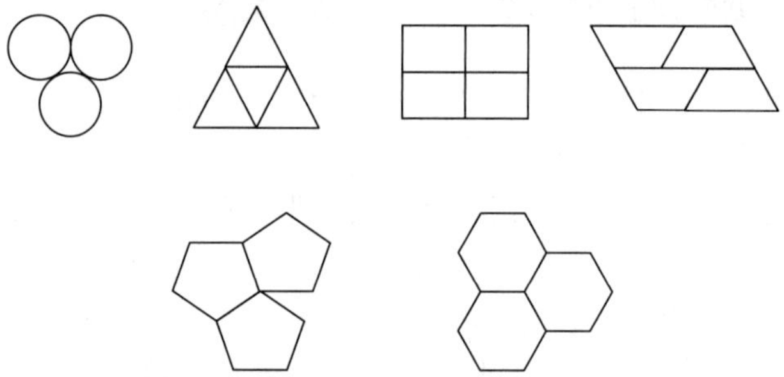

通过猜想与验证，学生发现等边三角形、长方形、梯形、正六边形可以密铺。

3. 提升认识

(1) 任意三角形能否密铺？

师：等边三角形可以进行密铺，那任意的三角形可不可以进行密铺呢？

学生分析后进行验证：

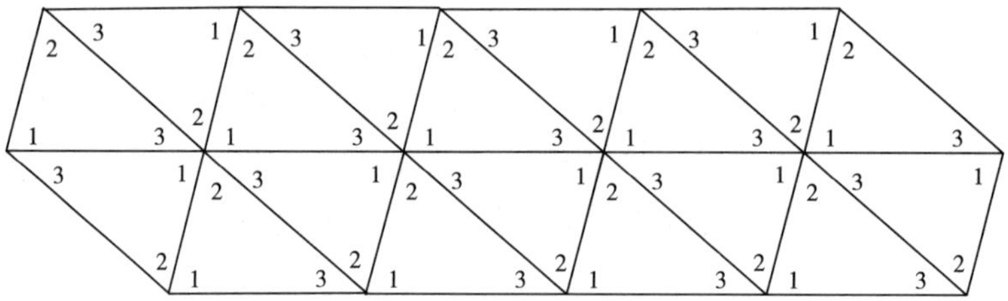

仔细观察拼接在一起的角有什么特点？

学生发现拼在一起的角都分别由两个角 1、两个角 2 和两个角 3 组成。而且，三角形的内角和是 180°，而围成一周是 360°，需要两个三角形的内角和，所以每个角只要都出现 2 次，就可以组成一个周角了。

教师提示：由此可见，一周是 360°，如果能把这 360°铺严，就可以进行密铺。

（2）四边形能否密铺？

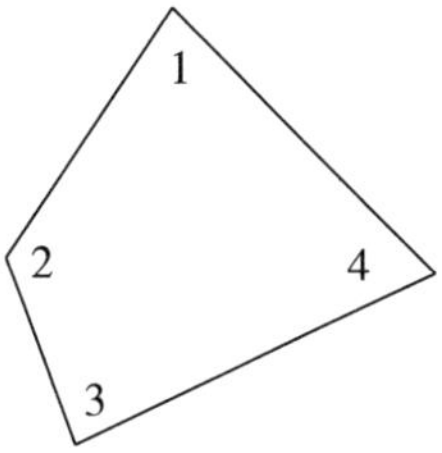

师：平行四边形、长方形和梯形可以进行密铺，那么任意的四边形可以密铺吗？（如右图）

学生有的说可以，有的说不可以。

教师请每组同学合作进行试验，看看任意四边形能不能密铺。试验后，学生进行演示或课件进行演示，证明任意四边形是可以密铺的。（如下图）

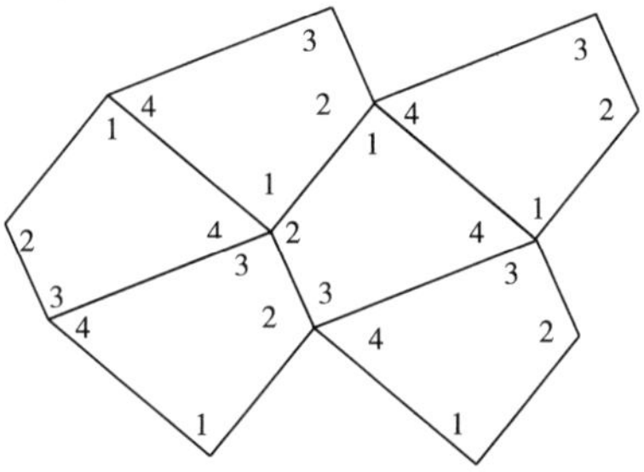

师：谁能说说任意四边形为什么可以密铺？

学生通过分析发现，任意四边形沿对角线可以分成两个三角形，所以任意四边形的内角和是 360°。因为密铺所用的任意四边形是完全相同的，所以只要把相等的边对在一起，把四个内角对在一起就可以密铺了。

既然任意的四边形都可以进行密铺，那么平行四边形、梯形、长方形、正方形等特殊的四边形就都可以密铺了。

（3）正五边形和正六边形能否密铺？

教师进行课件演示（如下图），然后问：通过课件演示，你能说明为什么正五边形不可以进行密铺吗？

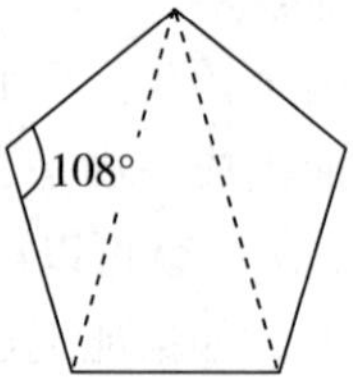

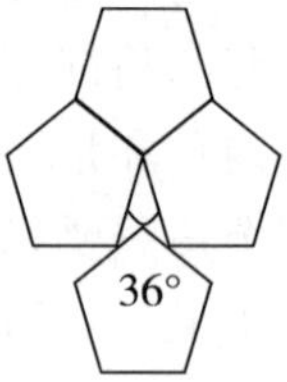

学生在观察课件演示之后发现，正五边形可以分成 3 个三角形，每个三角形的内角和都是 180°，所以正五边形的内角和是 540°；正五边形的每个内角度数都相等，所以每个内角都是 108°；铺在一起时，三个 108°的内角拼在一起是 324°，离周角 360°还差 36°，不能再插进一个内角了，所以会留下 36°的缝隙，也就不能密铺。

师：谁能再说一说为什么正六边形可以进行密铺？

学生通过观察课件发现（如下图），正六边形可以分成 4 个三角形，每个三角形的内角和都是 180°，所以正六边形的内角和是 720°；正六边形的每个内角度数都相等，所以每个内角都是 120°；铺在一起时，三个 120°的内角正好拼成了 360°，所以可以密铺。

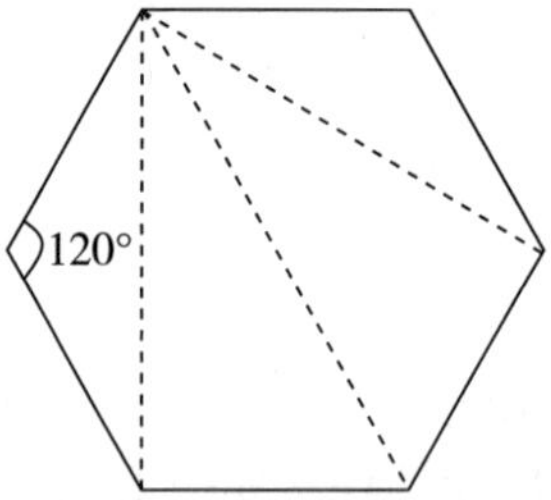

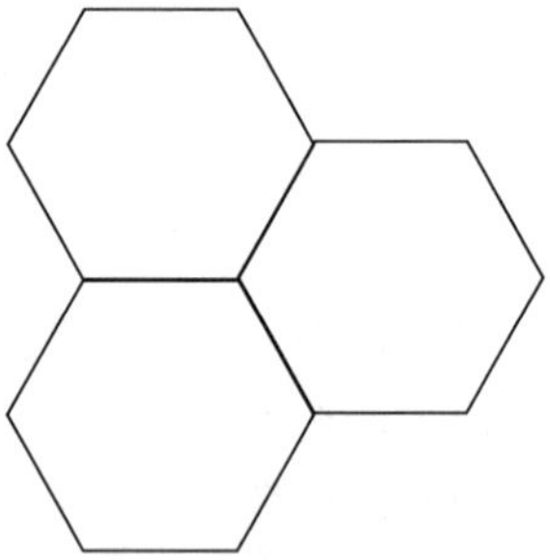

三、欣赏创作，回归实践

1. 多种平面图形进行密铺

师：如果我们用正八边形来铺一铺，不可以密铺。

课件验证：

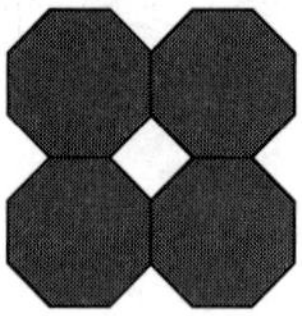

学生发现中间留下的缝隙是正方形的，所以，如果用正方形来帮忙，就可以密铺了。

有时，几种图案进行组合，也可以进行密铺。课件进行演示（如下图），让学生欣赏。

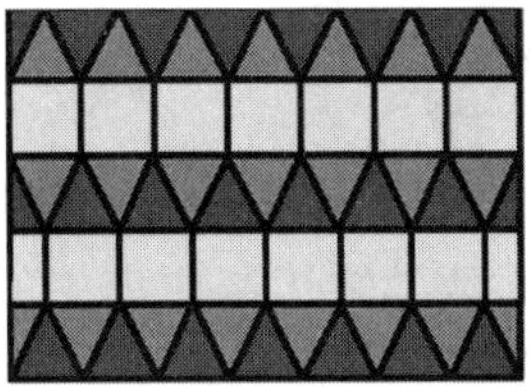

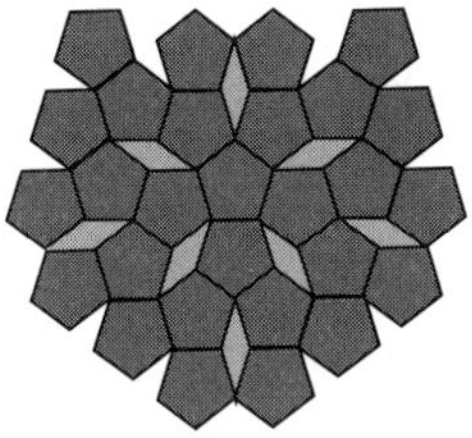

2. 美术作品中的密铺

师：最富趣味的是荷兰艺术家埃舍尔与密铺。埃舍尔1898年出生于荷兰。他到西班牙旅行参观时，对一种名为阿罕伯拉宫的建筑有很深刻的印象。这是一种13世纪皇宫建筑物，其墙身、地板和天花板由摩尔人建造，而且铺上了种类繁多、美轮美奂的马赛克图案。埃舍尔用数日复制了这些图案，并得到启发，创造了各种并不局限于几何图形的密铺图案，这些图案包括鱼、青蛙、狗、人、蜥蜴，甚至是他凭空想象的物体。他创造的艺术作品，结合了数学与艺术，给人留下深刻印象，更让人感受到，数学不是枯燥乏味的，是生动有趣、可以欣赏的。

教师让学生欣赏埃舍尔的作品（如下图）①。

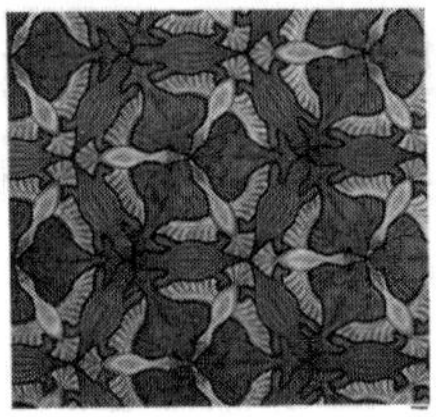

① 图片来自：http：//user. qzone. qq. com/52448335/blog/1406122278。

师：欣赏了这些精美的艺术作品，你有什么感受？

师：请你们再看几个密铺作品：

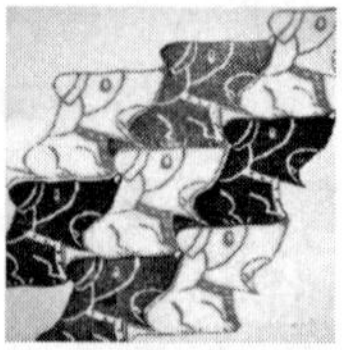

这几幅作品，就是我们的同学利用数学知识制作出来的。如果你有兴趣，也可以利用数学知识创作出精美的艺术品来。

3. 学生设计密铺作品

师：王老师家要装修，他正在为铺什么地砖犯愁呢，请同学们帮他进行设计。

设计完后学生展示作品。

四、小结、布置作业

师：今天我们研究了有关密铺的一些知识。今天的作业，就是请你继续创作密铺作品——你可以用一种平面图形来拼，也可以用几种不同的平面图形来拼，看谁能创作出让我们惊喜的密铺作品。

（郭雯砚）

五年级课例：包装中的数学

▶教学目标

① 联系长方体表面积在生活中的应用，探索多个相同的长方体叠放的多种方法及使其表面积最小的包装策略。

② 通过猜想、拼摆、验证等学习活动，培养学生有序思考、合理分类、化繁为简的思维方法，进一步发展学生的空间观念。

③ 在多种策略中体会变与不变的规律，能够辩证地看待数学与生活的实际联系。

▶教学过程

一、直观感受，初步感知

1. 展示生活中的各种包装图片（如下图）

师：生活中常把几个长方体物体包成一个大长方体，这样就会有各种各样的包装。今天我们就来研究包装中的学问。(板书课题)

2. 复习回顾

教师出示一个纸盒，问要想求这个长方体的表面积该如何计算？

学生根据已有知识回答：需要长、宽、高，因为长方体的表面积=（长×宽+宽×高+长×高）×2。

然后教师给出数据：长是10厘米，宽是6厘米，高是4厘米。

3. 尝试拼摆

师：两个这样的纸盒包装在一起，会有几种不同的包法？想象一下。

每个学生拿出两个，开始拼摆。

学生汇报交流：共有三种方法（如下图）。

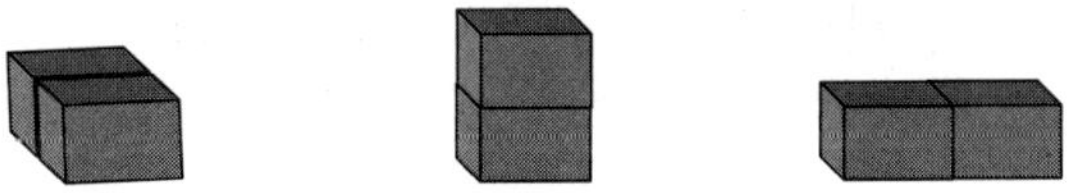

A　　B　　C

4. 讨论交流

问题一：哪种包装方法最节省包装纸？(学生选择A)

方法一：用组合后的长、宽、高进行表面积计算。

方法二：用两个的盒子表面积的和减去重叠的两个面的面积。

问题二：如果不计算，你能判断出哪种包装方案最节省包装纸吗？

通过刚才的拼摆活动，学生根据当两个盒子拼摆在一起时重叠消失了两个面，重叠的面越大，消失的面积也就越大，而A重叠的是最大的面，所以它的表面积也就最少。

教师借助课件直观帮助学生理解，并得出重叠最大的面可以使包装纸尽可能少的结论。

二、由浅入深，探究规律

1. 四个长方体发现规律

① 如果有 4 个这样的长方体，可以有多少种包装方法？怎样包装最省纸？还是重叠最大面吗？

② 小组合作尝试拼摆，要求：记录下拼摆的方法（表格如下）。

共有____种方法	长（cm）	宽（cm）	高（cm）

③ 交流汇报。

学生到前面来展示：

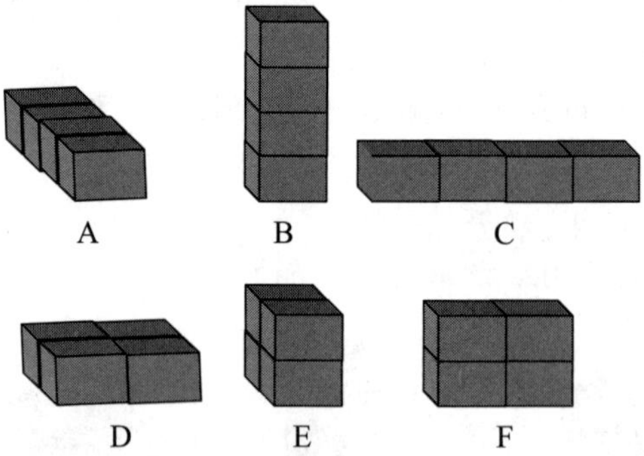

出示学生拼摆的方法数据：

共有 6 种方法	长（cm）	宽（cm）	高（cm）
1	40	6	4
2	10	24	4
3	10	6	16
4	20	12	4
5	10	12	8
6	20	6	8

④ 观察表格：发现列举时有哪些规律？

前三种长、宽、高依次扩大 4 倍，后三种两两扩大 2 倍。

共有 6 种方法	长（cm）	宽（cm）	高（cm）
1	10×4	6	4
2	10	6×4	4
3	10	6	4×4
4	10×2	6×2	4
5	10	6×2	4×2
6	10×2	6×2	4

师：你能将摆出的图案与表上的数据对应起来吗？

学生对应：1→C 2→A 3→B 4→D 5→E 6→F

⑤ 提出问题：还是重叠最大面的包装最省纸吗？为什么？

学生谈论发现：现在是第 5 种（E）表面积最小。因为两两组合成表面积最小的图形（如右图），现在最大的面不是前面，而是上面。所以，应该把两个图形上下叠摞起来。

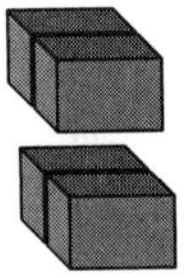

⑥ 交流发现：观察最省纸的方法，你发现了什么？

学生讨论后发现：最省纸的方法为长、宽、高都比较接近。

2. 对六个长方体利用规律

① 提出问题：如果个数增加到 6 个，可以有多少种包装方法？怎样包装最省纸？你打算怎样研究？小组讨论一下。

② 汇报结果：有的小组要继续拼摆，有的小组要根据列表进行选择。

③ 自主选择：根据自己选择的方案——可以单一用一种，也可以结合使用，进行小组研究。

④ 小组汇报：

a. 拼摆的方法如下：

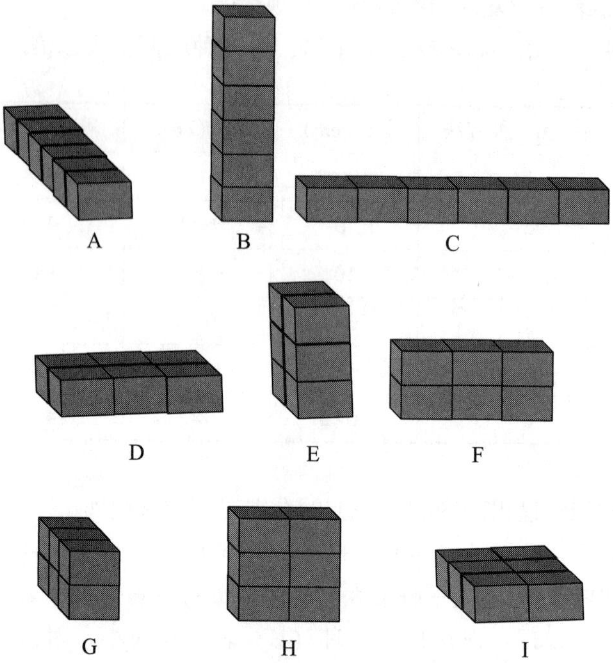

师：说说是按照怎样的顺序摆的？

生：可以分成一层、两层、三层的顺序进行分类摆。还可以把前后面重叠后形成的立体图形从前后、左右、上下摆，有 3 种；同样，把左右面重叠的立体图形按三个方向摆也是 3 种；把上下面重叠的立体图形按三个方向摆还是 3 种。这样最终共有 9 种。

b. 列表的方法，表格如下：

共有＿9＿种方法	长（cm）	宽（cm）	高（cm）
1	60	6	4
2	10	36	4
3	10	6	24
4	20	18	4
5	30	12	4
6	10	12	12
7	10	18	8
8	20	6	12
9	30	6	8

师：你能发现其中的规律吗？

学生汇报：是将 6 拆分成 1×6 和 2×3 两种形式，然后分别与长、宽、高中的两个进行相乘，这样就得到了 9 种方法。

即：

共有 9 种方法	长（cm）	宽（cm）	高（cm）
1	10×6	6	4
2	10	6×6	4
3	10	6	4×6
4	10×2	6×3	4
5	10×3	6×2	4
6	10	6×2	4×3
7	10	6×3	4×2
8	10×2	6	4×3
9	10×3	6	4×2

⑤ 最省纸的包装是哪一组？

在拼摆的图形中是 G，在列表中是第 6 种，即“10，12，12”这一组。

师：能否发现其中的特点？

从拼摆的图中可以看出，这个长方体比较接近正方体；从列表的数据中可以看出，长、宽、高三组数据比较接近。

3. 回顾整理，总结提升

师：从两个长方体→四个长方体→六个长方体的探究过程，在寻找最省纸的方案中，你发现了什么？

师生共同总结：

① 量变到质变：起初是重叠前后的大面，后来变成四个长方体后就要重新考虑大面了，变成了上下面；增加到六个后，同样需要考虑哪个面最大，然后再重叠。

② 变中蕴含不变：这就是从一开始数量的变化，发展到不论怎样变都要保证每次重叠最大的面，这就是不变的规律。

③ 拆分与组合：从列表的规律中可以看出，要想找到共有多少种方

法，只需先将个数拆分成两个或几个数相乘，然后再分别与长、宽、高相乘，进行组合，就可以得出一共有多少种了。

④ 拼摆与列举：起初简单的两个、四个长方体，大家都喜欢拼摆，但是随着数量的增加，很多学生拼摆时总是出现重复或遗漏的情况，但是如果用列举就显得简单多了。从动手操作到动脑思考，按照顺序与规律进行列举，是一种飞跃。最后，还可以根据列举出的结果对应着进行直观想象，这样可以更好地建立空间观念。

三、联系生活，拓展延伸

师：生活中的包装都是从节约的角度考虑的吗？还有哪种情况，你能举例说明吗？

随着学生说，教师进行相应的课件展示：

（1）美观新颖

（2）广告宣传

（3）方便携带

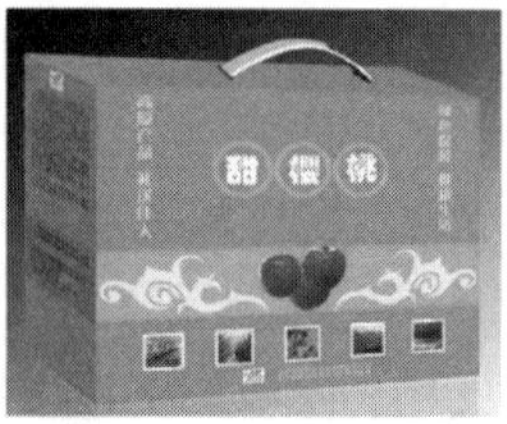

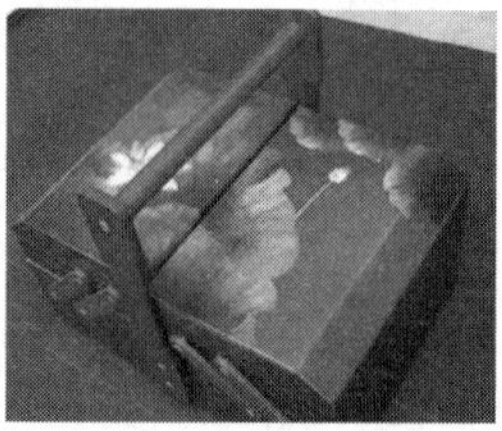

（4）不同意义和象征

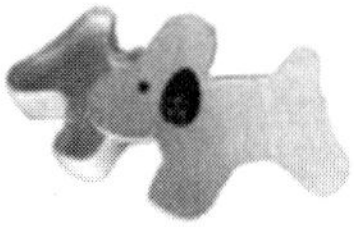

师：包装的学问非常多，不是单一地从节约角度考虑，还要根据不同情况做不同的处理。

四、回顾总结，畅谈收获

师：从知识上你有哪些收获？从技能上你有哪些提升？从看问题的角度上你有哪些改变？

学生结合自己实际的感受谈收获。

（李玉新）

六年级课例：成员间的关系

▶教学目标

① 通过学生制作事物间结构图的形式，培养学生从大量信息中提取和识别信息的能力。

② 使学生能够通过示意图的形式准确地表达事物或数量间的关系，养成有序思考的习惯。

③ 使学生学会用符号化的思想解决问题，发展学生的符号感。

④ 培养学生抽象、概括和推理的能力，提高逻辑推理水平。

▶教学过程

一、情境引入

1. 播放电话录音

师：首先，我们先来听一段电话录音。（播放电话诈骗的录音）听到这儿，你有什么想说的？你们知道后面发生了什么吗？当王女士将账户里的24万元转入所谓的“国家安全账户”不到5分钟后，这笔钱就被取走了。王女士这才知道上当了，马上向警方报了案。警方开始了调查工作——警方首先从电话入手，经查发现电话是从厦门打来的。进一步调查发现，这些打电话的被称为“电话机房”，为了能让受害者相信，电话机房又分为冒充“电信局”、“公安局”和“国家安全局”的工作人员等不同部门。(幻灯片出示信息)

2. 分析信息，画结构图

师：如果让你把“电话机房”这个团伙的结构用一种比较简洁的方式呈现出来，你打算怎么表示？

随着学生说，教师板书：画图。

师：(追问）画什么图？怎样画？

结合学生回答，教师课件演示结构图，与学生共同分析结构图中成员间的关系，包括上下级（从属）关系和同级（并列）关系。

小结：要想画结构图，首先要分清不同成员间的关系，还要使学生理解结构图的优点并会加以应用。

二、动手操作，主动探究

1. 制作完整的组织间结构图

师：通过刚才的结构图，我们已经搞清楚了打电话的团伙结构，是不是此时我们就可以把骗子抓起来了？没错，要想做到一网打尽，还要进行大量的调查工作。警方经过近5个月艰苦的调查取证工作，掌握了这一犯罪团伙的大量信息。（出示余下的信息）你能用刚刚我们学到的结构图的形式，将这一“电话诈骗”团伙完整的组织网络表示出来吗？

学生动手制作结构图，并进行汇报。

师生共同评价，提出问题和整改意见，并进一步完善。

然后教师用课件出示一张完整的结构图（如下图）。(板书课题)

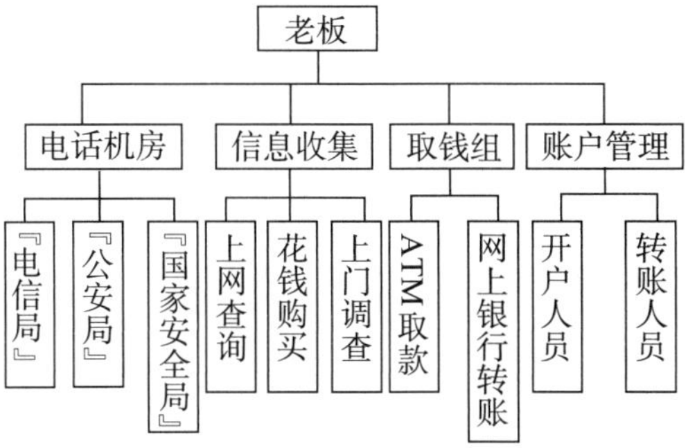

2. 欣赏

教师出示一些日常生活中常见的结构图的形式，使学生开阔视野。(略)

3. 总结

师：刚才我们一同研究了组织间结构图和工作流程图，那么用图来表示事物的关系有什么好处？

随学生的回答，教师板书：简洁、简明、清晰、明了、有序，一目了然。

4. 符号化

师：其实这张结构图我们可以更简化一些。比如我们将“老板”换成字母“A”，那么其他的成员可以用什么字母来代替？但是要注意，我们要能从图中很容易地辨清各成员间的层级关系。

教师引导出示两种不同的表示方法，具体如下。

方法一：

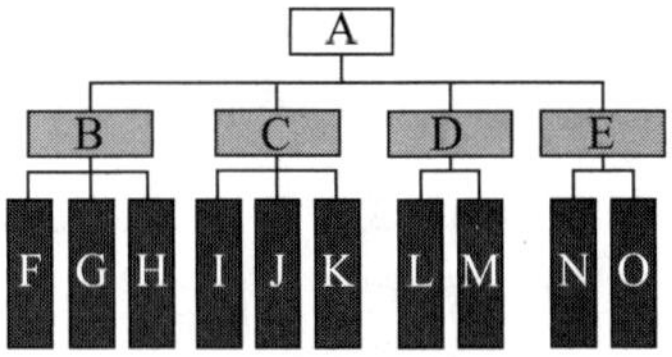

方法二：

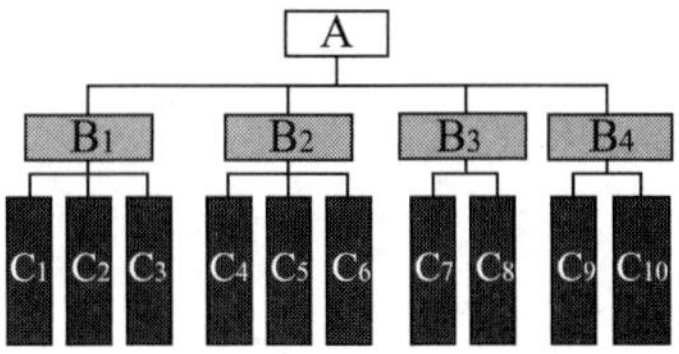

三、尝试练习

练习 1：根据小冬家祖孙三代的情况（如下图），回答下面的问题。

小冬家祖孙三代的情况：

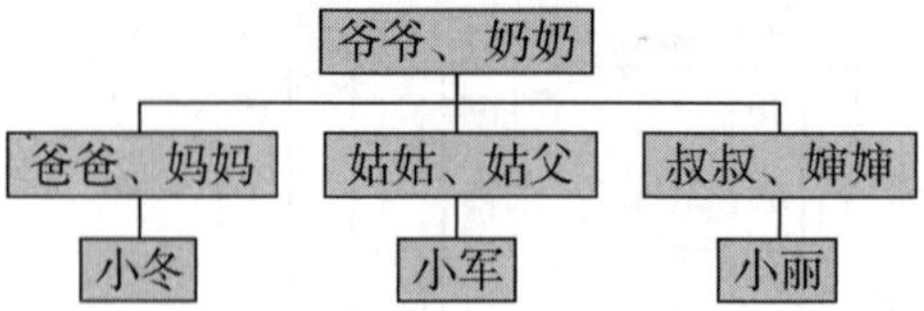

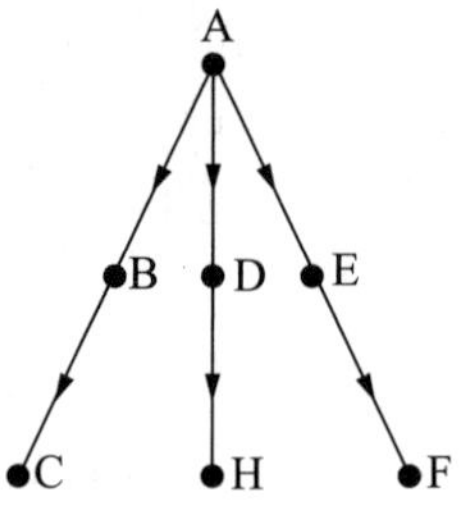

①“A→B”代表什么含义？

② A 有几个孩子？分别是谁？

③ C、H、F 是什么关系？

④ H 怎么称呼 A？H 怎么称呼 B？

练习 2：A、B 代表在操场上玩的两个孩子，“A→B”表示 A 是 B 的哥哥，那么 B 是 A 的（　　）。

① 弟弟　　　　② 姐姐　　　　③ 妹妹

练习 3：① C、D、E 代表在操场上玩的三个孩子，他们的关系可以用下图表示，如果“D→C”表示 C 是 D 的姐姐，那么 C 和 E 的关系是什么？D 和 E 的关系是什么？

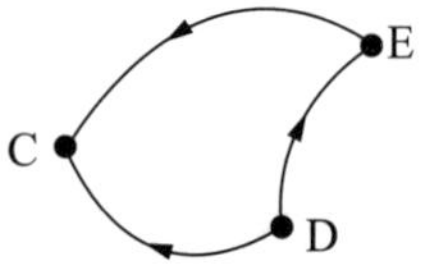

② 同一幅图，如果把条件改成“D→C”表示 D 是 C 的姐姐，那么 C 和 E 的关系是什么？D 和 E 的关系是什么？

练习 4：如果用 A 代表箭头前的数字、B 代表箭头后的数字，那么下图中“B→A”表示什么含义？

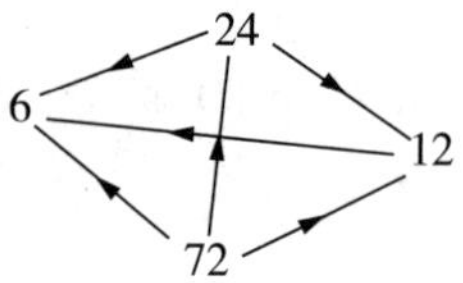

练习 5：小冬和 A、B、C、D 共五人进行象棋比赛，每两人之间都要比一场。已知 A 比了 4 场，B 比了 3 场，C 比了 2 场，D 比了 1 场。问小冬比了几场？（引导学生通过画图来解决，如下图，使学生感受到几何直观在解决问题中的重要作用）

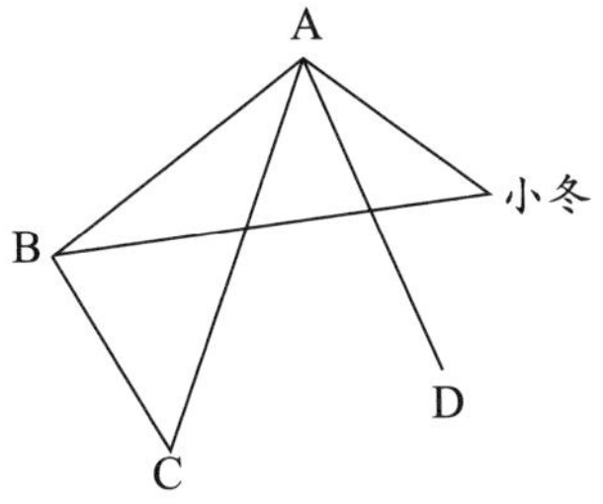

师：（总结）今天我们学习了运用符号和结构图来清晰、简洁地表达生活中的一些关系。希望同学们在今后的学习生活中，能够用所学的知识使自己的生活更有条理和有序！

（尚国兴）

参考文献

贲友林．2006. 反思与实践同行：关于“半径与直径”的一段教学经历［J］. 江苏教育：小学数学（6）：27-28.

曹培英．2006. 图形与变换的备课与教学［J］. 人民教育（13/14）：46.

陈娟．2011. 关于小学数学中“等于”现象的分析［J］. 中小学数学：小学版（1/2）：25.

迪多内．1980. 论数学的进展：数学史译文集［M］. 上海：上海科技出版社：126.

范立珠，高荆．2008. 小学数学中最易误解的概念［M］. 北京：地质出版社：212-213.

高月琴．2007. 数学史与数学教学［M］. 北京：中国科学技术出版社：54.

谷超豪．1992. 数学词典［M］. 上海：上海辞书出版社：139.

顾汝佐，等．1985. 小学数学教师手册［M］. 上海：上海教育出版社.

顾汝佐，蒋冲．2005. 算术辞典［M］. 修订版．上海：上海科学技术出版社.

胡乔木．1993. 中国大百科全书：数学［M］. 北京：中国大百科全书出版社：580.

胡作玄，梅荣照．2002. 数学辞海：第六卷［M］. 太原：山西教育出版社.

华罗庚．1964. 谈谈与蜂房结构有关的数学问题［M］. 北京：北京出版社：37.

华应龙．2009. 我这样教数学［M］. 上海：华东师范大学出版社：158.

黄惟明．1993. 中国小学教学百科全书：数学卷［M］. 沈阳：沈阳出版社：44-45.

黄文选，刘梦湘，方金秋．2002. 小学教师实用数学辞典［M］. 北京：北京科学技术出版社：7.

金成梁．2010. 小学数学疑难问题研究［M］. 南京：江苏教育出版社：21.

克莱因．1979. 古今数学思想：第一册［M］. 上海：上海科学技术出版社：302.

孔令兵．2006. 浅谈圆的文化［J］. 科技资讯（2）：132-133.

兰佐斯．1979. 无穷无尽的数［M］. 北京：北京出版社：2.

梁宗巨．1980. 世界数学史简编［M］. 沈阳：辽宁人民出版社：123.

刘开云，李燕燕．2008. 小学数学知识树［M］. 北京：北京大学出版社：61.

马克思．1975. 数学手稿［M］. 人民出版社编译组，编译．北京：北京人民出版社：190.

马云鹏，史炳星．2002. 认识数感与发展数感［J］. 数学教育学报（2）：1-4.

Martin. 2004. 教与学的新方法：数学　上册［M］. 王嵘，等，译．北京：北京师范大学出版社：181.
欧几里得 . 2011. 几何原本［M］. 燕晓东，译 . 南京：江苏人民出版社：2.
裘光明 . 2002. 数学辞海：第一卷［G］. 太原：山西教育出版社.
任卫兵 . 2007. “折扇”诱发的生动［J］. 江苏教育（12）：34.
阮红伟 . 2009. 统计学基础［M］. 北京：中国农业大学出版社.
邵光华 . 2009. 作为教育任务的数学思想方法［M］. 上海：上海教育出版社.
盛进仕 . 2011. 小学数学思想方法简论［M］. 数学教学研究（21）：65.
盛文林. 2011. 人类在数学史上的发现［G］. 北京：北京工业大学出版社.
史宁中 . 2008. 数学思想概论：第 1 辑 数量与数量关系的抽象［M］. 长春：东北师范大学出版社.
史宁中 . 2012.《义务教育数学课程标准（2011 年版）》解读［M］. 北京：北京师范大学出版社.
《数学百科全书》编译委员会 . 1999. 数学百科全书：第四卷［M］. 北京：科学出版社：123.
斯科特 . 2008. 数学史［M］. 侯德润，等，译. 桂林：广西师范大学出版社.
王永 . 2009. 比是什么：台湾地区关于“比”的教材改革的启示［J］. 小学教学：数学版（6）：43-44.
王永春 . 2010. 小学数学思想方法梳理：十［J］. 小学数学教育（12）：48.
吴振奎 . 2000. 圆周率 π［J］. 中等数学（5）：28-30.
《小学教师实用数学辞典》编写组 . 1989. 小学教师实用数学辞典［M］. 北京：北京科学技术出版社.
徐利治 . 2000. 谈谈我的一些数学治学经验［J］. 数学通报（5）：1.
徐利治 . 2002. 数学辞海：第四卷［M］. 太原：山西教育出版社：301.
徐品方，张红 . 2007. 数学符号史［M］. 北京：科学出版社.
叶其效，沈永欢 . 2006. 实用数学手册［M］. 2 版 . 北京：科学出版社：26.
张丹 . 2010. 小学数学教学策略［M］. 北京：北京师范大学出版社：170.
张奠宙，等. 2009. 小学数学研究［M］. 北京：高等教育出版社.
张良明. 与等号有关的那些事儿：谈谈等号的由来、含义及其扩展［J］. 小学数学：数学版，2011（1）：51-52.
张顺燕 . 2003. 数学的源与流［M］. 高等教育出版社：405.
郑毓信 . 2002. “数感”“符号感”与其他：《课程标准》大家谈［J］. 数学教育学报（3）：30-32.
郑毓信 . 2004. 国际视角下的小学数学教育［M］. 北京：人民教育出版社：323.
郑毓信 . 2008. 数学思维与小学数学［M］. 南京：江苏教育出版社：47-48.
中国社会科学院语言研究所词典编辑室 . 2012. 现代汉语词典［M］. 6 版 . 北京：商务印书馆.

中华人民共和国教育部.2012. 义务教育数学课程标准：2011 年版［M］. 北京：北京师范大学出版社.
周继光，等.2002. 数、理、化、生学习大全：初中数学［M］. 上海：上海教育出版社：3.

Sowder. 1992. Estimation and Number Sense［J］. Handbook of Researchon Mathematics Teaching and Learning（4）：371-389.
Yang. 2002. Teaching and Learning Number Sense［J］. School Science and Mathematics，102（4）：152-157.

索　引

（按拼音字母排序）

出 版 人　所广一
策划编辑　刘　灿　闫　景　郑　莉
责任编辑　郑　莉
版式设计　宗沅雅轩　杨玲玲
责任校对　贾静芳
责任印制　叶小峰

图书在版编目(CIP)数据

小学数学教学基本概念解读/吴正宪，刘劲苓，刘克臣主编. —北京：教育科学出版社，2014.9(2023.2 重印)
ISBN 978-7-5041-7973-9

Ⅰ.①小…　Ⅱ.①吴…②刘…③刘…　Ⅲ.①小学数学课—教学研究　Ⅳ.①G623.502

中国版本图书馆 CIP 数据核字(2014)第 167616 号

小学数学教学基本概念解读
XIAOXUE SHUXUE JIAOXUE JIBEN GAINIAN JIEDU

出版发行	教育科学出版社		
社　　址	北京·朝阳区安慧北里安园甲 9 号	**市场部电话**	010-64989009
邮　　编	100101	**编辑部电话**	010-64981357
传　　真	010-64891796	**网　　址**	http://www.esph.com.cn
经　　销	各地新华书店		
制　　作	北京金奥都图文制作中心		
印　　刷	保定市中画美凯印刷有限公司		
开　　本	720 毫米×1020 毫米　1/16	**版　　次**	2014 年 9 月第 1 版
印　　张	28.25	**印　　次**	2023 年 2 月第 15 次印刷
字　　数	452 千	**定　　价**	88.00 元

如有印装质量问题，请到所购图书销售部门联系调换。